全国高职高专“十二五”规划教材

大学语文（修订版）

主　编　杜启蓉　聂希安　龙　江

副主编　何黎黎　邹佩佚　邓　璨　袁　希　杜启玉

编　委　沈　昕　张　祯　杨稀琴　周　兰　金宏建　龙　逸

中国水利水电出版社
www.waterpub.com.cn

内 容 提 要

本书以大学语文为载体，旨在增加当代大学生的文化底蕴，培养其人文情怀；以诗词、散文、小说、戏剧、影视五种文学体裁作为教材体系的基本框架，强调作品的存在形态；在每一个大的框架下，又以文学发展概述、文学作品的阅读和欣赏、延伸阅读、延伸品味、阅读与思考、能力拓展训练等进行组织编排，适合不同层次的高职高专院校各专业学生学习。

图书在版编目（CIP）数据

大学语文 / 杜启蓉，聂希安，龙江主编. -- 2版（修订本）. -- 北京 : 中国水利水电出版社，2015.6（2019.7 重印）
全国高职高专“十二五”规划教材
ISBN 978-7-5170-3065-2

Ⅰ. ①大… Ⅱ. ①杜… ②聂… ③龙… Ⅲ. ①大学语文课－高等职业教育－教材 Ⅳ. ①H19

中国版本图书馆CIP数据核字(2015)第065930号

策划编辑：寇文杰　责任编辑：宋俊娥　加工编辑：夏雪丽　封面设计：李　佳

书　　名	全国高职高专“十二五”规划教材 **大学语文（修订版）**
作　　者	主　编　杜启蓉　聂希安　龙　江 副主编　何黎黎　邹佩佚　邓　璨　袁　希　杜启玉
出版发行	中国水利水电出版社 （北京市海淀区玉渊潭南路 1 号 D 座　100038） 网址：www.waterpub.com.cn E-mail：mchannel@263.net（万水） sales@waterpub.com.cn 电话：（010）68367658（发行部）、82562819（万水）
经　　售	北京科水图书销售中心（零售） 电话：（010）88383994、63202643、68545874 全国各地新华书店和相关出版物销售网点
排　　版	北京万水电子信息有限公司
印　　刷	三河市铭浩彩色印装有限公司
规　　格	184mm×260mm　16 开本　17.5 印张　443 千字
版　　次	2012 年 7 月第 1 版　2012 年 7 月第 1 次印刷 2015 年 6 月第 2 版　2019 年 7 月第 5 次印刷
印　　数	9001—11000 册
定　　价	32.00 元

凡购买我社图书，如有缺页、倒页、脱页的，本社发行部负责调换

前　　言

本教材此次修订主要针对高职高专非中文类专业而编写。在编写过程中，本着“以学生为中心，以就业为导向，以能力为本位”的宗旨，以“人文性、实用性、工具性、趣味性、时代性”为原则，以“工学结合”模式为特点，力图以一种贯通古今中外的视野，启发学生的思辨能力，拓展其人文思维的广度与深度，引导学生养成博大的人文情怀。

基于上述指导思想，本教材在编写上突出以下特点：

（1）把培养学生人文精神作为教材编写的基本定位。选文上，力求选择具有人文性、典型性、代表性、时代感的优秀篇目，让学生有新鲜感，真正感知中华文化的魅力；内容上，侧重于体现人性、人格塑造，贴近现实生活，反映当下思想、情感。通过学习能让学生对于生活的要意、生命的价值、活着的尊严、人格的高下有所感悟。

（2）突出高职高专特点。基于单元教学的基础进行能力训练和培养，形式多样化，任务明确具体、可操作性强。第一单元，实训——朗诵；第二单元，实训——交际礼仪；第三单元，实训——演讲；第四单元，实训——表演；第五单元，实训——辩论。通过能力板块的训练，让学生带着任务学习，增强了学习的主动性、自觉性和趣味性；而能力的展示，又激发了学生的潜力，增强其自信心，培养了学生的动手意识和动手能力。

（3）全书内容以诗词、散文、小说、戏剧、影视等文学体裁作为教材体系的基本框架，强调作品的存在形态。本教材试图突破传统的按文学发展史框架编排的偏重于专业性的思路，也没有按照内容接近的不同文体来安排章节，而是通过熟悉各类文学体裁，让学生能够从总体层面上清晰地把握文学知识的脉络，了解文学鉴赏的一般方法。在这个大框架下，又以文学鉴赏知识概述、文学作品的阅读和欣赏、思考练习等进行组织编排。

参与本书编写的人员有重庆工业职业技术学院的杜启蓉、聂希安、龙江、何黎黎、邹佩佚、邓璨、袁希、张祯、杨稀琴，重庆经贸中等专业学校的杜启玉，重庆城市管理职业学院的沈昕，长江师范学院的周兰、金宏建，重庆机械技师学院的龙逸。

我们在本教材的编写及修订过程中，选用了一些作家的作品，借鉴了一些专家、学者的观点，援引了一些网上的信息资料，在此表示衷心的感谢。由于编写时间较紧，还因为高职教材处于探索的阶段，在编写中难免会出现一些局限性，会有一些不尽人意的地方，恳请专家、读者提出宝贵意见，我们将不断努力，加以改进。

编　者

2015 年 4 月

目　录

第一部分　诗词欣赏

诗词概述

一

诗歌在中国源远流长，绵延数千年，取得了光辉灿烂的成就。早在西周至春秋时代，我国诗歌就已产生了大批辉煌篇章，其标志是我国第一部诗歌总集《诗经》的出现。《诗经》收诗 305 篇，分“风”“雅”“颂”三部分，都是可以配乐演唱的。《诗经》的篇章大都具有鲜明的时代感和人民性，善用赋、比、兴的表现手法，句式以四言为主，多用重章叠句，为后世文学创作奠定了深厚的人文基础和艺术底蕴。

战国后期，在南方的楚国产生了一种具有楚文化独特风采的新诗体——楚辞（骚体）。楚辞句式长短参差，以六言、七言为主，多用“兮”字。楚辞的奠基人和主要作者屈原，运用这种形式创作了《离骚》《九歌》《九章》等不朽诗篇，成为我国文学史上第一位伟大诗人。其代表作《离骚》，是我国古代文学史上最为宏伟瑰丽的长篇抒情诗。屈原之后有宋玉、唐勒、景差等楚辞作家。楚辞的出现，标志着中国诗歌从民间集体歌唱发展到诗人独立创作的更高阶段。《诗经》和楚辞，是后世诗歌发展的两大源头，在文学史上并称“风骚”，共同开创了我国古代诗歌现实主义和浪漫主义并驾齐驱、融会发展的优秀传统，并垂范于后世。

汉代前期，文人诗坛相对寂寥，民间乐府颇为活跃。“乐府”原指国家音乐机构，后代将乐府所收集与编辑的可以配乐演唱的歌辞也称为“乐府”。汉乐府民歌是汉乐府的精华。汉乐府民歌继承《诗经》民歌“饥者歌其食，劳者歌其事”的现实主义传统，多“感于哀乐，缘事而发”，通俗易懂，长于叙事，富有生活气息，句式以杂言和五言为主，体现了诗歌艺术的新发展。《陌上桑》与《孔雀东南飞》是汉乐府民歌中最优秀的作品，也是叙事诗的代表作。《孔雀东南飞》是我国诗歌史上第一篇思想性和艺术性高度统一的长篇叙事诗，共 353 句，1765 字，被称为“长诗之圣”“古今第一首长诗”。在汉乐府的影响下，文人五言诗逐渐发展成熟，其标志是东汉末年出现的《古诗十九首》。这是一组由寒门文人创作的抒情短诗，情调感伤，言短情长，委婉含蓄，质朴精练，被誉为“一字千金”“实五言之冠冕”。

汉末魏晋时期，文学进入自觉时代。建安时代，“世积乱离，风衰俗怨”，文人诗歌却呈现了“五言腾踊”的大发展局面，以“三曹”父子和王粲等“建安七子”为中心组成邺下文人集团。他们的诗作大多反映时代动乱和人民疾苦，抒写个人理想抱负，具有“慷慨以任气”、“志深而笔长”的风格，此即后世称道的“建安风骨”。建安诗歌以曹植和王粲的成就最为杰出。魏晋之交，世风变易，“竹林七贤”是正始时期的代表诗人群体，其中阮籍、嵇康名声最著，成就最高。阮籍的 82 首《咏怀诗》是我国第一部规模较大、内容丰富的个人抒情五言组诗，嵇康则开拓了四言诗的新境界。西晋太康年间，诗坛上有“三张二陆两潘一左”之称。陆机、张协、潘岳等人的作品追求丽辞缛采，开中国诗歌雕琢堆砌的流风；左思则独树一帜，继承建安文学传统，其《咏史》8 首借咏史来抒怀，情调高亢，笔力矫健，有“左思风力”之称。

东晋玄言诗泛滥一时，直到东晋末年陶渊明的出现，才使诗坛骤添异彩。陶诗多写田园生活，风格自然冲淡，“质而实绮，癯而实腴”（苏轼语），对唐代山水田园诗派有直接影响。

南北朝乐府民歌与汉乐府前后辉映。南朝民歌清丽婉转，代表作是《西洲曲》；北朝民歌粗犷刚健，代表作是《木兰诗》。南北朝时期，南方的代表诗人有谢灵运、谢朓、鲍照等。谢灵运开创了山水诗，实现了玄言诗向山水诗的转变。谢朓受其影响，工于描写山水，与谢灵运合称为“大小谢”。鲍照擅用七言古体抒发愤世嫉俗之情，风格俊逸豪放，为唐代七言歌行的发展铺平了道路。北方最有成就的诗人是由南入北的庾信，他融合南北诗风以刚健之笔写乡关之思，成为六朝诗歌的集大成者。

唐代是中国诗歌史上的黄金时代，诗体完备，流派各异，名家辈出，成就卓著。“初唐四杰”（王勃、杨炯、卢照邻、骆宾王）和稍后的陈子昂，上承汉魏风骨，力扫齐梁宫体颓靡诗风，发出清新健康的歌唱，为后唐诗的发展铺平了道路。盛唐时期首先出现的两大诗歌流派：一是以王维、孟浩然等为代表的山水田园诗派，多模山范水，抒写闲情逸致，风格清新自然；二是以高适、岑参、王昌龄等为代表的边塞诗派，多写边塞风光和军旅生活，或慷慨悲壮，或雄奇瑰丽。接着李白、杜甫横空出世，被称为我国诗歌史上雄视古今的“双子星座”。“诗仙”李白继承和发扬中国诗歌的浪漫主义传统，歌颂祖国大好河山，表现理想与现实的矛盾，感情奔放炽烈，风格豪放飘逸。“诗圣”杜甫继承和发扬传统的现实主义精神，其诗广泛而深刻地反映了唐王朝由盛转衰的时代风貌，被誉为“诗史”，感情内在深沉，风格沉郁顿挫。李、杜分别以其独特的风格和极高的成就而成为泽被百代、彪炳千秋的伟大诗人。安史之乱后，进入中唐时期，经过短期的过渡，唐诗呈现第二次繁荣。以白居易、元稹为代表，倡导了一场新乐府运动。他们主张“文章合为时而著，歌诗合为事而作”，创作了《新乐府》《秦中吟》等针砭时弊的讽喻诗。白居易的《长恨歌》《琵琶行》是古代长篇歌行名篇，扣人心弦，传诵至今。与元白诗派追求平易通俗不同，以韩愈、孟郊为代表的韩孟诗派崇尚险怪，以散文手法作诗。此外各具艺术个性的诗人还有刘禹锡、柳宗元等。中晚唐之交出现的“诗鬼”李贺，其诗冷艳深幽，恢奇诡谲，富有浪漫主义色彩。晚唐之时，诗风趋于卑弱，感伤色彩较浓，唯杜牧、李商隐成就最高，有“小李杜”之称。杜牧擅七绝，咏史怀古、抒情写景，无不清新俊逸，风姿绝代。李商隐工七律，风格深情绵邈，绮丽婉曲，尤其是“无题”诗，更是意蕴隽永，兴寄深微，沉博绝丽，独擅胜场。

宋诗总体成就虽不如唐诗，但其诗风别开天地，自有特色。对比而言，唐诗主情韵，开朗俊健，以境胜；宋诗主理致，深幽曲折，以意胜。宋初诗人杨亿、钱惟演等学李商隐，号西昆体。王禹偁、梅尧臣、苏舜钦等反对西昆体，反对只讲声律辞藻、缺乏社会内容的流弊．奠定了宋诗健康发展的基础。欧阳修倡导诗文革新运动，恢复关注现实的传统，宋诗注重气骨、长于思理的倾向愈益明显。北宋诗坛影响最大的是“苏黄”。苏轼是宋代文艺创作成就最为全面的作家，其诗说理抒情，自由奔放，发展了宋诗好议论、散文化的倾向。黄庭坚是江西诗派的宗主，注重诗歌语言的借鉴和创造，主张“点铁成金”“脱胎换骨”“无一字无来处”，其诗崇尚杜甫，瘦硬生新，属于江西诗派的还有陈师道、陈与义等人。南宋诗人的杰出代表是“中兴四大诗人”（陆游、尤袤、杨万里、范成大），他们都出于江西诗派，而终能自成一家。陆游是宋代伟大的爱国诗人，存诗近万首，唱出了时代的最强音。南宋后期出现了“永嘉四灵”和江湖诗派，他们的作品现实感不强，诗格比较浮弱。到宋末，文天祥、汪元量等人的爱国诗篇，为宋代诗坛添上了最后一抹光彩。金代最杰出的诗人是元好问，其诗内容丰富，“沉挚悲凉，自成声调”（赵翼语）。

由于北方少数民族乐曲传入中原地区，元代出现了一种配合当时流行曲调清唱的抒情诗体——散曲。与传统诗词相比，它大大扩展了表现范围，形式更自由，语言更活泼，具有浓厚的市民色彩，给诗坛注入了一股清新空气。散曲包括小令和套数（套曲）两种形式：小令是单支曲子，套数是由两支以上属同一宫调的曲子依次连缀而成。前期代表作家是关汉卿、马致远，其作品通俗平易，诙谐泼辣；后期代表作家是张可久、乔吉，他们一改前期散曲的本色，趋于雅正典丽。马致远的小令《天净沙·秋思》、睢景臣的套曲《般涉调·哨遍·高祖还乡》，是元散曲中不可多得的佳作。

明初，高启、刘基等人的诗歌较有社会现实内容，但接着兴起以朝廷辅弼大臣为首的“台阁体”诗派，歌功颂德，空廓浮泛。明中叶以后，以李梦阳、何景明为首的“前七子”和以李攀龙、王世贞为首的“后七子”，先后发起复古运动，主张“文必秦汉、诗必盛唐”，但他们盲目尊古，一味模拟，受到有识者的批评。先有以归有光为代表的“唐宋派”起而矫之，继有以袁宏道为代表的“公安派”，主张“独抒性灵，不拘格套”，极大地冲击了前后七子的复古主张。稍后的“竟陵派”钟惺、谭元春等人，主张与“公安派”相仿，但追求幽深孤峭的诗风。清初，遗民诗人黄宗羲、顾炎武、王夫之等人的诗歌具有强烈的民族感情和爱国思想。钱谦益、吴伟业等在清初诗坛影响很大。王士祯提倡“神韵”说，成为当时诗坛领袖。清中叶以后，考据学风盛极一时，影响到诗坛，远离现实、重视形式和以学问为诗之风大炽，唯郑燮反映民情之作、袁枚直抒性情之作、黄景仁独写哀怨之作较有特色。道光、咸丰年间，内忧外患日益严重，龚自珍以诗为武器，揭露社会黑暗，抒发报国大志，成为近代诗歌史上开一代风气的第一位大诗人，赢得了“三百年来第一流”的称誉。

词是配合燕乐演唱的新诗体，起源于民间，敦煌曲子词是现存最早的民间词。中唐之后文人填词者渐多，张志和、韦应物、白居易、刘禹锡等在作诗之余间或作词。晚唐温庭筠是文学史上第一个大力作词的人，他确立了词体规范，开花间词风，被称为“花间鼻祖”。五代时，西蜀和南唐成为词的创作中心，第一部文人词集《花间集》问世。西蜀韦庄名列花间，词与温庭筠齐名，并称“温韦”，以清丽疏朗见长。南唐冯延巳注重刻画人物内心世界，抒写个人生活感受，“开北宋一代风气”（王国维语）。五代词人中成就最高的是南唐后主李煜，他以词写自己的人生际遇和真实性情，写故国之思和亡国之痛，不事雕饰，缘情而行，语言朴素自然而又流转如珠，王国维评云：“词至李后主而眼界始大，感慨遂深，遂变伶工之词而为士大夫之词。”

词在宋代发展到了鼎盛时期，成为一代文学的主要标志。宋初词家如晏殊、欧阳修等，主要还是沿袭晚唐五代词风，写的多半是个人的离愁别绪。范仲淹词中的某些词作开始呈现境界开阔、格调苍凉的风格，给宋初时期的词注入了新的活力。同时期的柳永对宋词进行了第一次革新，创作并写作了大量的慢词，以写相思旅愁见长，多用铺叙和白描的手法，语言俚俗，富于平民色彩，产生了“凡有井水饮处，即能歌柳词”的广泛影响。词至苏轼而又一变，苏轼打破诗词界限，扩大了词的题材，提高了词的意境，丰富了词的表现手法，开创了豪放词派，使词摆脱了音律的束缚而成为独立的抒情诗体。北宋后期词坛主流又复归婉约，代表人物为秦观、贺铸、周邦彦。秦词柔婉清丽，情辞兼胜，被奉为婉约派正宗，与黄庭坚并称“秦七黄九”。贺词笔调多变，刚柔并济。词至周邦彦再一变，体现了宋词的深化与成熟。周邦彦精通音律，善作慢词，以思力取胜，词风典丽精工，对南宋格律派、风雅派词人影响极大。南北宋之交出现我国古代最优秀的女词人李清照，创言浅意深、本色当行的“易安体”。她善于炼字炼意，擅长白描，令慢均工。前期词多写闺情相思，清俊旷逸；后期词抒身世之感、家国之思，苍凉沉郁。南宋初期词人如张元干、张孝祥、朱敦儒等，多亲历靖康之变，故以词为武器，抒发爱国情怀，上承苏轼，下启辛派。辛弃疾是南宋最伟大的爱国词人，主承苏轼但取径更广，使宋词的思想境界和精神面貌达到了光辉的高度，在词的艺术表现手法方面有了新的突破和发展。辛词风格多样，或壮怀激烈、豪气逼人，或缠绵哀怨、清新活泼，尤能寓刚柔为一体。在辛弃疾的影响下，陈亮、刘过和稍后的刘克庄、刘辰翁等人形成了一个阵容强大的辛派爱国词人群体。在宋金对峙、政局相对稳定的南宋后期，出现了以姜夔、吴文英、史达祖、张炎、王沂孙等为代表的格律词派。其中突出者要数姜夔、吴文英，他们同是宗法周邦彦，但姜词清空骚雅，吴词工致密丽。

词至元明走向衰落，在清代呈中兴气象。清初，陈维崧效法苏、辛之豪放，开“阳羡词派”；朱彝尊推崇姜、张之清空，开“浙西词派”；纳兰性德善作小令，长于白描，以情取胜，风调酷似后主李煜。清中叶后，以张惠言、周济为代表的“常州词派”纠浙派之偏，论词主比兴寄托，重视词的社会作用，其影响直达近代。

二

五四新文化运动带来了“文学革命”。1917 年胡适在《新青年》上发表《文学改良刍议》，主张反封建，提倡白话文。同年，陈独秀发表《文学革命论》，正式举起了“文学革命”的大旗。“五四”文学最早尝试的文学样式是新诗。1920 年胡适出版中国第一部白话新诗集《尝试集》，为新诗发展迈出了变革体式的关键一步。真正堪称新诗第一人的是郭沫若，1921 年出版新诗集《女神》，恣意自如的诗体与革命的思想内容相结合，表现了“五四”狂飙突进的时代精神，开了“五四”新诗的先河。

“五四”诗坛是挥洒个性的舞台，其间有影响的诗人很多。冰心的诗小巧别致，形成了风格独特的小诗流派，其代表作是《繁星》《春水》。冯至有诗集《昨日之歌》，其中，《我是一条小河》最能代表他深沉含蓄、哀婉清新的诗风，鲁迅称他为“中国最为杰出的抒情诗人”。

在自由体新诗发展的同时，又出现了对诗歌“规范化”的艺术探求。1923 年诗坛出现了重要的新诗派别——新月诗派，代表诗人是闻一多、徐志摩。闻一多提出了音乐美（音节）、绘画美（辞藻）、建筑美（结构）的“三美理论”，代表作有《死水》。“三美理论”的成功实践者是徐志摩，他的名诗《再别康桥》章法整齐，音韵优美和谐，具有匀整流动、绚丽空灵飘逸的浪漫主义特色。

1930 年，“中国左翼作家联盟”（简称左联）成立。政治的分野，艺术的不同追求，使诗坛流派众多，但左翼无产阶级文学诗歌运动是其主流。蒋光慈出版新诗集《新梦》《哀中国》。《新梦》是中国新文学史上第一部歌颂苏联十月革命的诗集。殷夫写有著名的《血字》《别了，哥哥》等“红色鼓动诗”，表现了革命者冲破旧世界、为理想献身的革命精神。享有“农民诗人”称号的臧克家，诗风淳朴凝重，文白而意蕴深刻，既有“新月派”“纯诗”的潜质，又有后来“中国诗歌会”的现实主义精神，其代表诗集是《烙印》《罪恶的黑手》。

1930 年，中国现代诗歌史上第一个有组织、有纲领的革命团体“中国诗歌会”成立。其中最活跃、最有成就的人物是蒲风，他的代表诗作是叙事长诗《茫茫夜》，该诗深刻反映了广大农民的痛苦生活和要求革命的迫切心情。

1938 年“中华全国文艺界抗敌协会”成立，诗歌创作进入了新的历史时期。政治营垒与民族矛盾的综合，使诗坛自然呈现三种地域差别。解放区诗坛著名诗人有艾青、田间、李季等。“时代鼓手”田间写有诗集《给战斗者》《假如我们不去打仗》《赶车传》等。他同情农民，艺术上重急促跳动的意象和鼓点式的节奏，风格粗狂雄浑，质朴遒劲。“卓越的民族诗人”艾青写了《大堰河，我的保姆》和《雪落在中国的土地上》等诗，其诗深沉忧郁，有强烈的民族忧患意识，形式上注重诗的散文美和口语化，是20世纪30年代至40年代中国新诗现实主义主潮的杰出代表。李季写有叙事长诗《王贵与李香香》，诗作采用陕北“信天游”的形式，表现了青年男女的爱情在革命中获得新生，内容和艺术上的成就使这首诗成了解放区诗歌的经典之作。国统区有名的诗作，如戴望舒的《我用残损的手掌》，抒写了痛失家园之苦。抗战胜利后，国统区的黑暗与腐朽使政治讽刺诗盛行，有名的是袁水拍的诗集《马凡陀的山歌》。

新中国成立后的17年，诗歌创作以歌颂祖国新生、新的历史时代为主旋律，著名的诗人有郭沫若、艾青、臧克家、郭小川、贺敬之、闻捷等。20世纪50年代最有影响的诗人是郭小川、贺敬之，两人的主要成就在政治抒情诗上。郭小川写有《甘蔗林——青纱帐》、《林区三唱》等，其诗诗风豪迈，诗作中激情、形象与哲理相统一，同时又注重诗歌形式的探索。贺敬之写有《雷锋之歌》《十年颂歌》等，政治抒情诗，旋律昂扬，华丽壮美。此外贺敬之的《回延安》《三门峡歌》，注重意境情感的表现，具有民歌风味。

文化大革命十年，诗歌创作一片荒漠。粉碎“四人帮”后，诗坛上一是有名的老诗人如艾青、公刘、邵燕祥、流沙河等老诗人复出，成就不减当年。如艾青的诗集《归来的歌》；二是新成长起来的诗坛新人辈出，如雷抒雁的《小草在歌唱》等。

20世纪70年代“朦胧诗”崛起，“朦胧诗”注重表现人性的丰富性、复杂性，重在表现自我，追求意象的朦胧多义，代表作如舒婷的《致橡树》《双桅船》等。

80年代以后，诗坛出现了“第三代诗”“后现代”“新生代”等诗歌潮流，流派众多，主张不一，创作百花齐放。他们大致可分为三大群体：新传统主义诗人群，后现代主义诗人群和女性诗人群。

90年代后，诗歌作为文体样式风骚不再。

三

西方诗歌的源头是英雄史诗。自亚里士多德以来，人们一直把古希腊的荷马史诗奉为英雄史诗的鼻祖。但是，19世纪70年代，考古学家发现了巴比伦史诗《吉尔伽美什》，被视为世界上出现最早的“第一部史诗”。该诗共3000多行，是公元前19世纪用楔形文字刻写在泥板上的。《吉尔伽美什》不但影响了希腊神话和荷马史诗，也波及到印度等国家，因而被认为是东西方文学的一个共同源头。

印欧上古史诗留传至今的英雄史诗主要有4部：约公元前9世纪，相传为希腊盲诗人荷马所作的《伊利亚特》和《奥德修纪》；约公元前4世纪，相传为印度广博仙人所作的《摩诃婆罗多》（意为伟大的婆罗多族）和蚁垤所作的《罗摩衍那》（意即罗摩的故事）。其中，《摩诃婆罗多》共18卷10万颂、20多万行，为“世界第一长诗”，比两部希腊英雄史诗的总和还长8倍。东西方的英雄史诗存在着一些共同特征：比如，《摩诃婆罗多》和《伊利亚特》都源于一场远古大战的历史传说，颂扬尚武英雄；《罗摩衍那》和《奥德修纪》都描写了英雄历险的故事，歌颂智慧和爱情；《伊利亚特》和《罗摩衍那》都叙述了为一个被劫持的女人而跨海远征的史迹等。这些构成了印欧文学的主题。

中古时期，印欧英雄史诗数量空前，大多以迁徙、征战和爱情为主题。中古时期的欧洲，教会垄断着文化，但诗歌仍有所发展。英雄史诗有《希尔德布兰特之歌》《罗兰之歌》《尼伯龙根之歌》等，骑士文学中的骑士抒情诗有《破晓歌》《菩提树下》等。

意大利诗人但丁是“中世纪的最后一位诗人”，同时又是新时代的“最初一位诗人”（恩格斯语）。但丁的代表作《神曲》分“地狱”“炼狱”“天堂”三部，充满着隐喻性和象征性。它艺术地总结了中古文化，又开创性地现出了文艺复兴时代人文主义的思想曙光。

公元 14 至 16 世纪，发源于意大利的文艺复兴运动席卷欧洲。文艺复兴以复兴古希腊、古罗马的文化为旗帜，张扬人文主义，标志着资产阶级文化的萌芽。文艺复兴时期，产生了大批名家名作。意大利的彼特拉克，写有抒情诗集《歌集》。该诗集主要歌咏他对女友劳拉的爱情，重在抒发个人感情，运用意大利语写作，使诗歌更贴近现实生活，对欧洲后世的诗歌形式及内容产生了很大的影响。

欧洲 18 世纪文学中，歌德是德国最伟大诗人，恩格斯称之为“天才的诗人”，海涅称他是“世界的一面镜子”。歌德的诗歌创作涉及抒情诗、叙事诗、歌谣以及诗剧等，《浮士德》是其代表性作品。诗人运用象征方式，表现了他所理解的人类社会特别是精神世界的矛盾形式及其发展演进过程，对文艺复兴至 19 世纪初后 300 多年欧洲新兴资产阶级的精神发展历程作了深刻的回顾和总结。

欧洲浪漫主义文学产生于 18 世纪末，繁荣于 19 世纪上半叶。英国的罗伯特·彭斯和威廉·布莱克是浪漫主义文学的先驱。但真正开创浪漫主义潮流的是“湖畔派”华兹华斯等三位诗人。拜伦和雪莱则将英国的浪漫主义文学推向高峰。乔治·戈登·拜伦一生创作了包括抒情诗、理论诗、讽刺诗、长篇叙事诗等在内的大量作品，长篇叙事诗《唐璜》是其代表作。雪莱以抒情诗创作著称于世，《西风颂》《致云雀》等作品脍炙人口。“冬天如果来了，春天还会远吗？”的预言昭示美好世界必将到来，被恩格斯称为“天才的预言家”。

亚历山大·普希金是俄罗斯浪漫主义诗人的杰出代表，被称为“俄罗斯诗歌的太阳”，长篇小说《叶甫盖尼·奥涅金》是其代表作。在再现社会生活的深度和广度、典型环境的塑造、环境和场景的描写上，该作品都达到了当时俄罗斯文学的最高水平，被公认为俄罗斯文学的典范之作。

西方 19 世纪文学中，沙尔·波德莱尔是现代派文学的鼻祖，他的诗歌理论和实践直接影响了 19 世纪下半叶和 20 世纪的文学创作。诗集《恶之花》是一部别开生面之作。诗人第一次把大都会的生活带进了诗歌王国，展示了个人的苦闷心理，写出了小资产阶级青年的悲惨命运。诗歌想象丰富，运用通感、象征等艺术手法，在描绘人的内心世界方面达到了新的高度。华尔特·惠特曼是美国的民族诗人，他创作的《草叶集》，成为美国现代诗歌的开创者。

托马斯·史登斯·艾略特是 20 世纪西方后期象征主义诗歌的杰出代表。1922 年发表的《荒原》，被认为是现代诗歌的经典之作，是西方文学中一部具有划时代意义的杰作。诗歌展示了第一次世界大战后西方文明的危机和传统价值观念的失落，表现了一代人迷惘幻灭的情绪和内在心理的错乱。诗歌将神话结构和拼贴技巧有机结合，采用复杂的象征、广博的征引等手法，改变了一代人的欣赏趣味。艾伦·金斯堡是美国“垮掉的一代”的代表作家，他的诗歌以大众化的散文诗体，给二战后的美国诗坛带来一股清新的空气。《嚎叫》是艾伦·金斯堡的代表作。

在外国诗歌界，占有一席之地的还有泰戈尔——印度近代杰出的诗人。《吉檀迦利》是其最著名的一部诗集，共收诗 103 首。诗集表达了诗人对祖国前途的关心，对人生理想的探索和追求。在艺术上，诗集充满哲理，抒情意味浓烈，韵律优美，是一部不朽的名著。

《诗经》二首

[作品简介]

《诗经》是我国最早的诗歌总集，也是儒家“六艺”经典之一。收录周初至春秋中叶共500多年间的诗歌305首，分“风”“雅”“颂”三个部分。“风”有十五国风，160篇，是《诗经》中的核心内容，多为民歌；“雅”有“大雅”“小雅”，105篇，多为贵族、士大夫所作；“颂”有“周颂”“鲁颂”“商颂”，是祭祀乐歌，40篇。

桃夭

《诗经·国风·周南》

桃之夭夭[1]，灼灼[2]其华。
之子[3]于归，宜其室家。

桃之夭夭，有蕡[4]其实。
之子于归，宜其家室。

桃之夭夭，其叶蓁蓁[5]。
之子于归，宜其家人。

[注释]

[1] 夭夭：形容茂盛娇美。
[2] 灼灼：形容鲜明。华，同“花”。
[3] 之子，这个姑娘。此指新娘。之：这。于归：出嫁。
[4] 蕡（fén）：果实繁盛貌。
[5] 蓁蓁：形容叶子繁茂。

[简析]

古往今来，人们莫不把男婚女嫁视为人生一大美事，用各种形式祈祷、祝福，从而形成了各式各样、斑斓多趣的婚俗。用歌送嫁迎亲，便是古代婚俗中普遍流行的一种。《桃夭》是一首古民的贺嫁歌。人们赞美新娘美丽、善良，给她的新郎和全家带去了幸福，同时又祝愿她的家庭永远和睦美满，古初淳朴的民风由此可见一斑。全诗以桃起兴，艳红如燃的桃花，鲜嫩欲滴的桃实，翠绿似盖的桃叶，不仅映出了新娘青春的风姿和充沛的活力，也将婚嫁的仪式、场面烘托得格外热烈和欢快。我国民间贺婚的礼物常印有桃花图案，含有“桃花”的词语也常被用来形容男女婚恋，都与《桃夭》诗有直接的关系。

击鼓

《国风 · 邶风 · 击鼓》

击鼓其镗[1]，踊跃用兵[2]。土国城漕[3]，我独南行。
从孙子仲[4]，平陈与宋[5]。不我以归[6]，忧心有忡[7]。
爰居爰处[8]？爰丧其马？于以求之[9]？于林之下。
死生契阔[10]，与子成说[11]。执子之手，与子偕老。
于嗟阔兮[12]，不我活兮[13]。于嗟洵兮[14]，不我信兮[15]。

[注释]

[1] 镗（tāng）：鼓声。其镗，即“镗镗”。
[2] 踊跃：双声连绵词，犹言鼓舞。兵：武器，刀枪之类。
[3] 土国城漕：土：挖土。城：修城。国：指都城。漕：卫国的城市。
[4] 孙子仲：即公孙文仲，字子仲，邶国将领。
[5] 平：平定两国纠纷。谓救陈以调和陈宋关系。陈、宋：诸侯国名。
[6] 不我以归：是不以我归的倒装，有家不让回。
[7] 有忡：忡忡，忧虑不安的样子。
[8] 爰（yuán）：哪里。丧：丧失，此处言跑失。爰居爰处？爰丧其马：哪里可以住，我的马丢在哪里？
[9] 于以：在哪里。
[10] 契阔：聚散、离合的意思。契，合；阔，离。
[11] 成说（yuè）：约定、成议、盟约。
[12] 于嗟：叹词。
[13] 活：借为“佸”，相会。
[14] 洵：久远。
[15] 信：守信，守约。

[简析]

这是一篇典型的战争诗。诗人以袒露自身与主流意识的背离，宣泄自己对战争的抵触情绪。作品在对人类战争本相的透视中，呼唤的是对个体生命具体存在的尊重和生活细节幸福的获得。这种来自心灵深处真实而朴素的歌唱，是对人之存在的最具人文关怀的阐释，是先民们为后世的文学作品树立起的一座人性高标。

[思考与练习]

1.《桃夭》篇中所表达的先秦人美的观念是什么样的？
2. 对个体生命的尊重及人文关怀在《国风 • 邶风 • 击鼓》一诗中是怎样体现的？

[延伸阅读]

《伯兮》《芣苡》

橘颂

《楚辞 · 九章 · 橘颂》

[作者简介]

屈原（约公元前 339 年—约公元前 278 年），战国末期楚国爱国诗人。名平，字原。楚怀王时任左徒、三闾大夫。对内主张彰明法度、修明政治，举贤授能，对外主张联齐抗秦。被谗，遭放逐。楚襄王时再遭谗毁，迁于江南多年，后见楚国政治腐败，无力挽救，怀着深沉的忧愤，自沉于汨罗江。一生创作了许多不朽的作品。最有代表性的作品是抒情长诗《离骚》，另有《九歌》、《九章》、《天问》等，在我国文学史上，有深远影响。

后皇嘉树[1]，橘徕服兮[2]。
受命不迁，生南国兮。
深固难徙，更壹志兮。
绿叶素荣[3]，纷其可喜兮。
曾枝剡棘[4]，圆果抟兮[5]。
青黄杂糅，文章烂兮[6]。
精色内白，类任道兮。
纷缊宜修[7]，姱而不丑兮[8]。
嗟尔幼志[9]，有以异兮。
独立不迁，岂不可喜兮。
深固难徙，廓其无求兮[10]。
苏世独立，横而不流兮。
闭心自慎[11]，不终失过兮。
秉德无私，参天地兮[12]。
原岁并谢[13]，与长友兮。
淑离不淫，梗其有理兮[14]。
年岁虽少，可师长兮。
行比伯夷，置以为像兮。

[注释]

[1] 后皇：后，后土；皇，皇天。后皇，是对天地的尊称。嘉树：指橘树。
[2] 徕：同“来”。服：习惯，服习水土。这两句是指美好的橘树只适宜生长在楚国的大地。
[3] 素荣：素花，指白花。
[4] 曾：通“增”，这里指枝叶繁盛。剡（yǎn）：尖利。
[5] 抟（tuán）：通“团”，圆。
[6] 文章：花纹色彩。
[7] 纷缊：茂盛。宜修：修饰得体。
[8] 姱（kuā）：美好。
[9] 嗟：叹词。两句的意思是：可叹的是你从小就有志向，与众不同。
[10] 廓：心胸旷达。这这两句的意思是：你深固其根，难以迁徙，你心胸廓落，不求私利。

[11] 闭心：将忠贞之志内蕴于心，并将利欲排斥于外。意通上文“无求”，下文“自慎”。
[12] 参：参合，这里是匹配的意思。
[13] 并谢：死。
[14] 梗：正直。理：纹理。

[简析]

《九章》的内容都与屈原的身世有关，这与《离骚》相似。但每一篇的篇幅较《离骚》短得多；所涉及的事实是生活中具体的片断，不像《离骚》是综合性的自叙；使用的手法以纪实为主，较少采用幻想的表现。

在《九章》中，《橘颂》的内容和风格都比较特殊。作品用拟人化的手法，细致描绘橘树灿烂夺目的外表和“深固难徙”的品质，以表现自我优异的才华、高尚的品格和眷恋故土、热爱祖国的情怀，是作者理想和人格的表白。在描写过程中，诗人既不黏滞于作为象征物的橘树本身，又没有脱离其基本特征，从而为后世咏物诗的创作开辟了一条宽广的道路。

[思考与练习]

1．作为中国诗歌史上的第一首咏物诗，作者是如何言志的？
2．作品讴歌和追求的思想品格及精神是什么？

[延伸阅读]

《国殇》《哀郢》

南国有佳人[1]

曹植

[作者简介]

曹植（192—232），字子建，沛国谯（今安徽省亳州市）人，三国时期曹魏诗人、文学家，建安文学的代表人物。他是魏武帝曹操第三子，魏文帝曹丕之弟，封陈王，卒谥“思”，史称陈思王。后人因他文学上的造诣而将他与曹操、曹丕合称为“三曹”，南朝宋文学家谢灵运更有“天下才有一石，曹子建独占八斗”的评价。

南国有佳人，容华若桃李。
朝游江北岸，夕宿潇湘沚[2]。
时俗薄[3]朱颜，谁为发皓齿[4]？
俯仰[5]岁将暮，荣耀难久恃[6]。

[注释]

[1] 《杂诗》，共六首，此为第四首，是曹植后期的作品。
[2] 潇湘：潇水、湘水，二水在湖南零睦西北会合。沚（zhǐ）：小洲。
[3] 薄：鄙视，妒忌。朱颜：代指美女。
[4] 谁为发皓齿：即“为谁发皓齿”。发皓齿：指女子含笑，也可指女子唱歌。皓：洁白。

[5] 俯仰：低头抬头之间，形容时间短促。

[6] 恃：依赖。

[简析]

诗人后期心情十分苦闷，怀才不遇，且须时时提防不虞之祸，写诗成了他获得愉快的主要来源。此诗借南国佳人遭时俗嫉恨，在天下竟找不到一个知己，来表现幽独自伤。在写法上，吸收了《楚辞》以香草美人喻贤能之士的传统，尤其与屈原《九歌》中写湘君、湘夫人的笔调相近，末二句则脱胎于《离骚》“惟草木之零落兮，恐美人之迟暮”。这使作品具有含蕴丰富、意境深邃的特点，非一般的婉叹红颜命薄的作品所可比拟。此诗语言简练峭直，不全以华采取胜，在诗人创作中别具一格。

[思考与练习]

1．此诗最鲜明的特点是通篇运用比兴手法，请举例说明。

2．谈谈“三曹”的诗歌风格。

宣州谢朓楼饯别校书叔云[1]

李白

[作者简介]

李白（701—762），字太白，号青莲居士，祖籍陇西郡成纪县（今甘肃平凉）。唐朝诗人，有“诗仙”之称，是继屈原之后我国又一伟大的浪漫主义诗人。存世诗文千余篇，代表作有《蜀道难》《行路难》《梦游天姥吟留别》《将进酒》《静夜思》等诗篇，有《李太白集》传世。

弃我去者，昨日之日不可留，
乱我心者，今日之日多烦忧。
长风万里送秋雁，对此可以酣高楼[2]。
蓬莱文章建安骨[3]，中间小谢又清发。
俱怀逸兴壮思飞，欲上青天揽明月。
抽刀断水水更流，举杯消愁愁更愁。
人生在世不称意，明朝散发弄扁舟。

[注释]

[1] 云：指李云。

[2] 此：指“长风万里送秋雁”，既点明饯别的时节，也用“秋雁”比喻送别的人。酣高楼：即畅饮于高楼之上。

[3] 蓬莱文章建安骨：这句话是赞美李云的文章的建安风骨。建安骨：建安风骨，指刚健遒劲的诗文风格。

[简析]

这是一首登临饯别之作。以饯别为名，而实为咏怀，抒发了诗人怀才不遇、壮志难酬的苦闷，展示了诗人豪放不羁、自信自强的性格。起笔突兀，直抒郁结，随后突然转折，放眼秋空，生发豪情，从分写主客双方的文章风格，到渲染双方的逸兴壮思，而后又跌入理想受阻的苦闷，最后表明归隐江湖的愿望。全诗感情瞬息万变、波澜迭起，结构起落跌宕、跳跃发展，语言清新自然、雄奇奔放。运天然浑成之笔，传至真至率之情，故有天马行空、不可羁勒之势。

[思考与练习]

1．在你学过的古典诗词中，有哪些是写与“愁”相关的？请举一二首。

2．在诗中，诗人是如何通过诗句来展现内心情感变化的？

[延伸阅读]

《登金陵凤凰台》《江上吟》

赠卫八处士[1]

杜甫

[作者简介]

杜甫（712—770），字子美，原籍湖北襄阳，河南巩县（今巩义市）人。自号少陵野老，杜少陵，杜工部等，世称杜工部、杜拾遗，唐代伟大的现实主义诗人，有“诗圣”之称。他的诗是他所生活的那个时代的一面镜子，故被人称为“诗史”。代表作“三吏”（《新安吏》《石壕吏》《潼关吏》）“三别”（《新婚别》《垂老别》《无家别》）等诗已成为传世之作。

人生不相见，动如参与商[2]。
今夕复何夕，共此灯烛光。
少壮能几时，鬓发各已苍。
访旧半为鬼，惊呼热中肠。
焉知二十载，重上君子堂。
昔别君未婚，儿女忽成行。
怡然敬父执，问我来何方？
问答未及已，驱儿罗酒浆。
夜雨剪春韭，新炊间[3]黄粱。
主称会面难，一举累十觞。
十觞亦不醉，感子故意[4]长。
明日隔山岳，世事两茫茫。

[注释]

[1] 卫八处士：名字和生平事迹已不可考。处士，指隐居不仕的人。

[2] 参（shēn）与商：星座名，参星在西而商星在东，当一个上升，另一个下沉，故不相见。

[3] 间：掺合。

[4] 故意：故交的情意。

[简析]

这首诗是唐肃宗乾元二年（759）春天，诗人被贬华州司功参军自洛阳返回华州途中所作。描写偶遇少年知交的情景，抒写了人生聚散不定，故友相见，格外亲切。然而暂聚忽别，却又觉得世事渺茫，无限感慨。

诗的开头四句，写久别重逢，从离别说到聚首，亦悲亦喜，悲喜交集。第五至八句，生离说到死别。透露了干戈乱离、人命危浅的现实。从“焉知”到“意长”十四句，写与卫八处士的重逢聚首以及主人及其家人的热情款待。表达诗人对生活美和人情美的珍视。最后两句写重会又别之伤悲，低回婉转，耐人寻味。全诗平易真切，层次井然。诗人只是随其所感，顺手写来，便有一种浓厚的气氛。

[思考与练习]

1．谈谈这首诗与孟浩然的《过故人庄》的不同之处。

2．简析杜甫诗歌语言的特点。

[延伸阅读]

《同诸公登慈恩寺塔》《对雪》

长恨歌

白居易

[作者简介]

白居易（772—846），字乐天，号香山居士，河南新郑（今郑州新郑）人，我国唐代伟大的现实主义诗人，中国文学史上负有盛名且影响深远的诗人和文学家。他的诗歌题材广泛，形式多样，语言平易通俗，有“诗魔”和“诗王”之称。官至翰林学士、左赞善大夫。有《白氏长庆集》传世。代表诗作有《长恨歌》《卖炭翁》《琵琶行》等。

汉皇[1]重色思倾国，御宇多年求不得。
杨家有女[2]初长成，养在深闺人未识。
天生丽质难自弃，一朝选在君王侧。
回眸一笑百媚生，六宫[3]粉黛无颜色。
春寒赐浴华清池[4]，温泉水滑洗凝脂。
侍儿扶起娇无力，始是新承恩泽[5]时。
云鬓花颜金步摇[6]，芙蓉帐暖度春宵。
春宵苦短日高起，从此君王不早朝。
承欢侍宴无闲暇，春从春游夜专夜。
后宫佳丽三千人，三千宠爱在一身。
金屋妆成娇侍夜，玉楼宴罢醉和春。
姊妹弟兄[7]皆列土，可怜光彩生门户。
遂令天下父母心，不重生男重生女。
骊宫[8]高处入青云，仙乐风飘处处闻。

缓歌慢舞凝丝竹，尽日君王看不足。
渔阳[9]鼙鼓动地来，惊破霓裳羽衣曲。
九重城阙[10]烟尘生，千乘万骑西南行。
翠华[11]摇摇行复止，西出都门百余里。
六军不发无奈何，宛转蛾眉[12]马前死。
花钿委地无人收，翠翘金雀玉搔头[13]。
君王掩面救不得，回看血泪相和流。
黄埃散漫风萧索，云栈萦纡登剑阁[14]。
峨嵋山[15]下少人行，旌旗无光日色薄。
蜀江水碧蜀山青，圣主朝朝暮暮情。
行宫见月伤心色，夜雨闻铃肠断声[16]。
天旋日转回龙驭，到此踌躇不能去。[17]
马嵬坡下泥土中，不见玉颜空死处[18]。
君臣相顾尽沾衣，东望都门信马归。
归来池苑皆依旧，太液芙蓉未央柳[19]。
芙蓉如面柳如眉，对此如何不泪垂？
春风桃李花开日，秋雨梧桐叶落时。
西宫[20]南内多秋草，落叶满阶红不扫。
梨园弟子[21]白发新，椒房阿监青娥老。
夕殿萤飞思悄然，孤灯挑尽[22]未成眠。
迟迟钟鼓初长夜，耿耿星河欲曙天[23]。
鸳鸯瓦冷霜华重，翡翠衾寒谁与共？[24]
悠悠生死别经年，魂魄[25]不曾来入梦。
临邛道士鸿都客[26]，能以精诚致魂魄。
为感君王辗转思，遂教方士殷勤觅。
排空驭气奔如电，升天入地求之遍。
上穷碧落下黄泉[27]，两处茫茫皆不见。
忽闻海上有仙山，山在虚无缥渺间。
楼阁玲珑五云起，其中绰约多仙子。[28]
中有一人字太真，雪肤花貌参差是[29]。
金阙西厢叩玉扃，转教小玉报双成。[30]
闻道汉家天子使，九华帐[31]里梦魂惊。
揽衣推枕起徘徊，珠箔银屏迤逦开[32]。
云鬓半偏新睡觉，花冠不整下堂来。
风吹仙袂飘摇举，犹似霓裳羽衣舞。
玉容寂寞泪阑干[33]，梨花一枝春带雨。
含情凝睇[34]谢君王，一别音容两渺茫。
昭阳殿里恩爱绝，蓬莱宫中日月长。[35]
回头下望人寰处，不见长安见尘雾。
惟将旧物表深情，钿合金钗寄将去[36]。

钗留一股合一扇，钗擘黄金合分钿。
但教心似金钿坚，天上人间会相见。
临别殷勤重寄词，词中有誓两心知。
七月七日长生殿[37]，夜半无人私语时。
在天愿作比翼鸟，在地愿为连理枝[38]。
天长地久有时尽，此恨绵绵无绝期。

[注释]

[1] 汉皇：中唐后诗人多好以汉武帝（刘彻）代借指唐玄宗。倾国：指美女。御宇：统治全国。

[2] 杨家有女：杨贵妃是蜀州司户杨玄琰的女儿，幼年养在叔父杨玄珪家，小名玉环。开元二十三年，册封为寿王（玄宗的儿子李瑁）妃。二十八年玄宗使她为道士，住太真宫，改名太真。天宝四年册封为贵妃。

[3] 六宫：后妃的住处。粉黛：本是妇女的化妆品，这里用作妇女的代称。无颜色：是说六宫妃嫔和杨贵妃比较之下失去了光彩。

[4] 华清池：开元十一年建温泉宫于骊山，天宝六年改名华清宫。凝脂：形容皮肤白嫩而柔滑。

[5] 承恩泽：指得到皇帝的宠幸。

[6] 金步摇：一种头饰，上缀珠玉，插在发髻上，行走时摇动，所以叫“步摇”。

[7] 姊妹弟兄：指杨氏一家。杨玉环受册封后，她的大姐封韩国夫人，三姐封虢国夫人，八姐封秦国夫人。伯叔兄弟杨铦官鸿胪卿，杨锜官侍御史，杨钊赐名国忠，天宝十一年（752）为右丞相，所以说“皆列土”（分封土地）。可怜：可爱。

[8] 骊宫：即华清宫。唐玄宗常和杨贵妃在这里饮酒作乐。

[9] 渔阳：唐郡名，天宝元年河北道的蓟州改称渔阳郡。

[10] 九重城阙：指京城长安。

[11] 翠华：指皇帝仪仗中用翠鸟羽毛装饰的旗帜。

[12] 蛾眉：美女代称，此处指杨贵妃。

[13] 翠翘：翠鸟尾上的长毛叫“翘”。此处指形似“翠翘”的头饰。金雀：雀形的金钗。玉搔头：玉簪。这句说各种各样的首饰和花钿都丢在地上。

[14] 云栈：高入云端的栈道。萦纡：回环曲折。剑阁：即剑门关，在今四川省剑阁县北。

[15] 峨嵋山：在今四川省峨嵋县境。唐玄宗到蜀中，并未经过峨嵋山，这里只是泛指今四川的高山而言。

[16] 夜雨句：《明皇杂录》：“明皇既幸蜀，西南行，初入斜谷，霖雨涉旬，于栈道中闻铃音，隔山相应。上（指玄宗）既悼念贵妃，采其声为《雨霖铃曲》以寄恨焉。”

[17] 天旋日转：指政局改变。龙驭：皇帝的车驾。此：指杨贵妃自尽处。

[18] 空死处：空见死处。

[19] 太液：池名，在汉建宫北。未央：汉宫名，在长安县西北。此处借指唐朝的池苑和宫殿。

[20] 西宫：唐太极宫，也称西内。

[21] 梨园弟子：当年玄宗在梨园亲自调教出来的乐工声伎，包括一部分宫女。

[22] 孤灯挑尽：古时用灯草点油灯，过一会儿就要把灯草往前挑一挑，让它好燃烧。挑尽：是说夜已深，灯草也将挑尽。

[23] 耿耿：明亮。星河：银河。欲曙天：天快要亮的时候。

[24] 鸳鸯瓦：屋瓦一俯一仰扣合在一起叫“鸳鸯瓦”。霜华：即霜花。重：指霜厚。翡翠衾（qīn）：绣着翡翠鸟的被子。

[25] 魂魄：指杨贵妃的亡魂。

[26] 临邛（qióng）：今四川省邛崃县。鸿都：洛阳北宫门名。

[27] 穷：找遍的意思。碧落：指天上。黄泉：指地下。

[28] 五云：五色云。绰约：美好的样子。

[29] 参差是：仿佛就是。

[30] 叩玉扃（jiōng）：叩玉作的门。扃：本指门闩或门环，这里指门扇。小玉：吴王夫差之女小玉。双成：姓董。《汉武帝内传》记：西王母命玉女董双成吹云和之笙。此借小玉、双成作为杨贵妃的侍婢。

[31] 九华帐：用九华图案绣成的彩帐。

[32] 珠箔：珠帘。屏：屏风。迤逦：连接不断。

[33] 阑干：纵横流淌的样子。

[34] 凝睇（dì）：凝视。

[35] 昭阳殿：汉宫名，赵飞燕居住过的地方，这里代指杨贵妃旧居处。蓬莱宫：传说中的海上仙山。这里代指仙境。

[36] 钿合：镶嵌金花的首饰盒。寄将去：托请捎去。

[37] 长生殿：在骊山上，天宝元年建，名“集灵台”，用以祭神。

[38] 连理枝：不同根的两棵树的树干结合在一起。

[简析]

这是一首具有浪漫传奇色彩和浓郁抒情气氛的长篇叙事诗，是白居易感伤诗的代表作，向来与《琵琶行》双璧争辉。全篇的中心是歌“长恨”，但作者却从“重色”说起，并极力铺写和渲染。在马嵬兵变、贵妃殒命之后，作者着力描写了唐玄宗对杨贵妃的刻骨思念，还匠心独运地构思了一个道士招魂、杨妃托物寄词的情节，表达了天上人间坚如金钿的忠贞爱情，点明了“长恨”的主题。全篇以极乐起，以极恨收，构思精巧，舒卷流畅，故事情节波澜起伏，人物形象鲜明丰满，心理刻画细腻传神，叙事、抒情、写景水乳交融，语言优美，音律和谐，情韵丰厚，极富感染力，成为长篇歌行的千古绝唱。

[思考与练习]

1．此诗备受人们称赞的原因是什么？

2．以此诗为题材，分小组编演 5 分钟舞台剧。

[延伸阅读]

《江楼月》《夜雪》

相见欢

李煜

[作者简介]

李煜（937—978），初名从嘉，字重光，号钟隐、莲峰居士。南唐最后一位君主。宋建隆二年（961 年）在金陵即位，在位十五年，世称李后主。李煜继位之前，南唐已对宋称臣，处于属国地位；继位之后，他自感回天无力，不修政事，纵情享乐，年年向宋纳贡以苟延残喘。975 年，国破降宋，俘至汴京，封违命侯。后为宋太宗毒死。李煜虽不通政治，但其艺术才华非凡。精书法，善绘画，通音律，诗、文均有造诣，尤以词的成就最高，有千古杰作《虞美人》、《浪淘沙》《乌夜啼》等，被称为“千古词帝”。

无言独上西楼，月如钩。
寂寞梧桐深院锁清秋[1]。
剪不断，理还乱，是离愁[2]。
别是一般滋味在心头[3]。

[注释]

[1] 锁清秋：深深被秋色所笼罩。
[2] 离愁：指去国之愁。
[3] 别是一般：也作“别是一番”，另有一种意味。

[简析]

这首词中的景物意象寓意着忧愁，古典诗词中西楼、残月、梧桐、清秋都寓意着凄凉、哀婉、忧伤、悲愁。下阕词人直抒心中的离愁，欲说还休、曲折压抑的千愁百结胜于痛哭流涕，具有高度的概括性和普遍性，使读者产生共鸣。

[思考与练习]

1. 怎样理解“无言独上西楼”？给人留下了什么样的形象？
2. 结合作者的经历，谈谈“别是一般滋味在心头”的滋味该是什么样的？

[延伸阅读]

《浪淘沙令 • 帘外雨潺潺》《虞美人 • 春花秋月何时了》

水调歌头[1]

苏轼

[作者简介]

苏轼（1037－1101），字子瞻，号东坡居士，四川眉山人，北宋文学家、书画家。与父苏洵，弟苏辙合称“三苏”。他在文学艺术方面堪称全才。其文随文赋形，汪洋恣肆，自然畅达，与欧阳修并称“欧苏”，为唐宋八大家之一；诗清新豪健，善用夸张比喻，在艺术表现方面独具风格，与黄庭坚并称“苏黄”；词开豪放一派，与辛弃疾并称“苏辛”；诗文有《东坡七集》

等，词有《东坡乐府》。

丙辰[2]中秋，欢饮达旦，大醉，作此篇，兼怀子由[3]。

明月几时有？把酒问青天。不知天上宫阙，今夕是何年？我欲乘风归去[4]。又恐琼楼玉宇[5]，高处不胜[6]寒，起舞弄清影，何似[7]在人间。转朱阁[8]，低绮户[9]，照无眠。不应有恨，何事长向别时圆？人有悲欢离合，月有阴晴圆缺，此事古难全。但愿人长久，千里共婵娟。

[注释]

[1] 水调歌头：这首词作于熙宁九年苏轼在密州（今山东诸城）任知州时。

[2] 丙辰：宋神宗熙宁九年（1076），岁次丙辰。

[3] 子由：苏轼弟，名辙，字子由。当时在济南任职。

[4] 乘风归去：驾风回到天上。

[5] 琼楼玉宇：指月中宫殿。

[6] 不胜（shēng）：经受不住。

[7] 何似：哪里比得上。

[8] 朱阁：红色楼阁。

[9] 绮户：雕花门窗。

[简析]

这是一首借月抒怀的中秋词。

苏轼兄弟双双进京应试，同中进士，因宦游奔波，两人相别已达六七年，思念日深。此词在抒发怀念苏辙之情时，融入了自己的政治感慨，着重展现了出世与入世、感情与理智的矛盾，从中透射出终归于热爱人生的旷达情怀。

此词以中秋之月贯串全篇。上片写对月饮酒，从问月赞月，向往月宫，写到月下起舞，作者的人生态度由出世之想归于入世。下片写对月怀人，从月影移动，月有圆缺，写到月光普照，用理智排遣了别离之情。

在构思方面，这首词明显受到李白咏月诗的影响，想象奇逸高妙，意境空灵蕴藉，极富浪漫主义色彩。

[思考与练习]

1．体会这首词所表现的复杂心态，以及作者乐观旷达的人生态度。

2．背诵这首词。

[延伸阅读]

《定风波·莫听穿林打叶声》《江城子·十年生死两茫茫》

永遇乐

李清照

[作者简介]

李清照（1084－1155），济南章丘（今属山东）人，号易安居士。南宋著名女词人，婉约词派代表。早期与夫赵明诚共同致力于书画金石的搜集整理。金兵入据中原，流寓南方，境遇孤苦。所作词，前期多写其悠闲生活，后期多悲叹身世，情调感伤，也流露出对中原的怀念。形式上善用白描手法，自辟蹊径，语言清丽。论词强调协音律，崇尚典雅，反对以作诗文之法填词。有《易安居士文集》《易安词》，已散佚。后人有《漱玉词》辑本，今人辑有《李清照集校注》。

落日熔金[1]，暮云合璧，人在何处？染柳烟浓，吹梅笛怨[2]，春意知几许？元宵佳节，融和天气，次第岂无风雨？来相召、香车宝马，谢他酒朋诗侣。中州盛日[3]，闺门多暇，记得偏重三五[4]。铺翠冠儿[5]，捻金雪柳[6]，簇带争济楚[7]。如今憔悴，风鬟雾鬓[8]，怕见夜间出去。不如向，帘儿底下，听人笑语。

[注释]

[1] 落日熔金：落日火红，如金熔化。

[2] 吹梅笛怨：即笛吹梅怨，汉《横吹曲》有笛曲《梅花落》。李白《与史郎中钦听黄鹤楼上吹笛》诗："黄鹤楼中吹玉笛，江城五月落梅花。"

[3] 中州：今河南省，此处指北宋都城汴京。

[4] 三五：古人常称阴历十五为三五，此处指正月十五元宵节。

[5] 铺翠冠儿：镶有翡翠珠子的女士帽子。

[6] 捻金雪柳：用金饰的丝绸或金纸扎的雪柳。捻金，金饰的一种。雪柳、雪梅都是古代妇女们节日插戴的装饰品。

[7] 簇带争济楚：宋时方言，插戴满头之意。

[8] 风鬟雾鬓：头发散乱，不加修饰。形容因风尘劳碌而致头发散乱，两鬓斑白。

[简析]

本词通过今昔对比，抒写今昔苦乐不同的情景，表达忧时伤世怀念故国的情思。上片描绘元宵节傍晚时分的景物和自己的感受；下片写闭门幽居，抚今追昔，悲不自胜的感受；结尾两句抒情极为凄楚，令人酸鼻。全词在艺术上运用今昔对照与丽景哀情相映的手法，并有意将当时的口语与精致的文学语言交错融合，形成一种文白相济、雅俗共赏的风格。

[思考与练习]

1．上片开始连下三个设问，每一个设问各起什么作用？

2．这首词从伤今追昔，上片和下片采用了对比的写法，把今昔不同的情景构成鲜明的对照，又把一些寻常用语组织入词，这样写起到了什么作用？

[延伸阅读]

《一剪梅·红藕香残玉簟秋》《临江仙·庭院深深深几许》

摸鱼儿[1]

辛弃疾

[作者简介]

辛弃疾（1140－1207），南宋词人，别号稼轩，历城（今山东济南）人。21 岁参加抗金义军。历任湖北、江西、湖南、福建、浙东安抚使等职。一生力主抗金，曾上《美芹十论》与《九议》，条陈战守之策，显示其卓越的军事才能与爱国热忱。其词抒写力图恢复国家统一的爱国热情，倾诉壮志难酬的悲愤，对当时执政者的屈辱求和颇多谴责；也有不少吟咏祖国河山的作品。题材广阔又善化用前人典故入词，风格沉雄豪迈又不乏细腻柔媚之处。作品集有《稼轩长短句》，今人辑有《辛稼轩诗文钞存》。

淳熙己亥[2]，自湖北漕移湖南，同官王正之置酒小山亭，为赋。

更能消几番风雨？匆匆春又归去。惜春长怕花开早，何况落红无数。春且住，见说道，天涯芳草无归路[3]。怨春不语[4]。算只有殷勤，画檐蛛网，尽日惹飞絮[5]。长门事，准拟佳期又误。蛾眉曾有人妒。千金纵买相如赋，脉脉此情谁诉[6]？君莫舞[7]，君不见，玉环飞燕皆尘土！闲愁最苦！休去倚危栏[8]，斜阳正在，烟柳断肠处。

[注释]

[1] 《摸鱼儿》一名《摸鱼子》，本为唐教坊曲名，后用为词调。后又名《迈陂塘》《买陂塘》《双蕖怨》。

[2] 淳熙己亥：朱孝宗淳熙六年（1179）。漕（cáo）：宋朝称转运使为漕司，掌管一路的财赋。移：调动职务。此时辛弃疾由湖北转运副使调任湖南转运副使。同官：辛弃疾调离后，王正之接替他的职务，故称同官。王正之：名正己，字正之，是辛弃疾的旧交。小山亭：在湖北转运副使官署内。

[3] 见说道句：听说天尽头也长满芳草，春将没有归路。表示作者希望春天找不到归路，长驻人间。见说道：听说。

[4] 怨春句：埋怨春天不理解自己的挽留，悄悄地溜走了。

[5] 算只有三句：只有画檐上蜘蛛殷勤结成的蛛网，成天粘住一些飞扬的柳絮，算是留住了一点点春意。惹：沾惹，粘住。

[6] 长门事五句：司马相如《长门赋序》称：汉武帝陈皇后失宠，贬居长门宫，愁闷悲思。听说司马相如善写文章，就奉送黄金百斤，请相如作赋以解悲愁。相如的文章使汉武帝感悟，于是陈皇后重新得宠。按史传所载，陈皇后并未再得宠幸。这里借题发挥，说陈皇后本可再度得宠，因有人嫉妒进谗，使原定的佳期又被耽误了。纵然她用千金买得了相如赋，脉脉柔情又能向谁去诉说。这几句暗喻忠良之士遭到谗害，不被理解信任，虽有忠君爱国之心，却无处倾诉。蛾眉：借指美人。

[7] 君莫舞：你且不要手舞足蹈。此句警告谗害忠良者不要高兴得太早。

[8] 危栏：高栏。

[简析]

这是一首词意殊怨、寄托遥深的抒情词，是所谓“百炼钢化为绕指柔”的赋别之作。作者借春愁宫怨，抒发了对国运危迫、抗金形势衰微的焦虑担忧和报国无门、壮志难酬的郁闷悲愤。词以比兴手法抒写情怀。上片写春愁，借物起兴，以暮春残景象征南宋国势，于殷殷伤春之情中见拳拳忧国之心。下片写宫怨，托古喻今，以美人喻君子，借美人之失宠悲志士之不遇。全篇无一句明写自己，也无一句直陈时事，但处处都在写自己的遭遇和国家的命运。全词结构开合跌宕，以景起，以景结，风格沉郁顿挫，熔豪放与婉约于一炉，外柔婉而内激越，体现了辛词“肝肠似火，色貌如花”的艺术特色。

[思考与练习]

1. 结合本词，体会“肝肠似火，色貌如花”的艺术特色。
2. 谈谈“休去倚危栏，斜阳正在，烟柳断肠处。”这句结语的作用。

[延伸阅读]

《水龙吟·楚天千里清秋》《永遇乐·千古江山》

金缕曲[1]　赠梁汾[2]

纳兰性德

[作者简介]

纳兰性德（1655—1685），满族叶赫那拉氏，原名成德，字容若，号楞伽山人。以词闻名，现存349首，哀感顽艳，有南唐后主遗风。王国维有评：“北宋以来，一人而已。”他生活于满汉融合时期，虽侍从帝王，却向往平淡。特殊的生活背景和超逸的才华，使其诗词创作呈现出独特的个性和鲜明的艺术风格。流传至今的《木兰花令 拟古决绝词》“人生若只如初见，何事秋风悲画扇？等闲变却故人心，却道故人心易变。”富于意境，是其代表作之一。一生著作颇丰，有《通志堂集》20卷、《渌水亭杂识》4卷，《词林正略》，辑《大易集义粹言》80卷，《陈氏札记说补正》38卷。

德也狂生耳[3]！
偶然间、淄尘京国，乌衣门第[4]。
有酒惟浇赵州土[5]，谁会成生此意[6]？
不信道、遂成知己[7]。
青眼高歌俱未老[8]，向尊前、拭尽英雄泪[9]。
君不见，月如水。

共君此夜须沉醉。
且由他、娥眉谣诼，古今同忌[10]。
身世悠悠何足问[11]，冷笑置之而已！
寻思起、从头翻悔[12]。
一日心期千劫在[13]，后身缘，恐结他生里[14]。
然诺重，君须记[15]！

[注释]

[1] 金缕曲：词牌名。

[2] 梁汾：顾贞观（1637～1714年），字华峰，号梁汾。江苏无锡人，纳兰性德的朋友。清康熙五年（1666年）顺天举人。著有《积书岩集》及《弹指词》。清康熙十五年（1676年）与纳兰性德相识，从此交契，直至纳兰性德病殁。

[3] 德也狂生耳：我本是个狂放不羁的人。德，作者自称。

[4] 偶然间，淄尘京国，乌衣门第：我在京城混迹于官场，又出身于高贵门第，这只是命运的偶然安排。淄尘京国，表居北京之无奈。淄尘，黑尘，喻污垢。此处作动词用，指混迹。淄，通“缁”，黑色。京国，京城。乌衣门第：东晋王、谢大族多居金陵乌衣巷，后世遂以该巷名指称世家大族。

[5] 有酒惟浇赵州土：用李贺《浩歌》“买丝绣作平原君，有酒惟浇赵州土”句意，是说希望有战国时赵国平原君那样招贤纳士的人来善待天下贤德才士。浇，浇酒祭祀。赵州土，平原君墓土。

[6] 谁会成生此意：谁会理解我的这片心意。会，理解。成生，作者自称。作者原名成德，后避太子讳改性德。

[7] 不信道、竟逢知己：万万没有想到，今天竟然遇到了知己。

[8] 青眼高歌俱未老：趁我们青壮盛年，纵酒高歌。青眼，契重之眼光，此指青春年少。

[9] 向尊前、拭尽英雄泪：姑且面对酒杯，擦去英雄才有的眼泪。为二人均不得志而感伤。尊，同“樽”。

[10] 且由他、蛾眉谣诼，古今同忌：姑且由他去吧，才干出众，品行端正的人容易受到谣言中伤，这是古今常有的事。语出《离骚》：“众女嫉余之蛾眉兮，谣诼谓余以善淫。”蛾眉，亦作“娥眉”，喻才能。谣诼，造谣毁谤。忌，语助词，无实义。

[11] 身世悠悠何足问：人生岁月悠悠，遭受挫折苦恼，不必去追究。悠悠，遥远而不定貌。

[12] 寻思起、从头翻悔：若对挫折耿耿于怀，反复寻思，那么从人生一开始就错了。

[13] 一日心期千劫在：一日以心相许成为知己，即使经历千万劫难，我们二人的友情也将依然长存。心期：以心相许，情投意合。

[14] 后身缘、恐结他生里：来世他生，我们的情缘还将保持。后身缘，来生情缘。

[15] 然诺重，君须记：朋友间信用为重，您要切记。然诺重，指守信誉，不食言。

[简析]

纳兰性德有些词写得悲凉顽艳，如“春云吹散湘帘雨，絮粘蝴蝶飞还住”“急雪乍翻香阁絮，轻风吹到胆瓶梅”。使人读来觉得香留齿颊。但是，纳兰词最大的特点是直抒性灵，感情直率。他一贯认为，“诗乃心声，性情之事也。”这种主张，体现在创作中，便显得不事雕饰，天籁自鸣。本诗中可看到诗人运笔如流水行云，一任真纯充沛的感情在笔端酣畅地抒发。不过，纳兰性德的诗歌直写怀抱，又非不注意艺术锤炼，一味粗头乱服。这首金缕曲显得既酣畅，又深沉；既慷慨淋漓，又耐人寻味；没有华丽的词藻，却使人读来五内沸腾，神摇魄荡，感觉到作者字字句句，出自肺腑。它的成就，证实了一条创作的真理：真情实感，是诗歌的生命。

[思考与练习]

1. 熟读并背诵课文。
2. 课外阅读纳兰性德的其他作品。

[延伸阅读]

《木兰词·拟古决绝词柬友》《蝶恋花·辛苦最怜天上月》

面朝大海，春暖花开

海子

[作者简介]

海子（1964—1989），原名查海生，安徽省怀宁县高河查湾人，在农村长大。1979 年 15 岁时考入北京大学法律系，大学期间开始诗歌创作。1983 年毕业后任教于中国政法大学。1989 年在山海关卧轨自杀，年仅 25 岁。在诗人短暂的生命里，保持了一颗圣洁的心。他曾长期不被世人理解，但他是中国 70 年代新文学史中一位全力冲击文学与生命极限的诗人。

从明天起，做一个幸福的人
喂马、劈柴，周游世界
从明天起，关心粮食和蔬菜
我有一所房子，面朝大海，春暖花开
从明天起，和每一个亲人通信
告诉他们我的幸福
那幸福的闪电告诉我的
我将告诉每一个人
给每一条河每一座山取一个温暖的名字
陌生人，我也为你祝福
愿你有一个灿烂的前程
愿你有情人终成眷属
愿你在尘世获得幸福
我只愿面朝大海，春暖花开。

[简析]

此诗写于海子卧轨自杀前两个月。大海是海子诗中的核心意象，广阔浩荡，心旷神怡，生机勃勃，是安魂之乡，是搏斗之乡，是理想之乡，是海子作为“海之子”的精神归宿，是他可以找到真正的幸福感的地方。面朝大海，春暖花开，当然是一种海市蜃楼，然而这是海子所能感受到的一种明丽的幸福感受。

[思考与练习]

你怎么理解海子曾说过的“抒情就是血”。

[延伸阅读]

《但是水，水》《春天，十个海子》

回答

北岛

[作者简介]

北岛（1949 年 8 月 2 日—），原名赵振开，中国当代诗人，为朦胧诗代表人物之一。北岛祖籍浙江湖州，1949 年生于北京。1969 年当建筑工人，后在某公司工作。1970 年开始写作，1978 年与芒克等人创办《今天》杂志。1989 年移居国外，现任教于加利福尼亚大学戴维斯分校。出版的诗集有：《陌生的海滩》（1978 年）、《北岛诗选》（1986 年）、《在天涯》（1993 年）、《午夜歌手》（1995 年）、《零度以上的风景线》（1996 年）、《开锁》（1999 年），其他作品有：《波动》及英译本（1984 年）、《归来的陌生人》（1987 年）、《蓝房子》（1999 年），散文《失败之书》（2004 年）。北岛的作品已被译成二十多种文字出版。

卑鄙是卑鄙者的通行证，
高尚是高尚者的墓志铭。
看吧，在那镀金的天空中，
飘满了死者弯曲的倒影。
冰川纪过去了，
为什么到处都是冰凌？
好望角发现了，
为什么死海里千帆相竞？

我来到这个世界上，
只带着纸、绳索和身影。
为了在审判之前，
宣读那些被判决的声音。
告诉你吧，世界，
我——不——相——信！
纵使你脚下有一千名挑战者，
那就把我算作第一千零一名。

我不相信天是蓝的，
我不相信雷的回声，
我不相信梦是假的，
我不相信死无报应。

如果海洋注定要决堤，
就让所有的苦水注入我心中。
如果陆地注定要上升，
就让人类重新选择生存的峰顶。

新的转机和闪闪星斗，
正在缀满没有遮拦的天空，
那是五千年的象形文字，
那是未来人们凝视的眼睛。

[简析]

《回答》是一首杰出的政治抒情诗，诗人在表现时，没有像传统的政治抒情诗那样去直抒胸臆，也没有肤浅地演绎心中的主题概念。在概括现实表现怀疑精神和英雄气慨时，诗人借助的是几组新异奇特的意象：如诗的第一段用通行证展现卑鄙者的畅通无阻；墓志铭表明高尚者被摧残被葬送；镀金暗示粉饰的虚假，弯曲的倒影暗指无数死者的冤屈。这些经过变形处理的意象，充分表现了诗人奇异的联想。意象化的表现手法把直说明言变为象征暗示，赋予这首主旨相当明确的政治抒情诗几分朦胧色彩，从而加大了诗句的张力，扩展了作品的艺术容量。无论是对十年动乱现实的高度概括，对现存秩序的怀疑否定得彻底，还是作为挑战反叛英雄的悲壮程度，抑或对这一切的崭新艺术的表现，在同派诗人的同类作品中，都是无与伦比的。因此，这首沉雄冷峻、大气磅礴激荡人心的作品，成为现今流行的几个朦胧诗本压卷第一篇，是当之无愧非其莫属的。

[思考与练习]

谈谈你对“卑鄙是卑鄙者的通行证，高尚是高尚者的墓志铭。”的理解。

[延伸阅读]

《红帆船》《一切》《结局或开始——献给遇罗克》

山中

徐志摩

[作者简介]

徐志摩（1897—1931），现代诗人、散文家，浙江海宁人。原名章垿，留学美国，1922 年回国。先后在北京大学、光华大学、大夏大学任教。新月诗社的中坚。1931 年因飞机失事去世。

徐诗形象性强，比喻贴切，音节和谐，语言清新，追求艺术形式的整饬、华美，具有鲜明的艺术个性。诗集有《志摩的诗》《翡冷翠的一夜》《猛虎集》等。散文也自成一格，取得了不亚于诗歌的成就，有散文集《爱眉小札》。

庭院是一片静，
听市谣围抱；
织成一地松影——
看当头月好！

不知今夜山中，
是何等光景；
想也有月，有松，
有更深的静。

我想攀附月色，
化一阵清风，

吹醒群松春醉，
去山中浮动；

吹下一针新碧，
掉在你窗前；
轻柔如同叹息——
不惊你安眠！

[简析]

这首新诗是徐志摩在生命的最后一年写给林徽因的，当时作为梁思成妻子的林徽因在香山疗养肺病，徐志摩去探望她，看到昔日恋人憔悴不堪。回到寓所后，在一片深夜的静谧之中，写下了这首脍炙人口的抒情诗，表达了诗人对昔日恋人今日好友的超乎友情又异于爱情的细腻情怀。

[思考与练习]

1．徐志摩对于现代诗歌最重要的意义是什么？

2．理解“轻柔如同叹息—不惊你的安眠！”的深意。

[延伸阅读]

《偶然》《翡冷翠山居闲话》

西风颂

雪莱

[作者简介]

雪莱（1792—1822），是十九世纪初英国诗坛上与拜伦齐名的一位浪漫主义诗人。曾受卢梭等人的思想影响。1810 年入牛津大学，因印发《无神论的必要性》一书被开除学籍。1812 年奔赴爱尔兰支持民族解放运动。1816 年结识了拜伦，两人过往甚密。1818 年被迫出国，侨居意大利。1822 年驾帆船出海，突遇风暴，舟覆身亡。

雪莱是欧洲文学史上最早歌颂空想社会主义的革命诗人。他认为诗人的思想“应该是未来花朵的萌芽”，如同一面镜子，“照出将要来到的未来投射在今天之上的庞大的映像”。其诗洋溢着宇宙的欢乐及对于真善美的喜悦和面向未来的积极精神。

一

哦，犷野的西风，秋之实体的气息！
由于你无形无影的出现，万木萧疏，
似鬼魅逃避驱魔巫师，蔫黄，魆黑，

苍白，潮红，疫疠[1]摧残的落叶无数，
四散飘舞；哦，你又把有翅的种籽
凌空运送到他们黑暗的越冬床圃；

仿佛是一具具僵卧在坟墓里的尸体，
他们将分别蛰伏，冷落而又凄凉，
直到阳春你蔚蓝的姐妹向梦中的大地

吹响她嘹亮的号角（如同牧放群羊，
驱送香甜的花蕾到空气中觅食就饮）
给高山平原注满生命的色彩和芬芳。

不羁的精灵，你啊，你到处运行；
你破坏，你也保存，听，哦，听！

二

在你的川流上，在骚动的高空，
纷乱的乌云，那雨和电的天使，
正像大地零枯败的落叶无穷

挣脱天空和海洋交错缠接的柯枝，
漂流奔泻；在你清虚的波涛表面，
似酒神女祭司头上扬起的蓬勃情丝，

从那茫茫地平线阴暗的边缘直到苍穹的绝顶，
到处散布着迫近的暴风雨飘摇翻腾的发卷。

你啊，垂死残年的挽歌，
四合的夜幕在你聚集的全部水汽威力的支撑下，
将构成他那庞大墓穴的拱形顶部。

从你那雄浑磅礴的氛围，
将迸发黑色的雨、火、冰雹；哦，听啊！

三

你，哦，是你把蓝色的地中海从梦中唤醒，
他在一整个夏天都酣睡在贝伊湾[2]一座浮石岛外，

被澄澈的流水喧哗声催送入眠，
梦见了古代的楼台、塔堡和宫闱，
在强烈汹涌的波光里不住地抖颤，

全都长满了蔚蓝色苔藓和花卉，

馨香馥郁，如醉的知觉难以描摹。
哦，为了给你让路，
大西洋水豁然开裂，
而在浩淼波澜深处，
海底的花藻和枝叶无汁的丛林，
哦，由于把你的呼啸声辨认出，

一时都惨然变色，胆怵心惊，
战栗着自行凋落；听，哦，听！

四

我若是一朵轻捷的浮云能和你同飞，
我若是一片落叶，你所能提携，
我若是一头波浪能喘息于你的神威，

分享你雄强的脉搏，自由不羁，
仅次于，哦，仅次于不可控制的你；
我若能像在年少时，作为伴侣，

随你同游天际，因为在那时节，
似乎超越你天界的神速也不为奇迹；
我也就不至于像现在这样急切，

向你苦苦祈求。哦，快把我飏起，
就像你飏起波浪、浮云、落叶！
我倾覆于人生的荆棘！我在流血！

岁月的重负压制着的这一个太像你，
像你一样，骄傲、不驯，而且敏捷。

五

像你以森林演奏，请也以我为琴，
哪怕我的叶片也像森林一样凋谢！
你那非凡和谐的慷慨激越之情，

定能从森林和我同奏深沉的秋乐，
悲怆却又甘冽，但愿你勇猛的精灵
竟是我的魂魄，我能成为剽悍的你！

请把我枯萎的思绪播送宇宙
就像你驱遣落叶催促新的生命！
请凭借我这韵文写就的符咒，

就像从未灭的余烬飏出炉灰和火星，
把我的话语传遍天地间万户千家，
通过我的嘴唇，向沉睡未醒的人境，

让预言的号角奏鸣！哦，风啊，
如果冬天来了，春天还会远吗？

[注释]

[1] 疫疠：瘟疫。

[2] 贝伊湾：意大利那不勒斯附近的一个海湾。

[简析]

《西风颂》是雪莱“三大颂”诗歌中的一首，写于1819年。这时诗人正旅居意大利，处于创作的高峰期。这首诗可以说是诗人“骄傲、轻捷而不驯的灵魂”的自白，是时代精神的写照。诗人凭借自己的诗才，借助自然的精灵让自己的生命与鼓荡的西风相呼相应，用气势恢宏的篇章唱出了生命的旋律和心灵的狂舞。

[思考与练习]

1.“西风”在这首诗里有什么象征意义？

2. 你怎样理解“如果冬天来了，春天还会远吗”这句诗的深刻含义？

[延伸阅读]

《致云雀》《自由颂》

吉檀迦利（节选）

泰戈尔

[作者简介]

拉宾德拉纳特·泰戈尔（1861—1941），印度著名诗人、文学家、社会活动家、哲学家和印度民族主义者。1861年5月7日，拉宾德拉纳特·泰戈尔出生于印度加尔各答一个富有的贵族家庭。1913年，他以《吉檀迦利》成为第一位获得诺贝尔文学奖的亚洲人。他的诗中含有深刻的宗教和哲学的见解，泰戈尔的诗在印度享有史诗的地位，代表作《吉檀迦利》《飞鸟集》《眼中沙》《四个人》《家庭与世界》《园丁集》《新月集》《最后的诗篇》《戈拉》《文明的危机》等。

1

你已经使我永生，这样做是你的欢乐。这脆薄的杯儿，你不断地把它倒空，又不断地以新生命来充满。

这小小的苇笛，你携带着它逾山越谷，从笛管里吹出永新的音乐。

在你双手的不朽的安抚下，我的小小的心，消融在无边快乐之中，发出不可言说的词调。

你的无穷的赐予只倾入我小小的手里。时代过去了，你还在倾注，而我的手里还有余量待充满。

2

当你命令我歌唱的时候，我的心似乎要因着骄傲而炸裂，我仰望着你的脸，眼泪涌上我的眶里。

我生命中一切的凝涩与矛盾融化成一片甜柔的谐音——

我的赞颂像一只欢乐的鸟，振翼飞越海洋。

我知道你欢喜我的歌唱。我知道只因为我是个歌者，才能走到你的面前。

我用我的歌曲的远伸的翅梢，触到了你的双脚，那是我从来不敢想望触到的。

在歌唱中的陶醉，我忘了自己，你本是我的主人，我却称你为朋友。

3

我不知道你怎样地唱，我的主人！我总在惊奇地静听。

你的音乐的光辉照亮了世界。你的音乐的气息透彻诸天。

你的音乐的圣泉冲过一切阻挡的岩石，向前奔涌。

我的心渴望和你合唱，而挣扎不出一点声音。我想说话，但是言语不成歌曲，我叫不出来。呵，你使我的心变成了你的音乐的漫天大网中的俘虏，我的主人！

4

我生命的生命，我要保持我的躯体永远纯洁，因为我知道你的生命的摩抚，接触着我的四肢。

我要永远从我的思想中屏除虚伪，因为我知道你就是那在我心中燃起理智之火的真理。

我要从我心中驱走一切的丑恶，使我的爱开花，因为我知道你在我的心宫深处安设了座位。

我要努力在我的行为上表现你，因为我知道是你的威力，给我力量来行动。

5

请容我懈怠一会儿，来坐在你的身旁。我手边的工作等一下子再去完成。

不在你的面前，我的心就不知道什么是安逸和休息，我的工作变成了无边的劳役海中的无尽的劳役。

今天，炎暑来到我的窗前，轻嘘微语：群蜂在花树的宫廷中尽情弹唱。

这正是应该静坐的时光，和你相对，在这静寂和无边的闲暇里唱出生命的献歌。

6

摘下这朵花来，拿了去罢，不要迟延！我怕它会萎谢了，掉在尘土里。

它也许配不上你的花冠，但请你采折它，以你手采折的痛苦来给它光宠。我怕在我警觉之先，日光已逝，供献的时间过了。

虽然它颜色不深，香气很淡，请仍用这花来礼拜，趁着还有时间，就采折罢。

7

我的歌曲把她的妆饰卸掉。她没有了衣饰的骄奢。妆饰会成为我们合一之玷：它们

会横阻在我们之间，它们丁当的声音会掩没了你的细语。

我的诗人的虚荣心，在你的容光中羞死。呵，诗圣，我已经拜倒在你的脚前。只让
我的生命简单正直像一枝苇笛，让你来吹出音乐。

8

那穿起王子的衣袍和挂起珠宝项链的孩子，在游戏中他失去了一切的快乐；他的衣服绊着他的步履。

为怕衣饰的破裂和污损，他不敢走进世界，甚至于不敢挪动。

母亲，这是毫无好处的，如你的华美的约束，使人和大地健康的尘土隔断，把人进入日常生活的盛大集会的权利剥夺去了。

9

呵，傻子，想把自己背在肩上！呵，乞人，来到你自己门口求乞！
把你的负担卸在那双能担当一切的手中罢，永远不要惋惜地回顾。
你的欲望的气息，会立刻把它接触到的灯火吹灭。它是不圣洁的——不要从它不洁
的手中接受礼物。只领受神圣的爱所付予的东西。

10

这是你的脚凳，你在最贫最贱最失所的人群中歇足。
我想向你鞠躬，我的敬礼不能达到你歇足地方的深处——那最贫最贱最失所的人群中。
你穿着破敝的衣服，在最贫最贱最失所的人群中行走，骄傲永远不能走近这个地方。
你和那最没有朋友的最贫最贱最失所的人们作伴，我的心永远找不到那个地方。

11

把礼赞和数珠撇在一边罢！你在门窗紧闭幽暗孤寂的殿角里，向谁礼拜呢？睁开眼你看，上帝不在你的面前！

他是在锄着枯地的农夫那里，在敲石的造路工人那里。太阳下，阴雨里，他和他们
同在，衣袍上蒙着尘土。脱掉你的圣袍，甚至像他一样地下到泥土里去罢！

超脱吗？从哪里找超脱呢？我们的主已经高高兴兴地把创造的锁链带起：他和我们大家永远连系在一起。

从静坐里走出来罢，丢开供养的香花！你的衣服污损了又何妨呢？去迎接他，在劳动里，流汗里，和他站在一起罢。

12

我旅行的时间很长，旅途也是很长的。

天刚破晓，我就驱车起行，穿遍广漠的世界，在许多星球之上，留下辙痕。

离你最近的地方，路途最远，最简单的音调，需要最艰苦的练习。

旅客要在每个生人门口敲叩，才能敲到自己的家门，人要在外面到处漂流，最后才能走到最深的内殿。

我的眼睛向空阔处四望，最后才合上眼说："你原来在这里！"

这句问话和呼唤"呵，在哪儿呢？"融化在千股的泪泉里，和你保证的回答"我在这里！"的洪流，一同泛滥了全世界。

[简析]

作为泛神论代表作的《吉檀迦利》，描写了诗人对神的赞颂，对神到来的渴望，与神失之交臂的失望，以及与神合一的狂欢，寄予了诗人对无限世界的向往和沉思。从诗里行间，令人

感受到诗人生命激情若无形的力量，引导着读者走向诗人构筑的激情与爱的世界里。

印度本是一个崇尚宗教的国度，千百年来人们孜孜以求努力在宗教的神秘世界之中寻找人生启迪和慰藉。泰戈尔将现代西方人文主义、科学思想与印度传统宗教相融合，潜心汲取印度各种教义中的积极意义，用西方现代文明与印度古典哲学精神相结合，创造了独特的“诗人的宗教”，这种生命哲学的深刻内涵，充分体现在《吉檀迦利》中。

[思考与练习]

你怎样理解《吉檀迦利》选文中所表达的“人的地位、人的自信和人的尊严与神的融合使得人的生命和使命变得无比珍贵”？

[延伸阅读]

《吉檀迦利》《飞鸟集》

实训　朗诵

一、朗诵的概念

朗，即声音的清晰、响亮；诵，即背诵。朗诵，就是用清晰、响亮的声音，结合各种语言手段来完善地表达作品思想感情的一种语言艺术。朗诵是口语交际的一种重要形式。朗诵不仅可以提高阅读能力，增强艺术鉴赏，更为重要的是，通过朗诵，大者可以陶冶性情，开阔胸怀，文明言行，增强理解；小者可以有效地培养对语言词汇细致入微的体味能力以及确立口语表述最佳形式的自我鉴别能力。因此，要想成为口语表述与交际的高手，就不能不重视朗诵。

二、朗诵前的准备

朗诵是朗诵表演者的一种再创作活动。这种再创作，不是脱离朗诵的材料去另行其事，也不是照字读音的简单活动，而是要求朗诵者通过原作的字句，用有声语言传达出原作的主要精神和艺术美感。不仅要让听众领会朗诵的内容，而且要使其在感情上受到感染。因此，朗诵者在朗诵前就必须做好一系列的准备工作。

（一）选择朗诵材料

朗诵是一种传情的艺术。朗诵表演者要想达到传情并引起听众共鸣的目的，必须要注意材料的选择。选择材料时，首先要注意选择那些语言具有形象性而且适于上口的文章。因为形象感受是朗诵中一个很重要的环节；干瘪枯燥的书面语言即使对于具有很强感受能力的朗诵者也构不成丰富的形象感受。其次，要根据朗诵的场合和听众的需要，以及朗诵者自己的爱好和实际水平，在众多作品中，选出最适合自己的。

（二）把握作品的内容

准确地把握作品内容，透彻地理解其内在含义，是取得好的朗诵效果的重要前提和基础。朗诵中各种艺术手段的运用固然十分重要，但是，如果离开了准确透彻地把握内容这个前提，那么，艺术技巧成了无源之水、无本之木，成了一种纯粹的形式主义，也就无法做到传情，无法让听众动情了。要做到准确透彻地把握作品内容，应注意以下几点：

（1）正确、深入地理解。朗诵表演者要把作品的思想感情准确地表现出来，需要透过字里行间，理解作品的内在含义，首先要清除障碍，搞清楚文中生字、生词、成语典故、语句等的含义。不要囫囵吞枣，望文生义。其次，要把握作品创作的背景、作品的主题和情感的基调，这样才会准确地理解作品，才不会把作品念得支离破碎，甚至歪曲原作的思想内容。

（2）深刻、细致地感受。有的朗诵，听起来也有着抑扬顿挫的语调，可就是打动不了听众。如果不是作品本身有缺陷，那就是朗诵者对作品的感受还太浅薄，没有真正走进作品，而是在那里“挤”情、“造”性。听众是敏锐的，他们不会被虚情所动，朗诵者要唤起听众的感情，使听众与自己同喜、同悲、同呼吸，必须仔细体味作品，进入角色，进入情境。丰富、逼真地想象。在理解感受作品的同时，往往伴随着丰富的想象，这样才能使作品的内容在自己的心中、眼前活动起来，就好像亲眼看到、亲身经历一样。以陈然《我的自白书》为例，在对作品进行综合分析的同时，可以设想自己就是陈然（重庆《挺进报》的特支书记），当时正处在这样的情境中：我被国民党逮捕，在狱中饱受折磨，但信仰毫不动摇，最后，敌人把一张白纸放在我面前，让我写自白书，我满怀对敌人的愤恨和藐视，满怀革命必胜的坚定信念，自豪地写下了“怒斥敌酋”式的《我的自白书》。这样通过深入的理解、真挚的感受和丰富的想象，使己动情，从而也使听众动性。

（三）用普通话朗诵

要使自己的朗诵优美动听，必须使用标准的普通话进行朗诵，因为朗诵作品一般都是运用现代汉民族共同语即普通话写成的，所以，只有用普通话朗诵，才能更好地、更准确地表达作品的思想内容；同时，普通话是汉民族共同语言，用普通话朗诵，便于不同方言区的人理解、接受。因而，在朗诵之前，首先要咬准字音，掌握语流、音变等普通话知识。

三、朗诵的特点

（一）朗诵是一种“说”的形式

朗诵是将语言文字符号转化为有声语言形式的一种活动，属于“说话”的范畴。它要求朗诵者将文字符号通过发音器官“说”出来，因此是一种语言输出形式。

（二）朗诵是一种“诵”的形式

朗诵是一种语言的输入形式。因为朗诵者只有通过视觉“看”到文字并将之转化为相应的语言形式才能进行朗诵。朗诵中除了眼、脑以外，还有发声器官的参与。从诵的目的来看，朗诵除了要获取信息，有时还是为了传递信息。

（三）朗诵是一种“听”的形式

朗诵者在朗诵的时候，将无声的文字符号变成了有声的语言，在这一连续的过程中，朗诵者本身无论是有意的还是无意的都会听到自己发出的语言信息。

总的来说，朗诵是一种语言信息处理和转换的过程。它对视觉感知的语言信息加以理解和加工，再将信息内容转换为口语语言表达出来。这样人的言语观察、言语听觉和言语动觉（说）都能得到锻炼。

四、朗诵的基本表达手段

朗诵时，一方面要深刻透彻地把握作品的内容；另一方面，要合理地运用各种艺术手段，准确地表达作品的内在含义。常用的基本表达手段有：停顿、重音、语速、句调。

（一）停顿

停顿指语句或词语之间声音上的间歇。停顿一方面是由于朗诵表演者在朗诵时生理上的需要；另一方面是句子结构上的需要；再一方面是为了充分表达思想感情的需要；同时，也可给听者一个领略和思考、理解和接受的余地，帮助听者理解作品含义，加深印象。停顿包括生理停顿、语法停顿、强调停顿。

1. 生理停顿

生理停顿即朗诵者根据气息需要，在不影响语义完整的地方作一个短暂的停歇。要注意，生理停顿不要妨碍语意表达，不割裂语法结构。

2. 语法停顿

语法停顿是反映一句话里面的语法关系的，在书面语言里就反映为标点。一般来说，语法停顿时间的长短同标点大致相关。例如句号、问号、叹号后的停顿比分号、冒号长；分号、冒号后的停顿比逗号长；逗号后的停顿比顿号长；段落之间的停顿则长于句子停顿的时间。

3. 强调停顿

为了强调某一事物，突出某个语意或某种感情，而在书面上没有标点、在生理上也可不作停顿的地方作了停顿，或者在书面上有标点的地方作了较大的停顿，这样的停顿我们称为强调停顿。强调停顿主要是靠仔细揣摩作品，深刻体会其内在含义来安排的。例如：惨象，已使我目不忍视了；流言，尤使我耳不忍闻。我还有什么话可说呢？我懂得衰亡民族之所以默无声息的缘由了。沉默呵，沉默呵！不在沉默中/爆发，就在沉默中/灭亡（鲁迅《记念刘和珍君》）。朗读最后一句时，如果在“爆发”和“灭亡”的前面作一停顿，就可以使听众充分感受到这里发出了“不爆发即灭亡”的呼告及对读者投入斗争的召唤。再如：有的人活着/他已经死了；有的人死了/他还活着。

（二）重音

重音是指朗诵、说话时句子里某些词语念得比较重的现象。一般用增加声音的强度来体现。重音有语法重音和强调重音两种。

1. 语法重音

在不表示什么特殊的思想和感情的情况下，根据语法结构的特点，而把句子的某些部分重读的，叫语法重音。语法重音的位置比较固定，常见的规律是：

（1）一般短句子里的谓语部分常重读；

（2）动词或形容词前的状语常重读；

（3）动词后面由形容词、动词及部分词组充当的补语常重读；

（4）名词前的定语常重读；

（5）有些代词也常重读。

如果一句话里成分较多，重读也就不止一处，往往优先重读定语、状语、补语等连带成分。如：

我们是怎样度过这惊涛骇浪的瞬息！

快把那炉火烧得通红。

值得注意的是，语法重音的强度并不十分强，只是同语句的其他部分相比较，读得比较重一些罢了。

2. 强调重音

强调重音指的是为了表示某种特殊的感情和强调某种特殊意义而故意说得重一些的音，目的在引起听者注意自己所要强调的某个部分。语句在什么地方该用强调重音并没有固定的规律，而是受说话的环境、内容和感情支配的。同一句话，强调重音不同，表达的意思也往往不同，例如：

我去过上海。（回答“谁去过上海？”）

我去过上海。（回答“你去没去过上海？”）

我去过上海。（回答“北京、上海等地，你去过哪儿？”）

因而，在朗诵时，首先要认真研究作品，正确理解作者意图，才能较快、较准地找到强调重音之所在。强调重音与语法重音的区别是：

（1）从音量上看。语法重音给人的感觉只是一般的轻重有所区别，而强调重音则给人鲜明突出的印象。强调重音的音量大于语法重音的音量。

（2）从出现的位置看。强调重音可能与语法重音重叠，这时语法重音服从于强调重音，只要把音量再加强一些就行了。有时，两种重音出现在不同的位置上，此时，强调重音的音量要盖过语法重音的音量。

（3）从确定重音的难易上看。语法重音较容易找到，在一句话的范围内，根据语法结构的特点就可以确定，而强调重音的确定却与朗诵者对作品的钻研程度、理解程度紧密相连。

（三）语速

语速是指说话或朗诵时每个音节的长短及音节之间连接的紧松。说话的速度是由说话人的感情决定的，朗诵的速度则与文章的思想内容相联系。一般说来，热烈、欢快、兴奋、紧张的内容速度快一些；平静、庄重、悲伤、沉重、追忆的内容速度慢一些；而一般的叙述、说明、议论则用中速。

决定语速不同的各种因素：

（1）不同的场面：急剧变化发展的场面宜用快读；平静、严肃的场面宜用慢读。

（2）不同的心情：紧张、焦急、慌乱、热烈、欢畅的心情宜用快读；沉重、悲痛、缅怀、悼念、失望的心情宜用慢读。

（3）不同的谈话方式：辩论、争吵、急呼，宜用快读；闲谈、絮语，宜用慢读。

（4）不同的叙述方式：作者的抨击、斥责、控诉、雄辩，宜用快读；一般的记叙、说明、追忆，宜用慢读。

（5）不同的人物性格：年青、机警、泼辣的人物的言语、动作宜用快读；年老、稳重、迟钝的人物的言语、动作宜用慢读。

（四）句调

在汉语中，字有字调，句有句调。我们通常称字调为声调，是指音节的高低升降。而句调我们则称为语调，是指语句的高低升降。句调是贯穿整个句子的，只是在句末音节上表现得特别明显。句调根据表示的语气和感情态度的不同，可分为四种：升调、降调、平调、曲调。

（1）升调（↑），前低后高，语势上升。一般用来表示疑问、反问、惊异、命令、呼唤、号召等语气。

（2）降调（↓），前高后低，语势渐降。一般用于陈述句、感叹句、祈使句，表示肯定、坚决、赞美、祝福、允许和感叹的语气。

（3）平调（—），这种调子，语势平稳舒缓，没有明显的升降变化，用于不带特殊感情的陈述和说明。一般的叙述、说明，以及表示迟疑、深思、冷淡、悼念、追忆等思想感情的句子，用这种语调。

（4）曲调（～），全句语调弯曲，或先升后降，或先降后升，往往把句中需要突出的词语拖长着念，这种句调常用来表示讽刺、厌恶、反语、意在言外等语气。

除了以上这些基本表达手段外，要使朗诵有声有色，还得借助一些特殊的表达手段，例如：笑语、颤音、泣诉、重音轻读等。

五、技能训练

（一）训练内容

朗诵的综合训练。

（二）训练目标

（1）熟悉朗诵的基本手段。

（2）把握作品的基调。

（3）适当运用体态语及其他辅助手段提高朗诵水平。

（三）训练程序

（1）复习本节有关朗诵的基本知识。

（2）模拟训练：

1）朗诵叶挺同志的《囚歌》，注意句调的处理：

为人进出的门紧锁着，（→平调）（冷眼相看）
为狗爬出的洞敞开着。（→平调）
一个声音高叫着：（↗曲调）（嘲讽）
——爬出来吧，给你自由！（↘）曲调（诱惑）
我渴望自由，（→）（庄严）
但我深深地知道——（→平调）
人的身躯怎能从狗洞子里爬出！（↑升调）（蔑视、愤慨、反击）
我希望有一天（→平调）地下的烈火，（稍向上扬）（语意未完）
将我连这活棺材一齐烧掉。（↓降调）（毫不犹豫）
我应该在烈火与热血中得到永生！（↓降调）（沉着、坚毅、充满自信）

2）重音练习——读出下列句子中词语的语法重音：

①东风来了，春天的脚步近了。

②一切都像刚睡醒的样子，欣欣然张开了眼。

③手势之类，距离大了看不清，声音的有效距离大得多。

一一读出下面语句中的强调重音：

于是有人慨叹曰："中国人失掉自信力了。"如果单据这一点现象而论，自信其实是早就失掉了的。先前信"地"，信"物"，后来信"国联"，都没有相信过"自己"。

假使这也算一种"信"，那也只能说中国人曾经有过"他信力"，自从对国联失望之后，便把这他信力都失掉了。

3）朗读郭小川《团泊洼的秋天》这首诗的最后三段，注意语法停顿和强调停顿。

请听听吧，这是战士/一句句从心中 // 掏出的话。
团泊洼，团泊洼，你真是那样/静静的吗？
是的，团泊洼是静静的，但那里/时刻都会 // 轰轰爆炸！
不，团泊洼是喧腾的，这首诗篇里/就充满着 // 嘈杂。
不管怎样，且把这矛盾重重的诗篇/埋在坎下，它也许不合你秋天的季节，但到明春 // 准会/生根发芽。

4）下面是鲁侍萍回忆往事、揭露周朴园罪恶的两段话，一段是相认前、一段是相认后，相认前后，鲁侍萍的怨愤之情由克制到逐渐显露，说话的语气和态度也起了变化，试用不同的语速加以表达。

——相认以前：

她是个下等人，不很守本分的。听说她跟那时周公馆的少爷有点不清白，生了两个儿子。生了第二个，才过三天，忽然周少爷不要她了。大孩子就放在周公馆，刚生的孩子她抱在怀里，在年三十夜里投河死的。

——相认以后：

哼，我的眼泪早哭干了，我没有委屈，我有的是恨，是悔，是三十年一天一天我自己受的苦。你大概已经忘了你做的事了！三十年前，大年三十的晚上我生下你的第二个儿子才三天，你为了要赶紧娶那位有钱有门第的小姐，你们逼着我冒着大雪出去。

要我离开你们周家的门。

第二部分　散文欣赏

散文概述

一

春秋战国时期，列国纷争，游说之士蜂起。在百家争鸣的政治文化环境中，产生了大量说理透辟、逻辑严密、言辞锋利、善用比喻的诸子散文。《论语》警策，《孟子》雄畅，《荀子》淳厚，《庄子》汪洋恣肆，《韩非子》峻峭犀利，其中《庄子》文学性最强。与诸子散文辉映一时的是《左传》《国语》《战国策》等以记言记事为主的历史散文，其中《左传》《战国策》尤其富于文学性。

两汉时期，赋和散文都很发达。赋是汉代文学的代表，大体经历了骚体赋、大赋、抒情小赋三个发展阶段，对魏晋辞赋和唐宋文赋有着直接的影响，代表作家有贾谊、枚乘、司马相如、扬雄、张衡、赵壹等人。代表两汉散文最高成就的，是司马迁的《史记》。《史记》全书以人为经，以事为纬，开创了我国纪传体史学和传记文学的新纪元，塑造了一系列有血有肉、栩栩如生的人物形象，语言高度个性化，极富形象性和表现力。《史记》不仅是后世叙事散文的典范，而且对小说、戏曲的发展也有巨大的启发和影响。魏晋六朝，抒情小赋日趋精致，散文清俊通脱，骈文盛极一时。曹植的《洛神赋》、陶渊明的《桃花源记》和《归去来兮辞》、庾信的《哀江南赋》、郦道元的《水经注》等，是这一时期的名篇佳作。

唐代散文取得了很高的成就。唐初受南北朝影响，骈文盛行。中唐时，韩愈、柳宗元倡导古文运动，主张"文以载道"，提倡先秦散文传统，力主恢复散文的主导地位。韩文气势磅礴、壮大奇诡，说理、记叙、抒情富有独创性和感染力；柳文精密渊深、俊洁工丽，杂文、传记、寓言、游记都很有特色。他们的散文无论是内容还是形式都达到了推陈出新的境地。晚唐散文应以罗隐、皮日休、陆龟蒙等所写的小品文为代表，鲁迅赞之为"一塌糊涂的泥塘里的光彩和锋芒"。散文在唐代古文运动以后渐呈颓势，至宋初仍未改观。宋仁宗庆历年间，诗文革新运动兴起，宋代散文取得了足与唐文媲美的杰出成就。欧阳修是诗文革新运动的领袖，宋代散文的奠基人。他反对险怪艰涩的时文，提倡平易通达的文风，所作散文极富情韵。在他的提携影响下，文坛出现王安石、曾巩、苏洵、苏轼、苏辙等散文大家。苏轼成就最著，是诗文革新运动的最后完成者，其散文诸体兼备，自由挥洒，如行云流水，姿态横生。苏轼的《赤壁赋》《后赤壁赋》蕴含哲理，意味深长，是宋代文赋的代表作。宋代的欧、王、曾、三苏和唐代的韩、柳，被后人尊崇为"唐宋八大家"，有"韩如潮，柳如泉，欧如澜，苏如海"之说。

明初刘基、宋濂、高启等人写了一些揭露黑暗社会现实的作品，如《卖柑者言》等。此后，歌功颂德、空廓浮泛的"台阁体"统治文坛几十年。明中叶，以李梦阳、何景明为首的"前七子"和以李攀龙、王世贞为首的"后七子"，先后发起复古运动，主张"文必秦汉，诗必盛唐"，反对"台阁体"文风，但其末流陷于一味模拟，了无生气。以王慎中、唐顺之、茅坤、归有光等为代表的"唐宋派"，反对前后七子，提倡唐宋古文传统。归有光成就最高，其文如

《项脊轩志》等，善写日常生活琐事，抒人之常情，淡而有味，浅中有深，赢得“明文第一”的美誉。接着在李贽“童心说”的影响下，以三袁兄弟（袁宗道、袁宏道、袁中道）为代表的“公安派”，主张“独抒性灵，不拘格套”，给复古派以猛烈的冲击。稍后的“竟陵派”钟惺、谭元春等人，创作主张与“公安派”相仿，但宗尚“幽深孤峭”，艺术趣味比较偏狭。晚明小品文特盛，成为明代散文中颇见光彩的一部分，代表作家作品有张岱的《陶庵梦忆》《西湖梦寻》。明末出现了复社、幾社领袖的爱国诗文，代表作家作品有张溥的《五人墓碑记》、夏完淳的《狱中上母书》等。清初散文以“国初三大家”魏禧、侯方域、汪琬为代表，作品以传记散文见长。清中叶出现了著名的散文流派“桐城派”，以方苞、刘大櫆、姚鼐为代表，讲究古文“义法”，以清真雅正为宗，但内容较为单薄。另一个散文流派“阳湖派”，以恽敬、张惠言为代表，实为“桐城派”的一个支流。清代骈文一度呈复兴之势，较有成就的作家有陈维崧、袁枚、洪亮吉、汪中等。

二

五四时期散文创作发展迅速。究其原因，既有对中国古典散文传统的继承，又有“五•四”时代精神的推动，更有新文化运动领导者李大钊、陈独秀、鲁迅、周作人等人的通力实践。众多原因的综合作用，使散文创作地位迅速攀升，成就在小说、戏剧、诗歌之上。

“五•四”散文的成就，一是扩大了创作题材，社会生活的各个方面都是散文创作内容；二是扩充了散文文体，出现了具有批判性、短小精悍的杂文和崇尚闲适的小品散文。杂文大家鲁迅名篇佳作众多，自成一家，将文明批判与社会批评发挥到了极致，开创了现代杂文创作的先河，成就最大。小品散文成就最高的是周作人，他最早引入西方的“美文”概念，提倡抒发个性的“言志”小品文，他既有“叛徒散文”（反抗者），又有“隐士散文”（脱离现实者）。五四时期，许多著名的散文家形成了各自个性化的创作风格。朱自清的散文清新抒情，情景相融，描写细腻，代表作有《背影》、《荷塘月色》、《春》等。冰心的散文歌颂母爱、童真、友谊、自然，风格清丽委婉，形成“冰心体”，代表作有《寄小读者》《往事》等。徐志摩的散文自由华丽，如《翡冷翠山居闲话》。郁达夫的散文坦率自然，忧郁抒情。

与“五•四”散文相比，左联时期散文艺术更加探求多样。活跃的散文文体，一是幽默闲适小品，代表人物是林语堂。林语堂开“闲话风”，提倡幽默闲适的文法格调，主张抒写性灵。视角为中西比较，内容重知识性是他散文的特点，名篇如《方巾气研究》，散文集《生活的艺术》。二是“鲁迅风”杂文。随着鲁迅思想的成熟，杂文成为他思想斗争的有力武器，形成了犀利幽默、沉郁顿挫的“鲁迅风”杂文风格。这时有影响的还有巴人（《扪虱谈》）等。三是京派散文，代表人物是何其芳，其文情致忧郁，倾向内心解剖，文笔富有书卷气，代表作为散文集《画梦录》。

20 世纪 30 年代出现了散文的新体式——报告文学。它是在社会生活多样、左联倡导和外国报告文学的影响下兴起并走向繁盛的，名篇如邹韬奋的《萍踪寄语》、范长江的《中国西北角》、夏衍的《包身工》、宋之的《一九三六年在太原》等。

抗日战争与解放战争时期虽历经战乱，散文创作依然取得了很大成绩。抗战初期的民族矛盾与抗日激情，使贴近现实、担负传送战斗信息、记录抗战业绩的报告文学再度勃兴，出现了丘东平、骆宾基、范长江、沙汀等代表作家。有影响的作品如丘东平的《我们在那里打了败仗》、解放区黄钢的《我看见了八路军》、沙汀的《随军散记》等。

40 年代散文注重围绕时世，揭露社会弊端，且杂文创作兴盛。杂文继承了“鲁迅风”的传统，思想艺术都走向成熟。当时有特色的重要散文家有梁实秋，其散文清雅通俗，温柔敦厚，代表集是《雅舍小品》。张爱玲的散文中西合璧，机智灵活，作品集如《流言》。茅盾此时写了优秀抒情散文《风景谈》《白杨礼赞》。

新中国成立后，崭新的社会政治生活、人民新的精神面貌，给散文创作注入了活力，出现了50年代中期（1956年前后）和60年代初期（1961年前后）两次散文创作高峰。

这时主要的散文作家是杨朔、刘白羽、秦牧三大散文家。杨朔的散文人称“诗人散文”，讲究在诗意中选择物象，营造意境，蕴藏哲理，名篇如《茶花赋》等。刘白羽的散文属“战士散文”，作品内容时代特色鲜明，充满战斗激情，追求崇高、雄浑、壮美的艺术风格，名篇如《长江三日》等。秦牧的散文属“学者散文”，注重“知识性、思想性、趣味性”的“三性”统一，名篇如《社稷坛抒情》等。此外，魏巍《谁是最可爱的人》、碧野《天山牧歌》、吴伯箫《记一辆纺车》等也广为传颂。

50年代杂文创作发展曲折，有针砭时弊、暴露生活的杂文，例如邓拓、吴晗、廖沫沙的《三家村札记》。

文革十年，政治禁锢，创作凋零，散文创作形势黯淡。

粉碎四人帮后的新时期，散文创作不如小说，但报告文学却很有“轰动效应”。有名的作品很多，如为知识分子正名的徐迟的《哥德巴赫猜想》、黄宗英的《大雁情》，写农村改革的乔迈的《三门李轶闻》等。随着思想解放运动的开展，艺术个性的提倡，散文创作逐步繁荣，1987年巴金完成五集《随想录》，被人称为文艺性史书，具有文学与历史的双重价值。它文体自由，手法多变，代表了新时期散文创作的最高成就。

90年代散文在文化的多元化、市场化等众多因素作用下发展迅速，出现了90年代初“散文热”的现象。散文创作队伍中有作家、学者、社会名流等。其中有影响的可分为学者式的文化散文，如余秋雨、季羡林、张中行等的散文；作家式的人文散文，如贾平凹、张承志、王小波、韩少功、张洁的散文等。余秋雨的散文社会反响比较大，作品从文化视角、理性思考的角度去关注历史的昨天与今天，文笔恣肆，灵性挥动，具有独特的行文方式，有《文化苦旅》《文明的碎片》《千年一叹》等散文集。

三

考察世界各国的文学，可以发现散文异彩纷呈。在文、史、哲融而难分的泛文学时代，历史散文是衍生其他散文的母体。当时，享有盛誉的名著不断涌现，并成为那一时代的百科全书。待文、史分开以后，各国文学散文时而繁荣，时而沉寂，表现出不同的特质。现择欧洲和印度的历史散文和哲学散文剖析，以此可见一斑。

古希腊是世界文明的发源地之一。西方学者认为，最早的一部历史散文是希罗多德的《历史》。该书记述了波斯帝国与希腊城邦之间的战争史，具有很高的史料价值。希罗多德曾被称为“历史之父”，为西方后世散文树立了光辉的典范。修昔底德的《伯罗奔尼撒战争史》以及色诺芬的《希腊史》《远征记》也独具一帜，显示了希腊文学的成就。西方的哲学和政论散文，则以比庄子略早的柏拉图的作品——《对话》为开端。该书在表达绝对“理念”的同时，体现出较高的文学价值。柏拉图因此成为“希腊文学由文艺高峰转向哲学高峰时代”的代表人物。

古罗马文学继承了希腊文学的传统。被视为罗马最古的散文著作是《大法典》和《大编年史》，但现已失传。最杰出的是李维的历史散文《罗马史》，全书140卷，追叙了罗马建国的艰辛，极易激发起爱国热忱。

罗马帝国灭亡以后，欧洲进入“中世纪”时期。那时的文史听命于宗教神学，散文界因而荒漠萧条。文艺复兴运动，才给欧洲散文带来新的辉煌。

意大利是文艺复兴的发源地。薄伽丘的《但丁传》等堪称传记文学的先导；马可·波罗的《马可·波罗游记》作为欧洲第一部介绍东方文明的散文集，成为欧洲游记散文的先驱。

法国的散文在中古时期就有一定成就，但产生世界性影响的作家却是蒙田，被尊为“散文之父”。其《随笔集》凡 3 卷 107 章，开创了随笔式散文的先河。欧洲人甚至认为，西方第一篇散文是蒙田于 1751 年在法国一座古城堡的塔楼上写成的。蒙田以后，多比涅、布兰多姆等名家辈出，但作品均以回忆散文为主。

英国的散文出现较晚，真正奠定英国近代散文基础的是莫尔和培根。莫尔以宣扬空想社会主义的著作《乌托邦》而饮誉天下，培根以哲理散文《新工具》和抒情散文《随笔》而蜚声文坛。培根是把蒙田的随笔体散文引入英国的第一人，具有开创之功。《随笔》文笔洗练，情感深厚，韵味隽永，诸如“顺境易见劣性，逆境易见德性”“声名犹如大河，空虚无物者浮，实学有才者沉”等名言都闪耀着智慧之光，不愧为世界随笔文体中的典范之作。

印度的古代文学包括梵语文学、马利语文学和波斯语文学等，并以梵语文学为主。梵语是古代印度的通行语言，即文雅的语言。梵语文学分吠陀文学（意为神圣的知识）、史诗往世书和古典文学 3 种类型。印度散文的特色，一是追求“诗体化”，二是叙述方法特殊。例如，《五经书》是世界上最早的故事总集，全书 3 个大故事中包含了 60 多个小故事。这种故事叙述法的创作风格对后世的一些作品产生了影响，如意大利的《十日谈》、中国的《古镜记》等。

阿拉伯文学发展较晚。最能代表阿拉伯散文创作成就的是《一千零一夜》，但按现代文学的分类，其属小说。

无论中外，散文文体都是多种多样的，例如史传、书信、日记、游记、政论等。相比之下，西方散文个性化的著述较多，而官方公文文体较少，且明显偏重于理性探求，不像中国散文注重人性感受和灵性的抒写。西方散文直抒胸臆，感情奔放，强调一种“热度”；而中国散文讲求含蓄，余味深长，追求的是一种“厚度”。

在散文技巧上，同为寓情理于物，西方散文往往寄寓于动物，例如法国列那尔的散文短章《自然记事》，对鸡、鹅、鸽、兔，甚至蟑螂、老鼠等，都寄予真情，惟独没有植物。中国散文则相反，多寄寓于植物。同为描景状物，西方散文笔法细腻，以烘托强烈的情感氛围；中国散文则行文简练，旨在对比之中生情。而且，暗示法更是中国散文的特有手法。

《论语》

孔子

[作品简介]

孔子（前 551—前 479）名丘，字仲尼，春秋鲁国人，汉族，生于鲁国陬邑昌平乡（今山东省曲阜市东南的鲁源村）。我国古代伟大文学家、思想家、政治家、教育家、社会活动家、古文献整理家，儒家学派创始人。曾修《诗》《书》，定《礼》《乐》，序《周易》，作《春秋》。孔子的思想及学说对后世产生了极其深远的影响，被尊称“至圣先师，万世师表”。孔子一生的主要言行，经其弟子和再传弟子整理编成《论语》一书，成为后世儒家学派的经典。

1. 子曰：“人而无信，不知其可也。大车无輗[1]，小车无軏[2]，其何以行之哉？”

2. 子张问行。子曰："言忠信，行笃[3]敬，虽蛮貊之邦，行矣；言不忠信，行不笃敬，虽州里，行乎哉？立则见其参于前也；在舆，则见其倚于横也。夫然后行。"子张书诸绅。

3. 子曰："君子周[4]而不比，小人比而不周。"

4. 子曰："富与贵，是人之所欲也；不以其道[5]得之，不处也。贫与贱，是人之所恶也；不以其道得之，不去也。君子去仁，恶乎[6]成名？君子无终食之间违仁，造次[7]必于是，颠沛[8]必于是。"

5. 子曰："志士仁人，无求生以害仁[9]，有杀身以成仁[10]。"

6. 曾子曰："士，不可以不弘毅[11]，任重而道远。仁以为己任，不亦重乎？死而后已，不亦远乎？"

7. 子曰："饭疏食[12]，饮水[13]，曲肱[14]而枕[15]之，乐亦在其中矣！不义而富且贵，于我如浮云。"

8. 叶公[16]问孔子于子路，子路不对。子曰："女奚不曰，其为人也，发愤忘食，乐以忘忧，不知老之将至云尔[17]。"

9. 子曰："君子坦荡荡[18]，小人长戚戚[19]。"

10. 子曰："不愤[20]不启，不悱[21]不发；举一隅[22]不以三隅反[23]，则不复[24]也。"

11. 子贡问为仁，子曰："工欲善其事[25]，必先利其器[26]。居是邦也，事其大夫之贤者，友其士之仁者[27]。"

12. 子曰："德之不修，学之不讲，闻义不能徙，不善不能改，是吾忧也。"

[注释]

[1] 輗（ní）：古代大车车辕前面横木上的木销子。大车指的是牛车。

[2] 軏（yuè）：古代小车车辕前面横木上的木销子。没有輗和軏，车就不能走。

[3] 笃：忠实。

[4] 周：普遍。

[5] 道：正当的途径。

[6] 恶（wū）乎：怎么可能。

[7] 造次：匆忙，仓促。

[8] 颠沛：受挫折，流离失所。

[9] 害仁：损害仁义。

[10] 成仁：成全仁义。

[11] 弘毅：弘，大；毅，坚毅。

[12] 饭疏食：饭，这里作动词用，指吃饭。疏食：粗粮。

[13] 水：古代以"汤"和"水"对举。"汤"指热水，"水"就是冷水。

[14] 肱（gōng）：上臂，这用泛指胳膊。

[15] 枕：用作动词。

[16] 叶（shè）公：叶公姓沈名诸梁，楚国的大夫，封地在叶城（今河南叶县南），所以叫叶公。

[17] 云尔：云，代词，如此的意思。尔同"耳"，而已，罢了。

[18] 坦荡荡：心胸宽广、开阔、容忍。

[19] 长戚戚：经常忧愁、烦恼的样子。

[20] 愤：苦思冥想而仍然领会不了的样子。
[21] 悱：想说又不能明确说出来的样子。
[22] 隅（yú）：角落。
[23] 反：反过来证明，也就是类推的意思。
[24] 复：重复，反复。
[25] 善其事：做好他的工作。善：做好。事：工作。
[26] 利：磨锋利。器：工具。
[27] 事：敬奉。友：结交朋友。
[28] 徙（xǐ）：迁移。这里指向“义”靠拢，使自己的行为符合“义”。

[简析]

《论语》以记言为主，“论”是论纂的意思，“语”是话语。《论语》成于众手，记述者有孔子的弟子，有孔子的再传弟子，也有孔门以外的人，但以孔门弟子为主。《论语》是记录孔子和他的弟子言行的书。作为一部优秀的语录体散文集，它以言简意赅、含蓄隽永的语言，记述了孔子的言论。《论语》中所记孔子循循善诱的教诲之言，或简单应答，点到即止；或启发论辩，侃侃而谈；富于变化，娓娓动人。

[思考与练习]

1．孔子的思想今天是否还有现实意义？结合实际谈谈自我修养。
2．阅读并背诵《论语》中的格言、警句。

[延伸阅读]

《论语》

垓下之围

司马迁

[作者简介]

司马迁（约前145—约前90），字子长，西汉夏阳（今陕西韩城）人，中国古代伟大的史学家、思想家、文学家，被后人尊称为“史圣”。生于史官世家，曾任太史令。青年时多次出外游历，足迹遍及大江南北，后为李陵降匈奴辩护而获罪下狱，受腐刑。出狱后任中书令，发愤著书，完成不朽的历史巨著《史记》。《史记》是我国第一部纪传体通史。该书记载了上自上古传说中的黄帝，下至汉武帝约三千多年的历史，全书一百三十篇，对后世史学具有深远的影响，被认为是中国史书的典范。

项王军壁垓下，兵少食尽，汉军及诸侯兵围之数重。夜闻汉军四面皆楚歌，项王乃大惊曰：“汉皆已得楚乎？是何楚人之多也[1]！”项王则夜起，饮帐中。有美人名虞，常幸从；骏马名骓[2]，常骑之。于是项王乃悲歌慷慨，自为诗曰：“力拔山兮气盖世，时不利兮骓不逝[3]。骓不逝兮可奈何，虞兮虞兮奈若何[4]！”歌数阕[5]，美人和之。项王泣数行下，左右皆泣，莫能仰视。

于是项王乃上马骑，麾下壮士骑从者八百余人，直夜溃围南出[6]，驰走。平明，汉军乃觉之，令骑将灌婴以五千骑追之。项王渡淮，骑能属者百余人耳[7]。项王至阴陵，迷失道，问一田父[8]，田父绐曰："左"。[9]左，乃陷大泽中。以故汉追及之。项王乃复引兵而东，至东城，乃有二十八骑。汉骑追者数千人。项王自度不得脱。谓其骑曰："吾起兵至今八岁矣，身七十余战，所当者破，所击者服，未尝败北，遂霸有天下。然今卒困于此[10]，此天之亡我，非战之罪也。今日固决死，愿为诸君快战[11]，必三胜之，为诸君溃围，斩将，刈旗[12]。令诸君知天亡我，非战之罪也。"乃分其骑以为四队，四向[13]。汉军围之数重。项王谓其骑曰："吾为公取彼一将。"令四面骑驰下，期山东为三处。于是项王大呼驰下，汉军皆披靡[14]。遂斩汉一将。是时，赤泉侯为骑将，追项王，项王瞋目而叱之，赤泉侯人马俱惊，辟易数里[15]，与其骑会为三处。汉军不知项王所在，乃分军为三，复围之。项王乃驰，复斩汉一都尉，杀数十百人。复聚其骑，亡其两骑耳。乃谓其骑曰："何如？"骑皆伏曰："如大王言。"

于是项王乃欲东渡乌江。乌江亭长舣船待[16]，谓项王曰："江东虽小，地方千里，众数十万人，亦足王也，愿大王急渡。今独臣有船，汉军至，无以渡。"项王笑曰："天之亡我，我何渡为[17]！且籍与江东子弟八千人渡江而西，今无一人还，纵江东父兄怜而王我，我何面目见之？纵彼不言，籍独不愧于心乎？"乃谓亭长曰："吾知公长者。吾骑此马五岁，所当无敌，尝一日行千里，不忍杀之，以赐公。"乃令骑皆下马步行，持短兵接战。独籍所杀汉军数百人。项王身亦被十余创[18]。顾见汉骑司马吕马童，曰："若非吾故人乎[19]？"马童面之[20]，指王翳曰："此项王也。"项王乃曰："吾闻汉购我头千金[21]，邑万户，吾为若德[22]。"乃自刎而死。王翳取其头，余骑相蹂践争项王，相杀者数十人。最其后，郎中骑杨喜、骑司马吕马童、郎中吕胜、杨武各得其一体[23]。五人共会其体，皆是。故分其地为五：封吕马童为中水侯，封王翳为杜衍侯，封杨喜为赤泉侯，封杨武为吴防侯，封吕胜为涅阳侯。

…………

太史公曰：吾闻之周生曰"舜目盖重瞳子"[24]，又闻项羽亦重瞳子。羽岂其苗裔邪[25]？何兴之暴也[26]！夫秦失其政，陈涉首难，豪杰蜂起，相与并争，不可胜数。然羽非有尺寸[27]，乘势起陇亩之中[28]，三年，遂将五诸侯灭秦[29]，分裂天下，而封王侯，政由羽出，号为"霸王"，位虽不终[30]，近古以来未尝有也。及羽背关怀楚[31]，放逐义帝而自立，怨王侯叛己，难矣。自矜功伐[32]，奋其私智而不师古[33]，谓霸王之业，欲以力征经营天下，五年卒亡其国，身死东城，尚不觉寤而不自责[34]，过矣[35]。乃引"天亡我，非用兵之罪也"[36]，岂不谬哉！

[注释]

[1] 何楚人之多：怎么楚人这么多。

[2] 骓（zhuī）：毛色苍白相杂的马。

[3] 逝：奔跑。

[4] 奈若何：将你怎么办。

[5] 阕：乐曲每终了一次叫一阕。数阕，就是几遍。

[6] 直：同"值"。当，趁。

[7] 属：连接，这里指跟上。

[8] 田父：老农。

[9] 绐（dài）：欺骗。

[10] 卒：最终。

[11] 快战：痛快地打一仗。

[12] 刈（yì）：割，砍。
[13] 四向：面向四方。
[14] 披靡：惊溃散乱的样子。
[15] 辟易：倒退的样子。
[16] 舣（yǐ）：移船靠岸。
[17] 何渡为：还渡江干什么。
[18] 被：遭受。
[19] 故人：旧友。
[20] 面之：跟项王面对面。
[21] 购：悬赏征求。
[22] 为若德：意思是送给你点儿好处。德：恩德。
[23] 体：身体的部分，四肢加头合称五体。
[24] 重瞳子：两个瞳仁儿。
[25] 苗裔：后代。
[26] 何兴之暴：怎么起来得这么突然。
[27] 尺寸：指极少的封地、权势等凭借。
[28] 陇亩之中：田野之中，指民间。“陇”：同“垄”。
[29] 五诸侯：指战国时的齐、赵、韩、魏、燕五个诸侯国。
[30] 位：指王位。不终：指没有维持下来。终：到最后。
[31] 背关：舍弃关中。背：弃。
[32] 矜：夸。功伐：指武力征伐的功劳。
[33] 奋：振，这里有极力施展的意思。师古：效法古人。
[34] 寤：同“悟”。
[35] 过：错。
[36] 乃：竟然。引：援引，以……为理由。

[简析]

司马迁的《史记》被鲁迅先生称作是“史家之绝唱，无韵之《离骚》”，在中国史学与文学方面，都有着划时代的意义。在文学上，它不仅开创了中国传记文学的体例，而且为所有的文学形式成功地提供了一系列新的塑造典型人物形象的艺术手法。在《史记》人物传记中，最能代表司马迁艺术成就的，当数《项羽本纪》，它成功地刻画了一个在动荡时代所特有的狂飚式的典型性格，塑造了一位叱咤风云的悲剧性英雄形象，并在各种人物的冲突中，展现了秦汉之际错综复杂的社会变革。《垓下之围》节选自《项羽本纪》，它所描写的正是项羽最终惨败的那段人生经历。

[思考与练习]

1．本文主要描述了垓下之围中的哪三个场面？这三个场面各表现了项羽怎样的性格？
2．结合本文中“太史公曰”一段评议，谈谈你对项羽功过及失败原因的看法。

[延伸阅读]

《史记·项羽本纪》

驳复仇议

柳宗元

[作者简介]

柳宗元（773—819），字子厚，山西运城人，世称“柳河东”“河东先生”。因官终柳州刺史，又称“柳柳州”“柳愚溪”。唐代文学家、哲学家、散文家和思想家，与韩愈共同倡导唐代古文运动，并称为“韩柳”；与刘禹锡并称“刘柳”，与王维、孟浩然、韦应物并称“王孟韦柳”；与唐代的韩愈、宋代的欧阳修、苏洵、苏轼、苏辙、王安石和曾巩，并称为“唐宋八大家”。一生留诗文作品达600余篇，其文的成就大于诗。有《柳河东集》。

臣伏见天后时[1]，有同州下邽人徐元庆者[2]，父爽为县吏赵师韫所杀[3]，卒能手刃父仇，束身归罪。当时谏臣陈子昂建议诛之而旌其闾[4]；且请“编之于令，永为国典”。臣窃独过之[5]。

臣闻礼之大本[6]，以防乱也。若曰无为贼虐，凡为子者杀无赦。刑之大本，亦以防乱也。若曰无为贼虐，凡为治者杀无赦。其本则合，其用则异，旌与诛莫得而并焉。诛其可旌，兹谓滥；黩刑甚矣[7]。旌其可诛，兹谓僭[8]；坏礼甚矣。果以是示于天下，传于后代，趋义者不知所向，违害者不知所立，以是为典可乎？盖圣人之制[9]，穷理以定赏罚，本情以正褒贬，统于一而已矣。

向使刺谳其诚伪[10]，考正其曲直，原始而求其端[11]，则刑礼之用，判然离矣。何者？若元庆之父，不陷于公罪，师韫之诛，独以其私怨，奋其吏气，虐于非辜，州牧不知罪[12]，刑官不知问，上下蒙冒[13]，吁号不闻；而元庆能以戴天为大耻[14]，枕戈为得礼[15]，处心积虑，以冲仇人之胸，介然自克[16]，即死无憾，是守礼而行义也。执事者宜有惭色，将谢之不暇[17]，而又何诛焉？

其或元庆之父，不免于罪，师韫之诛，不愆于法[18]，是非死于吏也，是死于法也。法其可仇乎？仇天子之法，而戕奉法之吏[19]，是悖骜而凌上也[20]。执而诛之，所以正邦典[21]，而又何旌焉？

且其议曰：“人必有子，子必有亲，亲亲相仇，其乱谁救？”是惑于礼也甚矣。礼之所谓仇者，盖其冤抑沉痛而号无告也；非谓抵罪触法，陷于大戮。而曰：“彼杀之，我乃杀之”。不议曲直，暴寡胁弱而已。其非经背圣，不亦甚哉！

《周礼》[22]：“调人[23]，掌司万人之仇。凡杀人而义者，令勿仇；仇之则死。有反杀者，邦国交仇之。”又安得亲亲相仇也？《春秋公羊传》[24]曰：“父不受诛，子复仇可也。父受诛，子复仇，此推刃之道[25]，复仇不除害。”今若取此以断两下相杀，则合于礼矣。且夫不忘仇，孝也；不爱死，义也。元庆能不越于礼，服孝死义，是必达理而闻道者也。夫达理闻道之人，岂其以王法为敌仇者哉？议者反以为戮，黩刑坏礼，其不可以为典，明矣。

请下臣议附于令。有断斯狱者，不宜以前议从事。谨议。

[注释]

[1] 伏见：看到。旧时下对上有所陈述时的表敬之辞。下文的“窃”，也是下对上表示敬意的。天后：即武则天（624—705），名曌（即“照”），并州文水（今山西省文水县）人。唐高宗李治永徽六年（655）被立为皇后，李治在世时即参与国政。后废睿（ruì）宗李旦自立，称“神圣皇帝”，改国号为周，在位16年。705年，中宗李哲复位后，

复国号唐，她才退位。

[2] 同州：唐代州名，辖境相当于今陕西省大荔、合阳、韩城、澄城、白水等县一带。下邽（guī）：县名，今陕西省渭南县。

[3] 县吏赵师韫（yùn）：当时的下邽县吏。

[4] 陈子昂（659—700）：字伯玉，梓州射洪（今四川省射洪县）人。武后时曾任右拾遗。旌（jīng）：表彰。闾：里巷的大门。

[5] 过：错误，这里是指形容词的意动用法，是“认为……错误”。

[6] 礼：封建时代道德和行为规范的泛称。

[7] 黩（dú）刑：滥用刑法。黩：轻率。

[8] 僭（jiàn）：过分。

[9] 制：原则。

[10] 刺谳（yàn）：审理判罪。

[11] 原：推究。端：原因。

[12] 州牧：州的最高行政长官。

[13] 蒙冒：蒙蔽，包庇。

[14] 戴天：头上顶着天，意即和仇敌共同生活在一个世界上。《礼记·曲礼上》：“父之仇，不与共戴天。”

[15] 枕戈：睡觉时枕着兵器。

[16] 介然：坚定的样子。自克：自我控制。

[17] 谢之：向他道歉。

[18] 愆（qiān）：过错。

[19] 戕（qiāng）：杀害。

[20] 悖骜（bèi，ào）：桀骜不驯。悖：违背。骜：通“傲”，傲慢。

[21] 邦典：国法。

[22] 《周礼》：儒家经典之一，是汇编周王室的官制和战国时代各国的制度等历史资料。

[23] 调人：周代官名。

[24] 《春秋公羊传》：儒家经典之一，又称《公羊传》。

[25] 推刃：往来相杀。

[简析]

这是柳宗元在礼部员外郎任上写的一篇驳论性的奏议，是针对陈子昂的《复仇议状》而发的。徐元庆为父报仇，杀了父亲的仇人，然后到官府自首。对于这样一个案例，陈子昂提出了杀人犯法、应处死罪，而报父仇却合于礼义、应予表彰的处理意见。柳宗元在文章中批驳了这种观点，认为这不但赏罚不明，而且自相矛盾，指出徐元庆报杀父之仇的行为既合于礼义，又合于法律，应予充分肯定。虽然文章的主旨是要说明封建主义的礼义和封建主义的法律的一致性，但在吏治腐败、冤狱难申的封建社会，仍然具有一定的进步意义。全文观点鲜明，逻辑严密，驳论有力。

[思考与练习]

认真阅读此文，分析柳宗元的“以人为本”思想。

[延伸阅读]

《石涧记》《游黄溪记》

春末闲谈[1]

鲁迅

[作者简介]

鲁迅（1881—1936），原名周树人，字豫才，浙江绍兴人。中国现代伟大的文学家、思想家、革命家，中国现代文学的奠基人，是中国的“民族魂”。他出身于没落的封建家庭，七岁开始读书，十二岁从寿镜吾老先生就读于三味书屋。十三岁家里发生一场很大的变故，家道中落，使他饱尝了冷眼和侮蔑的滋味，“看见世人的真面目”，形成了叛逆的个性。青年时代受进化论、尼采超人哲学和托尔斯泰博爱思想的影响。主要作品有小说集：《呐喊》《彷徨》《故事新编》；散文集：《朝花夕拾》；散文诗集：《野草》；文学论著：《中国小说史略》；论文集：《门外文谈》；杂文集：《而已集》《且介亭杂文集》《且介亭杂文二集》等。

北京正是春末，也许我过于性急之故罢，觉着夏意了，于是突然记起故乡的细腰蜂[2]。那时候大约是盛夏，青蝇密集在凉棚索子上，铁黑色的细腰蜂就在桑树间或墙角的蛛网左近往来飞行，有时衔一支小青虫去了，有时拉一个蜘蛛。青虫或蜘蛛先是抵抗着不肯去，但终于乏力，被衔着腾空而去了，坐了飞机似的。

老前辈们开导我，那细腰蜂就是书上所说的果蠃，纯雌无雄，必须捉螟蛉去做继子的。她将小青虫封在窠里，自己在外面日日夜夜敲打着，祝道“像我像我”，经过若干日，——我记不清了，大约七七四十九日罢，——那青虫也就成了细腰蜂了，所以《诗经》里说：“螟蛉有子，果蠃负之。”螟蛉就是桑上小青虫。蜘蛛呢？他们没有提。我记得有个考据家曾经立过异说，以为她其实自能生卵；其捉青虫，乃是填在窠里，给孵化出来的幼蜂做食料的。但我所遇见的前辈们都不采用此说，还道是拉去做女儿。我们为存留天地间的美谈起见，倒不如这样好。当长夏无事，遣暑林阴，瞥见二虫一拉一拒的时候，便如睹慈母教女，满怀好意，而青虫的宛转抗拒，则活像一个不识好歹的毛鸦头。

但究竟是夷人可恶，偏要讲什么科学。科学虽然给我们许多惊奇，但也搅坏了我们许多好梦。自从法国的昆虫学大家发勃耳（Fabre）[3]仔细观察之后，给幼蜂做食料的事可就证实了。而且，这细腰蜂不但是普通的凶手，还是一种很残忍的凶手，又是一个学识技术都极高明的解剖学家。她知道青虫的神经构造和作用，用了神奇的毒针，向那运动神经球上只一螫，它便麻痹为不死不活状态，这才在它身上生下蜂卵，封入窠中。青虫因为不死不活，所以不动，但也因为不活不死，所以不烂，直到她的子女孵化出来的时候，这食料还和被捕当日一样的新鲜。

三年前，我遇见神经过敏的俄国的E君[4]，有一天他忽然发愁道，不知道将来的科学家，是否不至于发明一种奇妙的药品，将这注射在谁的身上，则这人即甘心永远去做服役和战争的机器了？那时我也就皱眉叹息，装作一齐发愁的模样，以示“所见略同”之至意，殊不知我国的圣君，贤臣，圣贤之徒，却早已有过这一种黄金世界的理想了。不是“唯辟作福，唯辟作威，唯辟玉食”[5]么？不是“君子劳心，小人劳力”[6]么？不是“治于人者食（shì）人，治人者食于人”[7]么？可惜理论虽已卓然，而终于没有发明十全的好方法。要服从作威就须不活，要贡献玉食就须不死；要被治就须不活，要供养治人者又须不死。人类升为万物之灵，自然是可贺的，但没有了细腰蜂的毒针，却很使圣君，贤臣，圣贤，圣贤之徒，以至现在的阔人，学者，教育家觉得棘手。将来未可知，若已往，则治人者虽然尽力施行过各种麻痹术，也还不能十分奏效，与果赢并驱争先。即以皇帝一伦而言，便难免时常改姓易代，终没有“万年有道之长”；“二十四史”而多至二十四，就是可悲的铁证。现在又似乎有些别开生面了，世上诞生了一种所谓“特殊知识阶级”[8]的留学生，在研究室中研究之结果，说医学不发达是有益于人种改良的，中国妇女的境遇是极其平等的，一切道理都已不错，一切状态都已够好。E 君的发愁，或者也不为无因罢，然而俄国是不要紧的，因为他们不像我们中国，有所谓“特别国情”[9]，还有所谓“特殊知识阶级”。

但这种工作，也怕终于像古人那样，不能十分奏效的罢，因为这实在比细腰蜂所做的要难得多。她于青虫，只须不动，所以仅在运动神经球上一螫，即告成功。而我们的工作，却求其能运动，无知觉，该在知觉神经中枢，加以完全的麻醉的。但知觉一失，运动也就随之失却主宰，不能贡献玉食，恭请上自“极峰”[10]下至“特殊知识阶级”的赏收享用了。就现在而言，窃以为除了遗老的圣经贤传法，学者的进研究室主义[11]，文学家和茶摊老板的莫谈国事律[12]，教育家的勿视勿听勿言勿动[13]论之外，委实还没有更好，更完全，更无流弊的方法。便是留学生的特别发见，其实也并未轶出了前贤的范围。

那么，又要“礼失而求诸野”[14]了。夷人，现在因为想去取法，姑且称之为外国，他那里，可有较好的法子么？可惜，也没有。所有者，仍不外乎不准集会，不许开口之类，和我们中华并没有什么很不同。然亦可见至道嘉猷，人同此心，心同此理，固无华夷之限也。猛兽是单独的，牛羊则结队；野牛的大队，就会排角成城以御强敌了，但拉开一匹，定只能牟牟地叫。人民与牛马同流，——此就中国而言，夷人别有分类法云，——治之之道，自然应该禁止集合：这方法是对的。其次要防说话。人能说话，已经是祸胎了，而况有时还要做文章。所以仓颉造字，夜有鬼哭[15]。鬼且反对，而况于官？猴子不会说话，猴界即向无风潮，——可是猴界中也没有官，但这又作别论，——确应该虚心取法，返璞归真，则口且不开，文章自灭：这方法也是对的。然而上文也不过就理论而言，至于实效，却依然是难说。最显著的例，是连那么专制的俄国，而尼古拉二世“龙御上宾”[16]之后，罗马诺夫氏竟已“覆宗绝祀”了。要而言之，那大缺点就在虽有二大良法，而还缺其一，便是：无法禁止人们的思想。

于是我们的造物主——假如天空真有这样的一位“主子”——就可恨了：一恨其没有永远分清“治者”与“被治者”；二恨其不给治者生一枝细腰蜂那样的毒针；三恨其不将被治者造得即使砍去了藏着的思想中枢的脑袋而还能动作——服役。三者得一，阔人的地位即永久稳固，统御也永久省了气力，而天下于是乎太平。今也不然，所以即使单想高高在上，暂时维持阔气，也还得日施手段，夜费心机，实在不胜其委屈劳神之至……

假使没有了头颅，却还能做服役和战争的机械，世上的情形就何等地醒目呵！这时再不必用什么制帽勋章来表明阔人和窄人了，只要一看头之有无，便知道主奴，官民，上下，贵贱的区别。并且也不至于再闹什么革命，共和，会议等等的乱子了，单是电报，就要省下许多许多来。古人毕竟聪明，仿佛早想到过这样的东西，《山海经》上就记载着一种名叫“刑天”的怪物[17]。他没有了能想的头，却还活着，“以乳为目，以脐为口”，——这一点想得很周到，否则他怎么看，怎么吃呢，——实在是很值得奉为师法的。假使我们的国民都能这样，阔人又何等安全快乐？但他又“执干戚而舞”，则似乎还是死也不肯安分，和我那专为阔人图便利而设的理想底好国民又不同。陶潜[18]先生又有诗道：“刑天舞干戚，猛志固常在。”连这位貌似旷达的老隐士也这么说，可见无头也会仍有猛志，阔人的天下一时总怕难得太平的了。但有了太多的“特殊知识阶级”的国民，也许有特殊例外的希望；况且精神文明太高了之后，精神的头就会提前飞去，区区物质的头的有无也算不得什么难问题。

一九二五年四月二十二日

[注释]

[1] 本篇最初发表于1925年4月24日北京《莽原》周刊第一期，署名冥昭。

[2] 细腰蜂：在昆虫学上属于膜翅目泥蜂科；关于它的延种方法，我国古代有各种不同的记载。《诗经·小雅·小宛》：“螟蛉有子，蜾蠃负之。”汉代郑玄注：“蒲卢（按即蜾蠃）取桑虫之子，负持而去，煦妪养之，以成其子。”汉代扬雄《法言·学行》：“螟蠕之子殪，而逢蜾蠃，祝之曰：‘类我！类我！’久则肖之矣。”

[3] 发勃耳（1823—1915）：通译法布尔，法国昆虫学家。著有《昆虫记》等。

[4] E君：爱罗先珂。

[5] 唯辟作福，唯辟作威，唯辟玉食：语出《尚书·洪范》。辟，即天子或诸侯。

[6] 君子劳心，小人劳力：语出《左传》：“君子劳心，小人劳力，先王之制也。”“君子”指统治阶级，“小人”指劳动人民。

[7] 人者食人，治人者食于人：语出《孟子·滕文公》：“或劳心，或劳力；劳心者治人，劳力者治于人。治于人者食人，治人者食于人，天下之通义也。”

[8] “特殊知识阶级”：1925年2月，段祺瑞为了抵制孙中山在共产党支持下提出的召开国民会议的主张，拼凑了一个御用的“善后会议”，企图从中产生由他控制的假国民会议。当时竟有一批曾在外国留学的人在北京组织“国外大学毕业参加国民会议同志会”，于3月29日在中央公园水榭开会，向“善后会议”提请愿书，要求在未来的国民会议中给他们保留名额，其中说：“查国民代表会议之最大任务为规定中华民国宪法，留学者为一特殊知识阶级，无庸讳言，其应参加此项会议，多多益善。”作者批判的所谓“特殊知识阶级”，即指这类留学生。

[9] “特别国情”：1915年袁世凯阴谋恢复帝制时，他的宪法顾问美国人古德诺曾于8月10日北京《亚细亚日报》发表一篇《共和与君主论》，说中国自有“特别国情”，不适宜实行共和政治，应当恢复君主政体。这种“特别国情”的谬论，曾经成为反动派阻挠民主改革和反对进步学说的借口。

[10] “极峰”：意即最高统治者。旧时官僚政客对最高统治者的媚称。

[11] 进研究室主义：1919年7月，胡适在《每周评论》上发表《多研究些问题，少谈些“主义”》的文章，稍后又提出学者“进研究室”“整理国故”的口号，企图诱使青年逃避现实。

[12] 莫谈国事：北洋军阀统治时期，实行恐怖政策，密探四布，茶馆酒肆里多贴有“莫谈国事”的字条，某些文人也把“莫谈国事”当作处世格言。

[13] 勿视勿听勿言勿动：语出《论语·颜渊》：“非礼勿视，非礼勿听，非礼勿言，非礼勿动。”

[14] 礼失而求诸野：孔子的话，见《汉书· 艺文志》。

[15] 苍颉造字夜有鬼哭：见《淮南子·本经训》：“昔者苍颉作书而天雨粟，鬼夜哭。”

[16] 尼古拉二世（1868—1918）：帝俄罗曼诺夫王朝最后的一个皇帝，为1917年2月革命所推翻，次年7月17日被处死。“龙御上宾”，旧时指皇帝逝世，意即乘龙仙去。

典出《史记·封禅书》。

[17] 《山海经》十八卷：约公元前四世纪至公元二世纪间的作品，内容主要是有关我国民间传说中的地理知识，还保存了不少上古时代流传下来的神话故事。“刑天”，一作形天，见该书《海外西经》：“形天与帝至此争神，帝断其首，葬之常羊之山。乃以乳为目，以脐为口，操干戚以舞。”干：盾牌；戚：斧头。

[18] 陶潜：即陶渊明，“刑天舞干戚”两句诗，见他的《读山海经》第十首。

[简析]

鲁迅是我国现代文学革命的主将，杂文是他的匕首和投枪。思想性与艺术性高度统一的杂文创作，奠定了鲁迅作为中国现代杂文奠基人不可动摇的地位。社会评论性杂文《春末闲谈》，以闲谈的方式将自然景物人格化，用形象化的说理，揭露了统治阶级“治术”的险恶实质，表达了人民群众必胜的信心。杂文语言凌厉尖锐、泼辣幽默。解读其思想，分析其杂文形象，即可洞见鲁迅对社会历史发展规律性的深刻思考。

[思考与练习]

1. 分析该作品的思想性。
2. 结合本文，谈谈鲁迅杂文的特点。

[延伸阅读]

《秋夜》《雪》

赠予今年的大学毕业生

胡适

[作者简介]

胡适（1891—1962），安徽徽州绩溪人。现代著名学者、诗人、历史家、文学家、哲学家、教育家。学名洪骍，字希疆，后改名胡适，字适之。因提倡文学革命而成为新文化运动的领袖之一。作为学者，他一生著作颇丰，有《中国哲学史大纲》《胡适文存》《白话文学史》《红楼梦考证》《胡适论学近著》《读书与治学》等。在文学、哲学、史学、语言学、考据学、教育学、伦理学、红学等诸多领域都有突出成就。

这一两个星期里，各地的大学都有毕业的班次，都有很多的毕业生离开学校去开始他们的成人事业。学生的生活是一种享有特殊优待的生活，不妨幼稚一点，不妨吵吵闹闹，社会都能纵容他们，不肯严格的要他们负行为的责任。现在他们要撑起自己的肩膀来挑他们自己的担子了。在这个国难最紧急的年头，他们的担子真不轻！我们祝他们的成功，同时也不忍不依据我们自己的经验，赠他们几句送行的赠言——虽未必是救命毫毛，也许作个防身的锦囊罢！

你们毕业之后，可走的路不出这几条：绝少数的人还可以在国内或国外的研究院继续作学术研究；少数的人可以寻着相当的职业；此外还有做官，办党，革命三条路；此外就是在家享福或者失业闲居了。第一条继续求学之路，我们可以不讨论。走其余几条路的人，都不能没有堕落的危险。堕落的方式很多，总括起来，约有这两大类：

第一是容易抛弃学生时代的求知识的欲望。你们到了实际社会里，往往学非所用，往往所学全无用处，往往可以完全用不着学问，而一样可以胡乱混饭吃，混官做。在这种环境里即使向来抱有求知识学问的人，也不免心灰意懒，把求知的欲望渐渐冷淡下去。况且学问是要有相当的设备的；书籍，试验室，师友的切磋指导，闲暇的工夫，都不是一个平常要糊口养家的人所能容易办到的。没有做学问的环境，又谁能怪我们抛弃学问呢？

第二是容易抛弃学生时代理想的人生的追求。少年人初次与冷酷的社会接触，容易感觉理想与事实相去太远，容易发生悲观和失望。多年怀抱的人生理想，改造的热诚，奋斗的勇气，到此时候，好像全不是那么一回事了。渺小的个人在那强烈的社会炉火里，往往经不起长时期的烤炼就熔化了，一点高尚的理想不久就幻灭了。抱着改造社会的梦想而来，往往是弃甲抛兵而走，或者做了恶势的俘虏。你在那牢狱里，回想那少年气壮时代的种种理想主义，好像都成了自误误人的迷梦！从此以后，你就甘心放弃理想人生的追求，甘心做现在社会的顺民了。要防御这两方面的堕落，一面要保持我们求知识的欲望，一面要保持我们对人生的追求。有什么好法子呢？依我个人的观察和经验，有三种防身的药方是值得一试的。

第一个方子只有一句话："总得时时寻一两个值得研究的问题！"问题是知识学问的老祖宗：古住今来一切知识的产生与积聚，都是因为要解答问题——要解答实用上的困难或理论上的疑难。所谓"为知识而求知识"，其实也只是一种好奇心追求某种问题的解答，不过因为那种问题的性质不必是直接应用的，人们就觉得这是无所谓的求知识了。

我们出学校之后，离开了做学问的环境，如果没有一两个值得解答的问题在脑子里盘旋，就很难保持追求学问的热心。可是，如果你有了一个真有趣的问题逗你去想它，天天引诱你去解决他，天天对你挑衅你无可奈何它——这时候，你就会同恋爱一个女子发了疯一样，坐也坐不下，睡也睡不安，没工夫也得偷出工夫去陪她，没钱也得缩衣节食去巴结她。没有书，你自会变卖家私去买书；没有仪器，你自会典押衣服去置办仪器；没有师友，你自会不远千里去寻师访友。你只要有疑难问题来逼你时时用脑子，你自然会保持发展你对学问的兴趣，即使在最贫乏的知识中，你也会慢慢地，聚起一个小图书馆来，或者设置起一所小试验室来。所以我说，第一要寻问题。脑子里没有问题之日，就是你知识生活寿终正寝之时！古人说，"待文王而兴者，凡民也。若夫豪杰之士，虽无文王犹兴。"试想伽利略和牛顿有多少藏书？有多少仪器？他们不过是有问题而已。有了问题而后他们自会造出仪器来解决他们的问题。没有问题的人们，关在图书馆里也不会用书，锁在试验室里也不会有什么发现。

第二个方子也只有一句话："总得多发展一点非职业的兴趣。"离开学校之后，大家总是寻个吃饭的职业。可是你寻得的职业未必就是你所学的，未必是你所心喜的，或者是你所学的而和你性情不相近的。在这种情况之下，工作往往成了苦工，就感觉不到兴趣了。为糊口而做那种非"性之所近而力之所能勉"的工作，就很难保持求知的兴趣和生活的理想主义。最好的救济方法只有多多发展职业以外的正当兴趣与活动。

一个人应该有他的职业，也应该有他非职业的玩艺儿，可以叫作业余活动。往往他的业余活动比他的职业还更重要，因为一个人成就怎样，往往靠他怎样利用他的闲暇时间。他用他的闲暇来打麻将，他就成个赌徒；你用你的闲暇来做社会服务，你也许成个社会改革者；或者你用你的闲暇去研究历史，你也许成个史学家。你的闲暇往往定你的终身。英国 19 世纪的两个哲人，弥儿（J.S.Mill）终身做东印度公司的秘书，然而他的业余工作使他在哲学上、经济学上、政治思想史上都占一个很高的位置；斯宾塞（Spencer）是一个测量工程师，然而他的业余工作使他成为前世纪晚期世界思想界的一个重镇。古来成大学问的人，几乎没有一个不是善用他的闲暇时间的。职业不容易适合我们性情，我们要想生活不苦痛不堕落，只有多方发展。

有了这种心爱的玩艺儿，你就做六个钟头的抹桌子工作也不会感觉烦闷了。因为你知道，抹了六个钟头的桌子之后，你可以回家做你的化学研究，或画完你的大幅山水，或写你的小说戏曲，或继续你的历史考据，或做你的社会改革事业。你有了这种称心如意的活动，生活就不枯寂了，精神也就不会烦闷了。

第三个方子也只有一句话："你总得有一点信心。"我们生当这个不幸的时代，眼中所见，耳中所闻，无非是叫我们悲观失望的。特别是在这个年头毕业的你们，眼见自己的国家民族沉沦到这步田地，眼看世界只是强权的世界，望极天边好像看不见一线的光明——在这个年头不发狂自杀，已算是万幸了，怎么还能够希望保持一点内心的镇定和理想的信任呢？我要对你们说：这时候正是我们要培养我们的信心的时候！只要我们有信心，我们还有救。

古人说："信心可以移山。"又说："只要工夫深，生铁磨成绣花针。"你不信吗？当拿破仑的军队征服普鲁士，占据柏林的时候，有一位教授叫做费希特的，天天在讲堂劝他的国人要有信心，要信仰他们的民族是有世界的特殊使命的，是必定要复兴的。费希特死的时候，谁也不能预料德意志统一帝国何时可以实现，然而不满 50 年，新的统一的德意志帝国居然实现了。

一个国家的强弱盛衰，都不是偶然的，都不能逃出因果的铁律的。我们今日所受的苦痛和耻辱，都只是过去种种恶因种下的恶果。我们要收获将来的善果，必须努力种现在新因。一粒粒的种，必有满仓满屋的收，这是我们今日应有的信心。我们要深信：今日的失败，都由于过去的不努力。我们要深信：今日的努力，必定有将来的大收成。

佛典里有一句话："福不唐捐。"[1]唐捐就是白白地丢了。我们也应该说："功不唐捐！"没有一点努力是会白白地丢了的。在我们看不见想不到的时候，在我们看不见的方向，你瞧！你下的种子早已生根发叶开花结果了！你不信吗？法国被普鲁士打败之后，割了两省地，赔了 50 万万法郎的赔款。这时候有一位刻苦的科学家巴斯德终日埋头在他的试验室里做他的化学试验和微菌学研究。他是一个最爱国的人，然而他深信只有科学可以救国。他用一生的精力证明了三个科学问题：（一）每一种发酵作用都是由于一种微菌的发展；（二）每一种传染病都是一种微菌在生物体中的发展；（三）传染病的微菌，在特殊的培养之下可以减轻毒力，使它从病菌变成防病的药苗。

这三个问题在表面上似乎都和救国大事业没有多大关系。然而从第一个问题的证明，巴斯德定出做醋酿酒的新法，使全国的酒醋业每年减除极大的损失。从第二个问题的证明，巴斯德教全国的蚕丝业怎样选种防病，教全国的畜牧农家怎样防止牛羊瘟疫，又教全世界的医学界怎样注重消毒以灭除外科手术的死亡率。从第三个问题的证明，巴斯德发明了牲畜的脾热瘟的疗治药苗，每年替法国农家减除了 2000 万法郎的大损失；又发明了疯狗咬毒的治疗法，救济了无数的生命。所以英国的科学家赫胥黎在皇家学会里称颂巴斯德的功绩道："法国给了德国 50 万万法郎的赔款，巴斯德先生一个人研究科学的成就足够还清这一笔赔款了。"巴斯德对于科学有绝大的信心，所以他在国家蒙奇辱大难的时候，终不肯抛弃他的显微镜与试验室。他绝不想他的显微镜底下能偿还 50 万万法郎的赔款，然而在他看不见想不到的时候，他已收获了科学救国的奇迹。

朋友们，在你最悲观失望的时候，那正是你必须鼓起坚强的信心的时候。你要深信：天下没有白费的努力。成功不必在我，而功力必不唐捐。

[注释]

[1] 福不唐捐：语出自《法华经八・观世音菩萨门品二五》："若有众生，恭敬礼拜观世

音菩萨，福不唐捐”。唐捐：虚掷，落空。

[简析]

本文是一篇拟写的演讲稿，但其口吻，其结构方式，其遣词造句，都是瞄准演说词而为。胡适的演讲水平十分了得，一派国士风度，带点南方口音的官话（近似普通话），缓疾相间，轻重有序，尤其是结末的几句，铿锵有力，掷地作金石之声。在文中，作者以师长、名家身份，面对自己教过的学子，却毫无盛气凌人之气，而是口气平和，字里行间蕴藏着诚恳与真情，谆谆嘱咐，娓娓而谈，苦口婆心，语重心长，使人感动奋发。这不但是为人的根本，也正是为文的根本。

[思考与练习]

1．你认为胡适的这三条在当下还有坚持的必要与可能吗？

2．反躬自问：我们在大学求学时代，“求知识的欲望”和“理想的人生的追求”是否足够强烈？

[延伸阅读]

《我的母亲》《追悼徐志摩》

书

梁实秋

[作者简介]

梁实秋（1903—1987），祖籍浙江杭县（今余杭），出生于北京。中国著名的散文家、学者、文学批评家、翻译家，国内第一个研究莎士比亚的权威，曾与鲁迅等左翼作家笔战不断。一生给中国文坛留下了两千多万字的文字创作。其散文集创造了中国现代散文著作出版的最高纪录。代表作《雅舍小品》《雅舍杂文》《英国文学史》《莎士比亚全集》，主编《远东英汉大词典》等数十种英汉词典和英语教科书。

从前的人喜欢夸耀门第，纵不必家世贵显，至少要是书香人家才能算是相当的门望。书而日香，盖亦有说。从前的书，所用纸张不外毛边、连史之类[1]，加上松烟油墨，天长日久密不通风自然生出一股气味，似沉檀非沉檀[2]，更不是桂馥兰薰，并不沁人脾胃，亦不特别触鼻，无以名之名之曰书香。书斋门窗紧闭，乍一进去，书香特别浓，以后也就不大觉得。现代的西装书，纸墨不同，好像有一股煤油味，不好说是书香了。

不管香不香，开卷总是有益。所以世界上有那么多有书癖的人，读书种子是不会断绝的。买书就是一乐事，旧日北平琉璃厂隆福寺街的书肆最是诱人，你迈进门去向柜台上的伙计点点头便直趋后堂，掌柜的出门迎客，分宾主落座，慢慢地谈生意。不要小觑那位书贾，关于目录版本之学他可能比你精。搜访图书的任务，他代你负担，只要他摸清楚了你的路数，一有所获立刻专人把样函送到府上，合意留下翻看，不合意他拿走，和和气气。书价么，过节再说。在这样的情形之下，一个读书人很难不染上“书淫”的毛病，等到了四面卷轴盈满，连坐的地方都不容易匀让出来，那时候便可以顾盼自雄，酸溜溜地自叹“丈夫拥书万卷，何假南面百城[3]？”现代我们买书比较方便，但是搜访的乐趣，搜访而偶有所获的快感，都相当的减少了。挤在书肆里浏览图书，本来应该是像牛吃嫩草，不慌不忙的，可是若有店伙眼睛紧盯着你，生怕你是一名雅贼，你也就不会怎样的从容，还是早些离开这是非之地好些。更有些书不裁毛边，干脆拒绝翻阅。

“郝隆七月七日，出日中仰卧，人问其故，曰：‘我晒书。’”（见《世说新语》）郝先生满腹诗书，晒书和日光浴不妨同时举行。恐怕那时的书在数量上也比较少，可以装进肚里去。司马温公也是很爱惜书的[4]，他告诫儿子说：“吾每岁以上伏及重阳间视天气晴明日，即净几案于当日所，侧群书其上以晒其脑。所以年月虽深，从不损动。”书脑即是书的装订之处，翻页之处则曰书口。司马温公看书也有考究，他说：“至于启卷，必先几案洁净，借以茵褥，然后端坐看之。或欲行看，即承以方版，未曾敢空手捧之，非惟手污渍及，亦虑触动其脑。每至看竟一版，即侧右手大指面衬其沿，随覆以次指面，捻而夹过，故得不至揉熟其纸。每见汝辈多以指爪撮起，甚非吾意。”（见《宋稗类钞》）我们如今的图书不这样名贵，并且装订技术进步，不像宋朝的“蝴蝶装”那样的娇嫩，但是读书人通常还是爱惜他的书，新书到手先裹上一个包皮，要晒，要揩，要保管。我也看见过名副其实的收藏家，爱书爱到根本不去读它的程度，中国书则锦函牙签，外国书则皮面金字，庋置柜橱，满室琳琅，真好像是琅嬛福地，书变成了陈设、古董。

有人说：“借书一痴，还书一痴。”有人分得更细：“借书一痴，惜书二痴，索书三痴，还书四痴。”大概都是有感于书有借无还的。书也应该深藏若虚，不可慢藏诲盗。最可恼的是全书一套借去一本，久假不归，全书成了残本。明人谢肇淛《五杂俎》，记载一位“虞参政藏书数万卷，贮之一楼，在池中央，小木为彴，夜则去之。榜其门曰：‘楼不延客，书不借人。’”这倒是好办法，可惜一般人难得有此设备。

读书乐，所以有的人一卷在手往往废寝忘食。但是也有人一看见书就哈欠连连，以看书为最好的治疗失眠的方法。黄庭坚说：“人不读书，则尘俗生其间，照镜则面目可憎，对人则语言无味。”这也要看所读的是些什么书。如果读的尽是一些猥亵的东西[5]，其人如何能有书卷气之可言？宋真宗皇帝的劝学文，实在令人难以入耳：“富家不用买良田，书中自有千钟粟，安居不用架高堂，书中自有黄金屋，出门莫恨无人随，书中车马多如簇，娶妻莫恨无良媒，书中自有颜如玉，男儿欲遂平生志，六经勤向窗前读。”不过是把书当做敲门砖以遂平生之志，勤读六经，考场求售而已。十载寒窗，其中只是苦，而且吃尽苦中苦，未必就能进入佳境。倒是英国十九世纪的罗斯金，在他的《芝麻与白百合》第一讲里，劝人读书尚友古人，那一番道理不失雅人深致。古圣先贤，成群的名世的作家，一年四季的排起队来立在书架上面等候你来点唤，呼之即来挥之即去。行吟泽畔的屈大夫，一邀就到；饭颗山头的李白、杜甫也会连袂而来；想看外国戏，环球剧院的拿手好戏都随时承接堂会；亚里士多德可以把他逍遥廊下的讲词对你重述一遍。这真是读书乐。

我们国内某一处的人士最好赌博，所以讳言书，因为书与输同音，读书曰读胜。基于同一理由，许多地方的赌桌旁边忌人在身后读书。人生如博弈，全副精神去应付，还未必能操胜算。如要沾染上书癖，势必呆头呆脑，变成书呆，这样的人在人生的战场之上怎能不大败亏输？所以我们要钻书窟，也还要从书窟里钻出来。朱晦庵有句[6]：“书册埋头何日了，不如抛去寻春。”是见道语，也是老实话。

[注释]

[1]　毛边、连史：指两种手工制成的纸。多用于书写和印刷书籍。

[2] 沉檀：指沉香与檀香，都是富有香气的木材。

[3] 丈夫拥书万卷，何假南面百城：见《魏书传·逸士传·李谧》。后以“拥书百城”喻藏书之富或嗜书之深。

[4] 司马温公：即宋代文学家、史学家司马光。

[5] 朱晦庵：即宋代理学家朱熹。

[简析]

本文所说的都是跟书籍有关的话题，本来是个极平凡的题材，但作者写来却有独特之处，读来趣味盎然。全篇都环绕着书这一话题来下笔。得到书的形制、书的香味，也提到买书、访书、读书、晒书、藏书、借书、书呆、书癖等多方面的话题，而在如何享受读书乐趣方面，着墨尤多。梁实秋以“书”为中心，繁征博引，显出他学者散文的风范。

[思考与练习]

阅读《雅舍》散文集，谈谈作者的写作风格。

[延伸阅读]

《下棋》《鸟》

论快乐

钱钟书

[作者简介]

钱钟书（1910.11.21—1998.12.19），字默存，号槐聚，曾用笔名中书君。江苏无锡人，中国现当代著名学者、作家。钱钟书学贯中西，渊博而睿智，在诸多领域成就卓著。他的主要著作有：《写在人生边上》《人·兽·鬼》《围城》《谈艺录》《宋诗选注》《旧文四篇》《管锥编》等。这些著述已被人们当作“钱学”来学习和研究。散文大都收入《写在人生边上》一书。《谈艺录》是一部具有开创性的中西比较诗论。所著多卷本《管锥编》，对中国著名的经史子籍进行考释，并从中西文化和文学的比较上阐发、辨析。钱钟书先生一生淡泊名利、甘于寂寞、著作等身，培养和影响了几代学人，深为世人所景仰。

在旧书铺里买回来维尼（Vigny）的《诗人日记》（Journal d'un poète），信手翻开，就看见有趣的一条。他说，在法语里，喜乐（bonheur）一个名词是“好”和“钟点”两字拼成，可见好事多磨，只是个把钟头的玩意儿（Si le Bonheur n'était qu'une bonne heure!）。我们联想到我们本国话的说法，也同样的意味深永，譬如快活或快乐的快字，就把人生一切乐事的飘瞥难留，极清楚地指示出来。所以我们又慨叹说：“欢娱嫌夜短!”因为人在高兴的时候，活得太快，一到困苦无聊，愈觉得日脚像跛了似的，走得特别慢。德语的沉闷（Langweile）一词，据字面上直译，就是“长时间”的意思。《西游记》里小猴子对孙行者说：“天上一日，下界一年。”这种神话，确反映着人类的心理。天上比人间舒服欢乐，所以神仙活得快，人间一年在天上只当一日过。从此类推，地狱里比人间更痛苦，日子一定愈加难度。段成式《酉阳杂俎》就说：“鬼言三年，人间三日。”嫌人生短促的人，真是最“快活”的人，反过来说，真快活的人，不管活到多少岁死，只能算是短命夭折。所以，做神仙也并不值得，在凡间已经三十年做了一世的人，在天上还是个初满月的小孩。但是这种“天算”，也有占便宜的地方：譬如戴孚《广异记》载崔参军捉狐妖，“以桃枝决五下”，长孙无忌说罚讨得太轻，崔答：“五下是人间五百下，殊非小刑。”可见卖老祝寿等等，在地上最为相宜，而刑罚呢，应该到天上去受。

“永远快乐”这句话，不但渺茫得不能实现，并且荒谬得不能成立。快过的决不会永久；我们说永远快乐，正好像说四方的圆形、静止的动作同样地自相矛盾。在高兴的时候，我们的生命加添了迅速，增进了油滑。像浮士德那样，我们空对瞬息即逝的时间喊着说：“逗留一会儿罢！你太美了！”那有什么用？你要永久，你该向痛苦里去找。不讲别的，只要一个失眠的晚上，或者有约不来的下午，或者一课沉闷的听讲——这许多，比一切宗教信仰更有效力，能使你尝到什么叫做“永生”的滋味。人生的刺，就在这里，留恋着不肯快走的，偏是你所不留恋的东西。

快乐在人生里，好比引诱小孩子吃药的方糖，更像跑狗场里引诱狗赛跑的电兔子。几分钟或者几天的快乐赚我们活了一世，忍受着许多痛苦。我们希望它来，希望它留，希望它再来——这三句话概括了整个人类努力的历史。在我们追求和等候的时候，生命又不知不觉地偷度过去。也许我们只是时间消费的筹码，活了一世不过是为那一世的岁月充当殉葬品，根本不会享到快乐。但是我们到死也不明白是上了当，我们还理想死后有个天堂，在那里——谢上帝，也有这一天！我们终于享受到永远的快乐。你看，快乐的引诱，不仅像电兔子和方糖，使我们忍受了人生，而且彷佛钓钩上的鱼饵，竟使我们甘心去死。这样说来，人生虽痛苦，却不悲观，因为它终抱着快乐的希望；现在的账，我们预支了将来去付。为了快活，我们甚至于愿意慢死。

穆勒曾把“痛苦的苏格拉底”和“快乐的猪”比较。假使猪真知道快活，那么猪和苏格拉底也相去无几了。猪是否能快乐得像人，我们不知道；但是人会容易满足得像猪，我们是常看见的。把快乐分肉体的和精神的两种，这是最糊涂的分析。一切快乐的享受都属于精神的，尽管快乐的原因是肉体上的物质刺激。小孩子初生了下来，吃饱了奶就乖乖地睡，并不知道什么是快活，虽然它身体感觉舒服。缘故是小孩子的精神和肉体还没有分化，只是混沌的星云状态。洗一个澡，看一朵花，吃一顿饭，假使你觉得快活，并非全因为澡洗得干净，花开得好，或者菜合你口味，主要因为你心上没有挂碍，轻松的灵魂可以专注肉体的感觉，来欣赏，来审定。要是你精神不痛快，像将离别时的筵席，随它怎样烹调得好，吃来只是土气息、泥滋味。那时刻的灵魂，彷佛害病的眼怕见阳光，撕去皮的伤口怕接触空气，虽然空气和阳光都是好东西。快乐时的你，一定心无愧怍。假如你犯罪而真觉快乐，你那时候一定和有道德、有修养的人同样心安理得。有最洁白的良心，跟全没有良心或有最漆黑的良心，效果是相等的。

发现了快乐由精神来决定，人类文化又进一步。发现这个道理，和发现是非善恶取决于公理而不取决于暴力，一样重要。公理发现以后，从此世界上没有可被武力完全屈服的人。发现了精神是一切快乐的根据，从此痛苦失掉它们的可怕，肉体减少了专制。精神的炼金术能使肉体痛苦都变成快乐的资料。于是，烧了房子，有庆贺的人；一箪食，一瓢饮，有不改其乐的人；千灾百毒，有谈笑自若的人。所以我们前面说，人生虽不快乐，而仍能乐观。譬如从写《先知书》的所罗门直到做《海风》诗的马拉梅（Mallarmé），都觉得文明人的痛苦，是身体困倦。但是偏有人能苦中作乐，从病痛里滤出快活来，使健康的消失有种赔偿。苏东坡诗就说：“因病得闲殊不恶，安心是药更无方。”王丹麓《今世说》也记毛稚黄善病，人以为忧，毛曰：“病味亦佳，第不堪为燥热人道耳！”在着重体育的西洋，我们也可以找着同样达观的人。工愁善病的诺凡利斯（Novalis）在《碎金集》里建立一种病的哲学，说病是“教人学会休息的女教师”。罗登巴煦（Rodenbach）的诗集《禁锢的生活》（Les Vies Encloses）里有专咏病味的一卷，说病是“灵魂的洗涤（épuration）”。身体结实、喜欢活动的人采用了这个观点，就对病痛也感到另有风味。顽健粗壮的十八世纪德国诗人白洛柯斯（B.H.Brockes）第一次害病，觉得是一个“可惊异的大发现”。对于这种人，人生还有什么威胁？这种快乐把忍受变为享受，是精神对于物质的大胜利。灵魂可以自主——同时也许是自欺。能一贯抱这种态度的人，当然是大哲学家，但是谁知道他不也是个大傻子？

是的，这有点矛盾。矛盾是智慧的代价。这是人生对于人生观开的玩笑。

[简析]

《论快乐》是钱钟书散文集《写在人生边上》中的一篇。该文写于 20 世纪 40 年代，中国的抗日战争正值相持阶段。上海沦陷后，“中国必亡论”不绝于耳，一部分知识分子陷入“漫漫长夜”之中，意识领域剧烈冲突，心理平衡严重失调。钱钟书的《论诀乐》，以作者特有的睿智，触类旁通，引经据典，纵横捭阖。以灵动的妙笔，或诙谐，或幽默，或类比，或揶揄，或讽刺，深入浅出，表达了对快乐的感悟，指出快乐永远是生命的诱惑，“快乐由精神来决定”的思想。

[思考与练习]

结合课文，谈谈快乐人生的内涵及快乐在生命中的意义。

[延伸阅读]

《写在人生边上》《人·兽·鬼》

西湖梦

余秋雨

[作者简介]

余秋雨，1946 年生，浙江余姚人，文艺理论家，散文家，文化史学者。1968 年毕业于上海戏剧学院戏剧文学系。历任上海戏剧学院院长、教授，上海剧协副主席。著有系列散文集《文化苦旅》《山居笔记》《霜冷长河》《行者无疆》等，学术专著《戏剧理论史稿》《戏剧审美心理学》《中国戏剧文化史述》《艺术创造工程》《中国戏剧史》《艺术创造论》《观众心理学》等。

（一）

西湖的文章实在做得太多了，做的人中又多历代高手，再做下去连自己也觉得愚蠢。但是，虽经多次违避，最后笔头一抖，还是写下了这个俗不可耐的题目。也许是这汪湖水沉浸着某种归结性的意义，我避不开它。

初识西湖，在一把劣质的折扇上。那是一位到过杭州的长辈带到乡间来的。折扇上印着一幅西湖游览图，与现今常见的游览图不同，那上面清楚地画着各种景致，就像一个立体模型。图中一一标明各种景致的幽雅名称，凌驾画幅的总标题是“人间天堂”。乡间儿童很少有图画可看，于是日日通视，竟烂熟于心。年长之后真到了西湖，如游故地，熟门熟路地踏访着一个陈旧的梦境。

明代正德年间一位日本使臣游西湖后写过这样一首诗：

昔年曾见此湖图，
不信人间有此湖。
今日打从湖上过，
画工还欠费工夫。

可见对许多游客来说，西湖即便是初游，也有旧梦重温的味道。这简直成了中国文化中的一个常用意象，摩挲中国文化一久，心头都会有这个湖。

奇怪的是，这个湖游得再多，也不能在心中真切起来。过于玄艳的造化，会产生了一种疏离，无法与它进行家常性的交往。正如家常饮食不宜于排场，可让儿童偎依的奶妈不宜于盛妆，西湖排场太大，妆饰太精，难以叫人长久安驻。大凡风景绝佳处都不宜安家，人与美的关系，竟是如此之蹊跷。

西湖给人以疏离感，还有别一原因。它成名过早，遗迹过密，名位过重，山水亭舍与历史的牵连过多，结果，成了一个象征性物象非常稠厚的所在。游览可以，贴近去却未免吃力。为了摆脱这种感受，有一年夏天，我跳到湖水中游泳，独个儿游了长长一程，算是与它有了触肤之亲。湖水并不凉快，湖底也不深，却软绒绒地不能蹬脚，提醒人们这里有千年的淤积。上岸后一想，我是从宋代的一处胜迹下水，游到一位清人的遗宅终止的，于是，刚刚抚弄过的水波就立即被历史所抽象，几乎有点不真实了。

它贮积了太多的朝代，于是变得没有朝代。它汇聚了太多的方位，于是也就失去了方位。它走向抽象，走向虚幻，像一个收罗备至的博览会，盛大到了缥缈。

（二）

西湖的盛大，归拢来说，在于它是极复杂的中国文化人格的集合体。

一切宗教都要到这里来参加展览。再避世的，也不能忘情于这里的热闹；再苦寂的，也要分享这里的一角秀色。佛教胜迹最多，不必一一列述了，即便是超逸到家了的道家，也占据了一座葛岭，这是湖畔最先迎接黎明的地方，一早就呼唤着繁密的脚印。作为儒将楷模的岳飞，也跻身于湖滨安息，世代张扬着治国平天下的教义。宁静淡泊的国学大师也会与荒诞奇瑰的神话传说相邻而居，各自变成一种可供观瞻的景致。

这就是真正中国化了的宗教。深奥的理义可以幻化成一种热闹的游览方式，与感官玩乐溶成一体。这是真正的达观和“无执”，同时也是真正的浮滑和随意。极大的认真伴和着极大的不认真，最后都皈依于消耗性的感官天地。中国的原始宗教始终没有像西方那样上升为完整严密的人为宗教，而后来的人为宗教也急速地散落于自然界，与自然宗教遥相呼应。背着香袋来到西湖朝拜的善男信女，心中并无多少教义的踪影，眼角却时时关注着桃红柳绿、莼菜醋鱼。是山水走向了宗教？抑或是宗教走向了山水？反正，一切都归之于非常实际、又非常含糊的感官自然。

西方宗教在教义上的完整性和普及性，引出了宗教改革者和反对者们在理性上的完整性的普及性；而中国宗教，不管从顺向还是逆向都激发不了这样的思维习惯。绿绿的西湖水，把来到岸边的各种思想都款款地摇碎，溶成一气，把各色信徒都陶冶成了游客。它波光一闪，嫣然一笑，科学理性精神很难在它身边保持坚挺。也许，我们这个民族，太多的是从西湖出发的游客，太少的是鲁迅笔下的那种过客。过客衣衫破碎，脚下淌血，如此急急地赶路，也在寻找一个生命的湖泊吧？但他如果真走到了西湖边上，定会被万千悠闲的游客看成是乞丐。也许正是如此，鲁迅劝阻郁达夫把家搬至杭州：

钱王登假仍如在，
伍相随波不可寻，
平楚日和憎健翮，
小山香满蔽高岑。
坟坛冷落将军岳，
梅鹤凄凉处士林，
何似举家游旷远，
风波浩荡足行吟。

他对西湖的口头评语乃是："至于西湖风景，虽然宜人，有吃的地方，也有玩的地方，如果流连忘返，湖光山色，也会消磨人的志气的。如像袁子才一路的人，身上穿一件罗纱大褂，如苏小小认认乡亲，过着飘飘然的生活，也就无聊了。"（川岛：《忆鲁迅先生一九二八年杭州之游》）

然而，多数中国文人的人格结构中，对一个充满象征性和抽象度的西湖，总有很大的向心力。社会理性使命已悄悄抽绎，秀丽山水间散落着才子、隐士，埋藏着身前的孤傲和身后的空名。天大的才华和郁愤，最后都化作供后人游玩的景点。景点，景点，总是景点。

再也读不到传世的檄文，只剩下廊柱上龙飞凤舞的楹联。

再也找不见慷慨的遗恨，只剩下几座既可凭吊也可休息的亭台。

再也不去期待历史的震颤，只有凛然安坐着的万古湖山。

修缮，修缮，再修缮。群塔入云，藤葛如髯，湖水上漂浮着千年藻苔。

（三）

西湖胜迹中最能让中国文人扬眉吐气的，是白堤和苏堤。两位大诗人、大文豪，不是为了风雅，甚至不是为了文化上的目的，纯粹为了解除当地人民的疾苦，兴修水利，浚湖筑堤，终于在西湖中留下了两条长长的生命堤坝。

清人查容咏苏堤诗云："苏公当日曾筑此，不为游观为民耳。"恰恰是最懂游观的艺术家不愿意把自己的文化形象雕琢成游观物，于是，这样的堤岸便成了西湖间特别显得自然的景物。不知旁人如何，就我而论，游西湖最畅心意的，乃是在微雨的日子，独个儿漫步于苏堤。也没有什么名句逼我吟诵，也没有后人的感慨来强加于我，也没有一尊庄严的塑像压抑我的松快，它始终只是一条自然功能上的长堤，树木也生得平适，鸟鸣也听得自如。这一切都不是东坡学士特意安排的，只是他到这里做了太守，办了一件尽职的好事，就这样，才让我看到一个在美的领域真正卓越到了从容的苏东坡。

但是，就白居易、苏东坡的整体情怀而言，这两道物化了的长堤还是太狭小的存在。他们有他们比较完整的天下意识、宇宙感悟，他们有比较硬朗的主体精神、理性思考，在文化品位上，他们是那个时代的峰巅和精英。他们本该在更大的意义上统领一代民族精神，但却仅仅因辞章而入选为一架僵硬机体中的零件，被随处装上拆下，东奔西颠，极偶然地调配到了这个湖边，搞了一下别人也能搞的水利。我们看到的，是中国历代文化良心所能作的社会实绩的极致。尽管美丽，也就是这么两条长堤而已。

也许正是对这类结果的大彻大悟，西湖边又悠悠然站出一个林和靖。他似乎把什么都看透了，隐居孤山20年，以梅为妻，以鹤为子，远避官场与市嚣。他的诗写得着实高明，以"疏影横斜水清浅，暗香浮动月黄昏”两句来咏梅，几乎成为千古绝唱。中国古代，隐士多的是，而林和靖凭着梅花、白鹤与诗句，把隐士真正做地道、做漂亮了。在后世文人眼中，白居易、苏东坡固然值得羡慕，却是难以追随的；能够偏偏到杭州西湖来做一太守，更是一种极偶然、极奇罕的机遇。然而，要追随林和靖却不难，不管有没有他的才份。梅妻鹤子有点烦难，其实也很宽松，林和靖本人也是有妻子和小孩的。哪儿找不到几丛花树、几只飞禽呢？在现实社会碰了壁、受了阻，急流勇退，扮作半个林和靖是最容易不过的。

这种自卫和自慰，是中国知识分子的机智，也是中国知识分子的狡黠。不能把志向实现于社会，便躲进一个自然小天地自娱自耗。他们消除了志向，渐渐又把这种消除当作了志向。安贫乐道的达观修养，成了中国文化人格结构中一个宽大的地窖，尽管有浓重的霉味，却是安全而宁静。于是，十年寒窗，博览文史，走到了民族文化的高坡前，与社会交手不了几个回合，便把一切沉埋进一座座孤山。

结果，群体性的文化人格日趋黯淡。春去秋来，梅凋鹤老，文化成了一种无目的的浪费，封闭式的道德完善导向了总体上的不道德。文明的突进，也因此被取消，剩下一堆梅瓣、鹤羽，像书签一般，夹在民族精神的史册上。

（四）

与这种黯淡相对照，野泼泼的，另一种人格结构也调皮地挤在西湖岸边凑热闹。

首屈一指者，当然是名妓苏小小。

不管愿意不愿意，这位妓女的资格，要比上述几位名人都老，在后人咏西湖的诗作中，总是有意无意地把苏东坡、岳飞放在这位姑娘后面：“苏小门前花满枝，苏公堤上女当垆”；“苏家弱柳犹含媚，岳墓乔松亦抱忠”……就是年代较早一点的白居易，也把自己写成是苏小小的钦仰者：“若解多情寻小小，绿杨深处是苏家”；“苏家小女旧知名，杨柳风前别有情”。

如此看来，诗人袁子才镌一小章曰：“钱塘苏小是乡亲”，虽为鲁迅所不悦，却也颇可理解的了。

历代吟咏和凭吊苏小小的，当然不乏轻薄文人，但内心厚实的饱学之士也多的是。在我们这样一个国度，一位妓女竟如此尊贵地长久安享景仰，原因是颇为深刻的。

苏小小的形象本身就是一个梦。她很重感情，写下一首《同心歌》曰“妾乘油壁车，郎跨青骢马，何处结同心，西陵松柏下”，朴朴素素地道尽了青年恋人约会的无限风光。美丽的车，美丽的马，一起飞驶疾驰，完成了一组气韵夺人的情感造像。又传说她在风景胜处偶遇一位穷困书生，便慷慨解囊，赠银百两，助其上京。但是，情人未归，书生已去，世界没能给她以情感的报偿。她并不因此而郁愤自戕，而是从对情的执著大踏步地迈向对美的执著。她不愿做姬做妾，勉强去完成一个女人的低下使命，而是要把自己的美色呈之街市，蔑视着精丽的高墙。她不守贞节只守美，直让一个男性的世界围着她无常的喜怒而旋转。最后，重病即将夺走她的生命，她却恬然适然，觉得死于青春华年，倒可给世界留下一个最美的形象。她甚至认为，死神在她 19 岁时来访，乃是上天对她的最好成全。

难怪曹聚仁先生要把她说成是茶花女式的唯美主义者。依我看，她比茶花女活得更为潇洒。在她面前，中国历史上其他有文学价值的名妓，都把自己搞得太逼仄了，为了个负心汉，或为了一个朝廷，颠簸得过于认真。只有她那种颇有哲理感的超逸，才成为中国文人心头一幅秘藏的圣符。

由情至美，始终围绕着生命的主题。苏东坡把美衍化成了诗文和长堤，林和靖把美寄托于梅花与白鹤，而苏小小，则一直把美熨帖着自己的本体生命。她不作太多的物化转捩，只是凭借自身，发散出生命意识的微波。

妓女生涯当然是不值得赞颂的，苏小小的意义在于，她构成了与正统人格结构的奇特对峙。再正经的鸿儒高士，在社会品格上可以无可指摘，却常常压抑着自己和别人的生命本体的自然流程。这种结构是那样的宏大和强悍，使生命意识的激流不能不在崇山峻岭的围困中变得恣肆和怪异。这里又一次出现了道德和不道德、人性和非人性、美和丑的悖论：社会污浊中也会隐伏着人性的大合理，而这种大合理的实现方式又常常怪异到正常的人们所难以容忍。反之，社会历史的大光亮，又常常以牺牲人本体的许多重要命题为代价。单向完满的理想状态，多是梦境。人类难以挣脱的一大悲哀，便在这里。

西湖所接纳的另一具可爱的生命是白娘娘。虽然只是传说，在世俗知名度上却远超许多真人，在中国人的精神疆域中早就成了种更宏大的切实存在。人们慷慨地把湖水、断桥、雷峰塔奉献给她。在这一点上，西湖毫无亏损，反而因此而增添了特别明亮的光色。

她是妖，又是仙，但成妖成仙都不心甘。她的理想最平凡也最灿烂：只愿做一个普普通通的人。这个基础命题的提出，在中国文化中具有极大的挑战性。

中国传统思想历来有分割两界的习惯性功能。一个浑沌的人世间，利刃一划，或者成为圣、贤、忠、善、德、仁，或者成为奸、恶、邪、丑、逆、凶，前者举入天府，后者沦于地狱。有趣的是，这两者的转化又极为便利。白娘娘做妖做仙都非常容易，麻烦的是，她偏偏看到在天府与地狱之间，还有一块平实的大地，在妖魔和神仙之间，还有一种寻常的动物：人。她的全部灾难，便由此而生。

普通的、自然的、只具备人的意义而不加外饰的人，算得了什么呢？厚厚一堆二十五史并没有为它留出多少笔墨。于是，法海逼白娘娘回归于妖，天庭劝白娘娘上升为仙，而她却拚着生命大声呼喊：人！人！人！

她找上了许仙，许仙的木讷和委顿无法与她的情感强度相对称，她深感失望。她陪伴着一个已经是人而不知人的尊贵的凡夫，不能不陷于寂寞。这种寂寞，是她的悲剧，更是她所向往的人世间的悲剧，可怜的白娘娘，在妖界仙界呼唤人而不能见容，在人间呼唤人也得不到回应，但是，她是决不会舍弃许仙的，是他，使她想做人的欲求变成了现实，她不愿去寻找一个超凡脱俗即已离异了普通状态的人。这是一种深刻的矛盾，她认了，甘愿为了他去万里迢迢盗仙草，甘愿为了他在水漫金山时殊死拼搏。一切都是为了卫护住她刚刚抓住一半的那个“人”字。

在我看来，白娘娘最大的伤心处正在这里，而不是最后被镇于雷峰塔下。她无惧于死，更何惧于镇？她莫大的遗憾，是终于没能成为一个普通人。雷峰塔只是一个归结性的造型，成为一个民族精神界的怆然象征。

1924 年 9 月，雷峰塔终于倒掉，一批“五四”文化闯将都不禁由衷欢呼，鲁迅更是对之一论再论。这或许能证明，白娘娘和雷峰塔的较量，关系着中国精神文化的决裂和更新？为此，即使明智如鲁迅，也愿意在一个传说故事的象征意义上深深沉浸。

鲁迅的朋友中，有一个用脑袋撞击过雷峰塔的人，也是一位女性，吟罢“秋风秋雨愁煞人”，也在西湖边上安身。

我欠西湖的一笔宿债，是至今未到雷峰塔废墟去看看。据说很不好看，这是意料中的，但总要去看一次。

[简析]

本文选自作者散文集《文化苦旅》。它主要通过山水风物探求文化灵魂、人生真谛、中国文化的历史命运和中国文人的人格构成。既表现了历史的深邃荒凉，又展现了江南文化的清新婉约；既展示中国文人的艰难心路，又不忘揭露世态人情。从文中，我们不难发现作者不仅有着丰厚的文化感悟力，同时也具备非凡的艺术表现力。

[思考与练习]

1．理解文中“西湖胜迹中最能让中国文人扬眉吐气的，是白堤和苏堤”句的涵义。

2．简要分析作者对林和靖的“急流勇退”的看法。

[延伸阅读]

《沙原隐泉》《废墟》

感悟珍珠港

张抗抗

[作者简介]

张抗抗（1950 年—），原名张抗美，中国女作家，出生于杭州，祖籍广东新会。现任黑龙江省作家协会副主席，国家一级作家。已发表中、短、长篇小说，散文，共计 400 余万字。代表作有《张抗抗自选集》五卷。

从博物馆的沙盘上看，珍珠港蜗居于火奴鲁鲁岛一端曲折的山岙[1]里，山如屏障，海为通衢，是一处进退自如的天然军港，因而成为美国控制南太平洋地区的重要军事基地。

坐渡船过海，到水上去祭奠丧生于珍珠港事变的美国将士。那座洁白的亚利桑那纪念堂，漂浮在碧蓝的海中央，像一艘刚刚升上水面的白色潜艇。

六十年过去，海风早已吹散了炸弹的硝烟，来而复去的波浪扑灭了熊熊战火，燃烧的海水早已恢复了平静。唯有沉默的凭吊者，能听见自己怦怦的心跳。

架设在海面上的纪念堂，整座扁长形的建筑呈中间下凹，两端朝上延伸直至耸立的结构，从肃穆中传递出再生的力量，庄重里透出吉祥和希望，象征着太平洋战争初遭惨败但终告大胜的过程。中央会堂两侧墙体有开敞的窗栏和通透的屋顶，任视线落在何处，都可望见蓝色的大海和天空。“亚利桑那”号沉没前的最后一分钟，将士们在浓烈的火焰中，曾用最后的目光与它匆匆诀别。如今阳光和海风从这里穿过，深情地抚慰着海底的亡灵。祠堂设立在最里端的尾部，在鲜花和国旗环绕中，满满一面大理石墙上，刻写着珍珠港事变中所有殉难者的名字。

——其中有 1177 名海军将士，长眠于“亚利桑那”号战舰，1941 年 12 月 7 日清晨。

他们静静地躺在海底，列队成行，做了永生永世的战友。有的人甚至还未睁开眼就永远地闭上了，有的人也许至今还保持着战斗的姿态。当日军的第一批轰炸机穿云破雾临近珍珠港上空时，美军雷达站报告的讯息，竟被错误地判断为那是从美国本土飞来的侦察机群而未予理会。当日军战机从航母上起飞时，岛上的战士还在椰树下度假，姑娘们在沙滩上跳呼拉舞，那短暂的浪漫即将付出最惨重的代价。几分钟后，大规模的空袭开始，此时，美军太平洋舰队的 130 艘舰艇，仍若无其事地停泊在珍珠港内；美国海军的飞机一群群仍无动于衷地排列在福特岛上；那个星期天各报还刊登了马特森公司开往夏威夷旅游客船的广告。12 月 7 日那一天曙光初露，风平浪静，只有海上的鲨鱼嗅到了血腥的气息。

阴谋和罪恶就在明媚的阳光下、在有恃无恐的骄傲与轻敌中、在华盛顿的赫尔接见日本使者的时刻，猝不及防地发生了。美丽的欧胡岛在瞬间陷入火海而后迅速沉入黑暗；美军停泊在港湾内的舰队，以及大大咧咧“摆在地上”的那些毫无遮掩的战机，在一个小时内被日军准确的投弹炸得落花流水，日军飞机随即击毁美军 8 艘战列舰、9 艘巡洋舰和若干驱逐舰，珍珠港美军基地几乎坐以待毙。美军的对空高射炮在 5 分钟之后才开始还击，引信不良的炮弹落在檀香山市区，欧胡岛一片混乱。当晚罗斯福总统在华盛顿城直到深夜 12 点半才勉强用过晚饭，他仍然不相信，如此强大的美军基地怎么会如此不堪一击。

2403 名美国人，在那个恐怖的清晨，灵魂随同硝烟融入蓝天。

“亚利桑那”号战舰的甲板被 1760 磅的炸弹击中，引爆舰首的弹药库，9 分钟之内，战舰与 1177 名船员一并迅疾沉没。

从白色纪念堂开敞的窗口中望去，犹如置身于罗马竞技场的看台，俯瞰着一场遥远的水上战争——眼前灰蓝色的海水中，隐隐地浮现出当年“亚利桑那”号战舰的全部轮廓。它庞大的身躯，静卧于纪念堂底部的海水中，像一头巨兽残留的骨骸。从一侧海面的船尾部，露出战舰锈迹斑斑的圆形炮塔，如一口深井，扎入海底的礁石；当年战舰的旗杆基座依旧矗立，紧靠着纪念堂白色的墙体，在折毁后重又修复的旗杆上，飘扬着美国国旗。另一侧海面便是船头的方向，巨大的平台没于水下一米左右深处，腐朽的甲板、舱盖在海水中清晰可辨，延伸至前方百余米，只是它们从此永远地停泊在这片海域了。60 年前的威风与耻辱，在锈铁残骸的缝隙中一波一波地荡漾开去。

若是从空中看，横卧的纪念堂与竖卧的“亚利桑那”号战舰，一白一黄，一隐一现，水上水下交叉叠架，像一座漂浮于海上的十字架。那是我迄今为止见过的最奇特最富创意的水上墓园——就在牺牲者的牺牲之地，追念者与牺牲者同在。

清澈的海水中，五色斑斓的热带游鱼，成群结队悠悠然掠过。它们是“亚利桑那”号沉舰最忠实的陪伴者。但它们会对“亚利桑那”号说出并不悦耳的实话——在这个从未获得真正和平的世界上，“亚利桑那”号如果健在，在后来的战争的烽烟里，会遭遇什么样的命运？若不是被炸沉，在另一次海战中，定会奉命去攻击别的战舰，那么，将是哪一艘无辜的船只，成为大西洋、印度洋或是地中海上另一座水上废墟兼纪念堂呢？

悄然地，从灰蓝色的海面上，升起一滴琥珀色的气泡，浮在水上然后迅速地洇渗开去，一圈宝蓝一圈紫红再一圈橙黄，像是从海底冒出的一朵硕大的热带花卉。那色彩继续变幻扩展着，在波浪中漂荡，最外围的一圈已渐渐泛白，如一只巨大的伞状水母，令人惊绝。

朋友告诉我，那是油星。从沉在海底的“亚利桑那”号油库里渗漏出来的汽油。1941 年那个清晨“亚利桑那”号战舰被击沉之前，刚刚加满了油。几十年中，在强大的海水压力下，船内的油星从锈蚀的钢板中一滴一滴挤出来，如今已渗漏了整整 60 年。按照油库储存的油量计算，还将渗漏 100 年之久。由于沉舰每日冒出的油星并未对周围海域构成污染的威胁，战事纪念委员会不打算对海底的油库进行封闭处理，任由那油星隔三差五源源不断地浮到海面上，营造出逼真的环境气氛，成为美国“爱国主义”教育最生动无言的活教材。

凝神注目，只见周边的海域，竟然无声无息地连续冒出了一串气泡。继而，红黄赤紫交织翻滚，将海水染得一片缤纷，像是一幅动态的现代绘画，变幻着时而悲壮时而荒诞、时而诡秘时而调侃的面孔。

有人低声耳语说，那是殉难者的鲜血，至今还在流淌。

忽然就冷冷地颤栗。那油珠子在海水中一圈圈化开去，做着狰狞的鬼脸，一张一弛的，分明是海底的舱中有人尚在呼吸，那是呼吸形成的气泡。除了呼吸还会有什么能如此持续不断地传递出生命的气息呢？那一刻“亚利桑那”号猛然就活了过来，或许从来就没有死过。不死是因为不甘，不甘是由于许多未解的疑问，在后来的几十年间，吐出了一个又一个叩问的气泡。

在那次席卷全球的大战中，究竟谁是最后真正的赢家呢？

世上的许多事情，都带有自杀性质，所谓弄巧成拙，结果当然事与愿违。日本军方偷袭珍珠港的如意算盘，原是为了摧毁美军的太平洋舰队，使美军再无足够的军事力量干涉日本的侵略计划，可让日本得以喘息并获得战争决定性的胜利。但利令智昏的战争狂人却没有想到，正是由于偷袭珍珠港给美军带来的重创与耻辱，激起了美国人民的愤怒和责任感，使得本来对参战与否举棋不定的美国人，迅速达成了对法西斯宣战的共识，闪电般出手还击，从而形成了反战的世界联盟。日军在珍珠港偷袭的得逞与成功，恰恰成为日本国最后惨败的关键性转折。

由于邪恶与短视，一次偶然侥幸的成功，反而成为失败之母。

那场悲壮而惨烈的二次世界大战进入了最后阶段。终于由两颗原子弹的轰然落地，促成了死硬的日本被迫宣告投降。作为一种战争行为，美国在日本广岛长崎投下原子弹，是为了给予日本军国主义以致命痛击，否则这一世界范围内旷日持久的武力对抗，势必还将使更多无辜的人死于非命。但正义和非正义在一定条件下会互相转化，自卫的武器也会变成侵犯的屠刀，以暴易暴是一根危机四伏的钢索，暴力一旦过度，立即走向除暴初衷的反面。在人类历史上，无论正义或是非正义的战争，都是以流血和破坏为代价的。尽管那颗原子弹承载着反击和复仇的内因，尽管德日最后的惨败是它罪有应得的必然结果，然而，核武器在人类历史上的首次爆炸使用，以及它所造成数十万平民死亡和环境污染的巨大灾难，却受到了全世界人民的强烈质疑和谴责。正是那两颗复仇的原子弹，引发了人类对自身行为的反思，进而对战后的禁核反核运动，产生了深远的影响和推动。

美丽活泼的小鱼们又游过来，钻入了水上弥漫的油污，被那顶巨伞覆盖了。忽而觉着那来自舰舱底部的呼吸，其实多半是在窒息中挣扎的。

那洇漫的油彩渐渐散开去，圆圈愈来愈大，也愈来愈薄淡。远海上涌来的浪，掀拱着它，犹如抖动一匹残旧的绸布。猝然一击，“绸布”被撕裂成无数碎片，无色无形，无声地消融在蓝色的海水中……

人类啊，若是你继续滥用战争，你将从此坠入万劫不复的深渊。

作为一艘注满了油而后沉入黑暗的战舰，满舱能源已成为另一种动力，那是留给后人的百年警示——珍珠港。

[注释]

[1]　山岙（ào）：山间平地。

[简析]

珍珠港是美国太平洋海军基地之一。二战期间，苏德战争爆发后，日本集团主张先夺取资源丰富的东南亚，再伺机与德国瓜分苏联，为保证侵占东南亚的安全，日本决定偷袭珍珠港的美军太平洋舰队主力。为此，日军于 1941 年 12 月 7 日，撕破了与美国长期和谈的伪装，派遣一支庞大舰队，以 6 艘航母，353 架俯冲轰炸机、鱼雷机和战斗机，从千岛群岛出发，向珍珠港进行狂轰滥炸。一时之间，整个珍珠港血流成河，夏威夷全州泪飞，美国全国呜咽。这就是震惊世界的珍珠港事件。本文作者站在整个人类利益的高度，透过对珍珠港事件的追述，和对凭吊者的追悼，集中反思了战争与和平这两个人类历史上不朽的命题，表达了对和平的呼唤。

[思考与练习]

1．全面了解珍珠港事件。

2．搜集有关战争方面的资料，进一步认识战争给人类带来的灾难。

[延伸阅读]

《夏》《淡淡的晨迷》

秦腔

贾平凹

[作者简介]

贾平凹（1952—）陕西丹凤县人，当代著名作家。贾平凹是我国文坛屈指可数的文学大家和文学奇才，也是当代中国可以进入世界文学史册的为数不多的著名文学家之一，被誉为“鬼才”。主要作品有长篇小说《浮躁》《废都》《白夜》《怀念狼》《高老庄》；中短篇小说集《兵娃》《山地笔记》《野火集》《腊月·正月》；散文集《月迹》《心迹》《爱的踪迹》《商州三录》等，不少作品多次在国内外获奖，并被翻译成多种外国语言文字。

山川不同，便风俗区别，风俗区别，便戏剧存异；普天之下人不同貌，剧不同腔，京，豫，晋，越，黄梅，二簧，四川高腔，几十种品类；或问：历史最悠久者，文武最正经者，是非最汹汹者？曰：秦腔也。正如长处和短处一样突出便见其风格，对待秦腔，爱者便爱得要死，恶者便恶得要命。外地人——尤其是自夸于长江流域的纤秀之士——最害怕秦腔的震撼；评论说得婉转的是：唱得有劲；说得直率的是：大喊大叫。于是，便有柔弱女子，常在戏台下以绒堵耳，又或在平日教训某人：你要不怎么怎么样，今晚让你去看秦腔！秦腔成了惩罚的代名词。所以，别的剧种可以各省走动，唯秦腔则如秦人一样，死不离窝；严重的乡土观念，也使其离不了窝：可能还在西北几个地方变腔走调的有些市场，却绝对冲不出往东南而去的潼关呢。

但是，几百年来，秦腔却没有被淘汰，被沉沦，这使多少人大惑而不得其解。其解是有的，就在陕西这块土地上。如果是一个南方人，坐车轰轰隆隆往北走，渡过黄河，进入西岸，八百里秦川大地，原来竟是：一抹黄褐的平原；辽阔的地平线上，一处一处用木椽夹打成一尺多宽墙的土屋，粗笨而庄重；冲天而起的白杨、苦楝、紫槐，枝干粗壮如桶，叶却小似铜钱，迎风正反翻覆……你立即就会明白了：这里的地理构造竟与秦腔的旋律惟妙惟肖地一统！再去接触一下秦人吧，活脱脱的一群秦始皇兵马俑的复出：高个，浓眉，眼和眼间隔略远，手和脚一样粗大，上身又稍稍见长于下身。当他们背着沉重的三角形状的犁铧，赶着山包一样团块组合式的秦川公牛，端着脑袋般大小的耀州瓷碗，蹲在立的卧的石磙子碌碡上吃着牛肉泡馍，你不禁又要改变起世界观了：啊，这是块多么空旷而实在的土地，在这块土地摸爬滚打的人群是多么“二愣”的民众！那晚霞烧起的黄昏里，落日在地平线上欲去不去的痛苦的妊娠，五里一村，十里一镇，高音喇叭里传播的秦腔互相交织、冲撞，这秦腔原来是秦川的天籁、地籁、人籁的共鸣啊！于此，你不渐渐感觉到南方戏剧的秀而无骨吗？不深深地懂得秦腔为什么形成和存在而占却时间、空间的位置吗？

八百里秦川，以西安为界，咸阳、兴平、武功、周至、凤翔、长武、岐山、宝鸡，两个专区几十个县为西府，三原、泾阳、高陵、户县、合阳、大荔、韩城、白水，一个专区十几个县为东府。秦腔，就源于西府。在西府，民性敦厚，说话多用去声，一律咬字沉重，对话如吵架一样，哭丧又一呼三叹。呼喊远人更是特殊：前声拖十二分地长，末了方极快地道出内容。声韵的发展，使会远道喊人的人都从此有了唱秦腔的天才。老一辈的能唱，小一辈的能唱，男的能唱，女的能唱；唱秦腔成了做人最体面的事，任何一个乡下男女，只有唱秦腔，才有出人头地的可能，大凡有出息的，是个人才的，哪一个何曾未登过台，起码不能吼一阵乱弹呢！

农民是世上最劳苦的人，尤其是在这块平原上，生时落草在黄土炕上，死了被埋在黄土堆下；秦腔是他们大苦中的大乐，当老牛木犁疙瘩绳，在田野已经累得筋疲力尽，立在犁沟里大喊大叫来一段秦腔，那心胸肺腑，关关节节的困乏便一尽儿涤荡净了。秦腔与他们，要和“西凤”白酒，长线辣子，大叶卷烟，牛肉泡馍一样成为生命的五大要素。若与那些年长的农民聊起来，他们想象的伟大的共产主义生活，首先便是这五大要素。他们有的是吃不完的粮食，他们缺的是高超的艺术享受，他们教育自己的子女，不会是那些文豪们讲的，幼年不是祖母讲着动人的迷丽的童话，而是一字一板传授着秦腔。他们大都不识字，但却出奇地能一本一本整套背诵出剧本，虽然那常常是之乎者也的字眼从那一圈胡子的嘴里吐出来十分别扭。有了秦腔，生活便有了乐趣，高兴了，唱“快板”，高兴得是被烈性炸药爆炸了一样，要把整个身心粉碎在天空！痛苦了，唱“慢板”，揪心裂肠的唱腔却表现了多么有情有味的美来，美给了别人的享受，美也熨平了自己心中愁苦的皱纹。当他们在收获时节的土场上，在月在中天的庄院里大吼大叫唱起来的时候，那种难以想象的狂喜、激动、雄壮，与那些献身于诗歌的文人，与那些有吃有穿却总感空虚的都市人相比，常说的什么伟大的永恒的爱情是多么渺小、有限和虚弱啊！

我曾经在西府走动了两个秋冬，所到之处，村村都有戏班，人人都会清唱。在黎明或者黄昏的时分，一个人独独地到田野里去，远远看着天幕下一个一个山包一样隆起的十三个朝代帝王的陵墓，细细辨认着田埂上、荒草中那一截一截汉唐时期古碑上的残字，高高的土屋上的窗口里就飘出一阵冗长的二胡声，几声雄壮的秦腔叫板，我就痴呆了，感觉到那村口的土尘里，一头叫驴的打滚是那么有力，猛然发现了自己心胸中一股强硬的气魄随同着胳膊上的肌肉疙瘩一起产生了。

每到农闲的夜里，村里就常听到几声锣响：戏班排演开始了。演员们都集合起来，到那古寺庙里去。吹、拉、弹、奏、翻、打、念、唱，提袍甩袖，吹胡瞪眼，古寺庙成了古今真乐府，天地大梨园。导演是老一辈演员，享有绝对权威，演员是一家几口，夫妻同台，父子同台，公公儿媳也同台。按秦川的风俗：父和子不能不有其序，爷和孙却可以无道，弟与哥嫂可以嬉闹无常，兄与弟媳则无正事不能多言。但是，一到台上，秦腔面前人人平等，兄可以拜弟媳为帅为将，子可以将老父绳绑索捆。寺庙里有窗无扇，屋梁上蛛丝结网，夏天蚊虫飞来，成团成团在头上旋转，薰蚊草就墙角燃起，一声唱腔一声咳嗽。冬天里四面透风，柳木疙瘩火当中架起，一出场一脸正经，一下场凑近火堆，热了前怀，凉了后背。排演到什么时候，什么时候都有观众，有抱着二尺长的烟袋的老者，有凳子高、桌子高趴满窗台的孩子。庙里一个跟头未翻起，窗外就哇地一声叫倒好，演员出来骂一声：谁说不好的滚蛋！他们抓住窗台死不滚去，倒要连声讨好：翻得好！翻得好！更有殷勤的，跑回来偷拿了红薯、土豆，在火堆里煨熟给演员作夜餐，赚得进屋里有一个安全位置。排演到三更鸡叫，月儿偏西，演员们散了，孩子们还围了火弯腰踢腿，学那一招一式。

一出戏排成了，一人传出，全村振奋，扳着指头盼那上演日期。一年十二个月，正月元宵日，二月龙抬头，三月三，四月四，五月五日过端午，六月六日晒丝绸，七月过半，八月中秋，九月初九，十月一日，再是那腊月五豆，腊八，二十三……月月有节，三月一会，那戏必是上演的。戏台是全村人的共同的事业，宁肯少吃少穿也要筹资积款，买上好的木石，请高强的工匠来修筑。村子富不富，就比这戏台阔不阔。一演出，半下午人就扛凳子去占地位了，未等戏开，台下坐的、站的人头攒拥，台两边阶上立的卧的是一群顽童。那锣鼓就叮叮咣咣地闹台，似乎整个世界要天翻地覆了。各类小吃趁机摆开，一个食摊上一盏马灯，花生、瓜子、糖果、烟卷、油茶、麻花、烧鸡、煎饼，长一声短一声叫卖不绝。锣鼓还在一声儿敲打，大幕只是不拉，演员偶尔从幕边往下望望，下边就喊：开演呀，场子都满了！幕布放下，只说就要出场了，却又叮叮咣咣不停。台下就乱了，后边的喊前边的坐下，前边的喊后边的为什么不说最前边立着的；场外的大声叫着亲朋子女名字，问有坐处没有，场内的锐声回应快进来；有要吃煎饼的喊熟人去买一个，熟人买了站在场外一扬手，“日”地一声隔人头甩去，不偏不倚目标正好；左边的喊右边的踩了他的脚，右边的叫左边的挤了他的腰，一个说：狗年快完了，你还叫啥哩？一个说：猪年还没到，你便拱开了！言语伤人，动了手脚；外边的趁机而入，一时四边向里挤，里边向外扛，人的漩涡涌起，如四月的麦田起风，根儿不动，头身一会儿倒西，一会儿倒东，喊声，骂声，哭声一片；有拼命挤将出来的，一出来方觉世界偌大，身体胖肿，但差不多却光了脚，乱了头发。大幕又一挑，站出戏班头儿，大声叫喊要维持秩序；立即就跳出一个两个所谓“二杆子”人物来。这类人物多是头脑简单，四肢发达，却十二分忠诚于秦腔，此时便拿了树条儿，哪里人挤，哪里打去，如凶神恶煞一般。人人恨骂这些人，人人又都盼有这些人，叫他们是秦腔宪兵。宪兵者越发忠于职责，虽然彻夜不得看戏，但大家一夜满足了，他们也就满足了一夜。

终于台上锣鼓停了，大幕拉开，角色出场。但不管男的女的，出来偏不面对观众，一律背身掩面，女的就碎步后移，水上漂一样，台下就叫：瞧那腰身，那肩头，一身的戏哟！是男的就摇那帽翎，一会双摇，一会单摇，一边上下飞闪，一边纹丝不动，台下便叫：绝了，绝了！等到那角色猛一转身，头一高扬，一声高叫，声如炸雷“豁啷啷”直从人们头顶碾过，全场一个冷颤，从头到脚，每一个手指尖，每一根头发梢儿都麻麻酥酥的了。如果是演《救裴生》，那慧娘站在台中往下蹲，慢慢地，慢慢地，慧娘蹲下去了，全场人头也矮下去了半尺，等那慧娘往起站，慢慢地，慢慢地，慧娘站起来了，全场人的脖子也全拉长了起来。他们不喜欢看生戏，最欢迎看熟戏，那一腔一调都晓得，哪个演员唱得好，就摇头晃脑跟着唱，哪个演员走了调，台下就有人要纠正。说穿了，看秦腔不为求新鲜，他们只图过过瘾。

在这样的地方，这样的环境，这样的气氛，面对着这样的观众，秦腔是最逞能的，它的艺术的享受，是和拥挤而存在，是有力气而获得的。如果是冬天，那风在刮着，像刀子一样，如果是夏天，人窝里热得如蒸笼一般，但只要不是大雪、冰雹、暴雨，台下的人是不肯撤场的。最可贵的是那些老一辈的秦腔迷，他们没有力气挤在台下，也没有好眼力看清演员，却一溜一排地蹲在戏台两侧的墙根，吸着草烟，慢慢将唱腔品赏。一声叫板，便可以使他们坠入艺术之宫，“听了秦腔，肉酒不香”，他们是体会得最深。那些大一点的，脾性野一点的孩子，却占领了戏场周围所有的高空，杨树上，柳树上，槐树上，一个枝杈一个人。他们常常乐而忘了险境，双手鼓掌时竟从树杈上掉下来，掉下来自不会损伤，因为树下是无数的人头，只是招致一顿臭骂罢了。更有一些爬在了场边的麦秸垛上，夏天四面来风，好不凉快，冬日就趴个草洞，将身子缩进去，露一个脑袋。也正是有闲阶级享受不了秦腔吧，他们常就瞌睡了，一觉醒来，月在西天，戏毕人散，只好苦笑一声悄然没声儿地溜下来回家敲门去了。

当然，一次秦腔演出，是一次演员亮相，也是一次演员受村人评论的考场。每每角色一出场，台下就一片嘁嘁喳喳：这是谁的儿子，谁的女子，谁家的媳妇，娘家何处？于是乎，谁有出息，谁没能耐，一下子就有了定论。有好多外村的人来提亲说媒，总是就在这个时候进行。据说有一媒人将一女子引到台下，相亲台上一个男演员，事先夸口这男的如何俊样，如何能干，但戏演了过半，那男的还未出场，后来终于出来，是个国民党的伪兵，还持枪未走到中台，扮游击队长的演员挥枪一指，"叭"地一声，那伪兵就倒地而死，爬着钻进了后幕。那女子当下哼一声，闭了嘴，一场亲事自然了了。这是喜中之悲一例。据说还有一例，一个老头在脖子上架了孙孙去看戏，孙孙吵着要回家，老头好说好劝只是不忍半场而去，便破费买了半斤花生，他眼盯着台上，手在下边剥花生，然后一颗一颗扬手喂到孙孙嘴里，但喂着喂着，竟将一颗塞进孙孙鼻孔，吐不出，咽不下，口鼻出血，连夜送到医院动手术，花去了七十元钱。但是，以秦腔引喜的事却不计其数。每个村里，总会有那么个老汉，夜里看戏，第二天必是头一个起床往戏台下跑。戏台下一片石头、砖头，一堆堆瓜子皮、糖果纸、烟屁股，他掀掀这块石头，踢踢那堆尘土，少不了要捡到一角两角甚至三元四元钱币来，或者一只鞋，或者一条手帕。这是村里钻刁人干的营生，而馋嘴的孩子们有的则夜里趁各家锁门之机，去地里摘那香瓜来吃，去谁家院里将桃杏装在背心兜里回来分红。自然少不了有那些青春妙龄的少男少女，则往往在台下混乱之中眼送秋波，或者就悄悄退出，相依相偎到黑黑的渠畔树林子里去了……

秦腔在这块土地上，有着神圣的不可动摇的基础。凡是到这些村庄去下乡，到这些人家去做客，他们最高级的接待是陪着看一场秦腔，实在不逢年过节，他们就会要合家唱一会乱弹，你只能点头称好，不能耻笑，甚至不能有一点不入神的表示。他们一生最崇敬的只有两种人，一是国家领导人，一是当地的秦腔名角。即是在任何地方，这些名角没有在场，只要发现了名角的父母，去商店买油是不必排队的，进饭馆吃饭是会有座位的，就是在半路上挡车，只要喊一声：我的某某是什么，司机也便要嘎地停车。但是，谁要侮辱一下秦腔，他们要争死争活地和你论理，以至大打出手，永远使你记住教训。每每村里过红白丧喜之事，那必是要包一台秦腔的，生儿以秦腔迎接，送葬以秦腔志哀，似乎这个人生的世界，就是秦腔的舞台，人只要在舞台上，生、旦、净、丑，才各显了真性，恶的夸张其丑，善的凸现其美，善的使他们获得美的教育，恶的也在丑里化作了美的艺术。

广漠旷远的八百里秦川，只有这秦腔，也只能有这秦腔，八百里秦川的劳作农民只有也只能有这秦腔使他们喜怒哀乐。秦人自古是大苦大乐之民众，他们的家乡交响乐除了大喊大叫的秦腔还能有别的吗？

1983 年 5 月 2 日于五味村

[简析]

秦腔是一种广泛流行于陕西及西北地区的传统戏曲艺术形式。在这篇名为《秦腔》的散文里，作者以饱蘸感情的笔墨描写了秦腔的特征、秦腔产生的土壤、秦腔演出的场景以及秦腔对于秦川之地人民生活的意义。在作者的笔下，秦腔是秦川的天籁、地籁和人籁的共鸣，归根结底，源于人民大众的生活。在西北这块土地上，秦腔意境和"西凤"白酒、长线辣子、大叶烟卷、牛肉泡馍一样，成为人民生活的五大要素。八百里秦川的劳作农民只有也只能有这秦腔使他们喜怒哀乐。作者由此表达了艺术源于人民生活的深刻主题。

[思考与练习]

1．秦腔的发源及艺术特点有哪些？

2．以你的家乡戏曲、曲艺或民歌为例，谈谈你对“地理环境和地域性族群的性格、方言民歌乃至音乐之间具有血脉相通的关系”这一见解的看法。

3．学唱信天游，体味陕北民歌的率直古朴之风。

[延伸阅读]

《秦腔》《浮躁》

寂寞

梭罗

[作者简介]

亨利·戴维·梭罗（1817—1862），美国超验主义作家、哲学家，著名散文集《瓦尔登湖》和论文《论公民的不服从》的作者；是美国文学和精神的奠基者之一。生长在波士顿康科德城，从事过各种体力劳动，对大自然有一种特别的感情，认为自然界是思索的对象和生活的舞台。在学生时代已深受爱默生（美国思想家）的影响，研究东方的哲学思想，同时以爱默生倡导的“自助”精神进行思考，形成了一套独立见解。

这是一个迷人的傍晚，整个身心被一种感觉收摄，每个毛孔中都充盈着怡悦。一种奇妙的释然荡漾在心田，任我在造化之中任意去来，跟她融为一体。我身着衬衫在湖畔的岩石上漫步，凉风习习阴云低垂，天气清瑟寒冷，但是周遭一切依然无比熟悉亲近，大自然的一切令人快意，深契我心。牛蛙在夜色中高唱，发出阵阵召唤，夜鹰的歌声在湖面回旋，和着习习晚风。我聆听着桤木和白杨树叶的瑟瑟，屏息寂虑，浸淫在心头的宁静一如这泓湖水，涟漪微漾，似动未动。微风阵阵，细纹粼粼，湖面水平如镜，了无风暴气息。夜色渐深，晚风依旧，林涛声声，呼啸不已，有些动物奏响夜曲，呵护着其他物类的酣眠与宁静。但生命的律动却永远鼓噪于这和谐与寂静：兽类变得警醒，四处觅食，狐狸、臭鼬和野兔在林间旷野任情徜徉，了无恐惧，它们是大自然的守夜者，在沉沉的黑暗中延续着白日里生命的喧腾。

待我回到屋内，发现曾有客人来访并留下了他们的“名片”——或一束鲜花，或一个常春藤花冠，或是用铅笔在核桃水树叶或树皮上留下的签名。那些很少来到林中的人们随意采撷以为把玩，又信手散去，任意东西。有人曾扯下柳条编成花环，放在我的桌上而去。每每我外出而归，就会知道有客来访，或是通过歪斜的嫩芽丛草，或是经由一串足迹，并且我常常可以根据他们留下的蛛丝马迹而知悉他们的性别、年龄和脾性，诸如散落的花瓣，揪下又复扔去的野草，即便它们被撒在半英里之外的铁道那边，或雪茄与烟斗的气息——非但如此，凭着烟斗的气味，我曾多次留意到六十杆之遥铁道旁侧的旅人行踪。

应该说，我们的天地非常广阔：地平线并非触手可及，密林和湖泊亦非近在咫尺，中间总是隔着一块空地。但是，我们却要整治它、驯服它、侵蚀它，围上篱笆据为己有，从大自然手里将它夺取。我何以据有如此大片的“领地”，为什么数平方英里的密林遭到冷遇而人迹罕至供我独处？我的近邻在里许之外，若非登上方圆半里的小山顶，要不，四周望去，不见房舍。我的视线被密林所遮，目之所及，瓦尔登湖的一侧是娓娓绵延的铁路，另一侧则是沿林地大路而建的篱笆。我僻居于此恍若置身大草原之中，虽说我是在新英格兰，但跟生活在亚非有何区别？这是我个人的一方天地，这里有属于我自己的太阳、月亮和群星。从未有人夜间途经小屋，也不会有人深夜敲门，我遗世独立，好似太古之初，世界之末，世间唯一的人。除非春天到来，间或有镇子上的人为了大头鱼而垂钓溪畔——他们很明显是在依自己的性子钓鱼，无知地摆弄着鱼饵——所幸他们很快离去，常常提走了轻轻的篮子，“把世界留给黑暗和我”，故而夜的灵魂尚未遭到邻人亵渎。我由此相信，人们对黑暗依然心存恐惧，尽管基督的福音和烛火的光明早已驱走邪恶的女巫。

我有时获得如下感悟：在任何自然物中，人能得到最甜美温柔、最纯净欢欣的交流，这一点即便对那些可怜的厌世者和悲观者也不例外。设若栖身自然真知未泯，怎会有忧郁的袭击和折腾，又有什么能将质朴勇敢的心灵驱向低俗的伤悲？对健康无邪的耳朵，沮丧的风暴会永远消失，唯有埃俄罗斯的歌咏。每每想到四季如同与我有约，定时轮回，我便享受着怡然的喜悦，生命的旅程又怎会成为一种负累？绵绵细雨任情播撒，滋润着我的豆田，也让我整日待在室内，它不会给我的心灵染上灰暗和忧伤，我同样因之深感欣慰；尽管它让我无法劳作，但它沾溉万物岂不更加重要？即便是连日阴雨，泡烂了种子也损坏了洼地的土豆，可它依然在滋润高处的草木，我又有什么理由不为之欢欣？有时，我拿自己跟众人暗自比较，我好像格外受到诸神的眷顾而远离我所熟知的诸种烦恼，他们好像单独授权于我且予担保，并特意赐我导引和庇佑。我无意自诩，如果真是这样，倒是上苍对我的垂青。我未体验过孤独，一刻也没有品尝过寂寞，只是有一次，那是初到湖畔数周之后，我曾怀疑邻人是否真的与我健康静谧的生活无关紧要？不过那也只持续了一小时而已。诚然，孤独会令人不快，但是，我旋即便意识到自己心绪的些微悖谬并预见到不时而愈的希望。孤独蔓延之时，适逢细雨绵绵，我聆听着滴滴答答，小屋之外的每一丝声响每一方景致都予我启示，顷刻之间我敏感于跟自然交流的美悦和裨益，一种博大无涯、难可名状的亲密感瞬间笼罩周身，使比邻而居的虚幻益处顿然显得无足轻重——于是，寂寞孤独便与我永远绝缘。每一枚松针的幼芽无不向我示爱，它悄然拔节，渐次长大，这一切无不感应在心，惬意于情。我敏感于跟自己同源同根的某种存在，纵然身处被世人目为荒蛮乏味之地，我也能深深体察这种至亲至爱的联系，但这并非因为某人，亦非某个村民，因此任何地方都不会再让我感到陌生：

悲恸不时而至销蚀着忧伤的心灵；
在生的国度，他们来日无多，
托斯卡的美丽女儿。

春秋两季的暴风雨为我增添了莫大的乐趣，我自午前到午后都被关在了屋内，屋外风雨漫无休止，狂烈威猛，熨帖着我的心灵。早临的暮色带来了漫漫长夜，它让很多思想有时间得以萌生并渐次丰富。自西北而至的瓢泼大雨也考验着屋舍，女仆们总要手持扫帚提桶站在各个门口，准备阻拦积水，而我却稳坐在小屋仅有的门后，惬意地享受着它提供的保护。又一次大雨倾盆，雷电击中了湖对岸一棵高大的油松，留下了一道醒目规则的螺旋形伤痕，自下而上盘旋，一英寸多深，四到五英寸之宽，恰似你在手杖上的刻槽。前日我又经过此处，审视之下，那道伤痕更加显豁，让人触目惊心——八年前，一道霹雳从空中劈下，它磅礴威猛，令人骇然。人们多次这样说：“我想你在那儿你会感到孤单，会渴望离人们近一点，雨雪天更会这样。”我想如此应对：我们栖身的地球无非是茫茫天宇中的一个小点，试想，两颗相距最远、茫无际涯的星球上的人又相隔多远？连这两颗星球本身有多大我们凭仪器也难以知晓，我为何会感到孤单？难道地球不属于银河家族？你所询问的对我而言无关紧要。是什么距离能将两人分开并导致孤独？我早已发现，双腿的任何努力也无法让两颗心灵更近。我们最想比邻而居的地方是哪里？不该是人群蚁聚纷至的场所，诸如车站、邮局、酒吧、教堂、校舍、商店、比肯山、五点区，应该是为生命源源不断输送给养的源泉，经验告诉我们生命力来自这里，一如垂柳会傍水而生且将根系向那边伸展一样。当然这也因人而异，但是智者却会在这种地方挖他的地窖……一次我在瓦尔登旁近的马路上赶上了一位同乡，他积累了所谓“大笔财富”——对此，我从来没有正眼瞧过——正赶着一对牛前往集市，他问我何以移心旁骛而置人间的富乐不顾。我回答说，我很清楚我喜欢这样——这并非戏言。然后，我回了家憩身在床，他则在黑暗和泥泞中前行，向布莱顿还是布莱特镇而去——拂晓时分他也就该到那儿了吧。

对死者而言，任何复活的希望均会使一切时间和地点显得无关紧要，这种重获生机的情况通常没有区别，它会让我们的官能获得难以言状的愉悦。很多时候，我们却将那些无关紧要或稍纵即逝的东西视为人生的要事，而这一切实则会让我们迷失。与万物最贴近的是那股塑造它们的力量，周流不息的崇高天道就在我们身边，它是塑成我们的造化之手，而非我们雇来并乐于交谈的工匠。

造化之力隐微难察，但它无微不至，无远不到。

我们试图感知，但无法看到；试图聆听，但没有动静；它与万物浑一，不可分离。

它广被宇内，让人们洗刷罪孽，净化灵魂，也让人们身着礼服为祖宗奉上牺牲。它是神妙的知识之海，无所不在，周流于我们旁侧，将我们包围。

我们充当着一个实验的受试者，对该实验我兴趣颇浓。当我们愿意过一种从精神中获取愉悦的生活时，难道片刻之间没有亲密的友伴我们就一无所获吗？孔夫子可谓一语中的：“德不孤，必有邻。”

思想可以让我们气定神闲地置身于自我之外，心智的自觉努力便可以让我们超越事象及结果的纷扰，此时，世间万象无论优劣皆滔滔而过。我们并未全然投入自然的怀抱，我可以是随波俯仰的浮木，也可以是俯瞰众生的因陀罗[1]；我既可以被戏剧性的景观所迷，同时也可以对跟自己利害攸关的诸事无所挂心。我只知道自己是一个被称为“人”的存在，是一道思想和感情的风景，我敏感于自己的双重身份，它可以让我超脱于自我也超脱于他人。不管我之经历对我冲击多甚，我依然会清醒于那个进行批评的自我，似乎可以说，他同时又不算是我，他是一个旁观者，他置身事外，他只从事点评，正如对你而言他并非是你，对我而言他也不再是我。当生命的戏剧——即便是一出悲剧——已然落幕，作为观众他便起身离去。就他而言，那出戏是一种虚构，只是由想象幻化的一场缥缈云烟。这种双重性有时会让我们不易成为好的邻人和友伴。

我发现大多时间孤身独处有益身心，与朋友在一起，即便最要好的朋友，很快就会让人感到乏味倦怠身心散佚。我喜欢离群独居，从未觉得有什么伙伴比独处更让我体验到友情的美悦。很大程度上，我们觉得置身异邦比独处室内更加孤独。一个思索或劳作的人总是孤独的，哪怕他待在自己中意的地方。孤独并不取决于将跟他的同伴分隔开来的空间距离，一位在剑桥学院拥塞的斗室中埋头发奋的学子跟沙漠中的苦行者一样孤独。农夫会独自在田间耕作或是林间伐木，他不会觉得孤独，因为他们没有闲着，然而一旦傍晚收工回家他便难以独自安坐，他被一种必须到“有人”的地方去找些快乐的想法所支配，他准会觉得这是在补偿他白日的孤独，因此他会诧异于那位学子何以能整日整夜地独坐室内而一无倦怠和忧郁。他怎么会明白，尽管这位学子独处室内，但依然是在他自己的田地里耕种，在他自己的林间劳作，跟他这位农夫并没有区别，对方同样也会寻找人群寻找快乐，只是方式有所简化而已。

交际通常非常廉价，我们频频谋面，无暇从对方那里得到新的益处。一日三餐我们互相减免，彼此拿那些霉变的奶酪换点花样相互交换。我们必须认同一套被称为仪范和礼节的规矩，必须让自己容忍这种频频会面，以免引发冲突和事端。我们互传信笺，相逢在交际场，每晚围坐在炉火旁。我们拥挤不堪，相互之间碍手碍脚、跌跌绊绊，因此我想，我们之间还能有什么尊敬可言？即便对重要的沟通和衷心的交流来说，相互往来再少一点也绝对无妨。看那些工程里的女工——她们从不独处，即便在梦里也几乎如此。一平方里只有一个人或许更好，就像我住的地方。人的价值并不在于我们能够碰到的皮肤。

我曾听说有人在林间迷路，最终因为饥饿而精疲力竭倒在树旁，他曾拿稀奇怪异的想象抚慰孤独，因为体质虚弱，他病中的幻象在四周萦绕但他信以为真。同理，只要我们心智健康体魄强健，我们就可以在同样健康强健但更加正常更加自然的社会中保持快乐，并最终明白我们永远不孤独。

我在屋内有很多伴侣，尤其是早晨尚未有人来访之时。且听我略做一番比照，或许可以让人们对我的生活有一个概念。我跟湖中朗声大笑的潜鸟一样远离孤独，跟瓦尔登湖一样不会感到寂寞，这人迹罕至的湖泊到底有什么伙伴？在那水天一色的湛蓝之中有的不是忧郁的魔鬼乃是优美的天使。当天空出现幻日的时候，似乎有两个太阳，此时的太阳深陷孤独，除非它居于密云深处。上帝是孤独的，但是魔鬼则不，他永远不会孤单，他呼朋引类，结交甚广。我毫不孤单，像草场上的一支毛蕊花，像一朵蒲公英，像一株酢浆草，像一瓣豆叶，像一只马蝇或大黄蜂。我绝不孤独，一如潺潺的密尔河，如一只风信标，如北极星，如南方的阵风，如四月的阵雨，如一月的融雪，如初临新居的蜘蛛。

在风啸林间，大雪狂飞的漫漫冬夜，间或有位老者前来拜访，他是这里古老的居民和最初的主人。据说是他开掘了瓦尔登湖，替它砌上了石岸还围上了松林。他为我讲述远古的传闻和全新的永生。伴随着欢笑和对万物的欣赏，我们度过了一个美妙的夜晚，尽管没有苹果也没有果酒；他是我深爱的挚友，最富于智慧和幽默，但他严守自己的秘密，连戈菲跟怀利都难以相比。尽管人们觉得他已经故世，但无人知道他长眠何处。还有一位年长的婆婆，她就住在我的邻人之中，但对很多人来说她又无影无形。我喜欢到她香草四溢的园子里漫步，聆听神话又采撷草药。她天性多产罕有其匹，她的记忆远比神话古老，她会告诉我所有神话的起源，也会告诉我它们的始基，因为这都发生在她童年时期。她虽然年事已高但面色红润，身体健壮。她喜欢所有的天气和季节，并且她似乎比她所有的孩子都长寿呢。

造化啊，你的纯净和恩惠无法言喻——太阳、惠风、雨露、夏天、冬日——你永远奉献着健康，奉献着快乐！如果人们因正当的理由而悲恸，你也会因之满怀悲悯，深深动容：太阳韬却光彩，风儿慈悲地叹息，云朵垂泪，草木也会在盛夏换上丧服黯然凋零。我难道不该跟大地共享智慧？我难道不也是滋养绿叶和菜蔬的一抔沃土？

能让我们保持宁静和快意的良药是什么？并非你我曾祖的那种药品，而是自然母亲绿色丰产的万应灵丹，自然母亲用它使自己青春永驻，使自己远比潘斯更加高寿，因为她用那些腐化的膏脂供养着自己。我的灵丹妙药——绝非游医从冥河和死海中蘸取后加以混合的江湖秘方，由那些我们不时而遇、像黑色大篷车那样长而浅的车子瓶装兜售——让我吸一口原汁原味的清晨空气吧。这清晨的空气啊！人们如果不愿在白天伊始之际畅饮，那么，为使那些丢了进入清晨的票证而无法依方拿药的人们得到实惠，我们只有将它们装瓶后陈列在店铺里出售了。但是须知，这副药剂即便在最冷的藏窖中也难以存放至正午，因为此前它已破瓶逸出，追随黎明女神奥罗拉的脚步西向而去。我并非健康女神海基亚的崇拜者，她是古老的草药医生埃斯克拉比耶斯的女儿，她在纪念碑上被描画为一手持蛇，一手操杯供蛇饮用的形象；我真正膜拜的的赫柏，她是天后朱诺吃了野生莴苣后生的女儿，她替朱庇特掌杯。她有让诸神与众生保持青春朝气的法力，她或许是唯一完美健康、活力四射的青春女性，她永远在大地上漫步，所到之处一派春光。

[注释]

[1] 因陀罗：吠陀神话中的大神，用雷电和雨战胜敌人。

[简析]

梭罗是美国19世纪散文中独树一帜的作家。《寂寞》一文选自梭罗的《瓦尔登湖》。梭罗的生活在外人看来是孤独的，但是他却不觉得寂寞，“在任何大自然的事物中，都能找出最甜蜜温柔，最天真和鼓舞人的伴侣。”梭罗认为，大部分时间内，寂寞是有益于健康的。一个在思想着、工作着的人总是单独的，但单独并非寂寞，因为他是自由的，有独立的自我。梭罗的“寂寞”生活并非完全与世隔绝，他的“寂寞”建立在一种孤寂而真实的心灵体验之上，是一种超然的智慧与思索的结晶。文章文字精美流利，形象地描绘了大自然的优美景色，叙写了瓦尔登湖边原始朴素的生活。文章说理透彻，精辟深入，充满了哲理的火花。

[思考与练习]

1．你认为梭罗是否寂寞？为什么？

2．以本文为例，谈谈外国散文的语言特色。

[延伸阅读]

《瓦尔登湖》

贝多芬百年祭

萧伯纳

[作者简介]

萧伯纳，1856年7月26日—1950年11月2日，爱尔兰剧作家，1925年“因为他的作品具有理想主义和人道主义精神，其令人激励和讽刺往往蕴含着独特的诗意之美”而获诺贝尔文学奖，英国现代杰出的现实主义戏剧作家，世界著名的擅长幽默与讽刺的语言大师，同时他还是积极的社会活动家和费边社会主义的宣传者。他支持妇女的权利，呼吁选举制度的根本变革，倡导收入平等，主张废除私有财产。萧伯纳的世界观比较复杂，他接受过柏格森、叔本华和尼采的哲学思想，又攻读过马克思的《资本论》。1884年他参加了“费边社”，主张用渐进、点滴的改良来改变资本主义制度，反对暴力革命。在艺术上，他受易卜生影响，主张写社会问题，反对“为艺术而艺术”的主张。

一百年前，一位虽还听得见雷声但已聋得听不见大型交响乐队演奏自己的乐曲的五十七岁的倔强的单身老人最后一次举拳向着咆哮的天空，然后逝去了，还是和他生前一直那样地唐突神灵，蔑视天地。他是反抗性的化身；他甚至在街上遇上一位大公和他的随从时也总不免把帽子向下按得紧紧地，然后从他们正中间大踏步地直穿而过。他有一架不听话的蒸汽轧路机的风度（大多数轧路机还恭顺地听使唤和不那么调皮呢）；他穿衣服之不讲究尤甚于田间的稻草人：事实上有一次他竟被当做流浪汉给抓了起来，因为警察不肯相信穿得这样破破烂烂的人竟会是一位大作曲家，更不能相信这副躯体竟能容得下纯音响世界最奔腾澎湃的灵魂。他的灵魂是伟大的；但是如果我使用了最伟大的这种字眼，那就是说比韩德尔的灵魂还要伟大，贝多芬自己就会责怪我；而且谁又能自负为灵魂比巴哈的还伟大呢？但是说贝多芬的灵魂是最奔腾澎湃的那可没有一点问题。他的狂风怒涛一般的力量他自己能很容易控制住，可是常常并不愿去控制，这个和他狂呼大笑的滑稽诙谐之处是在别的作曲家作品里都找不到的。毛头小伙子们现在一提起切分音就好像是一种使音乐节奏成为最强而有力的新方法；但是在听过贝多芬的第三里昂诺拉前奏曲之后，最狂热的爵士乐听起来也象“少女的祈祷”那样温和了，可以肯定地说我听过的任何黑人的集体狂欢都不会像贝多芬的第七交响乐最后的乐章那样可以引起最黑最黑的舞蹈家拼了命地跳下去，而也没有另外哪一个作曲家可以先以他的乐曲的阴柔之美使得听众完全溶化在缠绵悱恻的境界里，而后突然以铜号的猛烈声音吹向他们，带着嘲讽似地使他们觉得自己是真傻。除了贝多芬之外谁也管不住贝多芬；而疯劲上来之后，他总有意不去管住自己，于是也就成为管不住的了。

这样奔腾澎湃，这种有意的散乱无章，这种嘲讽，这样无顾忌的骄纵的不理睬传统的风尚——这些就是使得贝多芬不同于十七和十八世纪谨守法度的其他音乐天才的地方。他是造成法国革命的精神风暴中的一个巨浪。他不认任何人为师，他同行里的先辈莫扎特从小起就是梳洗干净，穿着华丽，在王公贵族面前举止大方的。莫扎特小时候曾为了彭巴杜夫人（彭巴杜女侯爵（1721－1764），是法皇路易十五的情妇，权势炙手可热几乎有二十年）发脾气说：“这个女人是谁，也不来亲亲我，连皇后都亲我呢”。这种事在贝多芬是不可想象的，因为甚至在他已老到像一头苍熊时，他仍然是一只未经驯服的熊崽子。莫扎特天性文雅，与当时的传统和社会很合拍，但也有灵魂的孤独。莫扎特和格鲁克之文雅就犹如路易十四宫廷之文雅。海顿之文雅就犹如他同时的最有教养的乡绅之文雅。和他们比起来，从社会地位上说贝多芬就是个不羁的艺术家，一个不穿紧腿裤的激进共和主义者。海顿从不知道什么是嫉妒，曾称呼比他年青的莫扎特是有史以来最伟大的作曲家，可他就是吃不消贝多芬。莫扎特是更有远见的，他听了贝多芬的演奏后说：“有一天他是要出名的，”但是即使莫扎特活得长些，这两个人恐也难以相处下去。贝多芬对莫扎特有一种出于道德原因的恐怖。莫扎特在他的音乐中给贵族中的浪子唐璜加上了一圈迷人的圣光，然后像一个天生的戏剧家那样运用道德的灵活性又回过来给莎拉斯特罗（莫扎特的歌剧《魔笛》中的一个人物）加上了神人的光辉，给他口中的歌词谱上了前所未有的就是出自上帝口中都不会显得不相称的乐调。

贝多芬不是戏剧家，赋予道德以灵活性对他来说就是一种可厌恶的玩世不恭。他仍然认为莫扎特是大师中的大师（这不是一顶空洞的高帽子，它的的确确就是说莫扎特是个为作曲家们欣赏的作曲家，而远远不是流行作曲家）；可是他是穿紧腿裤的宫廷侍从，而贝多芬却是个穿散腿裤的激进共和主义者；同样地海顿也是穿传统制服的侍从。在贝多芬和他们之间隔着一场法国大革命，划分开了十八世纪和十九世纪。但对贝多芬来说莫扎特可不如海顿，因为他把道德当儿戏，用迷人的音乐把罪恶谱成了像德行那样奇妙。如同每一个真正激进共和主义者都具有的，贝多芬身上的清教徒性格使他反对莫扎特，固然莫扎特曾向他启示了十九世纪音乐的各种创新的可能。因此贝多芬上溯到韩德尔，一位和贝多芬同样倔强的老单身汉，把他做为英雄。韩德尔瞧不上莫扎特崇拜的英雄格鲁克，虽然在韩德尔的《弥赛亚》里的田园乐是极为接近格鲁克在他的歌剧《奥菲欧》里那些向我们展示出天堂的原野的各个场面的。

因为有了无线电广播，成百万对音乐还接触不多的人在他百年祭的今年将第一次听到贝多芬的音乐。充满着照例不加选择地加在大音乐家身上的颂扬话的成百篇的纪念文章将使人们抱有通常少有的期望。像贝多芬同时的人一样，虽然他们可以懂得格鲁克和海顿和莫扎特，但从贝多芬那里得到的不但是一种使他们困惑不解的意想不到的音乐，而且有时候简直是听不出是音乐的由管弦乐器发出来的杂乱音响。要解释这也不难。十八世纪的音乐都是舞蹈音乐。舞蹈是由动作起来令人愉快的步子组成的对称样式；舞蹈音乐是不跳舞也听起来令人愉快的由声音组成的对称的样式。因此这些乐式虽然起初不过是像棋盘那样简单，但被展开了，复杂化了，用和声丰富起来了，最后变得类似波斯地毯；而设计像波斯地毯那种乐式的作曲家也就不再期望人们跟着这种音乐跳舞了。要有神巫打旋子的本领才能跟着莫扎特的交响乐跳舞。有一回我还真请了两位训练有素的青年舞蹈家跟着莫扎特的一阕前奏曲跳了一次，结果差点没把他们累垮了。就是音乐上原来使用的有关舞蹈的名词也慢慢地不用了，人们不再使用包括萨拉班德舞、帕凡宫廷舞、加伏特舞和小步舞等在内的组曲形式，而把自己的音乐创作表现为奏鸣曲和交响乐，里面所包含的各部分也干脆叫做乐章，每一章都用意大利文记上速度，如快板、柔板、谐谑曲板、急板等。但在任何时候，从巴哈的序曲到莫扎特的《天神交响乐》，音乐总呈现出一种对称的音响样式给我们以一种舞蹈的乐趣来作为乐曲的形式和基础。

可是音乐的作用并不止于创造悦耳的乐式。它还能表达感情，你能去津津有味地欣赏一张波斯地毯或者听一曲巴哈的序曲，但乐趣只止于此；可是你听了《唐璜》前奏曲之后却不可能不发生一种复杂的心情，它使你心理有准备去面对将淹没那种精致但又是魔鬼式的欢乐的一场可怖的末日悲剧。听莫扎特的《天神交响乐》最后一章时你会觉得那和贝多芬的第七交响乐的最后乐章一样，都是狂欢的音乐：它用响亮的鼓声奏出如醉如狂的旋律，而从头到尾又交织着一开始就有的具有一种不寻常的悲伤之美的乐调，因之更加沁人心脾。莫扎特的这一乐章又自始至终是乐式设计的杰作。

但是贝多芬所做到了的一点，也是使得某些与他同时的伟人不得不把他当做一个疯人。

[简析]

在西方，人们对贝多芬的理解，真可谓见仁见智，莫衷一是。雕塑大师罗丹称颂他的音乐庄严、肃穆、崇高；罗曼·罗兰推崇他“用苦难铸成欢乐”的不屈服于命运的坚韧精神；而在萧伯纳这位20世纪上半叶英国文坛最杰出的斗士的笔下，贝多芬则成了“反抗性的化身”，这一论点发前人所未发，颇有见地。言为心声，正是由于感受的深切，作者才能把贝多芬的反抗精神表达得深刻、透辟，写得大气包举、激荡人心。贝多芬有一句名言：发自内心才能深入内心。这当然不仅是对音乐创作而言。

这篇作品的立意十分明确，全文都围绕着贝多芬傲视传统的狂放不羁的精神加以生发，作者以此作为“贝多芬之谜的全部”，概括了贝多芬的品格：为人的品格和作品的品格。一开始，作者就饶有兴味地写了贝多芬的几则轶事：他蔑视天地，唐突神灵，在雷电轰鸣中，“举拳向着咆哮的天空”；当他在街上遇到一位大公和他的随从时，也“把帽子向下按得紧紧地，然后从他们正中间大踏步地直穿而过”。贝多芬生活在德意志封建专制时代，宗教（神灵）和权势则是封建专制的两大支柱，作者用这两则轶事，典型地反映了贝多芬对他的时代的抗衡，这样，贝多芬最突出的性格与精神在作品一开始就得到了形象的展现。

[思考与练习]

1．文章为纪念贝多芬而作，却以大量的篇幅写到莫扎特等其他音乐家，这样写的好处是什么？

2．理解文中作者对于大师的独特的感悟视角。

[延伸阅读]

《圣女贞德》《伤心之家》

大自然在反抗

雷切尔·卡逊

[作者简介]

雷切尔·卡逊（1907—1964），美国海洋生物学家、科普作家，她1936年至1952年间供职于美国渔业与野生动物管理委员会（FWS），这使她有机会接触到许多环境问题。在此期间，她曾写过一些有关海洋生态的著作，如《在海风下》《海的边缘》和《环绕我们的海洋》。这些著作使她成为世界环境保护运动的开创者。她的小说《寂静的春天》引发了美国以至于全世界的环境保护事业，被认为是环境保护主义的奠基石。

我们冒着极大的危险竭力把大自然改造得适合我们的心意，但却未能达到目的，这确实是一个令人痛心的讽刺。然而看来这就是我们的实际情况。虽然很少有人提及，但人人都可以看到的真情实况是，大自然不是这样容易被塑造的，而且昆虫也能找到窍门巧妙地避开人类用化学药物对它们的打击。

荷兰生物学家C·J·布里捷说："昆虫世界是大自然中最惊人的现象。对昆虫世界来说，没有什么事情是不可能的；通常看来最不可能发生的事情也会在昆虫世界里出现。一个深入研究昆虫世界奥秘的人，他将会为不断发生的奇妙现象惊叹不已。他知道在这里任何事情都可能发生，完全不可能的事情也会经常出现。"

这种"不可能的事情"现在正在两个广阔的领域内发生。通过遗传选择，昆虫正在发生应变以抵抗化学药物，这一问题将在下一章进行讨论。不过现在我们就要谈到的一个更为广泛的问题是，我们使用化学物质的大举进攻正在削弱环境本身所固有的、阻止昆虫发展的天然防线。每当我们把这些防线击破一次，就有一大群昆虫涌现出来。

报告从世界各地传来，它们很清楚地揭示了一个情况，即我们正处于一个非常严重的困境之中。在彻底地用化学物质对昆虫进行了十几年控制之后，昆虫学家们发现那些被他们认为已在几年前解决了的问题又回过头来折磨他们。而且还出现了新的问题，只要出现一种哪怕数量很不显眼的昆虫，它们也一定会迅速增长到严重成灾的程度。由于昆虫的天赋本领，化学控制已搬起石头砸了自己的脚。由于设计和使用化学控制时未曾考虑到复杂的生物系统，化学控制方法已被盲目地投入了反对生物系统的战斗。人们可以预测化学物质对付少数个别种类昆虫的效果，但却无法预测化学物质袭击整个生物群落的后果。

现今在一些地方，无视大自然的平衡成了一种流行的做法；自然平衡在比较早期的、比较简单的世界上是一种占优势的状态，现在这一平衡状态已被彻底地打乱了，也许我们已不再想到这种状态的存在了。一些人觉得自然平衡问题只不过是人们的随意臆测，但是如果把这种想法作为行动的指南将是十分危险的。今天的自然平衡不同于冰河时期的自然平衡，但是这种平衡还存在着：这是一个将各种生命联系起来的复杂、精密、高度统一的系统，再也不能对它漠然不顾了，它所面临的状况好像一个正坐在悬崖边沿而又盲目蔑视重力定律的人一样危险。自然平衡并不是一个静止固定的状态；它是一种活动的、永远变化的、不断调整的状态。人也是这个平衡中的一部分。有时这一平衡对人有利。有时它会变得对人不利。当这一平衡受人本身的活动影响过于频繁时，它总是变得对人不利。

现代的人们在制定控制昆虫的计划时忽视了两个重要事实。第一是，对昆虫真正有效的控制是由自然界完成的，而不是人类。昆虫的繁殖数量受到限制是由于存在一种被生态学家们称为环境防御作用的东西，这种作用从第一个生命出现以来就一直存在着。可利用的食物数量、气候和天气情况、竞争生物或捕食性生物的存在，这一切都是极为重要的。昆虫学家罗伯特•麦特卡夫说："防止昆虫破坏我们世界安宁的最重大的一个因素，是昆虫在它们内部进行的自相残杀的战争。"然而，现在大部分化学药物被用来杀死一切昆虫，无论是我们的朋友还是我们的敌人都一律格杀勿论。

第二个被忽视的事实是，一旦环境的防御作用被削弱了，某些昆虫的真正具有爆炸性的繁殖能力就会复生。许多种生物的繁殖能力几乎超出了我们的想象力，尽管我们现在和过去也曾有过省悟的瞬间。从学生时代起我就记得一个奇迹：在一个装着干草和水的简单混合物的罐子里，只要再加进去几滴取自含有原生动物的成熟培养液中的物质，这个奇迹就会被做出来。在几天之内，这个罐子中就会出现一群旋转着的、向前移动的小生命——亿万个数不清的鞋子形状的微小动物草履虫[1]。每一个小得像一颗灰尘，它们全都在这个温度适宜、食物丰富、没有敌人的临时天堂里不受约束地繁殖着。这种景象使我一会儿想起了使得海边岩石变白的藤壶已近在眼前[2]，一会儿又使我想起了一大群水母正在游过的景象，它们一里一里地移动着，它们那看来无休止颤动着的鬼影般的形体像海水一样的虚无缥缈。

当鳕鱼游过冬季的海洋，经过长途迁徙到达它们的产卵地时，我们看到了大自然的控制作用是怎样创造奇迹的。在产卵地上，每条雌鳕产下几百万个卵。如果所有鳕鱼都存货下来变成小鱼的话，这海洋肯定会变成鳕鱼的固体团块了。一般来说，每一对鳕鱼产生几百万条之多的幼鱼，只有当这么多的幼鱼都完全存活下来发展成成鱼去顶替它们双亲的情况下，它们才会给自然界带来干扰。

生物学家们常持有一种假想：如果发生了一场不可思议的大灾难，自然界的抑制作用都丧失了，而有一个单独种类的生物却全部生存繁殖起来，那时将会发生什么事情。一个世纪之前，托马斯•赫胥黎曾计算过一个单独的雌蚜虫（它具有不要配偶就能繁殖的稀奇能力）在一年时间中所能繁殖的蚜虫的总重量相当于一个世纪之前的中国帝王时代的人口的总重量。

幸亏这种极端情况仅仅是在理论上才存在，但是这一由失常的大自然自己所造成的可怕结果曾被动物种群的研究者们所见识。畜牧业者们消灭郊狼的热潮已造成了田鼠成灾的结果，而以前，郊狼是田鼠的控制者[3]。在这方面，经常重演的那个关于亚利桑那的凯白勃鹿的故事是另外一个例子[4]。有一个时期，这种鹿与其环境处于一种平衡状态。一定数量的食肉兽——狼、美洲豹和郊狼[5]——限制着鹿的数量不超过它们的食物供给量。后来，人们为了"保存"这些鹿而发起一个运动去杀掉鹿的敌人——食肉兽。于是，食肉兽消逝了，鹿惊人地增多起来，这个地区很快就没有足够的草料供它们吃了。由于它们采食树叶，树木上没有叶子的地方也愈来愈高了，这时许多鹿因饥饿而死亡，其死亡数量超过了以前被食肉兽杀死的数量。另外，整个环境也被这种鹿为寻找食物所进行的不顾一切的努力而破坏了。

田野和森林中捕食性的昆虫起着与凯白勃地区的狼和山狗同样的作用。杀死了它们，被捕食的昆虫的种群就会汹涌澎湃地发展起来。

没有一个人知道在地球上究竟有多少种昆虫，因为还有很多的昆虫尚未被人们认识。不过，已经记录在案的昆虫已超过七十万种。这意味着，根据种类的数量来看，地球上的动物有百分之七十到八十是昆虫。这些昆虫的绝大多数都在被自然力量控制着，而不是靠人的任何干涉。如果情况真是这样，那么很值得怀疑的是，任何巨大数量的化学药物（或任何其他方法）怎么能压制住昆虫的种群数量。

糟糕的是，往往在这种天然保护作用丧失之前，我们总是很少知晓这种由昆虫的天然敌人所提供的保护作用。我们中间的许多人生活在世界上，却对这个世界视而不见，察觉不到它的美丽、它的奇妙和正生存在我们周围的各种生物的奇怪的、有时是令人震惊的强大能力。这就是人们对捕食昆虫和寄生生物的活动能力几乎一无所知的原因。也许我们曾看到过在花园灌木上的一种具有凶恶外貌的奇特昆虫，并且朦胧地意识到去祈求这种螳螂来消除其他昆虫。然而，只有当我们夜间去花园散步，并且用手电筒瞥见到处都有螳螂向着它的捕获物悄悄爬行的时候，我们才会理解我们所看到一切；到那时，我们就会理解由这种凶手和受害者所演出的这幕戏剧的含义；到那时，我们就会开始感觉到大自然借以控制自己的那种残忍的压迫力量的含义。

捕食者——那些杀害和削弱其他昆虫的昆虫——是种类繁多的。其中有些是敏捷的，快速得就像燕子在空中捕捉猎物一样。还有些一面沿着树枝费力地爬行，一面摘取和狼吞虎咽那些不移动的像蚜虫一样的昆虫。黄蚂蚁捕获这些蚜虫，并且用它的汁液去喂养幼蚁。泥瓦匠黄蜂在屋檐下建造了柱状泥窝，并且用昆虫充积在窝中，黄蜂幼虫将来以这些昆虫为食。这些房屋的守护者黄蜂飞舞在正在吃料的牛群的上空，它们消灭了使牛群受罪的吸血蝇。大声嗡嗡叫的食蚜蝇，人们经常把它错认为蜜蜂，它们把卵产在蚜虫出没的植物叶子上；而后孵出的幼虫能消灭大量的蚜虫。瓢虫，又叫“花大姐”，也是一个最有效的蚜虫、介壳虫和其他吃植物的昆虫的消灭者。毫不夸张地讲，一个瓢虫可消耗几百只蚜虫，以燃起自己小小的能量之火，瓢虫需要这些能量去生产一群卵。

习性更加奇特的是寄生性昆虫。寄生昆虫并不立即杀死它们的宿主，它们用各种适当的办法去利用受害者作为它们自己孩子的营养物。它们把卵产在它们的俘虏的幼虫或卵内，这样，它们自己将来孵出的幼虫就可以靠消耗宿主而得到食物。一些寄生昆虫把它们的卵用粘液粘贴在毛虫身上；在孵化过程中，出生的寄生幼虫就钻入到宿主的皮肤里面。其他一些寄生昆虫靠着一种天生伪装的本能把它们的卵产在树叶上，这样吃嫩叶的毛虫就会不幸地把它们吃进肚去。

在田野上，在树篱笆中，在花园里，在森林中，捕食性昆虫和寄生性昆虫都在工作着。在一个池塘上空，蜻蜓飞舞着，阳光照射在它们的翅膀上，发出了火焰般的光彩。它们的祖先曾经是在生活着巨大爬行类的沼泽中过日子的。今天，它们仍像古时候一样，用锐利的目光在空中捕捉蚊子，用它那形成一个篮子状的几条腿兜捕蚊子。在水下，蜻蜓的幼蛹（又叫“小妖精”）捕捉水生阶段的蚊子孑孓和其他昆虫。

在那儿，在一片树叶前面有一只不易察觉的草蜻蛉，它带着绿纱的翅膀和金色的眼睛，害羞地躲躲闪闪。它是一种曾在二叠纪生活过的古代种类的后裔[6]。草蜻蛉的成虫主要吃植物花蜜和蚜虫的蜜汁，并且时时把它的卵都产在一个长茎的柄根，把卵和一片叶子连在一起。从这些卵中生出了它的孩子——一种被称为“蚜狮”的奇怪的、直竖着的幼虫，它们靠捕食蚜虫、介壳虫或小动物为生。它们捕捉这些小虫子，并把它们的体液吸干。在草蜻蛉循环不已的生命中，在当它们做出白色丝茧以度过其蛹期之前，每个草蜻蛉都能消灭几百只蚜虫。

许多蜂和蝇也有同样的能力，它们完全依靠寄生作用来消灭其他昆虫的卵及幼虫而生存。一些寄生卵极小的蜂类，由于它们的巨大数量和巨大的活动能力，它们制止了许多危害庄稼的昆虫的大量繁殖。

所有这些小小的生命都在工作着——在晴天时，在下雨时，在白天，在夜晚，甚至当隆冬严寒使生命之火被扑灭得只留下灰烬的时候，这些小生命仍一直在不间断地工作着。不过在冬天时，这种生气勃勃的力量仅仅是在冒着烟，它等待着当春天唤醒昆虫世界的时候，才再重新闪耀出巨大活力。在这期间，在雪花的白色绒毯下面，在被严寒冻硬了的土壤下面，在树皮的缝隙中，在隐蔽的洞穴里，寄生昆虫和捕食性昆虫都找到了地方躲藏起来以度过这个寒冷的季节。

…………

这样，由于存在着这样的昆虫生活特点和我们所需要的天然特性，所有这一切都一直是我们在保持自然平衡，使之倾向于对我们有利一面的斗争中的同盟军。但是，现在我们却把枪口转向了我们的朋友。一个可怕的危险是，我们已经粗心地忽视了它们在保护我们免受黑潮般的敌人的威胁方面的价值[7]，没有它们的帮助，这些敌人就会猖獗起来，并危害我们。

杀虫剂逐年数量增大，种类繁多，毁坏力加强；随之，环境防御能力的全面持续降低正在日益明显地变成无情的现实。随着时间的流逝，我们可以预料昆虫的骚扰会逐渐严重起来，有的种类传染疾病，有的种类毁坏农作物，其种类之多将超出我们已知的范围。

“然而，这不过是纯理论性的结论吧？”你会问：“这种情况肯定不会真正发生——无论如何，在我这一辈子将不会发生。”

但是，它正在发生着，就在这儿，就在现在。科学期刊已经记载了在 1958 年约 50 例自然平衡的严重错乱。每一年都有更多的例子发现。对这一问题进行的一次近期回顾，参考了 215 篇报告和讨论，它们都是谈论由于农药所引起的昆虫种群平衡灾害性失常的。

有时喷洒化学药物后，那些本来想通过喷药来加以控制的昆虫反而惊人地增多起来。如安大略的黑蝇在喷药后[8]，其数量比喷药前增加了 16 倍。另外，在英格兰，随着喷洒一种有机磷化学农药而出现了白菜蚜虫的严重爆发——这是一种没有见过类似记载的大爆发。

…………

所有这些例子谈的都是侵害农作物的昆虫，而带来疾病的那些昆虫又怎么样呢？这方面已经有了不少警告。一个例子是在南太平洋的尼桑岛上，第二次世界大战期间，那儿一直在大量地进行喷药，不过在战争快结束的时候喷药就停止了。很快，大群传染疟疾的蚊子重新入侵该岛，当时所有捕食蚊子的昆虫都已被杀死了，而新的群体还没来得及发展起来，因此蚊子的大量爆发是极易想见的。马歇尔·莱尔德描述了这一情景，他把化学控制比作一个踏车：一旦我们踏上，因为害怕后果我们就不能停下来。

世界上一部分疾病可能以一种很独特的方式与喷药发生关系。有理由认为，像蜗牛这样的软体动物看来几乎不受杀虫剂的影响。这一现象已被多次观察到。在佛罗里达州东部对盐化沼泽喷药所造成的、通常的大量生物死亡中，唯有水蜗牛幸免。这种景象如同人们所描述的是一幅可怖的图画——它很像是由超现实主义的画家创作出来的那种东西[9]。在死鱼和气息奄奄的螃蟹身体中间，水蜗牛在一边爬动着，一边吞食着那些被致命毒雨害死的受难者。

然而，这一切有什么重要意义呢？这一现象之所以重要，是因为许多蜗牛可以作为许多寄生性蠕虫的宿主，这些寄生虫在它们的生活循环中，一部分时间要在软体动物中度过，一部分时间要在人体中度过。血吸虫病就是一个例子，当人们在喝水或在被感染的水中洗澡时，它可以透过皮肤进入人体，引起人的严重疾病。血吸虫是靠钉螺宿主而进入水体的。这种疾病尤其广泛地分布在亚洲和非洲地区。在有血吸虫的地方，助长钉螺大量繁殖的昆虫控制措施似乎总导致严重的后果。

当然，人类并不是钉螺所引起的疾病的唯一受害者。牛、绵羊、山羊、鹿、驼鹿、兔和其他各种温血动物中的肝病都可以由肝吸虫引起，这些肝吸虫的生活史有一段是在淡水钉螺中度过的，受到这些蠕虫传染的动物肝脏不适宜再作为人类食物，而且通常要被没收销毁。这种损失每年要浪费美国牧牛人大约 350 万美元。任何引起钉螺数量增长的活动都会明显地使这一问题变得更加严重。

在过去的十年中，这些问题已投下了一个长长的暗影，然而我们对它们的认识却一直十分缓慢。大多数有能力去钻研生物控制方法并协助付诸实践的研究者们，却一直过分地在实行化学控制的更富有刺激性的小天地中操劳。1960 年报道，在美国仅有 2%的经济昆虫学家在从事生物控制的现场工作，其余 98%的主要人员都被聘去研究化学杀虫剂。

情况为什么会这样？一些主要的化学公司正在把金钱倾倒到大学里以支持在杀虫剂方面的研究工作。这种情况产生了吸引研究生的奖学金和有吸引力的职位。而在另一方面，生物控制研究却从来没有人捐助过——原因很简单，生物控制不可能许诺给任何人那样一种在化学工业中出现的运气。生物控制的研究工作都留给了州和联邦的职员们，在这些地方的工资要少得多了。

这种状况也解释了这样一个不那么神秘的事实，即某些杰出的昆虫学家正在领头为化学控制辩护。对这些人中某些人的背景进行的调查披露，他们的全部研究计划都是由化学工业资助的。他们的专业威望、有时甚至他们的工作本身都要依靠着化学控制方法的永世长存。毫不夸张地说，难道我们能期待他们去咬那只给他们喂食物的手吗？

在为化学物质成为控制昆虫的基本方法的普遍欢呼声中，偶尔有少量研究报告被少数昆虫学家提出，这些昆虫学家没有无视这一事实，即他们既不是化学家，也不是工程师，他们是生物学家。

…………

他们的那个规划进行得怎么样呢？在新斯科舍省，遵照皮凯特博士修订的喷药计划的果园种植者们和使用强毒性化学药物的种植者一样，正在生产出大量的头等水果，另外，他们获得上述成绩其实际花费却比较少。在新斯科舍省的苹果园中，用于杀虫剂的经费只相当于其他大多数苹果种植区经费总数的 10%到 20%。

比得到这些辉煌成果更为重要的一个事实是，由新斯科舍省的昆虫学家们所执行的这个修改过的喷药计划是不会破坏大自然的平衡的，整个情况正在向着由加拿大昆虫学家 C·C·尤里特十年前所提出的那个哲学观点的方向顺利前进。他曾说：“我们必须改变我们的哲学观点，放弃我们认为人类优越的态度，我们应当承认我们能够在大自然实际情况的启发下发现一些限制生物种群的设想和方法，这些设想和方法要比我们自己搞出来的更为经济合理。

[注释]

[1] 草履虫：一种单细胞原生动物，可在显微镜下观察到，形状如草鞋，故名。

[2] 藤壶：一种甲壳纲动物，体外有六片大壳板，壳口有四片小壳板组成的盖。固定附着于海滨岩石、船身、软体动物或其他大型甲壳动物上生活。

[3] 郊狼：一种犬科动物，生活在美洲，体形似狼而比狼小。

[4] 亚利桑那：美国西南部的一个洲，南与墨西哥接壤，州首府菲尼克斯。

[5] 美洲豹：又名美洲虎，西半球最大的猫科动物，产于北美西南部和中、南美洲，栖于丛林、草原，夜间猎食。

[6] 二叠纪：古生代的最后一个纪，约在 2.9～2.5 亿年前。

[7] 黑潮：也叫日本暖流，在北太平洋西部，因流经海面的水呈蓝黑色，故名。

[8] 安大略：加拿大东部的一个省，省会多伦多。

[9] 超现实主义：现代西方文艺思潮，起于第一次世界大战时期，在绘画方面多通过色彩、光线、阴影、形态的组合，表现荒诞杂乱的感觉和印象。代表画家有米罗、达利、马格利特等。

[简析]

《寂静的春天》，1962 年在美国问世。在《寂静的春天》中，卡逊花费四年时间，搜集了大量无可辩驳的事实，证明毒性农药 DDT 的泛滥已经让春天变得寂静无声。它那惊世骇俗的关于农药危害人类环境的预言，不仅受到生产与经济部门的猛烈抨击，而且也强烈震撼了社会广大民众。“向大自然宣战”“征服大自然”——是长期流行于全世界的口号，在这里大自然仅仅是人们征服与控制的对象，而非保护并与之和谐相处的对象。蕾切尔 · 卡逊第一次对这一人类意识的绝对正确性提出了质疑。

这篇《大自然在反抗》选自蕾切尔 · 卡逊的《寂静的春天》。文章以生动而严肃的笔触，描写因过度使用化学药品而导致环境受到污染，生态平衡遭到破坏，死神从天而降，鱼类、益虫等生物大量死亡，而害虫却因产生抗体而日益猖獗，最终给人类带来不堪重负的灾难。

[思考与练习]

1. 体会标题“大自然在反抗”的涵义。
2. 人与自然应该是怎样的关系？卡逊在书中阐扬了一种怎样的人文精神？

[延伸阅读]

《寂静的春天》

实训　交际礼仪

我国是文明古国，素有“礼仪之邦”的美称，几千年光辉灿烂的文化，培养了中华民族高尚的道德，也形成了一整套完善的礼仪。在社会生活中，人们常常把礼仪看作是一个民族精神面貌和凝聚力的体现，把文明礼貌程度作为衡量一个国家和民族是否发达的标志之一；对个人而言，则是衡量道德水准和有无教养的尺度。一个人以其高雅的仪表风度、完善的语言艺术、良好的个人形象，展示自己的气质修养，赢得尊重，将是自己生活和事业成功的基础。

从交际的角度来看，礼仪可以说是人际交往中适用的一种艺术，一种交际方式或交际方法。是人际交往中约定俗成的示人以尊重、友好的习惯做法。

从传播的角度来看，礼仪可以说是在人际交往中进行相互沟通的技巧。

礼仪的主要功能，从个人的角度来看，有助于提高人们的自身修养；有助于美化自身、美化生活；有助于促进人们的社会交往，改善人们的人际关系；还有助于净化社会风气。从企业的角度来说，可以塑造企业形象，提高顾客满意度和美誉度，并最终达到提升企业的经济效益和社会效益的目的。

所以，学习礼仪，不仅是时代潮流，更是提升竞争力的现实所需。下面从几个基本方面做浅显的探讨：

一、仪容

（1）清洁感

清洁感是仪容美的关键，也是一个基本要求。面部是一个人最突出的代表部位，面容是否洁净，是有生气、有光泽，还是灰暗、死气沉沉、憔悴疲倦，关系到每个人留给他人的印象，你对别人也会由于这一点产生不同的印象。一个教养有素的人不会经常不修不整、蓬头垢面。

（2）头发整洁

头发虽然没有像面容那样受到人们的重视，但假如你在乎自己的形象并愿意改进自己的形象，就应该把头发作为重要的环节来考虑。一张再美的面孔，如果没有了头发的衬托，那就大大逊色了。艺术家会指教你说，优美的背景能使最普通的画面增加美感。保持头发的干净整洁，头发松软黑亮有光泽，加上整齐的梳理，才能呈现出光洁的面容，展现你良好的素养、气质。头发不整洁，穿着再漂亮，面部清洁得再干净，仍会给人不洁的感觉。头发干净与否，是一个比服饰更重要的现实教养素质的环节。

我们应该改变自己的洗发观念和洗发频率。过去几十年因条件因素而形成的洗发习惯不知不觉误导了人们对于健康头发的认知概念，以至于今天许多人可以天天沐浴，而不能理解天天洗发这一做法。前不久，中国健康教育协会特别推出“头发天天清洁，把握成功瞬间”社会公益活动，建议人们遵循正确的洗护发方法，养成每周洗头 4～7 次的卫生习惯。

许多人误认为天天洗发会影响发质，会使头发变干枯、受损，会促使头发的掉落。事实上，头发上的毛囊每天都在不断地分泌油脂以润滑头发，正常人平均每平方厘米的头皮上，分布着 144～192 个能分泌油脂的皮脂腺，所以经常洗头，不但不会损伤头发，良好的循环还能刺激皮脂腺的正常分泌，使头发滋润光泽。香波洗头起到最基本清洁功能，但绝不会洗去过量油脂。因此，清洁是保养头发最基本的方法，只要根据自己的发质，选用优质的洗发露，并遵循正确的洗发方法，天天洗发不仅不会引起掉头发，反而会令头发更加健康光亮。

（3）手、指甲卫生

有了光洁的面容，整洁的头发，如果伸出一双很粗糙很脏污的手，手指甲长而黑污，美好的形象就会荡然无存。

在某些工作场所或社交场合，应当整齐清洁。有时候我们发现某些男士也留长指甲，非常不合时宜。不论出于什么理由男士们都不应该留长指甲。女性在这个问题上有更多的自由选择，但重要的是要修剪整齐，保持干净。坚决杜绝黑指甲。

（4）口腔

口腔是表现清洁感的另一个重点。与人说话的时候露出的牙齿上嵌有、沾有的食物残渣，这是很让人厌恶的，它会让人产生窝囊的印象，作风马马虎虎的印象。所以我们应该注意口腔卫生。还应当特别注意口中的异味，也就是我们通常所说的口臭。与人交谈的时候如果发散出难闻的气味，会使对方很不愉快，自己也很难堪。

造成口腔异味的另一个原因是口腔疾病，如牙龈炎、牙槽脓肿、口腔溃疡等疾病。这种原因造成的口中异味，单靠刷牙漱口的方法不可能消除。要治疗好这些口腔疾病，异味会随之消失。

（5）身体卫生

除了身体干净之外，主要指身体不要带有异味。经常洗澡是必须的，尤其是参加正式活动之前一定要保持清爽干净。有些人会有身体异味，也就我们通常俗称的“狐臭”。应当根除治疗和使用治疗药水，此外要紧的是加强个人卫生。体臭是大汗腺分泌物和细菌作用后发生的酸败，经常保持皮肤清洁干燥，就可以将体味减少到最低限度。喷涂治疗药物也是抑制细菌、杀菌的一个非常有效的方法。

除上述问题之外，面容清洁还包括我们的脖颈、耳朵等部位的绝对清洁。另外，头皮屑以及脱落的头发也不要落在肩膀上、衣背上，以免给人以不清洁的感觉。

二、仪表服饰

（一）服饰的起源

人们穿衣打扮在现在是十分自然的事，以致很少有人去想一想人为什么穿衣服的问题。然而原始人是不穿衣服的。关于服饰的起源有几种说法。

第一种，羞耻感说

这种观点认为，人类穿衣服是因为两性之间相互有了羞耻心。人之所以穿衣服就是由这种羞耻心理决定的。

第二种，保护说

人们在劳作打猎中，在最容易受伤的部位率先用皮毛和布保护起来。同时，在严寒地区人们早已知道使用动物皮毛。

第三种，装饰说

长期占主导地位的见解认为，早期人类已有装饰打扮自己身体的愿望，即希望刻意装饰一下被别人目光注意的部分。在不以裸体为羞的时代和不以裸体为羞的民族那里，有时也在身体上挂一些饰物、布条或布块。

第四种，夸耀说

当原始人肩上搭着被杀死的动物皮毛狩猎回来，或身上带血迹和伤疤从战场上回来，就会受到周围人的高度赞美和深深的敬意。

总之，服饰功能包括两个重要方面，一是实用功能，另一个是观赏功能。

（二）服饰与角色

服饰为我们提供的往往是概率意义上的印象判断。但毕竟凭衣帽取人的现象还是比较普遍的，有时候外在能够流露出内在，并弥补内在，因为外在服饰能为人们提供有关自我、角色和地位、个性的线索。

服饰具有暗示作用：

第一，有关角色的暗示

通过辨别他们的工作服饰而得知他们是体力劳动者还是其他工作者，还有许多其他暗示可以用来区分判断职业。

第二，有关性格品质的暗示

展示阳刚的特征为：线条简单粗犷，色彩大胆，面料厚重粗硬。显示阴柔特征的服装则线条柔和，色彩清淡，对比不明显，面料柔软轻薄。

第三，有关场景的暗示

我们见到一个人穿工作服，知道他是在上班。看到穿休闲服的人，知道多半在休息。

（三）服饰与色彩

色彩带给人们感觉、生理、心理的都不一样。同样一种色彩，在有些场合适宜，能给人带来愉悦，有些则不然。

红色：一种强烈的色彩，它是暖色调中的代表，给人火一样的印象，表达着丰富充沛的精力和热情奔放的感情。具有刺激人兴奋的能力。

黄色：健康、单纯、轻快、亮丽，使人产生健康明朗、温暖的感觉。

绿色：充满希望与生机。

蓝色：令人产生遐想的颜色，属于冷色调。

紫色：不经意之间带一丝冷淡而又高贵的格调。具有神秘感、诗意及高贵气息，而备受女性偏爱。在感觉上表示缺乏判断力，是一种浪漫但不成熟的象征。

白色：令人联想到纯洁、沉闷以及高贵气质。

灰色：温和色，没有鲜明个性以及活力的颜色。

褐色：深沉雅致的情调，对人的皮肤、气质、形体要求都很高，褐色服装穿不好就会使人显得臃肿而且不干净。

（四）得体的着装

服饰的得体要看是否符合一定社会、一定民族、一定时代、一定思想观念。中国有句俗语："穿衣戴帽各有所好"。人的审美趣味有许多相同点，但又存在差异。想要着装得体，就得用心设计，而不是"向别人看齐"，具体到我们每个人是不一样的。

个矮的人，不要选择大格子或大花图案宽横格的衣料，选择那些单一的色彩和竖直条纹的衣服。

高而瘦的人，质地厚粗衣料使你胖起来。如果是女孩，不要穿太短的裙子。

三、姿态礼仪

人们之间的交际效果，20%取决于有声语言，80%取决于无声的语言，交际中的音容笑貌、坐姿站姿、一言一行、一举一动，不仅表达某种意思，而且传递着你的修养、风度、素质等方面的信息。这种非语言交往因素非常重要，有时候比语言更能表达一个人的内在涵养。

（1）站姿

人体直立，中心在两脚之间。使颈项尽量向上拨，肩要放松。

（2）坐姿

坐时上身端正挺直，不要死板僵硬，背部挺直，有精神。男性两膝之间要容得下一拳左右的位置；女性两膝则要并拢，或交叉。坐的身体位置有稍有偏斜，侧坐带有一丝谦恭。跨骑椅子的坐姿习惯，表明在下意识地显示优越地位和权势，显得太随意，并有放肆的感觉。

（3）行走

挺胸抬头，肩臂自然摆动，不要八字摇晃，尤其是女性，行走上身不要晃动太大。

行走姿势不一样，表现人性格也不一样。性急的人走起路来风风火火；慢性的人走路则四平八稳；心事重重，走路则垂头；春风得意，走路则轻松朝气。

四、神态与涵养

（一）面带微笑

面带微笑是最易受人欢迎的，人在微笑的时候最美。

微笑是一个人自信、和善、真诚友爱的表露。女性总比男性更爱笑，男人的微笑往往包含肯定和赞许，而女人的微笑除了友善和愉快之外，有时是一种矜持与自尊。

（1）目光

人与人的交往不是从问候，而是从目光对视就开始了。

（2）凝视的礼节

凝视不是紧盯对方脸上某一点不动，而是在一定区域内“扫射”。

公务凝视：人们在工作交往中，联系业务、洽谈生意及外事谈判时采用的凝视礼节。区域在两眼之间。

社交凝视：在舞厅、茶话会、宴会及朋友聚会时采用的凝视方式。区域在两眼到嘴之间。

亲密凝视：是亲密朋友、恋人之间的目光。区域在两眼至胸部之间。

不要斜视、眯眼看人，不要长久盯视对方；与人交谈时，忽然闭上眼睛，这是一种消极的信号，是一种想中止谈话的表示。

（二）体态语言

人下意识的动作会暴露我们内心的秘密。如，十指交叉是不自信，心情不愉快常有的动作。人们在陌生人面前或紧张场合，多有这种姿势，寻找安全感。另外，如果一个人和你谈话时，手一直不停摆弄衣角、扣子、笔或随手可及的事物。那么，这个人内心很可能有不安、自卑、紧张的心理问题。

双臂交叉胸前，既是拒绝又是保护。听别人谈话时，应尽量少抱双臂。

空间位置与尊重

亲密距离：可以没有距离，也可以一点点接触。

熟人距离：不远不近 1～2 英尺。

正式的社交距离：4～7 英尺。

公共距离：不交流。7～8 英尺以上。

总之，要多一些体态意识，展现自己优美的体态礼仪；社交公关需要积极的礼仪体态；演员塑造角色时，总要找出角色表现性格特征的体态语言；政界人员也要用得体体态语言塑造形象。

五、言辞谈吐

1. 交谈神态

语言是人们交往必不可少的工具手段。是人的一种能力，一种艺术，也是一个人气质的体现。很多人不开口时仪表堂堂、美丽多姿，一开口就露馅了。

有人生性能说会道，但这并非善言谈的全部涵义。喋喋不休、说话不得体，也不会起到好的交际效果。有时候沉默是金，但沉默不是不会说话，笨口拙舌。言辞谈吐也是一门艺术。

第一，神态

不要走神，和颜悦色，男士们尤其要多微笑些；女士应该沉静微笑，不要总是害羞地笑，也不要总是咯咯大笑。

第二，姿态

表现出认真、全神贯注，勿交叉双臂，勿交叉双腿，这种姿势容易给人一种敌视、居高临下，防备的感觉。

第三，目光交流

不看对方眼睛等于没听对方讲话。

第四，肢体语言

要善于用点头与赞同的表情和对方沟通，时不时记上几笔，使对方感到你重视他讲话的内容。

2. 善选话题

善交谈者首先应该善选话题，许多人经常感到无话可谈，应该学会和不同阶层、不同年龄段、不同性别的人交谈。

在社交场合一味地谈自己和自己家庭是庸俗的。如世界大事、社会问题、文学、艺术、音乐、心理学、教育、科学、体育、影视等，都是大家共同感兴趣的特殊问题。

要注意积累知识信息。

要注意积累经验。有经验的交谈者，常从对方的口音、职业寻找谈话线索。

勤做摘记。经常说出富有哲理的话，或者名言、诗句，就会显得你有思想，有品位。

3. 谈话禁忌

涉足不熟悉的话题。

涉及令对方不愉快的事。如疾病，死亡，痛苦等。

话题太专，太深。

让人扫兴的话题。

自我吹嘘。

话题格调低下。

贬损他人的议论。

多说“我”少说“你”，苏格拉底说：“不要老说‘我想’，而是多询问对方‘你认为如何？’”

东探西问别人的私事。

4. 善称赞

这是一种谈话技巧。称赞是令人愉快的使谈话顺利进行下去的极有用的手段，使对方感到愉快，对你产生好感，愿意与你交往。称赞是一种做人的技巧，也是一种对他人的友善表现。

力行称赞的两个原则：一是要发自内心，二是要得体。称赞对方不存在的优点是很危险的。

恭维在许多时候是一种善意和礼貌，被恭维的人不要大唱反调，应该大方接受。“谢谢你的称赞”“承蒙夸奖，谢谢。”

5. 善倾听

好的交谈者不仅健谈，也善于倾听。交谈不可自己一人喋喋不休，滔滔不绝，如果你尊重对方，就听他多讲。倾听是把交谈进行下去并进行得愉快的重要手段。

认真听人讲话是一种修养，是一种礼节要求。

倾听时注意体态。东张西望，跷二郎腿，或抖动腿脚，掏耳朵，或挖鼻孔，双手抱臂这些都显得漫不经心，都等于认为对方的话不屑一听。

总之，善倾听，作一个好听众，有时比健谈更能获得好感。

六、个性气质与交际魅力

有些人一面之交就会引起我们的注意，使我们从生理上和心理上感到愉悦，个性气质是关键。个性气质是一种难得的生命美。当我们说一个人个性气质很好时，就意味着他言谈举止中散发出一种教养、文明，表现出的健全的人格。

气质是一个综合性的概念。指人的生理、心理、个性、品格等方面的综合素质。是一种模糊的东西，通过你的外在形象、言谈、举止表现出来。

多血质的人活泼好动，敏感，反应快，有热情，善交际，属于外向型，但有些欠踏实，注意力容易转移，兴趣广泛，过分会有轻浮之嫌。

胆汁质的人精力旺盛，热情直率，意志力比较强，自信，比较富于独创和开拓精神。但这种人有时候情绪容易激动，心境变化剧烈，会有点刚愎自用的缺点。

粘液质的人大多安静稳重，善于克制自己，善于忍耐，不喜欢空谈，比较务实。注意力稳定而比较集中，但感情上较贫乏，回避新鲜事物，进取精神较少。

抑郁质的人一般细心，谨慎，内心体验深刻，多愁善感。注重他人目光，孤僻，敏感，狭隘。能动性差，情感比较压抑，优柔寡断，不善交际。

任何气质个性都不是一成不变的。个性气质先天因素可以通过后天修养而改变。

（一）塑造美的个性气质

美的气质个性作为一种教养与文明是一项“系统工程”。人的思想、心态、爱好、情趣、语言、声音、微笑、姿态，包括面容、衣着，所有这些方面都是培养好气质的必须功课。

首先要强调的是文化知识修养。知识使你聪慧，有头脑，通情达理，善于思索，处世自如，自信，审美情趣高雅，心胸宽容大度。

其次要强调艺术涵养。

最后是强调品性修养，不卑微，自私，虚荣，嫉妒。

心灵的修养很重要。拥有一颗正直、善良、真诚、充满爱意的心灵，这是一切气质个性美的发源地。

仪容仪表固然不可忽视，但明智的人不会单纯把精力放在外表上，因为他懂得内在的“装扮”更重要，而且能发挥更多的吸引力。“心”与“形”同时美，才能有真正的魅力，才能在公关社交人际关系中获得成功。

（二）心理素质

影响我们内在个性魅力的重要因素是心态或心理素质。其中自信是最重要的一种心理素质。相反，自卑、狭隘、不自爱也不爱人，会影响人的魅力和能力。

自卑是一种轻视自己，觉得自己不如人的痛苦体验。人不自信时，觉得所有的事物都会形成一种威胁。

有些人在交际场合不自信，是一种“社交恐惧症”。

克服不自信的方法：

学会悦纳自己。对自己全面了解，正确看待长处和短处。如果无法改变身高、相貌的短项，就现实地坦然接受。如果是性格、修养方面的缺陷，就应努力克服。学会自爱，要有健全的自尊心。

学会自我奖赏或积极暗示。哲学家一直讲“你觉得你是什么样，你就是个什么样子。”

七、介绍礼节

（一）注意介绍顺序

介绍原则，把一方介绍给更为尊贵的一方。即把年轻者介绍给年长者，把男子介绍给女子，把职位低者介绍给职位高者，把未婚女子介绍给已婚女子。

（二）要有介绍的意识

一个具有高素质的人，无论在社交场合，还是行路中遇到朋友，都应该随时意识到自己有义务为双方还不认识的朋友做介绍。

（三）完整地介绍被介绍者的身份和姓名

（四）自我介绍

自我介绍是推销、展示自身形象和价值的一种必要的社交手段和方法。初次见面，自我介绍要热情大方，自信坦然，不要过分地热忱、夸张，比如用力摇动握手和热情拍打对方。

（五）握手礼节

从握手起源上看，伸出友谊之手，表示你没有携带武器。握手礼节起源于远古时期。那时与陌生人相见时，为了表示自己没有敌意，往往先亮出自己手掌。

今天，握手仍然象征着友谊和尊敬。有时候还表示一种祝贺、感谢和相互鼓励。

握手的原则：把握手与否的选择权交给尊贵的一方。

握手顺序：先贵宾或长者，后同事、晚辈，先女后男。一一相握，不要几个人竞相交叉相握。

握手力度：不能太用力，力量过大，容易让人感觉到有一定鲁莽、不得体。

握手时间：通常在二三秒钟为宜。过短显得漫不经心，缺乏诚意，过长则不太适宜于一般公务交往。

握手方式：行握手礼要用右手。

握手的时候有的人掌心向下，具有居高临下的心态，而另一种人容易掌心向上，这样的人大多懦弱缺乏个性。最普遍的握姿是双方手掌都处于垂直状态，表达彼此之间的尊重和默契。

握手时应当尽量避免湿手和手心有汗，或者手掌上有污迹。

八、求职面试礼仪

面试对我们非常重要，面试是在一个非常有限的时空中展示自己最优秀的方面。所以要求我们充分展示面试中的每一个细节因素为自己创造机会。

第一，面试前问题的准备：事先应该对目标单位及其工作内容尽可能的了解。

在面试中经常会问：以前你都干过什么工作？为什么放弃？为什么选择进入这个工作领域？你认为在一个理想的工作单位，你个人事业的成败是由什么决定的？你喜欢与别人一起工作还是自己独立工作？你喜欢什么样的领导？你对当前我们这个行业的状况有什么看法？

除此之外，还应该准备好面试时你自己要问的问题，不失时机地提出一两个问题，反而能够显示出你的成熟度和积极思考的态度。

第二，求职信的准备

格式正确，布局美观；内容具体，主题突出；字迹清楚，书写正确；内容简洁，表达准确；态度谦恭，用词恰当；亲笔书写；尽量用全称；关注职位，回避薪酬；开头与结尾注意礼貌；形式设计美观。

第三，面试前的准备

面试前一天要到招聘现场做考察，估计路上时间，以免面试当天出现不必要的麻烦。

准备好个人简历，自荐书，各种证书（毕业证、奖励证书、英语水平证书、培训证书、技能证书、身份证等）；科研成果证明、专利证书、著作、学术论文等；各种聘书；准备好服饰；带好纸巾，女生带化妆盒；带上笔和记事本；准备足够的费用。

以上多种物品要整齐有序放在包袋汇总，避免在招聘人员面前，翻来翻去，给人做事没有章法的印象。

第四，面试心态准备

应尽量展示自己的优势，面带微笑，说一声您好的时候，眼神注视对方，握手的时候让对方感觉到坚定而温和。

放松心情，将应聘失败看成人生财富。

有些人在择业时惶惶不可终日。这是造成面试中紧张和被动的主要原因。如果我们理解了人生，就会同意拿破仑说的：“人生的光荣不在于永不失败，而在于能屡败屡战”。就会不怕择业的失败。

交际礼仪还包括很多方面的内容：如就餐的礼仪、会客的礼仪等，要想在交际中脱颖而出，就要注重各方面的礼仪修养，从自身细节做起，得体大方的动作言行是成功的关键。

第三部分　小说欣赏

小说概述

一

（一）中国小说的萌芽

在小说产生之前，各种文学样式也已存在着许多小说的因素，为小说的产生创造了条件，如先秦诸子散文中的寓言、故事，形象生动；《左传》《国语》《战国策》等史书中的不少篇幅描述人物言行，情节曲折，描写细致，颇具小说味道；一些记载山川物产的著作中有许多对环境的描写，具有充分的想像和夸张。这些都对小说的产生起到了积极的影响。

中国古代，可以说在先秦已有小说，现存的有《山海经》和《穆天子传》两种。虽然这两部书是否属于小说还有不同意见，但《山海经》中保存了不少远古神话传说，《穆天子传》主要记述周穆王驾八骏西游的故事，对我国古代小说影响很大。后世有些小说就是模仿这两部书的。

“小说”一词最早见于《庄子・外物篇》“饰小说以干县令，其于大达亦远矣。”这里的“小说”一词很明显和今天所讲的小说含义不同，指的是那些相对于经邦治世的大道理来说是琐细浅薄的言论。

到了汉代，桓谭、班固等人对小说的看法给后世造成极大影响，在我国古代小说发展史上留下了深刻的印记。西汉末年的桓谭说“小说家合残丛小语，近取譬论，以作短书，治身理家，有可观之辞。”，开始将小说当作一种文学样式，并把写小说的人称为小说家。东汉班固在桓谭的基础上，对小说的作者、小说的来源等作了进一步的探讨，说：“小说家者流，盖出于稗官，街谈巷语，道听途说之所造也。‘孔子日：虽小道，必有可观者焉，致远恐泥。’是以君子弗为也。然亦弗灭也。闾里小智者之所及，亦使缀而不忘，如或一言可采，此亦刍荛狂夫之议也。”从班固等人的言论中可以看出，汉代人认为小说作者是“稗官”，小说的内容不过是街谈巷议、道听途说的传言，并不是真实可信的，甚至认为小说是不登大雅之堂的“小道”，是浅薄之人所为的，正人君子是不写小说的，但也不反对小说的存在，因小说对“治身理家”有一定帮助，通过小说也可以看到来自下层的意见。可以说，以班固为代表的汉代人的观点成为长达两千年的封建社会对小说的正统观点。这种观点的影响，是我国古代小说在诸文学样式中地位最低、小说理论研究发展缓慢的一个重要的原因。

（二）魏晋南北朝的志怪小说与轶事小说

魏晋南北朝是我国古代小说的第一个繁荣期。这一时期的小说主要有两类：一是志怪小说，二是轶事小说（也称志人小说）。

志怪，意即记载怪异之事。志怪小说，即指专以神怪为题材的小说。志怪小说在魏晋以前已经出现。到了魏晋南北朝时期，创作了大量志怪题材的小说，流传至今的大概有三十多种，代表作是东晋干宝编撰的志怪小说集《搜神记》。《搜神记》虽然艺术上比较粗糙，但有些较好的篇章尚能注意以细节描绘衬托人物性格，故事完整，叙事生动，情节还较曲折，有一定的文学色彩。志怪小说为唐代传奇的出现准备了条件，也为后代的神魔小说和以神怪为题材的笔记小说所借鉴，在我国文学史上产生了深远的影响。

轶事，是指正式史书失载的事情。轶事小说，是指魏晋南北朝时期出现的记录人物言行及轶闻琐事的笔记体小说。我国很早就有专门记录人物言行的著作，如《论语》就是一部记录孔子及其弟子言行的书，各种史传文学均以记录人物言行为主，这些著作虽然与轶事小说不同，但对轶事小说的产生与发展具有深刻影响。魏晋南北朝时期的轶事小说流传下来的很少，主要有三国魏邯郸淳的《笑林》、东晋葛洪托名刘歆所作的《西京杂记》、东晋裴启的《语林》等，代表作是南朝刘义庆编著的《世说新语》。《世说新语》重在反映人物的性格、精神风貌和文化情趣，许多时候只是记录人物寥寥数语，有时甚至只是一个表情，一个动作，就能传达出人物特有的风采。语言高度概括凝练，记言记事巧妙结合，成为轶事小说的典范之作。

（三）唐代传奇小说

中国小说发展至唐代，演变成一种新的文学样式——传奇小说。唐代传奇小说是继承魏晋南北朝志怪小说和轶事小说的传统加以发展演变而成的唐代文人创作的文言短篇小说。

“传奇”一词，最早见于晚唐裴铏的《传奇》，他直接用“传奇”作为其小说集的名称，但传奇小说的创作，在初唐即已开始。唐代传奇小说主要用传记体裁记叙神仙鬼怪和人事奇闻，开始有意地进行艺术的虚构，具备了小说作为独立的文学样式所应当具备的。情节结构、环境描写和人物塑造。这标志着我国古代小说作为一种独立的文学样式已经真正成熟。

初唐、盛唐时期是从志怪、轶事小说到传奇小说的过渡阶段，现存的传奇小说主要有王度的《古镜记》、无名氏的《补江总白猿传》、张鷟的《游仙窟》和牛肃的《纪闻》，其中《古镜记》是唐传奇的开山之作。中唐时期是唐传奇的繁荣阶段，作者辈出，佳作如林，著名的传奇小说有沈既济的《枕中记》、白行简的《李娃传》、元稹的《莺莺传》、陈鸿的《东城老父传》、李公佐的《南柯太守传》、蒋防的《霍小玉传》、李朝威的《柳毅传》等。晚唐是传奇小说的演变阶段，也有不少传奇作品流传至今。

（四）宋代话本

宋代，由于城市的发展，一种适应城市生活的新的小说形式得以发展繁荣，这种新的小说形式是“话本”。

“话”是“说话”“讲故事”的意思，“话本”就是艺人讲故事的底本。“说话”这种技艺，其实很早就有了，古代宫廷中常有职司讲诙谐幽默故事的人。到唐代说话技艺又有所发展，特别是佛道僧侣为了争夺信仰者而开设的“俗讲”，用通俗的口语，讲唱结合随处设席，在民间影响很大。到了宋代，各地出现了繁华的大都市，商贾云集，游人如潮，加上宋朝追求享乐之风越来越烈，讲故事作为一种娱乐方式，自然得以发展，在继前代小说艺术的基础上，进入了一个较为繁荣的时代。在宋代，说话的场所遍布各地，无论大都市或小城镇，到处都有演艺说唱的“瓦子”“勾栏”，此外，酒楼、茶肆、寺届、市集也是艺人说唱的地方。宋代还有了“说话”人的职业组织，一是专门编写“说话”底本的组织“书会”，参加“书会”的人称为“书会先生”或“才人”；一是专门演练“说话”技艺的组织“雄辩社”，“雄辩社”中辈高艺精的被称为“老郎”。

在体制上，宋代话本除了题目，一般还须具备篇首、入话、头回、正话、篇尾等五个部分。相对于宋代以前的小说形式，宋话本注意通过激烈的矛盾冲突塑造人物，通过富于个性的语言表现人物，塑造人物形象的手法越来越高明，而且宋话本更注重情节结构的安排，显得更加曲折离奇，引人入胜。

宋代话本语言多用白话而少文言，基本上是民间创作，作者姓名往往难以考证，且容易散失。流传至今的宋代话本不多，现存宋代话本小说最优秀的作品是《碾玉观音》和《错斩崔宁》。

（五）明清小说

明清时期，由于工商业迅猛发展、资本主义萌芽、市民阶层不断壮大等因素，促进了小说的创作和出版发行，印刷术的进步更为小说的流传提供了充分的物质条件，使明清时期成为中国小说创作的黄金时代。

明清小说从语言上看，可分为白话和文言两种；从篇幅上看，又可分为长篇和短篇两种。明清的文言长篇小说数量较少，影响不大。主要的小说样式只有三种：白话长篇小说、白话短篇小说和文言短篇小说。

明清白话长篇小说是一种由宋元讲史话本发展而来的小说形式，基本上采用章回体的形式，其特点是：全书分若干回，每回有回目；回目起初是单句，后来发展为双句，双句回目文字又由参差不齐变为整齐对偶；由于受讲史话本的影响，每回在开始和结束时大致都有固定的套话。明清白话长篇小说有不少佳作留传至今，代表作是罗贯中的《三国演义》、施耐庵的《水浒传》、吴承恩的《西游记》、兰陵笑笑生的《金瓶梅》、吴敬梓的《儒林外史》、曹雪芹的《红楼梦》等。前四本小说被称为“明代四大奇书”，其中《金瓶梅》是中国小说史上第一部由文人作家独立创作的长篇小说。

明清白话短篇小说是宋元话本的继承和发展，包括话本和拟话本两类。话本仍然是指民间艺人说话的底本，而拟话本是文人模拟话本形式，对旧有的话本进行加工润色的再创作，只是供案头欣赏而不是用来讲和听的，创作者是文人而不是民间艺人。由于文人的参与，不仅改变了白话短篇小说的欣赏方式，而且使白话短篇小说无论在反映现实的严肃性方面，还是在艺术手法的多样性方面都出现了质的飞跃，使白话短篇小说脱离了口头文学的传统，变成了书写文学样式。拟话本小说创作的高峰期是明代末年，这一时期出现了冯梦龙的“三言”（《喻世明言》《警世通言》《醒世恒言》）、凌蒙初的“二拍”（《初刻拍案惊奇》《二刻拍案惊奇》）和陆人龙的“一型”（《型世言》）。“二拍”是我国第一部由个人创作的白话短篇小说集。

明清的文言短篇小说是唐宋传奇的直接继承者。文言短篇小说的创作自两宋之后便陷入低潮，到了明代出现了复苏的迹象，这与明王朝复古的政治文化政策有着密切的关系。明代的文言短篇小说集的代表作有瞿佑的《剪灯新话》、李桢的《剪灯余话》和邵景瞻的《觅灯因话》。这几本小说多模拟唐传奇，缺乏新意，但它们的出现，毕竟打破了宋后文言短篇小说沉寂的局面，而且它们事实上还起了上承唐传奇，下开清代文言短篇小说新的创作高峰的过渡作用，对清人的文言小说的创作产生了一定的影响，因此在文学史上具有一定地位。清代是我国文言短篇小说创作的又一高峰期。这一时期以蒲松龄的创作为中心，出现了如群星拱月般的一大批文言短篇小说的名作，主要作品有蒲松龄的《聊斋志异》和纪昀的《阅微草堂笔记》，《聊斋志异》是文言短篇小说的顶峰之作，也是我国古典小说的艺术高峰。

（六）近代小说

近代小说，在初期仍承袭清代，以格调不高、平庸落后的狭邪小说和侠义公案小说占主导地位。后在梁启超“小说界革命”的倡导之下，谴责小说盛行起来。代表作有李宝嘉的《官场现形记》、吴沃尧的《二十年目睹之怪现状》、曾朴的《孽海花》和刘鹗的《老残游记》，被称为清末四大谴责小说。这些作品突出暴露了封建官场的黑暗腐朽，广泛宣传了社会改良，在内容和题材上有明显的开拓，有的还吸收了西方小说的技法。辛亥革命后，还出现了“鸳鸯蝴蝶派”小说和“黑幕小说”，但思想和艺术价值都不高。除创作外，林纾等人还用古文翻译了不少外国小说，在当时有广泛影响。

（七）现代小说

“五四”以后，小说创作获得了丰收。鲁迅的《狂人日记》，提出了家族制度和封建礼教“吃人”这一重大问题，是现代白话小说的发轫之作。鲁迅的短篇小说集《呐喊》和《彷徨》，以熟练老到而又丰富多样的艺术手法，塑造了一系列各社会阶级、阶层的典型形象，概括了异常深广的社会历史内容，奠定了中国现实主义小说创作的坚实基石。《风波》《故乡》《阿Q正传》《祝福》等篇，都体现了彻底反封建的“五四”精神。在鲁迅的开拓和带动下，出现了一大批新体小说作家。“文学研究会”主张“为人生”的文学、倾向于现实主义，有成就的小说作家有冰心、叶圣陶、王统照等。“创造社”作家则走上另一条创作道路，其中郁达夫成就最高，他的自传体小说《沉沦》，以热烈大胆的情怀袒露和夸张的陈述咏叹构成了作品的浪漫主义基调。“左联”的成立，促进了小说创作的进一步发展，优秀的中长篇小说相继问世。体现了中国现代小说在反映现实的深度、广度和艺术的成熟度上，有了长足的进展。茅盾的《子夜》，以宏大的规模真实描画了三十年代初上海的社会面貌，塑造了民族资本家吴荪甫的形象，是这一时期最出色的创作成果。丁玲、张天翼、柔石、沙汀、艾芜、萧军等也在这一时期初露锋芒，写出了一批优秀作品。“左联”以外的进步作家，同样成绩卓著，巴金的《家》（加上后来写成的《春》《秋》，合称《激流三部曲》），老舍的《骆驼祥子》，叶圣陶的《倪焕之》，沈从文的《边城》等，为中国现代中长篇小说的成熟作出了贡献。抗战时期，沦陷区和国统区小说创作闪耀出光彩，张天翼的《华威先生》，沙丁的《淘金记》，艾芜的《山野》，矛盾的《腐蚀》，老舍的《四世同堂》，巴金的《寒夜》等，从各个不同的侧面揭露了反动统治的黑暗和腐朽。在抗日根据地和解放区，作家努力生活，与人民群众逐步结合，他们创作的中长篇小说，放映了中国共产党领导下广大农村天翻地覆的革命性变革，着力刻画了工农兵新人的形象，著名的有丁玲的《太阳照在桑干河上》，周立波的《暴风骤雨》，赵树理的《小二黑结婚》《李有才板话》，孙犁的小说集《白洋淀纪事》等，都洋溢着群众生活和革命斗争的诗情画意。

1949 年新中国成立后，特别是十一届三中全会以来，中国小说创作进入了一个新的繁荣发展的新阶段。

（八）当代小说

中国当代小说发展史可以分为三个时期，即从建国后到“文化大革命”前的“十七年”时期、“文化大革命”时期和“文化大革命”结束之后至今的“新时期”。

从 1949 年新中国成立到 1966 年，我国社会主义现实主义文学走向成熟。短短十七年间，共有二百多部长篇小说正式出版，其中的优秀之作主要有：柳青的《铜墙铁壁》《创业史》（第一部）、杜鹏程的《保卫延安》、赵树理的《三里湾》、梁斌的《红旗谱》、杨沫的《青春之歌》、罗广斌和杨益言的《红岩》、吴强的《红日》、曲波的《林海雪原》、欧阳山的《三家巷》、李英儒的《野火春风斗古城》、周立波的《山乡巨变》、浩然的《艳阳天》、周而复的《上海的早晨》（第一部）和玛拉沁夫的《茫茫的草原》（上部）等。这些长篇小说的题材领域和艺术风格丰富多样，注重深广地概括社会生活，描绘和揭示我国人民的革命道路与历史命运，塑造了一系列血肉丰满的典型形象。但是，由于历史的局限性，作家们对于文学政治功能的过分追求也限制了一些作品的思想艺术水平。这一时期的中、短篇小说创作也取得了丰硕成果，比较而言，短篇小说的成就更为巨大，涌现了一大批擅长短篇创作、具有独特风格的作家，如赵树理、孙犁、李准、路翎、萧也牧、峻青、王愿坚、茹志鹃、王蒙、李国文、宗璞、邓友梅、陆文夫、刘绍棠等。

“文化大革命”时期，由于“四人帮”文化专制主义的实行，文艺领域一片萧条，在此期间正式出版和发表的小说缺乏优秀之作。

“新时期”小说创作无论是作家队伍的强大、题材领域的开拓，还是艺术表现方式的丰富性方面，都为前两个时期所不及。一个最为突出的表征便是“新时期”小说创作潮流的不断更迭与演进，这些小说潮流主要有：以揭露和控诉“四人帮”的罪行，表现对人民遭遇的深切同情为特点的“伤痕小说”；对解放以来特别是五十年代中期以来的极“左”路线进行深刻批判与反思的“反思小说”；反映我国各个领域改革进程及其引起的社会变革、价值冲突及心理震荡的“改革小说”；兴起于1985年前后的注重以现代意识观照现实与历史，并对题材所蕴含的深层的历史文化信息进行艺术传达，进而探寻民族文化和民族灵魂重建可能的“寻根小说”；借鉴西方现代主义的艺术表现方法，具有现代主义精神意识的“现代派小说”；八十年代中期开始出现的在文化内涵、文学观念和文本特征方面均有激进的反叛色彩和实验品格的“实验小说”；稍后出现的注重对生活原生态的还原，大多以客观化的“冷漠叙述”来表现叙述者对于现实的无奈与认同，缺乏明确的价值判断与理性精神的“新写实小说”等。

二十一世纪的小说创作仍在涌现新的潮流，经过作家们的奋力开拓、多向探索，我们相信中国小说必将更加辉煌。

二

纵观世界小说界，在东方文化圈中，印度的短篇小说最古老、数量最多，超过了中国。印度小说几乎都有一个大故事套小故事的“框形结构”，并影响了世界各国小说的发展。但中古以后，印度小说开始衰落。

西方小说属于古希腊、希伯莱、日耳曼文化圈，以希腊短篇小说为最古。古希腊、罗马短篇小说的结构与印度小说不同，呈现出一种“活”在长篇小说中的依附结构。长篇小说以阿普列尤斯的《金驴记》最有名。

中世纪，西方短篇小说出现了数百年的“断层”，而骑士小说却发展起来。《亚瑟王之死》是骑士小说的最高成就，并起到了承前启后的作用。

文艺复兴时期是西方小说的发端期。这一时期，短篇小说、长篇小说都取得了较高的成就。意大利薄伽丘的《十日谈》开创了欧洲短篇小说新的艺术形式，是一部具有重大文学价值的作品。西班牙的塞万提斯是文学黄金时代的代表作家，被狄更斯、福楼拜和托尔斯泰等作家誉为“现代小说之父”，他创作的长篇小说《堂·吉诃德》至今仍然深受人们的喜爱。

西方17世纪是戏剧和诗歌的时代，18世纪是长篇小说和戏剧的时代，自文艺复兴至19世纪的400年中，短篇小说停滞不前。18世纪的长篇小说在西方小说史占有重要地位。首先兴起的是感伤主义书信体小说，如英国理查逊的《克拉丽莎》、歌德的《少年维特之烦恼》。这一时期航海小说、路上小说也同步发展，如英国笛福的《鲁滨逊漂流记》。同时“哥特小说”广为流传，如斯特恩的《项狄传》。从18世纪起，散文长篇小说取代了长篇叙事诗的地位，成为西方文学中最重要的文学样式之一。

19世纪，西方小说出现了浪漫主义、批判现实主义和自然主义三大流派。

19世纪浪漫主义小说的代表人物是法国的维克多·雨果。他创作的《悲惨世界》《巴黎圣母院》等小说已成为传世名作。雨果是浪漫主义手法的集大成者，他善于运用对照手法，为后世文学开辟了一条新路。

19 世纪是现实主义取得辉煌成就的世纪，产生了一大批文学巨匠。

巴尔扎克是法国 19 世纪的批判现实主义大师。他创作的《人间喜剧》已成为人类文化的瑰宝。《人间喜剧》分风俗研究、哲理研究、分析研究三部分，由近 90 部作品组成。恩格斯称《人间喜剧》“提供了一部法国‘社会’特别是巴黎‘上流社会’的卓越现实主义历史”。《高老头》是巴尔扎克的著名作品，小说深刻反映了当时法国的社会现实，暴露了金钱的罪恶，在人物塑造、情节结构、人物心理描写等方面都取得了很高的艺术成就。

列夫・托尔斯泰是 19 世纪俄国最杰出的现实主义作家。他和巴尔扎克一起被人们称为现实主义文学中的两座最辉煌的高峰。代表作有《战争与和平》、《安娜・卡列尼娜》和《复活》等。《安娜・卡列尼娜》刻画了一个追求新生活、具有个性解放特点的贵族妇女形象，她的悲剧是她的性格与社会环境产生尖锐冲突的结果，是她所生活的那个罪恶社会所造成的。这部小说在艺术上的最大成就是其出色的心理描写。

马克・吐温是美国文学史上杰出的小说家，是第一个用纯粹的美国口语进行写作的作家，福克纳称之为“美国文学之父”，发表于 1884 年的《哈克贝利・芬历险记》是其代表作。

尼古拉・果戈理是俄国著名的戏剧家和小说家，他创作的社会讽刺小说《死魂灵》，深刻地揭露了农奴制度的反动和腐朽，被公认为是“自然派”的奠基之作。

20 世纪，西方小说空前繁荣，名家辈出，并朝着多元化方向发展。

20 世纪现实主义文学的代表作家有英国的萧伯纳，法国的罗曼・罗兰，美国的德莱赛、海明威和前苏联的高尔基。高尔基是苏联文学的创始人，20 世纪现实主义文学的杰出代表。《母亲》的问世，揭开了无产阶级文学的历史新纪元。《克里姆・萨姆金的一生》则是一部内容博大精深、艺术形式多样的现实主义杰作，是作家一生创作经历的总结。

这一时期，西方现代主义文学也出现了许多流派。第一次和第二次世界大战的爆发，动摇了传统理性主义，造成了人们对人类本性的怀疑和对人类未来命运与前途的焦虑。现代主义文学摒弃了传统的表现手法，注重真实地展示人们主观内心世界，展现现代人在荒诞世界中的异化现象。在表现手法上，大量运用象征、时空倒错、内心独白、意识流等手法，追求“有意味的形式”。现代主义文学的主要流派有：后期象征主义、未来主义、表现主义、意识流、存在主义、黑色幽默和魔幻现实主义。

弗兰茨・卡夫卡是奥地利著名作家，是现代主义小说的鼻祖，《变形记》是其代表作。小说深刻反映了资本主义社会中，人在重压之下掌握不了自己命运的“异化”现象，从而激发读者去思考人的生存现状问题。詹姆斯・乔伊斯是英国现代主义文学的杰出代表，《尤利西斯》是其最重要的作品。这部典型的意识流小说，是现代主义文学的经典之作。小说所写的是平凡人物的生活和内心活动，他们过去的生活经历和精神生活，都隐隐约约地浮现在意识流之中，从中我们可以看出西方社会中现代人所面临的精神危机。约瑟夫・海勒是当代美国文坛上最重要的作家之一。他的《第二十二条军规》是“黑色幽默”文学的代表作，是美国当代文学的“经典”作品。小说以第二十二条军规为圆心，运用放射性结构刻画了一个荒诞和混乱的世界，使人们看到战争、美国社会及其官僚机构的荒谬、疯狂与不可理喻。加西亚・马尔克斯是哥伦比亚当代著名作家，魔幻现实主义文学的代表，其代表作《百年孤独》被西方世界誉为“当代的《堂・吉诃德》”。该小说通过描写布恩迪亚家族百年的兴衰史，塑造了一个令人迷惘困惑的神话世界。其中既有古老的拉美文化心理与精神意识的凝结，又有哥伦比亚和拉美国家真实历史的展现，更有现代人对人类前途与命运的焦虑。这是一部具有丰富思想意蕴的史诗性作品。

曹操煮酒论英雄

罗贯中

[作者简介]

罗贯中（约1330—约1400），名本，字贯中，号湖海散人。山西太原人。元末明初著名小说家、戏曲家，中国章回小说的鼻祖。一生著作颇丰，除《三国演义》外，作品还有：杂剧《赵太祖龙虎风云会》《忠正孝子连环谏》《三平章死哭蜚虎子》；小说《隋唐两朝志传》《残唐五代史演义》《三遂平妖传》等。

却说董承等问马腾曰："公欲用何人？"马腾曰："见有豫州牧刘玄德在此，何不求之？"承曰："此人虽系皇叔，今正依附曹操，安肯行此事耶？"腾曰："吾观前日围场之中，曹操迎受众贺之时，云长在玄德背后，挺刀欲杀操，玄德以目视之而止。玄德非不欲图操，恨操牙爪多，恐力不及耳。公试求之，当必应允。"吴硕曰："此事不宜太速，当从容商议。"众皆散去。

次日，黑夜里，董承怀诏，径往玄德公馆中来。门吏入报，玄德迎出，请入小阁坐定，关、张侍立于侧。玄德曰："国舅夤夜[1]至此，必有事故。"承曰："白日乘马相访，恐操见疑，故黑夜相见。"玄德命取酒相待。承曰："前日围场之中，云长欲杀曹操，将军动目摆头而退之，何也？"玄德失惊曰："公何以知之？"承曰："人皆不见，某独见之。"玄德不能隐讳[2]，遂曰："舍弟见操僭越[3]，故不觉发怒耳。"承掩面而哭曰："朝廷臣子若尽如云长，何忧不太平哉！"玄德恐是曹操使他来试探，乃佯言曰："曹丞相治国，为何忧不太平？"承变色而起曰："公乃汉朝皇叔，故剖肝沥胆[4]以相告，公何诈也？"玄德曰："恐国舅有诈，故相试耳。"于是董承取衣带诏令观之。玄德不胜悲愤。又将义状出示，上止有六位：一车骑将军董承；二工部侍郎王子服；三长水校尉种辑；四议郎吴硕；五昭信将军吴子兰；六西凉太守马腾。玄德曰："公既奉诏讨贼，备敢不效犬马之劳[5]！"承拜谢，便请书名。玄德亦书"左将军刘备"。押了字，付承收讫。承曰："尚容再请三人，共聚十义，以图国贼。"玄德曰："切宜缓缓施行，不可轻泄。"共议到五更，相别去了。玄德也防曹操谋害，就下处后园种菜，亲自浇灌，以为韬晦之计。关、张二人曰："兄不留心天下大事，而学小人之事，何也？"玄德曰："此非二弟所知也。"二人乃不复言。

一日关、张不在，玄德正在后园浇菜，许褚、张辽引数十人入园中曰："丞相有命，请使君便行。"玄德惊问曰："有甚紧事？"许褚曰："不知，只教我来相请。"玄德只得随二人入府见操。操笑曰："在家做得好大事。"吓得玄德面如土色。操执玄德手，直至后园曰："玄德学圃不易。"玄德方才放心，答曰："无事消遣耳！"操曰："适见枝头梅子青青，忽感去年征张绣时道上缺水，将士皆渴，吾心生一计，以鞭虚指曰：'前面有梅林。'军士闻之，口皆生唾，由是不渴。今见此梅，不可不赏。又值煮酒正熟，故邀使君小亭一会。"玄德心神方定，随至小亭，已设樽俎，盘置青梅，一樽煮酒。二人对坐，开怀畅饮。

酒至半酣，忽阴云漠漠，聚雨将至。从人遥指天外龙挂，操与玄德凭栏观之。操曰："使君知龙之变化否？"玄德曰："未知其详。"操曰："龙能大能小，能升能隐，大则兴云吐雾，小则隐介藏形，升则飞腾于宇宙之间，隐则潜伏于波涛之内。方今春深，龙乘时变化，犹人得志而纵横四海。龙之为物，可比世之英雄。玄德久历四方，必知当世英雄。请试指言之。"玄德曰："备肉眼安识英雄！"操曰："休得过谦。"玄德曰："备叨恩庇，得仕于朝，天下英雄，实有未知。"操曰："既不识其面，亦闻其名。"玄德曰："淮南袁术，兵粮足备，可为英雄？"

操笑曰："冢中枯骨，吾早晚必擒之！"玄德曰："河北袁绍四世三公，门多故吏，今虎踞冀州之地，部下能事者极多，可为英雄？"操笑曰："袁绍色厉胆薄[6]，好谋无断，干大事而惜身，见小利而忘命，非英雄也。"玄德曰："有一人，名称八俊，威镇九州——刘景升可为英雄？"操曰："刘表虚名无实，非英雄也。"玄德曰："有一人血气方刚，江东领袖——孙伯符乃英雄也？"操曰："孙策藉父之名，非英雄也。"玄德曰："益州刘季玉，可为英雄乎？"操曰："刘璋虽系宗室，乃守户之犬耳，何足为英雄！"玄德曰："如张绣、张鲁、韩遂等辈，皆何如？"操鼓掌大笑曰："此等碌碌小人[7]，何足挂齿[8]！"玄德曰："舍此之外，备实不知。"操曰："夫英雄者，胸怀大志，腹有良谋，有包藏宇宙之机，吞吐天地之志者也。"玄德曰："谁能当之？"操以手指玄德，后自指曰："今天下英雄，惟使君与操耳。"玄德闻言，吃了一惊，手中所执匙箸不觉落于地下。时正值天雨将至，雷声大作，玄德乃从容俯首拾箸曰："一震之威，乃至于此。"操笑曰："丈夫亦畏雷乎？"玄德曰："圣人迅雷风烈必变，安得不畏？"将闻言失箸缘故轻轻掩饰过了，操遂不疑玄德。后人有诗赞曰：

勉从虎穴暂趋身，说破英雄惊杀人。

巧借闻雷来掩饰，随机应变信如神。

天雨方住，见两个人撞入后园，手提宝刀，突至亭前，左右拦挡不住。操视之，乃关、张二人也。原来二人从城外射箭方回，听得玄德被许褚、张辽请将去了，慌忙来相府打听。闻说在后园，只恐有失，故冲突而入。却见玄德与操对坐饮酒，二人按剑而立。操问："二人何来？"云长曰："听知丞相和兄饮酒，特来舞剑，以助一笑。"操笑曰："此非鸿门会，安用项庄、项伯乎？"玄德亦笑。操命："取酒，与二'樊哙'压惊。"关、张拜谢。须臾席散，玄德辞操而归，云长曰："险些惊杀我两个。"玄德以落箸事说与关、张，关、张问是何意？玄德曰："吾之学圃，正欲使操知我无大志。不意操竟指我为英雄，我故失惊落箸，又恐操生疑，故借惧雷以掩饰之耳。"关、张曰："兄真高见。"

操次日又请玄德。正饮间，人报满宠去探听袁绍而回。操召入问之，宠曰："公孙瓒已被袁绍破了。"玄德急问曰："愿闻其详。"宠曰："瓒与绍战不利，筑城围圈，圈上建楼，高十丈，名曰易京楼，积粟三十万以自守。战士出入不息。或有被绍围者，众请救之。瓒曰：'若救一人，后之战者，只望人救，不肯死战矣。'遂不肯救。因此袁绍兵来，多有降者。瓒势孤，使人持书赴许都求救，不意中途为绍军所获。瓒又遗书张燕，暗约举火为号，里应外合。下书人又被袁绍擒住，却来城外放火诱敌。瓒自出战，伏兵四起，军马折其大半，退守城中，被袁绍穿地直入瓒所居之楼下，放起火来，瓒无走路，先杀妻子，然后自缢，全家都被火焚了。今袁绍得了瓒军，声势甚盛。绍弟袁术，在淮南骄奢过度，不恤军民，众皆背反。使人归帝号于袁绍。绍欲取玉玺，术约亲自送至。见今弃淮南，欲归河北。若二人协力，急难收复，乞丞相作急图之。"玄德闻公孙瓒已死，追念昔日荐己之恩，不胜伤感；又不知赵子龙如何下落，放心不下，因暗想曰："我不就此时寻个脱身之计，更待何时？"遂起身对操曰："术若投绍，必从徐州过。备请一军，就半路截击，术可擒矣。"操笑曰："来日奏帝，即便起兵。"

次日，玄德面奏君。操令玄德总督五万人马，又差朱灵、路昭二人同行。玄德辞帝，帝泣送之。玄德到寓，星夜收拾军器鞍马，挂了将军印，催促便行。董承赶出十里长亭来送。玄德曰："国舅宁耐，某此行必有以报命。"承曰："公宜留意，勿负帝心。"二人分别。关、张在马上问曰："兄今番出征，何故如此慌速？"玄德曰："吾乃笼中鸟，网中鱼，此一行，如鱼入大海、鸟上青霄，不受笼网之羁绊也。"因命关、张催朱灵、路昭军马速行。时郭嘉、程昱考较钱粮方回，知曹操已遣玄德进兵徐州，慌入谏曰："丞相何故令刘备督军？"操曰："欲截袁术耳。”程昱曰：“昔刘备为豫州牧时，某等请杀之，丞相不听。今日又与之兵，此放龙入海、纵虎归山也。后欲治之，其可得乎？”郭嘉曰：“丞相纵不杀备，亦不当使之去。古人云：‘一日纵敌，万世之患。’望丞相察之。”操然其言，遂令许褚将兵五百前往，务要追玄德转来。许褚应诺而去。

却说玄德正行之间，只见后面尘头骤起，谓关、张曰：“此必曹兵追至也。”遂下了营寨，令关、张各执军器，立于两边。许褚至，见严兵整甲，乃下马入营见玄德。玄德曰：“公来此何干？”褚曰：“奉丞相命，特请将军回去，别有商议。”玄德曰：“将在外，君命有所不受。吾面过君，又蒙丞相钧语，今别无他议，公可速回，为我禀复丞相。”许褚寻思：“丞相与他一向交好，今番又不曾教我来厮杀，只得将他言语回复，另候裁夺便了。”遂辞了玄德，领兵而回。回见曹操，备述玄德之言。操犹豫未决。程昱、郭嘉曰：“备不肯回兵，可知其心变矣！”操曰：“我有朱灵、路昭二人在彼，料玄德未必敢心变。况我既遣之，何可复悔？”遂不复追玄德。后人有诗叹玄德曰：

束兵秣马[9]去匆匆，心念天言衣带中。
撞破铁笼逃虎豹，顿开金锁走蛟龙。

[注释]

[1] 夤（yín）夜：深夜。夤，深。
[2] 隐讳：有所顾忌而隐瞒不说。
[3] 僭（jiàn）越：超越本分。课文中指超过了封建礼法的等级规定。
[4] 剖肝沥胆：比喻开诚相见，也比喻极尽忠诚。
[5] 犬马之劳：指甘心受主子驱使，为主子效劳。
[6] 色厉胆薄：外表强硬而实际上胆小。
[7] 碌碌小人：指平庸、没有什么特殊才能的人。
[8] 何足挂齿：哪里值得说。
[9] 秣马：喂饱马。

[简析]

《三国演义》是我国章回小说的开山之作，也是我国古代历史演义成就最高、影响最大的一部小说。这部小说取材于东汉末年魏、蜀、吴三国的历史，描绘了惊心动魄的战争和复杂的政治斗争。《三国演义》的作者是以儒家的政治道德观念为核心，同时也糅合着千百年来广大民众的心理，表现了对于导致天下大乱的昏君贼臣的痛恨，对于开创清平世界的明君良臣的渴慕。

本篇选自《三国演义》第二十一回，文中主要写曹操和刘备一场精彩的对话，神气活现地刻画出了操、刘二人的性格特征和各自微妙的心理活动。这场对话既是智慧的较量，又是一场特殊的心理战。

[思考与练习]

1．你是如何评价曹操、刘备这两个人物形象的？
2．对于曹操的英雄观，你是否认同？你心目中的英雄应具备怎样的素质？

[延伸阅读]

《三国演义》

杜十娘怒沉百宝箱

冯梦龙

[作者简介]

冯梦龙（1574－1646），明代文学家、思想家、戏曲家。字犹龙，又字子犹，号龙子犹、墨憨斋主人、顾曲散人、吴下词奴、姑苏词奴、前周柱史等。汉族，南直隶苏州府长洲县（今江苏省苏州市）人，出身士大夫家庭。兄梦桂，善画。弟梦熊，太学生，曾从冯梦龙治《春秋》，有诗传世。他们兄弟三人并称“吴下三冯”。他的作品比较强调感情和行为，最有名的作品为《喻世明言》（又名《古今小说》）、《警世通言》《醒世恒言》，合称“三言”。三言与明代凌濛初的《初刻拍案惊奇》《二刻拍案惊奇》合称“三言两拍”，是中国白话短篇小说的经典代表。冯梦龙以其对小说、戏曲、民歌、笑话等通俗文学的创作、搜集、整理、编辑，为我国文学做出了独异的贡献。

扫荡残胡立帝畿，龙翔凤舞势崔嵬。
左环沧海天一带，右拥太行山万围。
戈戟九边雄绝塞，衣冠万国仰垂衣。
太平人乐华胥世，永永金瓯共日辉。

这首诗，单夸我朝燕京建都之盛。说起燕都的形势，北倚雄关，南压区夏，真乃金城天府，万年不拔之基。当先洪武爷扫荡胡尘，定鼎金陵，是为南京。到永乐爷从北平起兵靖难，迁于燕都，是为北京。只因这一迁，把个苦寒地面，变作花锦世界。自永乐爷九传至于万历爷，此乃我朝第十一代的天子。这位天子，聪明神武，德福兼全，十岁登基，在位四十八年，削平了三处寇乱。那三处？日本关白平秀吉，西夏哱承恩，播州杨应龙。平秀吉侵犯朝鲜，哱承恩、杨应龙是土官谋叛，先后削平。远夷莫不畏服，争来朝贡。真个是：

一人有庆民安乐，四海无虞国太平。

话中单表万历二十年间，日本国关白作乱，侵犯朝鲜。朝鲜国王上表告急，天朝发兵泛海往救。有户部官奏准，目今兵兴之际，粮饷未充，暂开纳粟入监之例。原来纳粟入监的，有几般便宜：好读书，好科举，好中，结末来又有个小小前程结果。以此宦家公子、富室子弟，到不愿做秀才，都去援例做太学生。自开了这例，两京太学生各添至千人之外。内中有一人，姓李名甲，字干先，浙江绍兴府人氏。父亲李布政所生三儿，惟甲居长。自幼读书在庠，未得登科，援例入于北雍。因在京坐监，与同乡柳遇春监生同游教坊司院内，与一个名姬相遇。那名姬姓杜名媺，排行第十，院中都称为杜十娘，生得浑身雅艳，遍体娇香，两弯眉画远山青，一对眼明秋水润。脸如莲萼，分明卓氏文君；唇似樱桃，何减白家樊素。可怜一片无瑕玉，误落风尘花柳中。那杜十娘，自十三岁破瓜，今一十九岁，七年之内，不知历过了多少公子王孙。一个个情迷意荡，破家荡产而不惜。院中传出四句口号来，道是：

坐中若有杜十娘，斗筲之量饮千觞。
院中若识杜老媺，千家粉面都如鬼。

却说李公子，风流年少，未逢美色，自遇了杜十娘，喜出望外，把花柳情怀，一担儿挑在他身上。那公子俊俏庞儿，温存性儿，又是撒漫的手儿，帮衬的勤儿，与十娘一双两好，情投意合。十娘因见鸨儿贪财无义，久有从良之志。又见李公子忠厚志诚，甚有心向他。奈李公子惧怕老爷，不敢应承。虽则如此，两下情好愈密，朝欢暮乐，终日相守，如夫妇一般，海誓山盟，各无他志。真个：

恩深似海恩无底，义重如山义更高。

再说杜妈妈女儿被李公子占住，别的富家巨室，闻名上门，求一见而不可得。初时李公子撒漫用钱，大差大使，妈妈胁肩谄笑，奉承不暇。日往月来，不觉一年有余，李公子囊箧渐渐空虚，手不应心，妈妈也就怠慢了。老布政在家闻知儿子嫖院，几遍写字来唤他回去。他迷恋十娘颜色，终日延捱。后来闻知老爷在家发怒，越不敢回。古人云："以利相交者，利尽而疏。"那杜十娘与李公子真情相好，见他手头愈短，心头愈热。妈妈也几遍教女儿打发李甲出院，见女儿不统口，又几遍将言语触突李公子，要激怒他起身。公子性本温克，词气愈和。妈妈没奈何，日逐只将十娘叱骂道："我们行户人家，吃客穿客，前门送旧，后门迎新，门庭闹如火，钱帛堆成垛。自从那李甲在此，混帐一年有余，莫说新客，连旧主顾都断了。分明接了个钟馗老，连小鬼也没得上门。弄得老娘一家人家，有气无烟，成什么模样！"杜十娘被骂，耐性不住，便回答道："那李公子不是空手上门的，也曾费过大钱来。"妈妈道："彼一时，此一时，你只教他今日费些小钱儿，把与老娘办些柴米，养你两口也好。别人家养的女儿便是摇钱树，千生万活；偏我家晦气，养了个退财白虎，开了大门，七件事般般都在老身心上。到替你这小贱人白白养着穷汉，教我衣食从何处来？你对那穷汉说，有本事出几两银子与我，到得你跟了他去，我别讨个丫头过活却不好？"十娘道："妈妈，这话是真是假？"妈妈晓得李甲囊无一钱，衣衫都典尽了，料他没处设法，便应道："老娘从不说谎，当真哩。"十娘道："娘，你要他许多银子？"妈妈道："若是别人，千把银子也讨了。可怜那穷汉出不起，只要他三百两，我自去讨一个粉头代替。只一件，须是三日内交付与我。左手交银，右手交人。若三日没有银时，老身也不管三七二十一，公子不公子，一顿孤拐，打那光棍出去。那时莫怪老身！"十娘道："公子虽在客边乏钞，谅三百金还措办得来。只是三日忒近，限他十日便好。"妈妈想道："这穷汉一双赤手，便限他一百日，他那里银子？没有银子，便铁皮包脸，料也无颜上门。那时重整家风，孅儿也没得话讲。"答应道："看你面，便宽到十日。第十日没有银子，不干老娘之事。"十娘道："若十日内无银，料他也无颜再见了。只怕有了三百两银子，妈妈又翻悔起来。"妈妈道："老身年五十一岁了，又奉十斋，怎敢说谎？不信时与你拍掌为定。若翻悔时，做猪做狗。"

从来海水斗难量，可笑虔婆意不良。

料定穷儒囊底竭，故将财礼难娇娘。

是夜，十娘与公子在枕边，议及终身之事。公子道："我非无此心。但教坊落籍，其费甚多，非千金不可。我囊空如洗，如之奈何！"十娘道："妾已与妈妈议定只要三百金，但须十日内措办。郎君游资虽罄，然都中岂无亲友可以借贷？倘得如数，妾身遂为君之所有，省受虔婆之气。"公子道："亲友中为我留恋行院，都不相顾。明日只做束装起身，各家告辞，就开口假贷路费，凑聚将来，或可满得此数。"起身梳洗，别了十娘出门。十娘道："用心作速，专听佳音。"公子道："不须分付。"

公子出了院门，来到三亲四友处，假说起身告别，众人到也欢喜。后来叙到路费欠缺，意欲借贷。常言道："说着钱，便无缘。"亲友们就不招架。他们也见得是，道李公子是风流浪子，迷恋烟花，年许不归，父亲都为他气坏在家。他今日抖然要回，未知真假。倘或说骗盘缠到手，又去还脂粉钱，父亲知道，将好意翻成恶意，始终只是一怪，不如辞了干净。便回道："目今正值空乏，不能相济，惭愧！惭愧！"人人如此，个个皆然，并没有个慷慨丈夫，肯统口许他一十二十两。李公子一连奔走了三日，分毫无获，又不敢回决十娘，权且含糊答应。到第四日又没想头，就羞回院中。平日间有了杜家，连下处也没有了，今日就无处投宿。只得往同乡柳监生寓所借歇。柳遇春见公子愁容可掬，问其来历。公子将杜十娘愿嫁之情，备细说了。遇春摇首道："未必，未必。那杜媺曲中第一名姬，要从良时，怕没有十斛明珠，千金聘礼。那鸨儿如何只要三百两？想鸨儿怪你无钱使用，白白占住他的女儿，设计打发你出门。那妇人与你相处已久，又碍却面皮，不好明言。明知你手内空虚，故意将三百两卖个人情，限你十日。若十日没有，你也不好上门。便上门时，他会说你笑你，落得一场亵渎，自然安身不牢，此乃烟花逐客之计。足下三思，休被其惑。据弟愚意，不如早早开交为上。"公子听说，半晌无言，心中疑惑不定。遇春又道："足下莫要错了主意。你若真个还乡，不多几两盘费，还有人搭救；若是要三百两时，莫说十日，就是十个月也难。如今的世情，那肯顾缓急二字的。那烟花也算定你没处告债，故意设法难你。"公子道："仁兄所见良是。"口里虽如此说，心中割舍不下。依旧又往外边东央西告，只是夜里不进院门了。公子在柳监生寓中，一连住了三日，共是六日了。

杜十娘连日不见公子进院，十分着紧，就教小厮四儿街上去寻。四儿寻到大街，恰好遇见公子。四儿叫道："李姐夫，娘在家里望你。"公子自觉无颜，回复道："今日不得功夫，明日来罢。"四儿奉了十娘之命，一把扯住，死也不放，道："娘叫咱寻你。是必同去走一遭。"李公子心上也牵挂着婊子，没奈何，只得随四儿进院。见了十娘，嘿嘿无言。十娘问道："所谋之事如何？"公子眼中流下泪来。十娘道："莫非人情淡薄，不能足三百之数么？"公子含泪而言，道出二句："不信上山擒虎易，果然开口告人难。一连奔走六日，并无铢两，一双空手，羞见芳卿，故此这几日不敢进院。今日承命呼唤，忍耻而来。非某不用心，实是世情如此。"十娘道："此言休使虔婆知道。郎君今夜且住，妾别有商议。"十娘自备酒肴，与公子欢饮。睡至半夜，十娘对公子道："郎君果不能办一钱耶？妾终身之事，当如何也？"公子只是流涕，不能答一语。渐渐五更天晓。十娘道："妾所卧絮褥内藏有碎银一百五十两，此妾私蓄，郎君可持去。三百金，妾任其半，郎君亦谋其半，庶易为力。限只四日，万勿迟误！"

十娘起身将褥付公子，公子惊喜过望，唤童儿持褥而去。径到柳遇春寓中，又把夜来之情与遇春说了。将褥拆开看时，絮中都裹着零碎银子，取出兑时，果是一百五十两。遇春大惊道："此妇真有心人也。既系真情，不可相负。吾当代为足下谋之。"公子道："倘得玉成，决不有负。"当下柳遇春留李公子在寓，自出头各处去借贷。两日之内，凑足一百五十两交付公子道："吾代为足下告债，非为足下，实怜杜十娘之情也。"

李甲拿了三百两银子，喜从天降，笑逐颜开，欣欣然来见十娘，刚是第九日，还不足十日。十娘问道："前日分毫难借，今日如何就有一百五十两？"公子将柳监生事情，又述了一遍。十娘以手加额道："使吾二人得遂其愿者，柳君之力也！"两个欢天喜地，又在院中过了一晚。次日，十娘早起，对李甲道："此银一交，便当随郎君去矣。舟车之类，合当预备。妾昨日于姊妹中借得白银二十两，郎君可收下为行资也。"公子正愁路费无出，但不敢开口，得银甚喜。说犹未了，鸨儿恰来敲门叫道："媺儿，今日是第十日了。"公子闻叫，启门相延道："承妈妈厚意，正欲相请。"便将银三百两放在桌上。鸨儿不料公子有银，嘿然变色，似有悔意。十娘道："儿在妈妈家中八年，所致金帛，不下数千金矣。今日从良美事，又妈妈亲口所订，三百金不欠分毫，又不曾过期。倘若妈妈失信不许，郎君持银去，儿即刻自尽。恐那时人财两失，悔之无及也。"鸨儿无词以对。腹内筹画了半晌，只得取天平兑准了银子，说道："事已如此，料留你不住了。只是你要去时，即今就去。平时穿戴衣饰之类，毫厘休想。"说罢，将公子和十娘推出房门，讨锁来就落了锁。此时九月天气。十娘才下床，尚未梳洗，随身旧衣，就拜了妈妈两拜。李公子也作了一揖。一夫一妇，离了虔婆大门。

鲤鱼脱却金钩去，摆尾摇头再不来。

公子教十娘且住片时："我去唤个小轿抬你，权往柳荣卿寓所去，再作道理。"十娘道："院中诸姊妹平昔相厚，理宜话别。况前日又承他借贷路费，不可不一谢也。"乃同公子到各姊妹处谢别。姊妹中惟谢月朗、徐素素与杜家相近，尤与十娘亲厚。十娘先到谢月朗家。月朗见十娘秃髻旧衫，惊问其故。十娘备述来因，又引李甲相见。十娘指月朗道："前日路资，是此位姐姐所贷，郎君可致谢。"李甲连连作揖。月朗便教十娘梳洗，一面去请徐素素来家相会。十娘梳洗已毕，谢、徐二美人各出所有，翠钿金钏，瑶簪宝珥，锦袖花裙，鸾带绣履，把杜十娘装扮得焕然一新，备酒作庆贺筵席。月朗让卧房与李甲、杜媺二人过宿。次日，又大排筵席，遍请院中姊妹。凡十娘相厚者，无不毕集，都与他夫妇把盏称喜。吹弹歌舞，各逞其长，务要尽欢，直饮至夜分。十娘向众姊妹一一称谢。众姊妹道："十姊为风流领袖，今从郎君去，我等相见无日。何日长行，姊妹们尚当奉送。"月朗道："候有定期，小妹当来相报。但阿姊千里间关，同郎君远去，囊箧萧条，曾无约束，此乃吾等之事。当相与共谋之，勿令姊有穷途之虑也。"众姊妹各唯唯而散。

是晚，公子和十娘仍宿谢家。至五鼓，十娘对公子道："吾等此去，何处安身？郎君亦曾计议有定着否？"公子道："老父盛怒之下，若知娶妓而归，必然加以不堪，反致相累。展转寻思，尚未有万全之策。"十娘道："父子天性，岂能终绝？既然仓卒难犯，不若与郎君于苏、杭胜地，权作浮居。郎君先回，求亲友于尊大人面前劝解和顺，然后携妾于归，彼此安妥。"公子道："此言甚当。"次日，二人起身辞了谢月朗，暂往柳监生寓中，整顿行装。杜十娘见了柳遇春，倒身下拜，谢其周全之德："异日我夫妇必当重报。"遇春慌忙答礼道："十娘钟情所欢，不以贫窭易心，此乃女中豪杰。仆因风吹火，谅区区何足挂齿！"三人又饮了一日酒。次早，择了出行吉日，雇请轿马停当。十娘又遣童儿寄信，别谢月朗。临行之际，只见肩舆纷纷而至，乃谢月朗与徐素素拉众姊妹来送行。月朗道："十姊从郎君千里间关，囊中消索，吾等甚不能忘情。今合具薄赆，十姊可检收，或长途空乏，亦可少助。"说罢，命从人挈一描金文具至前，封锁甚固，正不知什么东西在里面。十娘也不开看，也不推辞，但殷勤作谢而已。须臾，舆马齐集，仆夫催促起身。柳监生三杯别酒，和众美人送出崇文门外，各各垂泪而别。正是：

他日重逢难预必，此时分手最堪怜。

再说李公子同杜十娘行至潞河，舍陆从舟，却好有瓜洲差使船转回之便，讲定船钱，包了舱口。比及下船时，李公子囊中并无分文余剩。你道杜十娘把二十两银子与公子，如何就没了？公子在院中嫖得衣衫褴褛，银子到手，未免在解库中取赎几件穿着，又置办了铺盖，剩来只够轿马之费。公子正当愁闷，十娘道："郎君勿忧，众姊妹合赠，必有所济。"乃取钥开箱。公子在傍自觉惭愧，也不敢窥觑箱中虚实。只见十娘在箱里取出一个红绢袋来，掷于桌上道："郎君可开看之。"公子提在手中，觉得沉重，启而观之，皆是白银，计数整五十两。十娘仍将箱子下锁，亦不言箱中更有何物。但对公子道："承众姊妹高情，不惟途路不乏，即他日浮寓吴越间，亦可稍佐吾夫妻山水之费矣。"公子且惊且喜道："若不遇恩卿，我李甲流落他乡，死无葬身之地矣。此情此德，白头不敢忘也！"自此每谈及往事，公子必感激流涕，十娘亦曲意抚慰。一路无话。

不一日，行至瓜洲，大船停泊岸口，公子别雇了民船，安放行李。约明日侵晨，剪江而渡。其时仲冬中旬，月明如水，公子和十娘坐于舟首。公子道："自出都门，困守一舱之中，四顾有人，未得畅语。今日独据一舟，更无避忌。且已离塞北，初近江南，宜开怀畅饮，以舒向来抑郁之气，恩卿以为何如？”十娘道：“妾久疏谈笑，亦有此心，郎君言及，足见同志耳。”公子乃携酒具于船首，与十娘铺毡并坐，传杯交盏。饮至半酣，公子执卮对十娘道：“恩卿妙音，六院推首。某相遇之初，每闻绝调，辄不禁神魂之飞动。心事多违，彼此郁郁，鸾鸣凤奏，久矣不闻。今清江明月，深夜无人，肯为我一歌否？”十娘兴亦勃发，遂开喉顿嗓，取扇按拍，呜呜咽咽，歌出元人施君美《拜月亭》杂剧上“状元执盏与婵娟”一曲，名《小桃红》。真个：

声飞霄汉云皆驻，响入深泉鱼出游。

却说他舟有一少年，姓孙名富，字善赉，徽州新安人氏。家资巨万，积祖扬州种盐。年方二十，也是南雍中朋友。生性风流，惯向青楼买笑，红粉追欢，若嘲风弄月，到是个轻薄的头儿。事有偶然，其夜亦泊舟瓜洲渡口，独酌无聊。忽听得歌声嘹亮，凤吟鸾吹，不足喻其美。起立船头，伫听半晌，方知声出邻舟。正欲相访，音响倏已寂然。乃遣仆者潜窥踪迹，访于舟人。但晓得是李相公雇的船，并不知歌者来历。孙富想道：“此歌者必非良家，怎生得他一见？”展转寻思，通宵不寐。捱至五更，忽闻江风大作。及晓，彤云密布，狂雪飞舞。怎见得，有诗为证：

千山云树灭，万径人踪绝。
扁舟蓑笠翁，独钓寒江雪。

因这风雪阻渡，舟不得开。孙富命艄公移船，泊于李家舟之傍。孙富貂帽狐裘，推窗假作看雪。值十娘梳洗方毕，纤纤玉手揭起舟傍短帘，自泼盂中残水，粉容微露，却被孙富窥见了，果是国色天香。魂摇心荡，迎眸注目，等候再见一面，杳不可得。沉思久之，乃倚窗高吟高学士《梅花诗》二句，道：

雪满山中高士卧，月明林下美人来。

李甲听得邻舟吟诗，舒头出舱，看是何人。只因这一看，正中了孙富之计。孙富吟诗，正要引李公子出头，他好乘机攀话。当下慌忙举手，就问：“老兄尊姓何讳？”李公子叙了姓名乡贯，少不得也问那孙富。孙富也叙过了。又叙了些太学中的闲话，渐渐亲熟。孙富便道：“风雪阻舟，乃天遣与尊兄相会，实小弟之幸也。舟次无聊，欲同尊兄上岸，就酒肆中一酌，少领清诲，万望不拒。”公子道：“萍水相逢，何当厚扰？”孙富道：“说那里话！‘四海之内，皆兄弟也’。”喝教艄公打跳，童儿张伞，迎接公子过船，就于船头作揖。然后让公子先行，自己随后，各各登跳上涯。行不数步，就有个酒楼。二人上楼，拣一副洁净座头，靠窗而坐。酒保列上酒肴。孙富举杯相劝，二人赏雪饮酒。先说些斯文中套话，渐渐引入花柳之事。二人都是过来之人，志同道合，说得入港，一发成相知了。孙富屏去左右，低低问道：“昨夜尊舟清歌者，何人也？”李甲正要卖弄在行，遂实说道：“此乃北京名姬杜十娘也。”孙富道：“既系曲中姊妹，何以归兄？”公子遂将初遇杜十娘，如何相好，后来如何要嫁，如何借银讨他，始末根由，备细述了一遍。孙富道：“兄携丽人而归，固是快事，但不知尊府中能相容否？”公子道：“贱室不足虑。所虑者老父性严，尚费踌躇耳！”孙富将计就计，便问道：“既是尊大人未必相容，兄所携丽人，何处安顿？亦曾通知丽人，共作计较否？”公子攒眉而答道：“此事曾与小妾议之。”孙富欣然问道：“尊宠必有妙策。”公子道：“他意欲侨居苏杭，流连山水。使小弟先回，求亲友宛转于家君之前，俟家君回嗔作喜，然后图归。高明以为何如？”孙富沉吟半晌，故作愀然之色，道：“小弟乍会之间，交浅言深，诚恐见怪。”公子道：“正赖高明指教，何必谦逊？”孙富道：“尊大人位居方面，必严帷薄之嫌，平时既怪兄游非礼之地，今日岂容兄娶不节之人？况且贤亲贵友，谁不迎合尊大人之意者？兄枉去求他，必然相拒。就有个不识时务的进言于尊大人之前，见尊大人意思不允，他就转口了。兄进不能和睦家庭，退无词以回复尊宠。即使留连山水，亦非长久之计。万一资斧困竭，岂不进退两难！”

公子自知手中只有五十金，此时费去大半，说到资斧困竭，进退两难，不觉点头道是。孙富又道：“小弟还有句心腹之谈，兄肯俯听否？”公子道：“承兄过爱，更求尽言。”孙富道：“疏不间亲，还是莫说罢。”公子道：“但说何妨？”孙富道：“自古道：‘妇人水性无常。’况烟花之辈，少真多假。他既系六院名姝，相识定满天下；或者南边原有旧约，借兄之力，挈带而来，以为他适之地。”公子道：“这个恐未必然。”孙富道：“既不然，江南子弟，最工轻薄。兄留丽人独居，难保无逾墙钻穴之事。若挈之同归，愈增尊大人之怒。为兄之计，未有善策。况父子天伦，必不可绝。若为妾而触父，因妓而弃家，海内必以兄为浮浪不经之人。异日妻不以为夫，弟不以为兄，同袍不以为友，兄何以立于天地之间？兄今日不可不熟思也！”

公子闻言，茫然自失，移席问计：“据高明之见，何以教我？”孙富道：“仆有一计，于兄甚便。只恐兄溺枕席之爱，未必能行，使仆空费词说耳！”公子道：“兄诚有良策，使弟再睹家园之乐，乃弟之恩人也。又何惮而不言耶？”孙富道：“兄飘零岁余，严亲怀怒，闺阁离心，设身以处兄之地，诚寝食不安之时也。然尊大人所以怒兄者，不过为迷花恋柳，挥金如土，异日必为弃家荡产之人，不堪承继家业耳！兄今日空手而归，正触其怒。兄倘能割衽席之爱，见机而作，仆愿以千金相赠。兄得千金，以报尊大人，只说在京授馆，并不曾浪费分毫，尊大人必然相信。从此家庭和睦，当无间言。须臾之间，转祸为福。兄请三思，仆非贪丽人之色，实为兄效忠于万一也！”李甲原是没主意的人，本心惧怕老子，被孙富一席话，说透胸中之疑，起身作揖道：“闻兄大教，顿开茅塞。但小妾千里相从，义难顿绝，容归与商之。得其心肯，当奉复耳。”孙富道：“说话之间，宜放婉曲。彼既忠心为兄，必不忍使兄父子分离，定然玉成兄还乡之事矣。”二人饮了一回酒，风停雪止，天色已晚。孙富教家僮算还了酒钱，与公子携手下船。正是：

逢人且说三分话，未可全抛一片心。

却说杜十娘在舟中，摆设酒果，欲与公子小酌，竟日未回，挑灯以待。公子下船，十娘起迎。见公子颜色匆匆，似有不乐之意，乃满斟热酒劝之。公子摇首不饮，一言不发，竟自床上睡了。

十娘心中不悦，乃收拾杯盘，为公子解衣就枕，问道：“今日有何见闻，而怀抱郁郁如此？”公子叹息而已，终不启口。问了三四次，公子已睡去了。十娘委决不下，坐于床头而不能寐。到夜半，公子醒来，又叹一口气。十娘道：“郎君有何难言之事，频频叹息？”公子拥被而起，欲言不语者几次，扑簌簌掉下泪来。十娘抱持公子于怀间，软言抚慰道：“妾与郎君情好，已及二载，千辛万苦，历尽艰难，得有今日。然相从数千里，未曾哀戚。今将渡江，方图百年欢笑，如何反起悲伤？必有其故。夫妇之间，死生相共，有事尽可商量，万勿讳也。”

公子再四被逼不过，只得含泪而言道：“仆天涯穷困，蒙恩卿不弃，委曲相从，诚乃莫大之德也。但反覆思之，老父位居方面，拘于礼法，况素性方严，恐添嗔怒，必加黜逐。你我流荡，将何底止？夫妇之欢难保，父子之伦又绝。日间蒙新安孙友邀饮，为我筹及此事，寸心如割！”

十娘大惊道：“郎君意将如何？”公子道：“仆事内之人，当局而迷。孙友为我画一计颇善，但恐恩卿不从耳！”十娘道：“孙友者何人？计如果善，何不可从？”公子道：“孙友名富，新安盐商，少年风流之士也。夜间闻子清歌，因而问及。仆告以来历，并谈及难归之故，渠意欲以千金聘汝。我得千金，可藉口以见吾父母；而恩卿亦得所天。但情不能舍，是以悲泣。”说罢，泪如雨下。十娘放开两手，冷笑一声道：“为郎君画此计者，此人乃大英雄也！郎君千金之资既得恢复，而妾归他姓，又不致为行李之累，发乎情，止乎礼，诚两便之策也。那千金在那里？”公子收泪道：“未得恩卿之诺，金尚留彼处，未曾过手。”十娘道：“明早快快应承了他，不可错过机会。但千金重事，须得兑足交付郎君之手，妾始过舟，勿为贾竖子所欺。”

时已四鼓，十娘即起身挑灯梳洗道：“今日之妆，乃迎新送旧，非比寻常。”于是脂粉香泽，用意修饰，花钿绣袄，极其华艳，香风拂拂，光采照人。装束方完，天色已晓。孙富差家僮到船头候信。十娘微窥公子，欣欣似有喜色，乃催公子快去回话，及早兑足银子。公子亲到孙富船中，回复依允。孙富道：“兑银易事，须得丽人妆台为信。”公子又回复了十娘，十娘即指描金文具道：“可便抬去。”孙富喜甚，即将白银一千两，送到公子船中。

十娘亲自检看，足色足数，分毫无爽。乃手把船舷，以手招孙富。孙富一见，魂不附体。十娘启朱唇，开皓齿道：“方才箱子可暂发来，内有李郎路引一纸，可检还之也。”孙富视十娘已为瓮中之鳖，即命家僮送那描金文具，安放船头之上。十娘取钥开锁，内皆抽屉小箱。十娘叫公子抽第一层来看，只见翠羽明珰，瑶簪宝珥，充牣于中，约值数百金。十娘遽投之江中。李甲与孙富及两船之人，无不惊诧。又命公子再抽一箱，乃玉箫金管；又抽一箱，尽古玉紫金玩器，约值数千金。十娘尽投之于大江中。岸上之人，观者如堵。齐声道：“可惜，可惜！”正不知什么缘故。最后又抽一箱，箱中复有一匣。开匣视之，夜明之珠，约有盈把。其他祖母绿、猫儿眼，诸般异宝，目所未睹，莫能定其价之多少。众人齐声喝彩，喧声如雷。十娘又欲投之于江。李甲不觉大悔，抱持十娘恸哭，那孙富也来劝解。

十娘推开公子在一边，向孙富骂道：“我与李郎备尝艰苦，不是容易到此。汝以奸淫之意，巧为谗说，一旦破人姻缘，断人恩爱，乃我之仇人。我死而有知，必当诉之神明，尚妄想枕席之欢乎！”又对李甲道：“妾风尘数年，私有所积，本为终身之计。自遇郎君，山盟海誓，白首不渝。前出都之际，假托众姊妹相赠，箱中韫藏百宝，不下万金。将润色郎君之装，归见父母，或怜妾有心，收佐中馈，得终委托，生死无憾。谁知郎君相信不深，惑于浮议，中道见弃，负妾一片真心。今日当众目之前，开箱出视，使郎君知区区千金，未为难事。妾椟中有玉，恨郎眼内无珠。命之不辰，风尘困瘁，甫得脱离，又遭弃捐。今众人各有耳目，共作证明，妾不负郎君，郎君自负妾耳！”于是众人聚观者，无不流涕，都唾骂李公子负心薄幸。公子又羞又苦，且悔且泣，方欲向十娘谢罪。十娘抱持宝匣，向江心一跳。众人急呼捞救。但见云暗江心，波涛滚滚，杳无踪影。可惜一个如花似玉的名姬，一旦葬于江鱼之腹！三魂渺渺归水府，七魄悠悠入冥途。当时旁观之人，皆咬牙切齿，争欲拳殴李甲和那孙富。慌得李、孙二人，手足无措，急叫开船，分途遁去。李甲在舟中，看了千金，转忆十娘，终日愧悔，郁成狂疾，终身不痊。孙富自那日受惊，得病卧床月余，终日见杜十娘在傍诟骂，奄奄而逝。人以为江中之报也。

却说柳遇春在京坐监完满，束装回乡，停舟瓜步。偶临江净脸，失坠铜盆于水，觅渔人打捞。及至捞起，乃是个小匣儿。遇春启匣观看，内皆明珠异宝，无价之珍。遇春厚赏渔人，留于床头把玩。是夜梦见江中一女子，凌波而来，视之，乃杜十娘也。近前万福，诉以李郎薄幸之事。又道：“向承君家慷慨，以一百五十金相助，本意息肩之后，徐图报答。不意事无终始；然每怀盛情，悒悒未忘。早间曾以小匣托渔人奉致，聊表寸心，从此不复相见矣。”言讫，猛然惊醒，方知十娘已死，叹息累日。后人评论此事，以为孙富谋夺美色，轻掷千金，固非良士。李甲不识杜十娘一片苦心，碌碌蠢才，无足道者。独谓十娘千古女侠，岂不能觅一佳侣，共跨秦楼之凤，乃错认李公子。明珠美玉，投于盲人，以致恩变为仇，万种恩情，化为流水，深可惜也！有诗叹云：

不会风流莫妄谈，单单情字费人参。

若将情字能参透，唤作风流也不惭。

[简析]

《杜十娘怒沉百宝箱》是明代白话小说集《警世通言》卷 32，冯梦龙的代表作品中的名篇，是中国古代文学史上最为杰出的短篇小说之一，也是明代拟话本的代表作。

这篇小说在许多文学史上定义为反封建反礼教的爱情小说，杜十娘的悲剧是黑暗的封建社会对她的欺骗挤压所造成的。这篇小说从整体结构来看，确是很不错的，以其细腻的笔触塑造一个执著追求自己心中美好愿望的女性形象，取得了非凡的、卓越的艺术效果。

[思考与练习]

1．思考“百宝箱”的象征意义。

2．分析杜十娘悲剧的美学价值。

[延伸阅读]

《喻世明言》《警世通言》《醒世恒言》

宝玉挨打[1]

曹雪芹

[作者简介]

曹雪芹（约 1715—约 1764），名霑，字梦阮，号雪芹，又号芹圃、芹溪。清代伟大的现实主义作家。祖居辽阳，曾祖以下三代任江宁织造六十余年。他少年时代生活在这一豪贵之家，到雍正初年，遭抄家之变，迁居北京，家道败落。晚年生活艰难，贫病而卒。在人生的最后阶段，他以坚韧不拔的毅力，历经十年创作了《红楼梦》并专心致志地做着修订工作，死后遗留《红楼梦》前八十回稿子。另有《废艺斋集稿》。

却说王夫人唤他母亲上来，拿几件簪环，当面赏与，又吩咐：“请几位僧人念经超度他。”他母亲磕头，谢了出去。

原来宝玉会过雨村回来[2]，听见了金钏儿含羞自尽，心中早已五内摧伤，进来又被王夫人数说教训了一番，也无可回说。看见宝钗进来，方得便走出，茫然不知何往，背着手，低着头，一面感叹，一面慢慢的信步来至厅上。刚转过屏门，不想对面来了一人，正往里走，可巧撞了一个满怀。只听那人喝一声“站住！”宝玉唬了一跳，抬头看时，不是别人，却是他父亲，早不觉倒抽了一口气，只得垂手一旁站了。贾政道：“好端端的，你垂头丧气嗐些什么[3]？方才雨村来了，要见你，那半天才出来；既出来了，全无一点慷慨挥洒的谈吐，仍是葳葳蕤蕤的。我看你脸上一团私欲愁闷气色，这会子又嗳声叹气。你那些还不足、还不自在？无故这样，却是为何？”宝玉素日虽然口角伶俐，只是此时一心总为金钏儿感伤，恨不得此时也身亡命殒，跟了金钏儿去，如今见他父亲说这些话，究竟不曾听见，只是怔怔的站着。

贾政见他惶悚，应对不似往日，原本无气的，这一来，倒生了三分气。方欲说话，忽有回事人来回：“忠顺亲王府里有人来，要见老爷。”贾政听了，心下疑惑，暗暗思忖道：“素日并不与忠顺府来往，为什么今日打发人来？”一面想，一面命“快请厅上坐。”急忙进内更衣。

出来接见时，却是忠顺府长府官，一面彼此见了礼，归坐献茶。未及叙谈，那长府官先就说道："下官此来，并非擅造潭府[4]，皆因奉命而来，有一件事相求。看王爷面上，敢烦老大人做主。不但王爷知情，且连下官辈亦感谢不尽。"

贾政听了这话，摸不着头脑，忙陪笑起身问道："大人既奉王命而来，不知有何见谕[5]？望大人宣明，学生好遵谕承办。"那长府官冷笑道："也不必承办，只用老先生一句话就完了。我们府里有一个做小旦的琪官[6]，一向好好在府，如今竟三五日不见回去，各处去找，又摸不着他的道路，因此各处察访。这一城内，十停人倒有八停人都说[7]，他近日和衔玉的那位令郎相与甚厚。下官辈听了，尊府不比别家，可以擅来索取，因此启明王爷。王爷亦说：'若是别的戏子呢，一百个也罢了；只是这琪官，随机应答，谨慎老成，甚合我老人家的心境，断断少不得此人。'故此求老先生转达令郎，请将琪官放回，一则可慰王爷谆谆奉恳之意，二则下官辈也可免操劳求觅之苦。"说毕，忙打一躬。

贾政听了这话，又惊又气，即命唤宝玉出来。宝玉也不知是何原故，忙忙赶来，贾政便问："该死的奴才！你在家不读书也罢了，怎么又做出这些无法无天的事来！那琪官现是忠顺王爷驾前承奉的人，你是何等草莽[8]，无故引逗他出来，如今祸及于我。"宝玉听了，唬了一跳，忙回道："实在不知此事。究竟'琪官'两个字，不知为何物，况更加以'引逗'二字！"说着便哭。

贾政未及开口，只见那长府官冷笑道："公子也不必隐饰，或藏在家，或知其下落，早说了出来，我们也不受些辛苦，岂不念公子之德？"宝玉连说："实在不知。恐是讹传，也未见得。"那长府官冷笑两声道："现有证据，必定当着老大人说了出来，公子岂不吃亏？既说不知此人，那红汗巾子怎得到了公子腰里？"宝玉听了这话，不觉轰了魂魄，目瞪口呆，心下自思："这话他如何得知？他既连这样机密事都知道了，大约别的瞒他不过，不如打发他去了，免得再说出别的事来。"因说道："大人既知他的底细，如何连他置买房舍这样大事倒不晓得了？听得说，他如今在东郊离城二十里有个什么紫檀堡，他在那里置了几亩田地，几间房舍。想是在那里，也未可知。"那长府官听了，笑道："这样说，一定是在那里。我且去找一回，若有了便罢；若没有，还要来请教。"说着，便忙忙的告辞走了。

贾政此时气得目瞪口歪，一面送那官员，一面回头命宝玉："不许动！回来有话问你！"一直送那官员去了。才回身，忽见贾环带着几个小厮一阵乱跑。贾政喝命小厮"给我快打！"贾环见了他父亲，吓得骨软筋酥，连忙低头站住。贾政便问："你跑什么？带着你的那些人都不管你，不知往那里去，由你野马一般！"喝叫："跟上学的人呢？"贾环见他父亲甚怒，便乘机说道："方才原不曾跑，只因从那井边一过，那井里淹死了一个丫头，我看人头这么大，身子这么粗，泡得实在可怕，所以才赶着跑了过来。"贾政听了，惊疑问道："好端端的，谁去跳井？我家从无这样事情，自祖宗以来，皆是宽柔待人。大约我近年于家务疏懒，自然执事人操克夺之权[9]，致使弄出这暴殄轻生的祸患。若外人知道，祖宗的颜面何在！"喝命："叫贾琏、赖大来！"

小厮们答应了一声，方欲去叫，贾环忙上前，拉住贾政的袍襟，贴膝跪下，道："父亲不用生气。此事除太太房里的人，别人一点也不知道，我听见我母亲说……"说到这句，便回头四顾一看；贾政知其意，将眼色一丢，小厮们明白，都往两边后面退去。贾环便悄悄说道："我母亲告诉我说，宝玉哥哥前日在太太房里，拉着太太的丫头金钏儿，强奸不遂，打了一顿，金钏儿便赌气投井死了。"话未说完，把个贾政气得面如金纸，大喝："快拿宝玉来！"一面说，一面便往书房去，喝命："今日再有人来劝我，我把这冠带家私[10]一应交与他与宝玉过去，我免不得做个罪人，把这几根烦恼鬓毛剃去，寻个干净去处自了，也免得上辱先人、下生逆子之罪！”

众门客仆从见贾政这个形景，便知又是为宝玉了，一个个咬指吐舌，连忙退出。那贾政喘吁吁直挺挺坐在椅子上，满面泪痕，一叠连声：“拿宝玉！拿大棍、拿绳捆上！把门都关上！有人传信到里头去，立刻打死！”众小厮们只得齐齐答应着，有几个来找宝玉。

那宝玉听见贾政吩咐他“不许动”，早知凶多吉少，那里知道贾环又添了许多的话？正在厅上旋转，怎得个人来往里头捎信，偏生没个人来，连焙茗[11]也不知在那里。正盼望时，只见一个老妈妈出来，宝玉如得了珍宝，便赶上来拉他，说道：“快进去告诉：老爷要打我呢！快去，快去！要紧，要紧！”宝玉一则急了，说话不明白，二则老婆子偏生又耳聋，不曾听见是什么话，把“要紧”二字，只听做“跳井”二字，便笑道：“跳井让他跳去，二爷怕什么？”宝玉见是个聋子，便着急道：“你出去叫我的小厮来罢。”那婆子道：“有什么不了事的？老早的完了，太太又赏了银子，怎么不了事呢？”

宝玉急得手脚正没抓寻处，只见贾政的小厮走来，逼着他出去了。贾政一见，眼都红了，也不暇问他在外流荡优伶，表赠私物，在家荒疏学业，逼淫母婢，只喝命：“堵起嘴来，着实打死！”小厮们不敢违，只得将宝玉按在凳上，举起大板，打了十来下。宝玉自知不能讨饶，只是呜呜的哭。贾政还嫌打的轻，一脚踢开掌板的，自己夺过板子来，狠命的又打了十几下。

宝玉生来未经过这样苦楚，起先觉得打的疼不过，还乱嚷乱哭，后来渐渐气弱声嘶，哽咽不出。众门客见打的不祥了[12]，赶着上来，恳求夺劝。贾政那里肯听？说道：“你们问问他干的勾当，可饶不可饶！素日皆是你们这些人把他酿坏了，到这步田地，还来解劝。明日酿到他弑父弑君，你们才不劝不成？”

众人听这话不好听，知道气急了，忙乱着觅人进去给信。王夫人不敢先回贾母，只得忙穿衣出来，也不顾有人没人，忙忙扶了一个丫头，赶往书房中来。慌的众门客小厮等避之不及。贾政方要再打，一见王夫人进来，更加火上浇油，那板子越发下去的又狠又快。按宝玉的两个小厮，忙松手走开，宝玉早已动弹不得了。贾政还欲打时，早被王夫人抱住板子。贾政道：“罢了，罢了！今日必定要气死我才罢！”王夫人哭道：“宝玉虽然该打，老爷也要保重。且炎暑天气，老太太身上又不大好，打死宝玉事小，倘或老太太一时不自在了，岂不事大？”贾政冷笑道：“倒休提这话！我养了这不肖的孽障，我已不孝；平昔教训他一番，又有众人护持，不如趁今日结果了他的狗命，以绝将来之患！”说着，便要绳来勒死。王夫人连忙抱住哭道：“老爷虽然应当管教儿子，也要看夫妻分上。我如今已五十岁的人，只有这个孽障，必定苦苦的以他为法，我也不敢深劝。今日越发要他死了，岂不是有意绝我？既要勒死他，快拿绳先勒死我，再勒死他。我们娘儿们不如一同死了，在阴司里也得个倚靠。”说毕，抱住宝玉，放声大哭起来。

贾政听了此话，不觉长叹一声，向椅上坐了，泪如雨下。王夫人抱着宝玉，只见他面白气弱，底下穿着一条绿纱小衣，一片皆是血迹。禁不住解下汗巾去，由腿看至臀胫，或青或紫，或整或破，竟无一点好处，不觉失声大哭起“苦命的儿”来。因哭出“苦命儿”来，又想起贾珠来，便叫着贾珠，哭道：“若有你活着，便死一百个，我也不管了。”此时里面的人闻得王夫人出来，那李宫裁、王熙凤与迎春姊妹早已出来了。王夫人哭着贾珠的名字，别人还可，惟有李宫裁禁不住也放声哭了。贾政听了，那泪更似走珠一般滚了下来。

正没开交处，忽听丫鬟来说：“老太太来了。”一句话未了，只听窗外颤巍巍的声气说道：“先打死我，再打死他，岂不干净了！”贾政见他母亲来了，又急又痛，连忙迎出来。只见贾母扶着丫头，摇头喘气的走来。贾政上前躬身陪笑说道：“大暑热天，母亲有何生气的自己走来，有话只叫儿子进去吩咐便了。”贾母听了，便止步喘息，一面厉声道：“你原来和我说话！我倒有话吩咐，只是我一生没养个好儿子，却叫我和谁说去！”

贾政听这话不像，忙跪下含泪说道：“为儿的教训儿子，也为的是光宗耀祖。母亲这话，我做儿子的如何当得起？”贾母听说，便啐了一口，说道：“我说了一句话，你就禁不起！你那样下死手的板子，难道宝玉就禁得起了？你说教训儿子是光宗耀祖，当日你父亲怎么教训你来！”说着，也不觉滚下泪来。贾政又陪笑道：“母亲也不必伤感，皆是做儿子的一时性急，从此以后，再不打他了。”贾母便冷笑几声道：“你也不必和我赌气。你的儿子，自然你要打就打。想来你也厌烦我们娘儿们，不如我们早离了你，大家干净！”说着，便命人：“去看轿！我和你太太、宝玉立刻回南京去。”家下人只得答应着。

贾母又叫王夫人道：“你也不必哭了，如今宝玉年纪小，你疼他；他将来长大，为官作宦的，也未必想着你是他母亲了。你如今倒不要疼他，只怕将来还少生一口气呢！”贾政听说，忙叩头说道：“母亲如此说，儿子无立足之地了！”贾母冷笑道：“你分明使我无立足之地，你反说起你来！只是我们回去了，你心里干净，看有谁来不许你打。”一面说，一面只命：“快打点行李车辆轿马回去！”贾政直挺挺跪着，叩头认罪。

贾母一面说话，一面来看宝玉，只见今日这顿打，不比往日，又是心疼，又是生气，也抱着哭个不了。王夫人与凤姐等解劝了一会，方渐渐的止住。早有丫鬟媳妇等，上来要搀宝玉，凤姐便骂：“糊涂东西！也不睁开眼瞧瞧，这个样儿，如何搀着走得？还不快进去把那藤屉子春凳抬出来呢[13]！”众人听了，连忙进去，果然抬出春凳来，将宝玉抬放凳上，随着贾母王夫人等进去，送至贾母房中。

彼时贾政见贾母怒气未消，不敢自便，也跟着进来。看看宝玉果然打重了，再看看王夫人一声“肉”一声“儿”的哭道：“你替珠儿早死了，留着珠儿，也免你父亲生气，我也不白操这半世的心了。这会子你倘或有个好歹，丢下我，叫我靠那一个？”数落一场，又哭“不争气的儿”。贾政听了，也就灰心自己不该下毒手打到如此地步。先劝贾母，贾母含泪说道：“儿子不好，原是要管的，不该打到这个分儿。你不出去，还在这里做什么！难道于心不足，还要眼看着他死了才去不成？”贾政听说，方退了出来。

此时薛姨妈同宝钗、香菱、袭人、史湘云等也都在这里。袭人满心委屈，只不好十分使出来。见众人围着，灌水的灌水，打扇的打扇，自己插不下手去，便索性走出门，到二门前，令小厮们找了焙茗来细问：“方才好端端的，为什么打起来？你也不早来透个信儿！"焙茗急的说：“偏生我没在跟前，打到半中间，我才听见了，忙打听原故，却是为琪官同金钏姐姐的事。”袭人道：“老爷怎么知道的？”焙茗道：“那琪官的事，多半是薛大爷素昔吃醋，没法儿出气，不知在外头挑唆了谁来，在老爷跟前下的火。那金钏儿的事，大约是三爷说的，我也是听见跟老爷的人说。”

袭人听了这两件事都对景[14]，心中也就信了八九分，然后回来，只见众人都替宝玉疗治调停完备。贾母命：“好生抬到他房内去。”众人一声答应，七手八脚，忙把宝玉送入怡红院内自己床上卧好，又乱了半日，众人渐渐散去，袭人方进前来，经心服侍。

话说袭人见贾母王夫人等去后，便走来宝玉身边坐下，含泪问他：“怎么就打到这步田地？”宝玉叹气说道：“不过为那些事，问他做什么！只是下半截疼得很，你瞧瞧，打坏了那里？”袭人听说，便轻轻的伸手进去，将中衣脱下[15]，略动一动，宝玉便咬着牙叫“嗳哟”，袭人连忙停住手；如此三四次，才褪下来了。袭人看时，只见腿上半段青紫，都有四指阔的僵痕高了起来。袭人咬着牙说道：“我的娘！怎么下这般的狠手！你但凡听我一句话，也不得到这步地位。幸而没动筋骨，倘或打出个残疾来，可叫人怎么样呢？”

正说着，只听丫鬟们说：“宝姑娘来了。”袭人听见，知道穿不及中衣，便拿了一床夹纱被，替宝玉盖了[16]。只见宝钗手里托着一丸药走进来，向袭人说道：“晚上把这药用酒研开，替他敷上，把那淤血的热毒散开，可以就好了。”说毕，递与袭人。又问：“这会子可好些？"宝玉一面道谢，说：“好些了。”又让坐。

宝钗见他睁开眼说话，不像先时，心中也宽慰了好些，便点头叹道：“早听人一句话，也不至有今日。别说老太太、太太心疼，就是我们看着，心里也……”刚说了半句，又忙咽住，自悔说得话太急了，不觉红了脸，低下头来。宝玉听得这话如此亲切稠密，大有深意；忽见他又咽住，不往下说，红了脸，低下头，只管弄衣带，那一种娇羞怯怯，竟难以言语形容，越觉心中感动，将疼痛早丢在九霄云外去了。想道：“我不过挨了几下打，他们一个个就有这些怜惜之态，令人可亲可敬。假若我一时竟遭殃横死[17]，他们还不知是何等悲感呢！既是他们这样，我便一时死了，得他们如此，一生事业，纵然尽付东流，也无足叹惜矣。”正想着，只听宝钗问袭人道：“怎么好好的动了气，就打起来了？”袭人便把焙茗的话说出来了。宝玉原来还不知贾环的话，见袭人说出，方才知道；因又拉上薛蟠，惟恐宝钗沉心[18]，忙又止住袭人道：“薛大哥从来不这样的，你们别混猜度。”

宝钗听说，便知道宝玉是怕他多心，用话拦袭人。因心中暗暗想道：“打得这个形象，疼还顾不过来，还是这样细心，怕得罪了人。你既这样用心，何不在外头大事上做工夫，老爷也欢喜了，也不能吃这样亏。你虽然怕我沉心，所以拦袭人的话，难道我就不知我哥哥素日恣心纵欲、毫无防范的那种心性？当日为一个秦钟，还闹的天翻地覆，自然如今比先又加利害了。”想毕，因笑道：“你们也不必怨这个怨那个，据我想，到底宝兄弟素日肯和那些人来往，老爷才生气。就是我哥哥说话不防头，一时说出宝兄弟来，也不是有心挑唆：一则也是本来的实话，二则他原不理论这些防嫌小事。袭姑娘从小儿只见过宝兄弟这样细心人，你何尝见过我哥哥那天不怕地不怕、心里有什么口里说什么的人呢？”

袭人因说出薛蟠来，见宝玉拦他的话，早已明白自己说造次了[19]，恐宝钗没意思；听宝钗如此说，更觉羞愧无言。宝玉又听宝钗这番一半是堂皇正大，一半是去己的疑心，更觉比先心动神移。方欲说话时，只见宝钗起身说道：“明日再来看你，好生养着罢。方才我拿了药来，交给袭人，晚上敷上，管就好了。”说着，便走出门去。袭人赶着送出院外，说：“姑娘倒费心了。改日宝二爷好了，亲自来谢了。”宝钗回头笑道：“有什么谢处？你只劝他好生静养，别胡思乱想的就好。想要什么吃的玩的，悄悄的往我那里去取了，不必惊动老太太、太太众人。倘或吹到老爷耳朵里，虽然彼时不怎么样，将来对景，终是要吃亏的。”说着去了。

袭人抽身回来，心内着实感激宝钗。进来见宝玉沉思默默，似睡非睡的模样，因而退出房外栉沐[20]。宝玉默默的躺在床上，无奈臀上作痛，如针挑刀挖一般，更热如火炙，略展转时，禁不住“嗳哟”之声。那时天色将晚，因见袭人去了，却有两三个丫鬟伺候，此时并无呼唤之事，因说道：“你们且去梳洗，等我叫时再来。”众人听了，也都退出。

这里宝玉昏昏沉沉，只见蒋玉函走了进来，诉说忠顺府拿他之事；一时又见金钏儿进来，哭说为他投井之情。宝玉半梦半醒，都不在意。忽又觉有人推他，恍恍惚惚，听得有人悲切之声。宝玉从梦中惊醒，睁眼一看，不是别人，却是林黛玉。犹恐是梦，忙又将身子欠起来，向脸上细细一认，只见他两个眼睛肿的桃儿一般，满面泪光，不是黛玉，却是那个？宝玉还欲看时，怎奈下半截疼痛难禁，支持不住，便“嗳哟”一声，仍旧倒下，叹了一声，说道：“你又做什么来？虽然太阳落下去，那地上的余热未散，倘又受了暑呢，我虽然捱了打，并不觉疼痛。

我这个样儿是装出来哄他们，好在外头布散与老爷听。其实是假的，你不可信真。”

此时林黛玉虽不是嚎啕大哭，然越是这等无声之泣，气噎喉堵，更觉利害。听了宝玉这番话，心中虽有万句言词，只是不能说得，半日，方抽抽噎噎的说道：“你从此可都改了罢！”宝玉听说，便长叹一声道：“你放心，别说这样话。我便为这些人死了，也是情愿的。”

一句话未了，只见院外人说：“二奶奶来了。”林黛玉便知是凤姐来了，连忙立起身，说道：“我从后院子里去罢，回头再来。”宝玉一把拉住，道：“这又奇了。好好的，怎么怕起他来？”林黛玉急的跺脚，悄悄的说道：“你瞧瞧我的眼睛，又该他们取笑儿开心了。”宝玉听说，赶忙的放了手。黛玉三步两步转过床后，刚出了后院，凤姐从前头已进来了。问宝玉：“可好些了？想什么吃？叫人往我那里取去。”接着薛姨妈又来了。一时贾母又打发了人来。

至掌灯时分，宝玉只喝了两口汤，便昏昏沉沉的睡去。接着周瑞媳妇、吴新登媳妇，郑好时媳妇，这几个有年纪长来往的，听见宝玉挨了打，也都进来。袭人忙迎出来，悄悄的笑道：“婶婶们略来迟了一步，二爷睡着了。”说着，一面带他们到那边房里坐了，倒茶与他们吃。那几个媳妇子都悄悄的坐了一回，向袭人说：“等二爷醒了，你替我们说罢。”

袭人答应了，送他们出去。

[注释]

[1] 本篇选自《红楼梦》第 33 回“手足眈眈小动唇舌，不肖种种大承笞挞”和第 34 回“情中情因情感妹妹，错里错以错劝哥哥”。

[2] 雨村：贾化，号雨村，一个与贾家有密切关系的贪酷县官，革职后借助贾府势力得以“起复”，升任应天府尹。

[3] 嗐（hài）：叹息声，与“咳”同。

[4] 擅造潭府：擅自到贵府来。造：到。潭府：旧时对别人住宅的尊称。

[5] 见谕：告诉我。“见”字用在动词前表示对我怎么样。

[6] 琪官：艺名，本名蒋玉函，唱小旦的优伶，风雅能诗，与贾宝玉情谊相投。

[7] 十停人倒有八停人：意谓众所周知。停：成，份。

[8] 草莽：鲁莽，低贱。

[9] 操克夺之权：掌管奖惩之权。

[10] 冠带家私：官帽、腰带和家产，意指官职、家财等一切。

[11] 焙茗：宝玉的贴身男仆。

[12] 不祥：很危险的样子。

[13] 藤屉（tì）子春凳：用藤皮编成一种可坐可卧的长凳。

[14] 对景：情景恰巧符合。

[15] 中衣：贴身的内衣。

[16] 夹（jiá）纱被：表里两层的纱被。

[17] 沉心：指往心里去，造成不愉快。

[18] 造次：莽莽撞撞，不小心。

[19] 栉沐：梳洗。

[简析]

本文通过这一场面的描写，揭示了封建正统势力对封建叛逆者的无情镇压，反映了封建末世统治阶级内部的尖锐矛盾。作者紧紧抓住宝玉挨打这一典型事件，将众多人物置于这一尖锐矛盾冲突之中，通过不同人物的语言、行动、表情和心理等方面的白描来刻画人物性格，揭示他们的内心世界，尤其展现了钗、黛不同的个性和心态。文中结构前后衔接、伏脉千里，是宝、黛、钗爱情多重奏中的一个重要乐章。此外，在叙事有条不紊、行文有张有弛、情节跌宕起伏、语言生动传神等方面，都表现出曹雪芹这位文学巨匠超凡的艺术造诣，令人叹服。

[思考与练习]

1．宝玉挨打的导火线是什么？根本原因是什么？

2．分析贾宝玉这个人物形象寄托了作者怎样的社会理想？

[延伸阅读]

《红楼梦》

神雕侠侣（节选）

金庸

[作者简介]

金庸（1924—），原名查良镛，浙江海宁人。当代著名武侠小说作家、新闻学家、企业家、政治评论家、社会活动家。他共创作了 14 部武侠小说，其中 3 部短篇、11 部长篇，其代表作《射雕英雄传》、《神雕侠侣》和《鹿鼎记》，被公认为香港新派武侠两大名家之一。被誉为武侠小说史上前无古人后无来者的“绝代宗师”和“泰山北斗”；与黄沾、蔡澜、倪匡并称“香港四大才子”。1982 年出版《金庸武侠小说全集》。

杨过待雕不至，观看潭边情景，一瞥之间，见大树上排列着数十个蜂巢。这些蜂巢比寻常的为大，而在巢畔飞来舞去的，正是昔年小龙女在古墓中驯养的异种玉蜂。杨过一见，禁不住“啊”的一声惊呼，双足钉在地下，移动不得，过了片刻，这才走近巢旁察看，只见蜂巢旁糊有泥土，实是人工所为，依稀是小龙女的手迹。

他定了定神，心想：“遮莫当年龙儿跃下此谷，便在此处居住？”绕着寒潭而行，察看一遍，但见四下削壁环列，宛似身处一口大井之底，常言道“坐井观天”，但坐在此处，望上去尽是白云浓雾，又怎得见天日？

杨过折下几根树干，敲打四周山壁，全无异状，凝神察看，发现有几棵大树的树皮曾为人剥去，有些花草畔的石块排列整齐，实非天然，霎时之间，忽喜忽忧，一颗心怦怦地跳个不住，这时已料得小龙女定在此住过，但悠悠一十六年，到今日是否玉人无恙，有谁能说？杨过素来不信鬼神，情急之下，终于跪了下来，喃喃祝祷：“老天啊老天，求你保佑我再见龙儿一面。”

祷祝一会，寻觅一会，始终不见端倪。杨过坐在树下，支颐沉思：“倘若龙儿死了，也当在此处留下骸骨，除非是骨沉潭底。”记得先前沉入潭时曾见到大片光亮，在身边一闪而过，甚非寻常，其中当有蹊跷，想到此处，一跃而起。

他大声说道：“好歹也要寻个水落石出，不见她的尸骨，此心不死。”纵身入潭，直往深处潜去，那潭底越深越寒，潜了一会，四周蓝森森的都是玄冰。杨过内功深湛，虽不畏寒，但深处浮力太强，用力冲了数次，也不过再潜下数丈，总无法到底。气息渐促，于是回上潭边，抱了一块大石，再跃入潭中。

这一次却急沉而下，猛地里眼前一亮，他心念一动，忙放下大石，向光亮处游去，只觉一股急流卷着他的身子冲了过去，已身处地底暗涌潜流之中，光亮处果然是一洞。他手脚齐划，洞内却是一道斜斜向上的冰窖。他顺势划上，过不多时，波的一响，冲出了水面，只觉阳光耀眼，花香扑鼻，竟然别有天地。他不即爬起，游目四顾，繁花青草，便如一个极大花园，花影不动，幽谷无人。

他又惊又喜，纵身出水，见十余丈外有间茅屋。他提气疾奔，只奔出三四丈，立时收住脚步，一步步慢慢挨去，只想："倘若在这茅屋中仍探问不到龙儿的消息，那如何是好？"走得越近，脚步越慢，心底深处，实怕这最后的指望也终归泡影。最后走到离茅屋丈许之地，侧耳倾听，四下里静悄悄的，绝无人声鸟语，惟闻玉蜂的嗡嗡微响。

待了一会，终于鼓起勇气，颤声道："杨某冒昧拜谒，请予赐……赐见。"屋中无人回答。伸手轻轻一推板门，那门"呀"的一声开了。举步入内，一瞥眼间，不由得全身一震，只见屋中陈设简陋，但洁净异常，堂上只一桌一几，此外更无别物，桌几放置的方位他却熟悉之极，竟与古墓石室中的桌椅一模一样。他不加思量，自然而然地向右侧转去，果然是间小室，过了小室，是间较大的房间。房中床榻桌椅，全与古墓中杨过的卧室相同，不过古墓中用具大都石制，此处的却以粗木搭成。

但见室右有榻，是他幼时练功的寒玉床；室中凌空拉着一条长绳，是他师父小龙女睡卧所用；窗前小小一几，是他读书写字之处。室左立着一个粗糙木橱，拉开橱门，见橱中放着几件树皮结成的儿童衣衫，正是从前在古墓时小龙女为自己所缝制的模样。他自进室中，抚摸床几，早已泪珠盈眶，这时再也忍耐不住，眼泪扑簌簌地滚下衣衫。

忽觉得一只柔软的手掌轻轻抚着他的头发，柔声问道："过儿，甚么事不痛快了？"这声调语气，抚摸他头发的模样，便和从前小龙女安慰他一般。杨过霍地回身，只见身前盈盈站着一个褐衫女子，雪肤依然，花貌如昨，正是十六年来他日思夜想、魂牵梦萦的小龙女。

两人呆立半晌，"啊"的一声轻呼，搂抱在一起。燕燕轻盈，莺莺娇软，是耶非耶？是真是幻？

过了良久，杨过放声大哭，呜呜咽咽地道："龙儿，你容貌一点也没变，我却老了。"小龙女端目凝视，说道："不是老了，是我的过儿长大了。"

小龙女年长于杨过数岁，但她自幼居于古墓，跟随师父修习内功，屏绝思虑欲念。杨过却饱历忧患，大悲大乐，因此到二人成婚之时，已似年貌相若。

那古墓派玉女功养生修炼，有"十二少、十二多"的正反要诀："少思、少念、少欲、少事、少语、少笑、少愁、少乐、少喜、少怒、少好、少恶。行此十二少，乃养生之都契也。多思则神怠，多念则精散，多欲则智损，多事则形疲，多语则气促，多笑则肝伤，多愁则心慑，多乐则意溢，多喜则忘错昏乱，多怒则百脉不定，多好则专迷不治，多恶则焦煎无宁。此十二多不除，丧生之本也。"小龙女自幼修为，无喜无乐，无思无虑，功力之纯，即令其师祖林朝英亦有所不及。但后来杨过一到古墓，两人相处日久，情愫暗生，这少语少事、少喜少愁的规条便渐渐无法信守了。婚后别离一十六年，杨过风尘飘泊，闯荡江湖，忧心忡忡，两鬓星星；小龙女却幽居深谷，虽终不免相思之苦，但究竟二十年的幼功非同小可，过得数年后，千方百计，无法上去，重行修炼那"十二少"要诀，渐渐地少思少念，少欲少事，独居谷底，却也不觉寂寞难遣。因之两人久别重逢，反显得杨过年纪比她为大了。

小龙女十六年没说话，这时说起话来，竟口齿不灵。两人索性便不说话，只相对微笑。杨过到后来热血如沸，拉着小龙女的手，奔到屋外，说道："龙儿，我好快活。"猛然跃起，跳到一棵大树之上，连翻了七八个筋斗。

这一下喜极忘形的连翻筋斗，乃杨过幼时在终南山和小龙女共居时的顽童作为，十多年来他对此事从来没想起过，那料到今日人近中年，突然又来这么露了一手。此时他武功精湛，身子在半空中夭娇腾挪，使出了小龙女当年所教的"夭娇空碧势"。小龙女纵声大笑，什么"少语、少笑、少喜、少乐"的禁条，全都抛到九霄云外去了。

本来在终南山之时，杨过翻罢筋斗，笑嘻嘻地走到她身旁，小龙女总是拿手帕给他抹去额上汗水。这时见他走近，小龙女从身边取出手帕，但杨过脸不红，气不喘，哪里有什么汗水？但她还是拿手帕替他在额头上抹几下。

杨过接过手帕，见是用树皮的经络织成，甚为粗糙，想像她这些年来在这谷底的苦楚，不禁心酸难言，轻轻抚着她头发，说道："龙儿，也真难为你在这里捱了一十六年。"见她所穿衣衫大半乃淡褐色，是用树皮丝筋编缀缝补而成，想象这十六年来困苦，心酸更甚。小龙女幽幽叹了口气，说道："倘若我不是从小在古墓中长大，这一十六年定然捱不下来。"

两人并肩坐在石上互诉别来情事。杨过不住口地问这问那。小龙女讲了一会话，言语渐渐灵便，才慢慢将这一十六年中的变故说了出来。

那日杨过将半枚绝情丹抛入谷底，小龙女知他为了自己中毒难治，不愿独生，又听黄蓉说断肠草或能解情花之毒，当晚思前想后，惟有自己先死，绝了他的念头，才得有望令他服食断肠草解毒。但若自己露了自尽的痕迹，只有更促他早死，思量了半夜，于是用剑尖在断崖前刻了那几行字，故意定了一十六年之约，这才跃入深谷。如果杨过天幸得保性命，隔了长长的十六年后，即使对自己相思不减，想来也不致再图殉情。

她说到这里，杨过叹道："你为什么想到一十六年？倘若你定的是八年之约，咱们岂不是能早见八年？"小龙女道："我知你对我深情，短短八年时光，决计冲淡不了你那烈火一般的性子。唉，哪想到虽隔一十六年，你还是跳了下来。"杨过笑道："可知一个人还是深情的好。假如我想念你的心淡了，只不过在断肠崖前大哭一场，就此别去，那么咱俩终生不能再见了。"小龙女道："冥冥之中，自有天意。"两人出死入生，经历如此剧变后，终能相聚，这时坐在石上相偎相倚，心中都是深深感激苍天眷顾。

[简析]

本文节选自《神雕侠侣》第三十九章《大战襄阳》，叙写当日断肠崖上身中剧毒的小龙女留下"十六年后，在此相会。夫妻情深，务失信约"的刻字后不知所踪，黄蓉怕杨过自杀殉情，骗杨过小龙女为南海神尼所救。在苦熬十六年之后，杨过回到情花谷断肠崖上等待与小龙女相会，谁知等来一场空，方知当年小龙女已跳崖自尽，所谓十六年后相会，不过是骗他活下去。悲痛之余，他跳下断肠崖，却意外发现小龙女还活着，一对恋人劫后重逢，欣喜异常。通过对杨过跳下情花谷谷底，苦寻小龙女下落，后与小龙女意外重逢等场面中的言行的描述，塑造出一个热血刚烈，至情至性的侠义男儿的形象，又通过对小龙女外貌、神态的描述，写出了其天性淡泊，超凡脱俗的气质和对爱情的执着，展示出人世间那忠贞不渝的爱情，令人唏嘘不已。鉴赏本文要细品那精炼简洁而又生动形象的描述性语言，从中分析人物性格，把握其故事情节，领悟文中所体现出来的人性美的光辉。

[思考与练习]

解析金庸笔下的女性形象。

[延伸阅读]

《神雕侠侣》

平凡的世界（节选）

路遥

[作者简介]

路遥（1949—1992）原名王卫国，中国当代作家，生于陕北清涧县一个世代农民家庭，其代表作《平凡的世界》以其恢宏的气势和史诗般的品格，全景式地展现了改革时代中国城乡的社会生活和人们思想情感的巨大变迁，该作获得第三届茅盾文学奖。后因肝病早逝，年仅42岁。

1975 年二三月间，一个平平常常的日子，细濛濛的雨丝夹着一星半点的雪花，正纷纷淋淋地向大地飘洒着。时令已快到惊蛰，雪当然再不会存留，往往还没等落地，就已经消失得无踪无影了。黄土高原严寒而漫长的冬天看来就要过去，但那真正温暖的春天还远远地没有到来。

在这样雨雪交加的日子里，如果没有什么紧要事，人们宁愿一整天足不出户。因此，县城的大街小巷倒也比平时少了许多嘈杂。街巷背阴的地方，冬天残留的积雪和冰溜子正在雨点的敲击下蚀化，石板街上到处都漫流着肮脏的污水。风依然是寒冷的。空荡荡的街道上，有时会偶尔走过来一个乡下人，破毡帽护着脑门，胳膊上挽一筐子土豆或萝卜，有气无力地呼唤着买主。唉，城市在这样的日子里完全丧失了生气，变得没有一点可爱之处了。

只有在半山腰县立高中的大院坝里，此刻却自有一番热闹景象。午饭铃声刚刚响过，从一排排高低错落的石窑洞里，就跑出来了一群一伙的男男女女。他们把碗筷敲得震天价响，踏泥带水、叫叫嚷嚷地跑过院坝，向南面总务处那一排窑洞的墙根下蜂涌而去。偌大一个院子，霎时就被这纷乱的人群踩踏成了一片烂泥滩。与此同时，那些家在本城的走读生们，也正三三两两涌出东面学校的大门。他们撑着雨伞，一路说说笑笑，通过一段早年间用横石片插起的长长的下坡路，不多时便纷纷消失在城市的大街小巷中。

在校园内的南墙根下，现在已经按班级排起了十几路纵队。各班的值日生正在忙碌地给众人分饭菜。每个人的饭菜都是昨天登记好并付了饭票的，因此程序并不复杂，现在值日生只是按饭表付给每人预订的一份。菜分甲、乙、丙三等。甲菜以土豆、白菜、粉条为主，里面有些叫人嘴馋的大肉片，每份三毛钱；乙菜其他内容和甲菜一样，只是没有肉，每份一毛五分钱。丙菜可就差远了，清水煮白萝卜——似乎只是为了掩饰这过分的清淡，才在里面象征性地漂了几点辣子油花。不过，这菜价钱倒也便宜，每份五分钱。

各班的甲菜只是在小脸盆里盛一点，看来吃得起肉菜的学生没有几个。丙菜也用小脸盆盛一点，说明吃这种下等伙食的人也没有多少。只有乙菜各班都用烧瓷大脚盆盛着，海海漫漫的，显然大部分人都吃这种既不奢侈也不寒酸的菜。主食也分三等：白面馍、玉米面馍、高粱面馍；白、黄、黑，颜色就表明了一种差别；学生们戏称欧洲、亚洲、非洲。

从排队的这一片黑压压的人群看来，他们大部分都来自农村，脸上和身上或多或少都留有体力劳动的痕迹。除过个把人的衣装和他们的农民家长一样土气外，这些已被自己的父辈看作是“先生”的人，穿戴都还算体面。贫困山区的农民尽管眼下大都少吃缺穿，但孩子既然到大地方去念书，家长们就是咬着牙关省吃节用，也要给他们做几件见人衣裳。当然，这队伍里看来也有个把光景好的农家子弟，那穿戴已经和城里干部们的子弟没什么差别，而且胳膊腕上往往还撑一块明晃晃的手表。有些这样的“洋人”就站在大众之间，如同鹤立鸡群，毫不掩饰自己的优越感。他们排在非凡的甲菜盆后面，虽然人数寥寥无几，但却特别惹眼。

在整个荒凉而贫瘠的黄土高原，一个县的县立高中，就算是本县的最高学府吧，也无论如何不可能给学生们盖一座餐厅。天好天坏，大家都是露天就餐。好在这些青年都来自山乡圪崂，谁没在野山野地里吃过饭呢？因此大家也并不在乎这种事。通常天气好的时候，大家都各自和要好的同学蹲成一圈，说着笑着就把饭吃完了。

今天可不行。所有打了饭菜的人，都用草帽或胳膊肘护着碗，趔趔趄趄穿过烂泥塘般的院坝，跑回自己的宿舍去了。不大一会功夫，饭场上就稀稀落落的没有几个人了。大部分班级的值日生也都先后走了。

现在，只有高一（1）班的值日生一个人留在空无人迹的饭场上。这是一位矮矮胖胖的女生。她面前的三个菜盆里已经没有了菜，馍筐里也只剩了四个焦黑的高粱面馍。看来这几个黑家伙不是值日生本人的，因为她自己手里拿着一个白面馍和一个玉米面馍，碗里也像是乙菜。她端着自己的饭菜，满脸不高兴地立在房檐下，显然是等待最后一个姗姗来迟者——这必定是一个穷小子，他不仅吃这最差的主食，而且连五分钱的丙菜也买不起一份啊！

雨中的雪花陡然间增多了，远远近近愈加变得模模糊糊。城市寂静无声。隐约地听见很远的地方传来一声公鸡的啼鸣，给这灰蒙蒙的天地间平添了一丝睡梦般的阴郁。

就在这时候，在空旷的院坝的北头，走过来一个瘦高个的青年人。他胳膊窝里夹着一只碗，缩着脖子在泥地里蹒跚而行。小伙子脸色黄瘦，而且两颊有点塌陷，显得鼻子像希腊人一样又高又直。脸上看来才刚刚褪掉少年的稚气——显然由于营养不良，还没有焕发出他这种年龄所特有的那种青春光彩。

他撩开两条瘦长的腿，扑踏扑踏地踩着泥水走着。这也许就是那几个黑面馍的主人？看他那一身可怜的穿戴想必也只能吃这种伙食。瞧吧，他那身衣服尽管式样裁剪得勉强还算是学生装，但分明是自家织出的那种老土粗布，而且黑颜料染得很不均匀，给人一种肮肮脏脏的感觉。脚上的一双旧黄胶鞋已经没有了鞋带，凑合着系两根白线绳；一只鞋帮上甚至还缀补着一块蓝布补丁。裤子显然是前两年缝的，人长布缩，现在已经短窄得吊在了半腿把上；幸亏袜腰高，否则就要露肉了。（可是除过他自己，谁又能知道，他那两只线袜子早已经没有了后跟，只是由于鞋的遮掩，才使人觉得那袜子是完好无缺的）。

他径直向饭场走过来了。现在可以断定，他就是来拿这几个黑面馍的。值日生在他未到馍筐之前，就早已经迫不及待地端着自己的饭碗离开了。

他来到馍筐前，先怔了一下，然后便弯腰拾了两个高粱面馍。筐里还剩两个，不知他为什么没有拿。

他直起身子来，眼睛不由地朝三只空荡荡的菜盆里瞥了一眼。他瞧见乙菜盆的底子上还有一点残汤剩水。房上的檐水滴答下来，盆底上的菜汤四处飞溅。他扭头瞧了瞧：雨雪迷濛的大院坝里空无一人。他很快蹲下来，慌得如同偷窃一般，用勺子把盆底上混合着雨水的剩菜汤往自己的碗里舀。铁勺刮盆底的嘶啦声像炸弹的爆炸声一样令人惊心。血涌上了他黄瘦的脸。一滴很大的檐水落在盆底，溅了他一脸菜汤。他闭住眼，紧接着，就见两颗泪珠慢慢地从脸颊上滑落了下来——唉，我们姑且就认为这是他眼中溅进了辣子汤吧！

他站起来，用手抹了一把脸，端着半碗剩菜汤，来到西南拐角处的开水房前，在水房后墙上伸出来的管子上给菜汤里搀了一些开水，然后把高粱面馍掰碎泡进去，就蹲在房檐下狼吞虎咽地吃起来。

他突然停止了咀嚼，然后看着一位女生来到馍筐前，把剩下的那两个黑面馍拿走了。是的，她也来了。他望着她离去的穿破衣裳的背影，怔了好一会。

这几乎成了一个惯例：自从开学以来，每次吃饭的时候，班上总是他两个最后来，默默地各自拿走自己的两个黑高粱面馍。这并不是约定的，他们实际上还并不熟悉，甚至连一句话也没说过。他们都是刚刚从各公社中学毕业后，被推荐来县城上高中的。开学没有多少天，班上大部分同学相互之间除过和同村同校来的同学熟悉外，生人之间还没有什么交往。

他蹲在房檐下，一边往嘴里扒拉饭，一边在心里猜测：她之所以也常常最后来取饭，原因大概和他一样。是的，正是因为贫穷，因为吃不起好饭，因为年轻而敏感的自尊心，才使他们躲避公众的目光来悄然地取走自己那两个不体面的黑家伙，以免遭受许多无言的耻笑！

但他对她的一切毫无所知。因为班上一天点一次名，他现在只知道她的名字叫郝红梅。

她大概也只知道他的名字叫孙少平吧？

孙少平上这学实在是太艰难了。像他这样十七八岁的后生，正是能吃能喝的年龄。可是他每顿饭只能啃两个高粱面馍。以前他听父亲说过，旧社会地主喂牲口都不用高粱——这是一种最没营养的粮食。可是就这高粱面他现在也并不充足。按他的饭量，他一顿至少需要四五个这样的黑家伙。现在这一点吃食只是不至于把人饿死罢了。如果整天坐在教室里还勉强能撑得住，可这年头“开门办学”，学生们除过一群一伙东跑西颠学工学农外，在学校里也是半天学习，半天劳动。至于说到学习，其实根本就没有课本，都是地区发的油印教材，课堂上主要是念报纸上的社论。开学这些天来，还没正经地上过什么课，全班天天在教室里学习讨论无产阶级专政理论。当然发言的大部分是城里的学生，乡里来的除过个别胆大的外，还没人敢说话。

每天的劳动可是雷打不动的，从下午两点一直要干到吃晚饭。这一段时间是孙少平最难熬的。每当他从校门外的坡底下挑一担垃圾土，往学校后面山地里送的时候，只感到两眼冒花，天旋地转，思维完全不存在了，只是吃力而机械地蠕动着两条打颤的腿一步步在山路上爬蜓。

但是对孙少平来说，这些也许都还能忍受。他现在感到最痛苦的是由于贫困而给自尊心所带来的伤害。他已经十七岁了，胸腔里跳动着一颗敏感而羞怯的心。他渴望穿一身体面的衣裳站在女同学的面前；他愿自己每天排在买饭的队伍里，也能和别人一样领一份乙菜，并且每顿饭能搭配一个白馍或者黄馍。这不仅是为了嘴馋，而是为了活得尊严。他并不奢望有城里学生那样优越的条件，只是希望能像大部分乡里来的学生一样就心满意足了。

可是这绝对不可能。家里能让他这样一个大后生不挣工分白吃饭，让他到县城来上高中，就实在不容易了。大哥当年为了让他和妹妹上学，十三岁高小毕业，连初中也没考，就回家务了农。至于大姐，从小到大连一天书也没有念过。他现在除过深深地感激这些至亲至爱的人们，怎么再能对他们有任何额外的要求呢？

少平知道，家里的光景现在已经临近崩溃。老祖母年近八十，半瘫在炕上；父母亲也一大把岁数，老胳膊老腿的，挣不了几个工分；妹妹升入了公社初中，吃穿用度都增加了；姐姐又寻了个不务正业的丈夫，一个人拉扯着两个幼小的孩子，吃了上顿没下顿，还要他们家经常接济一点救命的粮食——他父母心疼两个小外孙，还常常把他们接到家里来喂养。

家里实际上只有大哥一个全劳力——可他也才二十三岁啊！亲爱的大哥从十三岁起就担

起了家庭生活的重担；没有他，他们这家人不知还会破落到什么样的境地呢！

按说，这么几口人，父亲和哥哥两个人劳动，生活是应该能够维持的。但这多少年来，庄稼人苦没少受，可年年下来常常两手空空。队里穷，家还能不穷吗？再说，父母亲一辈子老实无能，老根子就已经穷到了骨头里。年年缺空，一年更比一年穷，而且看来再没有任何好转的指望了……

在这样的情况下，他能上到高中，还有什么可说的呢？话说回来，就是家里有点好吃的，好穿的，也要首先考虑年迈的祖母和年幼的妹妹；更何况还有姐姐的两个嗷嗷待哺的小生命！

他在眼前的环境中是自卑的。虽然他在班上个子最高，但他感觉他比别人都低了一头。

而贫困又使他过分地自尊。他常常感到别人在嘲笑他的寒酸，因此对一切家境好的同学内心中有一种变态的对立情绪。就说现在吧，他对那个派头十足的班长顾养民，已经产生了一种强烈的反感情绪。每当他看见他站在讲台上，穿戴得时髦笔挺，一边优雅地点名，一边扬起手腕看表的神态时，一种无名的怒火就在胸膛里燃烧起来，压也压不住。点名的时候，点到谁，谁就答个到。有一次点到他的时候，他故意没有吭声。班长瞪了他一眼，又喊了一声他的名字，他还是没有吭声。如果在初中，这种情况说不定立即就会引起一场暴力性的冲突。大概因为大家刚升入高中，相互不摸情况，班长对于他这种污辱性的轻蔑，采取了克制的态度，接着去点别人的名了。

点完名散场后，他和他们村的金波一同走出教室。这家伙喜眉笑脸地对他悄悄伸出一个大拇指，说："好！"

"我担心这小子要和我打架。"孙少平事后倒有点后悔他刚才的行为了。

"他小子敢！"金波瞪起一双大花眼睛，拳头在空中晃了晃。

金波和他同龄，个子却比他矮一个头。他皮肤白晰，眉目清秀，长得像个女孩子。但这人心却生硬，做什么事手脚非常麻利。平静时像个姑娘，动作时如同一只老虎。

金波他父亲是地区运输公司的汽车司机，家庭情况比孙少平要好一些，生活方面在班里算是属于较高层次的。少平和这位"富翁"的关系倒特别要好。他和他从小一块耍大，玩性很投合。以后又一直在一起上学。在村里，金波的父亲在门外工作，他家里少不了有些力气活，也常是少平他父亲或哥哥去帮忙。另外，金波的妹妹也和他妹妹一块上学，两个孩子好得形影不离。至于金波对他的帮助，那就更不用说了。他们在公社上初中时，离村十来里路，为了省粮省钱，都是在家里吃饭——晚上回去，第二天早上到校，顺便带着一顿中午饭。每天来回二十里路，与他一块上学的金波和大队书记田福堂的儿子润生都有自行车，只有他是两条腿走路。金波就和他共骑一辆车子。两年下来，润生的车子还是新的，金波的车子已经破烂不堪了。他父亲只好又给他买了一辆新的。现在到了县城，离家六、七十里路，每星期六回家，他更是离不开金波的自行车了。另外，到这里来以后，金波还好几次给他塞过白面票。不过，他推让着没有要——因为这年头谁的白面票也不宽裕；再说，几个白面馍除顶不了什么事，还会惯坏他的胃口的……

唉，尽管上这学是如此艰难，但孙少平内心深处还是有一种说不出的高兴滋味。他现在已经从山乡圪崂里来到了一个大世界。对于一个贫困农民的儿子来说，这本身就是一件了不起的事啊！

每天，只要学校没什么事，孙少平就一个人出去在城里的各种地方转：大街小巷，城里城外，角角落落，反正没去过的地方都去。除过几个令人敬畏的机关——如县革委会、县武装部和县公安局外，他差不多在许多机关的院子里都转过了——大多是假装上厕所而哄过门房老头进去的。由于人生地不熟，他也不感到这身破衣服在公众场所中的寒酸，自由自在地在这个城市的四面八方逛荡。他在这其间获得了无数新奇的印象，甚至觉得弥漫在城市上空的炭烟味闻起来都是别具一格的。当然，许许多多新的所见所识他都还不能全部理解，但所有的一切无疑都在他的精神上产生了影响。透过城市生活的镜面，他似乎更清楚地看见了他已经生活过十几年的村庄——在那个位所熟悉的古老的世界里，原来许多有意义的东西，现在看起来似乎有点平淡无奇了。而那里许多本来重要的事物过去他却并没有留心，现在倒突然如此鲜活地来到了他的心间。

除过这种漫无目的地转悠，他现在还养成了一种看课外书的习惯。这习惯还是在上初中的最后一年开始的。有一次他去润生家，发现他们家的箱盖上有一本他妈夹鞋样的厚书，名字叫《钢铁是怎样炼成的》。起先他没在意——一本炼钢的书有什么意思呢？他随便翻了翻，又觉得不对劲。明明是一本炼钢的书，可里面却不说炼钢炼铁，说的全是一个叫保尔·柯察金的苏联人的长长短短。他突然对这本奇怪的书产生了强烈的好奇心。他想看看这本书倒究是怎么回事。润生说这书是他姐的——润生他姐在县城教书，很少回家来；这书是润生他妈从城里拿回来夹鞋样的。

润生妈同意后，他就拿着这本书匆匆地回到家里，立刻看起来。

他一下子就被这书迷住了。记得第二天是星期天，本来往常他都要出山给家里砍一捆柴；可是这天他哪里也没去，一个人躲在村子打麦场的麦秸垛后面，贪婪地赶天黑前看完了这书。保尔·柯察金，这个普通外国人的故事，强烈地震撼了他幼小的心灵。

天黑严以后，他还没有回家。他一个人呆呆地坐在禾场边上，望着满天的星星，听着小河朗朗的流水声，陷入了一种说不清楚的思绪之中。这思绪是散乱而飘浮的，又是幽深而莫测的。他突然感觉到，在他们这群山包围的双水村外面，有一个辽阔的大世界。而更重要的是，他现在朦胧地意识到，不管什么样的人，或者说不管人在什么样的境况下，都可以活得多么好啊！在那一瞬间，生活的诗情充满了他十六岁的胸膛。他的眼前不时浮现出保尔瘦削的脸颊和他生机勃勃的身姿。他那双眼睛并没有失明，永远蓝莹莹地在遥远的地方兄弟般地望着他。当然，他也永远不能忘记可爱的富人的女儿冬妮娅。她真好。她曾经那样地热爱穷人的儿子保尔。少平直到最后也并不恨冬妮娅。他为冬妮娅和保尔的最后分手而热泪盈眶。他想：如果他也遇到一个冬妮娅该多么好啊！

这一天，他忘了吃饭，也没有听见家人呼叫他的声音。他忘记了周围的一切，一直等到回到家里，听见父亲的抱怨声和看见哥哥责备的目光，在锅台上端起一碗冰凉的高粱米稀饭的时候，他才回到了他生活的冷酷现实中……

从此以后，他就迷恋上了小说，尤其爱读苏联书。在来高中之前，他已经看过了《卓娅和舒拉的故事》。

现在，他在学校和县文化馆的图书室里千方百计搜寻书籍。眼下出的书他都不爱看，因为他已经读过几本苏联小说，这些中国的新书相比而言，对他来说已经没什么意思了。他只搜寻外国书和“文化大革命”前出的中国书。

渐渐地，他每天都沉醉在读书中。没事的时候，他就躺在自己的一堆破烂被褥里没完没了地看。就是到学校外面转悠的时候，胳膊窝里也夹着一本——转悠够了，就找个僻静地方看。后来，竟然发展到在班上开会或者政治学习的时候，他也偷偷把书藏在桌子下面看。

不久，他这种不关心无产阶级政治，光看“反动书”的行为就被人给班主任揭发了。告密者就是离他座位不远的跛女子侯玉英。这是一位爱关心别人私事的女同学。生理的缺陷似乎带来某种心理的缺陷：在生活中她最关注的是别人的缺点，好像要竭力证明这世界上所有的人都是不完整的——你们的腿比我好，但另外的地方也许并不如我！侯玉英讨论时常常第一个发言，像干部们一样头头是道地解释无产阶级专政理论。劳动时尽管腿不好，总是扑着干。当然也爱做一些好人好事，同时又像纪律监察委员会的书记一样监督着班上所有不符合革命要求的行为。

那天班上学习《人民日报》社论《领导干部带头学好》的文章，班主任主持，班长顾养民念报纸。孙少平一句也没听，低着头悄悄在桌子下面看小说。他根本没有发现跛女子给班主任老师示意他的不规行为。直等到老师走到他面前，把书从他手里一把夺过去后，他才猛地惊呆了。全班顿时哄堂大笑。顾养民不念报了，他看来似乎是一副局外人的样子，但孙少平觉得班长分明抱着一种幸灾乐祸的态度，看老师怎样处置他呀。

班主任把没收的书放在讲桌上，先没说什么，让顾养民接着往下念。

学习完了以后，老师把他叫到宿舍，意外地把书又还给了他，并且说："《红岩》是一本好书，但以后你不要在课堂上看了。去吧……"

孙少平怀着感激的心情退出了老师的房子。他从老师的眼睛里没有看出一丝的谴责，反而满含着一种亲切和热情。这一件小小的事，使他对书更加珍爱了。是的，他除过一天几个黑高粱面馍以外，再有什么呢？只有这些书，才使他觉得活着还是十分有意义的，他的精神也才能得到一些安慰，并且唤起对自己未来生活的某种美好的向往——没有这一点，他就无法熬过眼前这艰难而痛苦的每一个日子。

而在他眼下的生活中，实际上还有一件令他无法言明的、给他内心带来一丝温暖和愉快的小小的事情。这件事实际上我们已经知道了，这就是：每天吃饭的时候，在众人散尽而他一个人去取自己那两个黑馍——每当这样的时候，他总能看见另外一个人做同样一件事。

当然，在起先的时候，他和那个叫郝红梅的女生都是毫不相干地各自拿了自己的馍就离开了。

不知是哪一天，她走过来的时候，看了他一眼。他也看了她一眼。尽管谁也没说话，但实际上说了。人们在生活中常常有一种没有语言的语言。从此以后，这种眼睛的"交谈"就越来越多了。

孙少平发现，郝红梅实际上是班里最漂亮的女生。只是因为她穿戴破烂，再加上一脸菜色，才使得所有的人都没有发现这一点。这种年龄的男青年，又刚刚有了一点文化，往往爱给一些"洋女生"献殷勤。尤其是刚从农村来的男生，在他们的眼里，城里干部的女儿都好像是下凡的仙女。当然，这般年龄的男女青年还说不上正经八百地谈恋爱，但他们无疑已经浮浅地懂得了这种事，并且正因为刚懂得，因此比那些有过经历的人具有更大的激情。唉，谁没有经过这样的年龄呢？在这个维特式的骚动不安的年龄里，异性之间任何微小的情感，都可能在一个少年的内心掀起狂风巨浪！

孙少平目前还没有到这样的地步。他只是感到，在他如此潦倒的生活中，有一个姑娘用这样亲切而善意的目光在关注他，使他感到无限温暖。她那可怜的、清瘦的脸颊，她那细长的脖项，她那刚能遮住羞丑的破烂衣衫，都在他的内心荡漾起一种春水般的波澜。

他们用眼睛这样"交谈"了一些日子后，终于有一天，她取完那两个黑面馍，迟疑地走到他跟前，小声问他："那天，老师没收了你的那本书，叫什么名字？"

"《红岩》。我在县文化馆借的。"他拿黑面馍的手微微抖着，回答她。她离他这么近，他再也不敢看她了。他很不自在地把头低下，看着自己手里的那两个黑东西。

“那里面有个江姐……”她本来不紧张，但看他这样不自在，声音也有点不自然了。

他赶忙说：“是。后来牺牲了……很悲壮！”他加添了一个自认为很出色的词，头仍然低着。

“还有一个双枪老太婆。”她又说。

“你也看过这书？”他现在才敢抬起眼皮看了她一眼。

“我没看过。以前听我爸说过里面的故事。”

“你爸？你爸看过？”

“嗯。”

“你爸在？……”少平显然有点惊讶这位穿戴破烂的女生，她父亲竟然看过《红岩》，因此弄不明白她父亲是干什么的了。

“我爸是农民，成份不好，是地主，不，我爷爷是地主，所以……”

“那你爸上过学？”

“我爸没上过。我爷上过。我爸的字是我爷教的。我爷早死了……我没看过《红岩》小说，但我会唱《红岩》歌剧里的歌。我的名字就是我爸从这歌词里面取的。那歌剧里有一句歌词是：红岩上，红梅开……”

她这样轻声慢语地说着，他呆呆地听着。

她突然红着脸说：“你的书还了没有？”

他说：“还没。”

“能不能借我看一下？”

“能！”他爽快地回答。

于是，第二天他就把书交到了她的手里。

在这以后，只要孙少平看过的书，就借给郝红梅看。无论是他给她借书，还是她给他还书，两个人不约而同地都是悄悄进行的。他们都知道，一个男生和一个女生这样过分亲密的交往，如果让班里的同学们发现了，会引起什么样的反响——那他们也就别想安宁地过日子了！

…………

[简析]

“路遥在这个平凡的世界倒下了，却留下了极不平凡的声音。这声音穿越了陕北的黄土地，长久地激荡在他深爱的祖国大地”。《平凡的世界》是一部现实主义小说，也是小说化的家族史。作家高度浓缩了中国西北农村的历史变迁过程，作品达到了思想性与艺术性的高度统一，特别是主人公面对困境艰苦奋斗的精神，对今天的年轻人仍有启迪。

这是一部全景式地表现中国当代城乡社会生活的长篇小说。全书共三部。作者在近十年间广阔背景上，通过复杂的矛盾纠葛，刻划了社会各阶层众多普通人的形象。劳动与爱情，挫折与追求，痛苦与欢乐，日常生活与巨大社会冲突，纷繁地交织在一起，深刻地展示了普通人在大时代历史进程中所走过的艰难曲折的道路。

[思考与练习]

从孙少安、孙少平人物形象的塑造看“自强不息”传统精神的自觉传承。

[延伸阅读]

《平凡的世界》《人生》

红与黑（节选）

司汤达

[作者简介]

司汤达（1783—1842），十九世纪法国杰出的批判现实主义作家。他的一生并不长，不到六十年，而且他在文学上起步很晚，三十几岁才开始发表作品。然而，他却给人类留下了巨大的精神遗产，包括数部长篇，数十个短篇或故事，数百万字的文论、随笔和散文，游记。他以准确的人物心理分析和凝练的笔法而闻名。他被认为是最重要和最早的现实主义的实践者之一。最有名的作品是《红与黑》和《帕尔玛修道院》。

（选自《红与黑》下卷：第二章　初入上流社会）

于连在院子当中停下，惊讶得目瞪口呆。

“别那么大惊小怪的，”彼拉神甫说；“您有些可怕的念头，而您不过是个孩子，贺拉斯的 nilmirari（决不动心）哪里去了？想想吧，这些仆人看见您住在这儿，会千方百计地取笑您的；他们把您看作同等之人，却被不公正地置于他们之上。他们表面上温厚，帮您出主意，乐意指点您，暗里却设法让您干件大蠢事栽个大跟头。”

“他们敢，”于连说，紧咬着嘴唇，又完全恢复了他的不信任。

这两位先生到达侯爵的办公室之前，穿过了二层的几个客厅，啊，我的读者，您会觉得它们既豪华又沉闷。若是照这个样子给您的话，您会拒绝住在里面的；那是哈欠和沉闷议论的故乡。于连却觉得更加心醉神迷。“住在这样富丽堂皇的地方，”他想，“怎么能感到不幸呢？”终于，这两位先生来到这套华丽的房子中最丑陋的一间，里面黑乎乎的，有一个又矮又瘦的人，目光炯炯有神，戴着金色的假发。神甫朝于连转过身，作了介绍。这就是侯爵。于连简直认不出了，觉得他看上去那么彬彬有礼。这不再是博莱－勒欧修道院里的那个神色如此傲慢的大贵人了。于连觉得他的假发太厚。靠了这种感觉，他居然一点儿也不害怕了。一开始他觉得亨利三世的朋友的这个后代外表相当猥琐。他很瘦，老是动。然而于连很快就注意到侯爵的礼貌比贝藏松主教的更使交谈者感到愉快。接待持续了不到三分钟。出来时神甫对于连说：

“您看着侯爵就像看一幅画儿似地。对于这些人称为礼貌的那种东西，我不大精通，您很快就会知道得比我多了；反正我觉得您的目光大胆不大礼貌。”

他们又登上出租马车，车夫把车子停在林荫大道旁；神甫领着于连进入一连串的大客厅。于连注意到里面没有家具。于连望着一架华丽的镀金座钟，其主题在他看来很不雅，这时一位风度翩翩的先生笑盈盈地走过来。于连略微点了点头。

那位先生微微一笑，把手放在他的肩膀上。于连一惊，朝后跳了一步。他气得脸都红了。彼拉神甫尽管板着脸，也不禁笑出了眼泪。原来那位先生是裁缝。

“我给您两天的自由，”出门时，神甫对他说，“那时您才能被介绍给德·拉莫尔夫人。换了别人，在您来到这个新巴比伦的最初日子里，会把您像一个年轻姑娘一样死死守着的。您要堕落就立刻去堕落吧，我也可以摆脱掉老是想着您这个弱点了。后天早晨，裁缝会给您送两套衣服；您给试衣服的伙计五个法郎。还有，不要让这些巴黎人听见您的说话声。您一开口，他们就掌握了取笑您的秘密。这是他们的本事。后天中午到我那里……去吧，堕落吧……我忘了，按照这些地址去订做靴子、衬衣、帽子。”

于连仔细看这些地址的笔迹。

“这是侯爵的亲笔，”神甫说；“他是个实干家，凡事想在头里，喜欢亲手干胜过下命令。他把您放在身边就是为了省去此类麻烦。您有足够的智慧办好这个易怒的人含蓄地交代给您的每一件事吗？这以后就会知道：您可要小心啊！”

于连按照地址走进那些工匠的铺子，一声不吭；他注意到他受到了恭恭敬敬的接待，而且靴匠在登记簿上还把他的名字写成于连·德·索莱尔先生。

在拉雪兹神甫公墓，一位先生十分地殷勤，嘴上则更像个自由党，主动把奈伊元帅的墓指给于连看，一项巧妙的政策使他的墓上不得有墓志铭。于连含泪和这个自由党人告别，几乎把他抱在了怀里，可他自己的表却不翼而飞了。他得了这个教训，第三天中午去见彼拉神甫，神甫久久地打量着他。

“您可能要变成一个花花公子了，”神甫对他说，神情严厉。于连看上去像个戴着重孝的极年轻的人；他也确实很帅，不过善良的神甫自己太土气，看不出于连肩膀的动作还有讲究，那在外省是被看作高雅和神气的。侯爵对于连的风度的评价和善良的神甫截然不同，他一见就对神甫说：

“您会反对索莱尔先生学跳舞吗？”

神甫一下愣住了。

“不，”他好一会儿才答道，“于连不是教士。”

侯爵一步两级地爬上一道狭窄的暗梯，亲自把我们的主人公安置在朝向府邸大花园的一间漂亮阁楼里。他问他在女裁缝那里买了多少件衬衣。

“两件，”于连答道，看到这样一位大贵人屈尊关心这等小事，不免慌乱起来。

“很好，”侯爵态度严肃地说，带有某种命令和生硬的口气，这使于连陷入沉思；“很好！再去买二十二件衬衣。这是您头一个季度的薪水。”

侯爵下了阁楼，叫来一个年长的人，对他说：“阿尔赛纳，以后您伺候索莱尔先生。”几分钟之后，于连一个人呆在一间豪华的图书室里；这时刻妙不可言。他很激动，为了不让人撞见，他躲进一个阴暗的小角落里；从那里出神地观赏着一排排闪闪发亮的书籍，心想：“我可以读所有这些书啦，我在这儿怎么会感到不愉快呢？德·拉莫尔侯爵刚刚为我做的这一切，德·莱纳尔先生哪怕做上百分之一也会一辈子觉得有失体面的。”

“不过，还是让我们来看看要抄写的东西吧。”工作结束之后，于连才敢走近那些书；他发现了一套伏尔泰，差点儿高兴得发狂。他跑去打开图书室的门，免得人来了措手不及。然后，他开始享受一卷卷地翻开那八十本书的乐趣。书的装祯极漂亮，是伦敦最优秀的工人的杰作。其实用不着这么漂亮，也能让于连叹为观止。一小时以后，侯爵进来了，看了看抄件，惊奇地发现于连写 cela 这个词写了两个 l，成了 cella。“神甫关于他的学问所说的那些话难道都是无稽之谈吗！”侯爵很泄气，温和地对他说：

“您对您的拼法拿不准吗？”

“的确如此，”于连说，根本没有考虑这给他造成的损害；他对侯爵的宽厚很感动，不禁想起了德·莱纳先生傲慢的腔调。“试用这个从弗郎什—孔泰来的小神甫真是白费工夫，”侯爵想，“然而我多么需要一个可靠的人啊！”

“Cela 这个字只有一个 l，”侯爵对他说；“您抄写完毕以后，拼法拿不准的字就查查词典。”

六点钟，侯爵打发人来叫他；他看了看于连的靴子，明显地不快：

“这是我的不对，我没告诉您每天五点半钟应该穿着整齐。”

于连看着他，没有懂。

“我是说要穿长袜，阿尔赛纳会提醒您的，今天我原谅您。”

说完，德·拉莫尔先生让于连到一间金碧辉煌的客厅里去。在类似的场合，德·莱纳先生总要加快脚步，抢先进门。前主人的这个小小的虚荣心使于连踩到了侯爵的脚上，踩得他很疼，因为他有痛风病。“啊！原来他还是个笨手笨脚的家伙，”侯爵心里说。他把他介绍给一个身材高大、外表威严的女人，这是侯爵夫人。于连觉得她态度傲慢，有点像参加圣查理节晚宴时的维里埃专区区长德·莫吉隆夫人。客厅极其豪华，于连不禁有些慌乱，没听见德·拉莫尔先生说什么，侯爵夫人勉强屈尊看了看他。客厅里有几个男人，于连认出了年轻的阿格德主教，感到说不出的高兴。几个月前，在博莱－勒欧修道院的那次仪式上，阿格德主教曾屈尊跟他说过话。当时于连很腼腆，但他那双温柔的眼睛盯着他看，大概把他吓坏了，此时这位年轻的高级教士根本不想认这个外省人。

于连觉得，聚集在客厅里的这些人有点儿愁闷、拘谨；在巴黎人们说话声音很低，而且不大惊小怪。

一位漂亮的年轻人，留着小胡子，脸色苍白，个子瘦长，快到六点半才进来；他的脑袋很小。

“您总是让别人等，”他吻侯爵夫人的手，侯爵夫人说。

于连知道了，这是德·拉莫尔伯爵。他一见就觉得他可爱。

“这怎么可能，这就是那个会用伤人的玩笑把我从这个人家赶出去的人呀！”

于连仔细观察诺贝尔伯爵，注意到他穿靴子，还带着马刺；“而我就得穿鞋，显然像个下人。”大家入座吃饭。于连听见侯爵夫人稍稍提高了声音，说了一句严厉的话。几乎就在同时，他看见一个女孩子过来坐在他对面，她的头发是极浅的金黄色，身材非常好。她一点也不讨他喜欢；不过细细端详之后，他想他从未见过如此美丽的眼睛，但是它们显露出一个极端冷酷的灵魂。接着，于连发现它们表现出一种既在观察人又不忘必须保持威严的厌倦无聊。“德·莱纳夫人也有一双很美的眼睛，人人都称赞，”他心想，“但它们和这一双毫无共同之处。”于连见得还少，分辨不出那是智慧的光芒，不时地在玛蒂尔德小姐（他听见这样称呼她）的眼睛中闪现。而德·莱纳夫人的眼睛亮起来，则是热情之火，或者是因为听说一件坏行为而义愤填膺。这顿饭快结束时，于连找到一个词来表达德·拉莫尔小姐的眼睛的美：“它们是一闪一闪的，”他对自己说。除此之外，她的相貌酷似她的母亲，而她的母亲于连是越来越不喜欢了，也就不再看她了。相反，他觉得诺贝尔伯爵各方面都令人赞赏。于连被迷住了，甚至想不到因为他比自己富有高贵而去嫉妒他、憎恨他。

于连发现侯爵显得烦闷无聊。

快上第二道菜了，侯爵对他的儿子说：

“诺贝尔，我求你关照于连·索莱尔先生，我刚刚让他进入我的班子，而且我想让他成个人物，如果 cela（这）可能的话。”

“这是我的秘书，”他对旁边的人说，“他写 cela 用了两个 l。”

大家都看于连，他对诺贝尔点了点头，稍许过了些；不过总的说，他们对他的眼神感到满意。

大概侯爵说起于连所受的教育，客人中有一位就拿贺拉斯盘问他。“我正是谈贺拉斯才在贝藏松的主教面前获得成功，”于连心想，“看起来，他们只知道这个作家。”从这时起，他的心踏实了。这个变化不难，因为他刚刚决定永不把德·拉莫尔小姐当做女人看。自打进了神学院，他就对男人作了最坏的打算，很难被他们吓倒。如果餐厅不那么豪华，他会完全镇定自如的。然而，还是有两面八尺高的镜子令他肃然起敬，他不时地在里面看见那个谈贺拉斯的人。对一个外省人来说，那人的句子还不算太长。他有一双漂亮眼睛，一种战战兢兢的或者因听见答得好而感到快乐的羞怯使这双眼睛更加明亮。他被认为是令人愉快的。这种考试给一顿严肃的晚餐增添了些许乐趣。侯爵示意于连的对话者狠狠地考。“难道他果然知道点儿什么吗？”他想。

于连边回答，边想看法。他已不那么羞怯，足以表现一番，当然不是机智，这对不知道巴黎人如何说话的人来说是不可能的，他有的是新的看法，虽说表达得不优雅也不恰当，但大家已看出他精通拉丁文。

于连的对手是铭文学院的院士，碰巧也懂拉丁文；他发现于连是个很好的人文学者，也就不怕让他受窘脸红了，于是真地想方设法让他下不来台。于连战得兴起，终于忘了餐厅里豪华的陈设，关于拉丁诗人陈述了一些对话者在任何地方也不曾读过的看法。对话者是个正直的人，对年轻的秘书大加称赞。幸好有人挑起一场争论，争论的问题是贺拉斯是穷是富；像莫里哀和拉封丹的朋友夏佩尔那样是个可爱的、享乐的、无忧无虑的、为了消遣而写诗的人，还是像拜伦勋爵的告发者骚塞那样是个追随宫廷、为国王的生日写颂歌的穷桂冠诗人。他们谈到奥古斯都治下和乔治四世治下的社会状况；这两个时代，贵族的权力很大；但是在罗马，它眼看着权力被仅仅是个普通骑士的梅塞纳夺走；而在英国，它迫使乔治四世几乎处于威尼斯的一个大公的地位。这场争论似乎使侯爵摆脱了麻木状态，晚饭开始后他一直闷闷不乐。

于连对所有那些现代人的名字一窍不通，像骚塞、拜伦勋爵、乔治四世，他都是第一次听说。但是，没有人不看到，一旦涉及在罗马发生的、可以在贺拉斯、马夏尔、塔西佗等人的著作中获知的事情，于连就有不容争辩的优势。于连把他在同贝藏松的主教这位高级教士进行的著名讨论中学来的好几个看法不客气地据为己有，这些看法并非最不受欢迎。

大家谈诗人谈厌了，侯爵夫人才屈尊看了看于连，凡是让她丈夫开心的事情，她都无例外地加以赞赏。“在这个年轻神甫的笨拙举止下面，也许掩藏着一个有学问的人，”坐在侯爵夫人旁边的院士对她说；而于连也隐约听见了。套话相当投合女主人的趣味，她接受了关于于连的这一句，暗自庆幸把院士请了来吃晚饭。“他给德·拉莫尔先生解了闷，”她想。

[简析]

《红与黑》是19世纪欧洲批判现实主义的奠基作品。小说围绕主人公于连个人奋斗的经历与最终失败，尤其是对他的两次爱情的描写，广泛地展现了“19世纪初30年间压在法国人民头上的历届政府所带来的社会风气”，强烈地抨击了复辟王朝时期贵族的反动，教会的黑暗和资产阶级新贵的卑鄙庸俗，利欲熏心。因此小说虽以于连的爱情生活作为主线，但毕竟不是爱情小说，而是一部“政治小说”。

在艺术上，小说以深刻细腻的笔调，广泛运用独白和自由联想等多种艺术手法，充分展示了主人公的心灵空间，挖掘出了主人公深层意识的活动，从而开创了后世“意识流小说”“心理小说”的先河，司汤达因此被后人称为“现代小说之父”。

[思考与练习]

剖析于连的内心世界。

[延伸阅读]

《红与黑》

简・爱（节选）

夏洛蒂・勃朗特

[作者简介]

夏洛蒂・勃朗特（1816—1855），是19世纪英国著名的现实主义女作家，曾被马克思誉为“现代英国的一批杰出的小说家”之一。其长篇小说《简・爱》是英国文学史乃至世界文学史上的经典作品。她的两个妹妹艾米莉・勃朗特和安妮・勃朗特，也是著名作家，因而在英国文学史上常有“勃朗特三姐妹”之称。

第三十七章

芬丁庄园掩藏在林木之中，是一幢相当古老的大楼，面积中等，建筑朴实，我以前就听说过。罗切斯特先生常常谈起它，有时还上那儿去。他的父亲为了狩猎购下了这份产业。他本想把它租出去，却因为地点不好，不利于健康，而找不到租户。结果除了两三间房子装修了一下，供这位乡绅狩猎季节住宿用，整个庄园空关着，也没有布置。

天黑之前，我来到了这座庄园。那是个阴霾满天、冷风呼呼、连绵细雨浸润的黄昏。我守信付了双倍的价钱，打发走了马车和马车夫，步行了最后一英里路。庄园周围阴森的树林枝繁叶茂，郁郁葱葱，即使走得很近，也不见庄园的踪影。两根花岗石柱之间的铁门，才使我明白该从什么地方进去。进门之后，我便立即置身于密林的晦暗之中了。有一条杂草丛生的野径，沿着林荫小道而下，两旁是灰白多节的树干，顶上是枝桠交叉的拱门。我顺着这条路走去，以为很快就会到达住宅。谁知它不断往前延伸，逶迤盘桓，看不见住宅或庭园的痕迹。

我想自己搞错了方向，迷了路。夜色和密林的灰暗同时笼罩着我，我环顾左右，想另找出路，但没有找到。这里只有纵横交织的树枝、园柱形的树干和夏季浓密的树叶——没有哪儿有出口。

我继续往前走去。这条路终于有了出口，树林也稀疏些了。我立刻看到了一排栏杆，随后是房子——在暗洞洞的光线中，依稀能把它与树木分开。颓败的墙壁阴湿碧绿。我进了一扇只不过上了闩的门，站在围墙之内的一片空地上，那里的树木呈半圆形展开。没有花草，没有苗圃，只有一条宽阔的砂石路绕着一小片草地，深藏于茂密的森林之中。房子的正面有两堵突出的山墙。窗子很窄，装有格子，正门也很窄小，一步就到了门口。正如“罗切斯特纹章”的老板所说，整个庄园显得“十分荒凉”，静得像周日的教堂。落在树叶上的嗒嗒雨声是附近入耳的唯一声音。

“这儿会有生命吗？”我暗自问道。

不错，是存在着某种生命，因为我听见了响动——狭窄的正门打开了，田庄里就要出现某个人影了。

门慢慢地开了。薄暮中一个人影走了出来，站在台阶上。一个没有戴帽子的男人。他伸出手仿佛要感觉一下是不是在下雨。尽管已是黄昏，我还是认出他来了——那不是别人，恰恰就是我的主人，爱德华・费尔法克斯・罗切斯特。

我停住脚步，几乎屏住了呼吸，站立着看他——仔细打量他，而不让他看见，啊，他看不见我。这次突然相遇，巨大的喜悦已被痛苦所制约。我毫不费力地压住了我的嗓音，免得喊出声来，控制了我的脚步，免得急乎乎冲上前去。

他的外形依然像往昔那么健壮，腰背依然笔直、头发依然乌黑。他的面容没有改变或者消瘦。任何哀伤都不可能在一年之内消蚀他强劲的力量，或是摧毁他蓬勃的青春。但在他的面部表情上，我看到了变化。他看上去绝望而深沉——令我想起受到虐待和身陷囹圄的野兽或鸟类，在恼怒痛苦之时，走近它是很危险的。一只笼中的鹰，被残酷地剜去了金色的双眼，看上去也许就像这位失明的参孙。

读者呀，你们认为，他那么又瞎又凶，我会怕他吗？——要是你认为我怕，那你太不了解我了。伴随着哀痛，我心头浮起了温存的希望，那就是很快要胆大包天，吻一吻他岩石般的额头和额头下冷峻地封闭的眼睑。但时机未到，我还不想招呼他呢。

他下了那一级台阶，一路摸索着慢慢地朝那块草地走去。他原先大步流星的样子如今哪儿去了？随后他停了下来，仿佛不知道该走哪条路。他抬起头来，张开了眼睑，吃力地、空空地凝视着天空和树荫。你看得出来，对他来说一切都是黑洞洞的虚空。他伸出了右手（截了肢的左臂藏在胸前），似乎想通过触摸知道周围的东西。但他碰到的依然是虚空，因为树木离他站着的地方有几码远。他歇手了，抱着胳膊，静默地站在雨中，这会儿下大了的雨打在他无遮无盖的头上。正在这时，约翰不知从哪里出来，走近了他。

“拉住我的胳膊好吗，先生？”他说，“一阵大雨就要下来了，进屋好吗？”

“别打搅我，”他回答。

约翰走开了，没有瞧见我。这时罗切斯特先生试着想走动走动，却徒劳无功——对周围的一切太没有把握了。他摸回自己的屋子，进去后关了门。

这会儿我走上前去，敲起门来。约翰的妻子开了门。“玛丽，”我说，“你好！”

她吓了一大跳，仿佛见了一个鬼似的。我让她镇静了下来。她急忙问道：“当真是你吗，小姐，这么晚了还到这么偏僻的地方来？”我握着她的手回答了她。随后跟着她走进了厨房，这会儿约翰正坐在熊熊的炉火边。我三言两语向他们做了解释，告诉他们，我离开桑菲尔德后所发生的一切我都已经听说了，这回是来看望罗切斯特先生的。还请约翰到我打发了马车的大路上的房子去一趟，把留在那儿的箱子去取回来。随后我一面脱去帽子和披肩，一面问玛丽能不能在庄园里过夜。后来我知道虽然不容易安排，但还能办到，便告诉她我打算留宿。正在这时客厅的门铃响了。

“你进去的时候，”我说，“告诉你主人，有人想同他谈谈。不过别提我的名字。”

“我想他不会见你，”她回答，“他谁都拒绝。”

她回来时，我问他说了什么。

“你得通报姓名，说明来意，”她回答。接着去倒了一杯水，拿了几根蜡烛，都放进托盘。

“他就为这个按铃？”我问。

“是的，虽然他眼睛看不见，但天黑后总是让人把蜡烛拿进去。”

“把托盘给我吧，我来拿进去。”

我从她手里接过托盘，她向我指了指客厅门。我手中的盘子抖动了一下，水从杯子里溢了出来，我的心砰砰撞击着肋骨，又急又响。玛丽替我开了门，并随手关上。

客厅显得很阴暗。一小堆乏人照看的火在炉中微微燃着。房间里的瞎眼主人，头靠高高的老式壁炉架，俯身向着火炉。他的那条老狗派洛特躺在一边，离得远远的，蜷曲着身子，仿佛担心被人不经意踩着似的。我一进门，派洛特便竖起了耳朵，随后汪汪汪、呜呜呜叫了一通，跳将起来，蹿向了我，差一点掀翻我手中的托盘。我把盘子放在桌上，拍了拍它，柔声地说：“躺下！”罗切斯特先生机械地转过身来，想看看那骚动是怎么回事，但他什么也没看见，于是便回过头去，叹了口气。

“把水给我，玛丽，”他说。

我端着现在只剩了半杯的水，走近他。派洛特跟着我，依然兴奋不已。

“怎么回事？”他问。

“躺下，派洛特！”我又说。他没有把水端到嘴边就停了下来，似乎在细听。他喝了水，放下杯子。

“是你吗，玛丽？是不是？”

“玛丽在厨房里，”我回答。

他伸出手，很快挥动了一下，可是看不见我站在那儿，没有碰到我。“谁呀？谁呀？”他问，似乎要用那双失明的眼睛来看——无效而痛苦地尝试！“回答我——再说一遍？”他专横地大声命令道。

“你要再喝一点吗，先生？杯子里的水让我泼掉了一半。”我说。

“谁？什么？谁在说话？”

“派洛特认得我，约翰和玛丽知道我在这里，我今天晚上才来。”我回答。

“天哪！——我是在痴心梦想吗？什么甜蜜的疯狂迷住了我？”

“不是痴心梦想——不是疯狂。先生，你的头脑非常健康，不会陷入痴心梦想；你的身体十分强壮，不会发狂。”

“这位说话人在哪儿？难道只是个声音？呵！我看不见，不过我得摸一摸，不然我的心会停止跳动，我的脑袋要炸裂了。不管是什么——不管你是谁——要让我摸得着，不然我活不下去了！”

他摸了起来。我抓住了他那只摸来摸去的手，紧紧攥在自己的双手中。

“就是她的手指！”他叫道，“她纤细的手指！要是这样，一定还有其他部分。”

这只强壮的手从我握着的手里挣脱了。我的胳膊被抓住，还有我的肩膀——脖子——腰——我被搂住了，紧贴着他。

“是简吗？这是什么？她的体形——她的个子——”

“还有她的声音，”我补充说。“她整个儿在这里了，还有她的心。上帝祝福你，先生！我很高兴离你又那么近了。”

“简·爱！简·爱！”他光这么叫着。

“我亲爱的主人，”我回答，“我是简·爱。我找到了你——我回到你身边来了。”

“真的？是她本人？我活蹦乱跳的简·爱？”

“你搂着我，先生——你搂着我，搂得紧紧的。我并不是像尸体一样冷，像空气一般空，是不是？”

“我活蹦乱跳的宝贝！当然这些是她的四肢，那些是她的五官了。不过那番痛苦之后我可没有这福分了。这是一个梦。我夜里常常梦见我又像现在这样，再一次贴心搂着她，吻她——觉得她爱我，相信她不会离开我。”

“从今天起，先生，我永远不会离开你了。”

“永远不会，这个影子是这么说的吗？可我一醒来，总发觉原来是白受嘲弄一场空。我凄凉孤独——我的生活黑暗、寂寞、无望——我的灵魂干枯，却不许喝水；我的心儿挨饿，却不给喂食。温存轻柔的梦呀，这会儿你偎依在我的怀里，但你也会飞走的，像早已逃之夭夭的姐妹们一样。可是，吻一下我再走吧——拥抱我一下吧，简。”

“那儿，先生——还有那儿呢！”

我把嘴唇紧贴着当初目光炯炯如今已黯然无光的眼睛上——我拨开了他额上的头发，也吻了一下。他似乎突然醒悟，顿时相信这一切都是事实了。

“是你——是简吗，那么你回到我这儿来啦？”

“是的。”

“你没有死在沟里，淹死在溪水底下吗？你没有憔悴不堪，流落在异乡人中间吗？”

“没有，先生。我现在完全独立了。”

“独立！这话怎么讲，简？”

“我马德拉的叔叔去世了，留给了我五千英镑。”

“啊，这可是实在的——是真的！”他喊道：“我决不会做这样的梦。而且，还是她独特的嗓音，那么活泼、调皮，又那么温柔，复活了那颗枯竭的心，给了它生命。什么，简！你成了独立的女人了？有钱的女人了？”

“很有钱了，先生。要是你不让我同你一起生活，我可以紧靠你的门建造一幢房子，晚上你要人作伴的时候，你可以过来，坐在我的客厅里。”

“可是你有钱了，简。不用说，如今你有朋友会照顾你，不会容许你忠实于一个像我这样的瞎眼废人？”

“我同你说过我独立了，先生，而且很有钱、我自己可以作主。”

“那你愿意同我呆在一起？”

“当然——除非你反对。我愿当你的邻居，你的护士，你的管家。我发觉你很孤独，我愿陪伴你——读书给你听，同你一起散步，同你坐在一起，伺候你，成为你的眼睛和双手。别再那么郁郁寡欢了，我亲爱的主人，只要我还活着，你就不会孤寂了。”

他没有回答，似乎很严肃——却散神了。他叹了口气，半张开嘴，仿佛想说话，但又闭上了。我觉得有点儿窘。也许我提议陪伴他，帮助他是自作多情；也许我太轻率了，超越了习俗。而他像圣•约翰一样，从我的粗疏中看到了我说话不得体。其实，我的建议是从这样的念头出发的，就是他希望，也会求我做他的妻子。一种虽然并没有说出口，却十分肯定的期待支持着我，认为他会立刻要求我成为他的人。但是他并没有吐出这一类暗示、他的面部表情越来越阴沉了。我猛地想到，也许自己全搞错了，或许无意中充当了傻瓜。我开始轻轻地从他的怀抱中抽出身来——但是他焦急地把我抓得更紧了。

“不——不——简。你一定不能走。不——我已触摸到你，听你说话，感受到了你在场对我的安慰——你甜蜜的抚慰。我不能放弃这些快乐，因为我身上已所剩无多——我得拥有你。世人会笑话我——会说我荒唐、自私——但这无伤大雅。我的心灵企求你，希望得到满足，不然它会对躯体进行致命的报复。”

“好吧，先生，我愿意与你呆在一起，我已经这么说了。”

“不错——不过，你理解的同我呆在一起是一回事，我理解的是另一回事。也许你可以下决心呆在我身边和椅子旁——像一个好心的小护士那样伺候我（你有一颗热诚的心，慷慨大度的灵魂，让你能为那些你所怜悯的人作出牺牲），对我来说，无疑那应当已经够了。我想我现在只能对你怀着父亲般的感情了，你是这么想的吗？来——告诉我吧。”

“你愿意我怎么想就怎么想吧，先生。我愿意只做你的护士，如果你认为这样更好的话。”

“可你不能老是做我的护士，珍妮特。你还年轻——将来你得结婚。”

“我不在乎结婚不结婚。”

“你应当在乎，珍妮特。如果我还是过去那个样子的话，我会努力使你在乎——可是——一个失去视力的赘物！”

他又沉下脸来闷闷不乐了。相反，我倒是更高兴了，一下子来了勇气。最后几个字使我窥见了此事的困难所在。因为困难不在我这边，所以我完全摆脱了刚才的窘态，更加活跃地同他攀谈了起来。

“现在该是有人让你重新变成人的时候了，”我说着，扒开了他又粗又长没有理过的头发；“因为我知道你正蜕变成一头狮子，或是狮子一类的东西。肯定是这样。你的头发使我想起了鹰的羽毛，不过你的手指甲是不是长得像鸟爪了，我可还没有注意到。”

“这只胳膊，既没有手也没有指甲，”他说着，从自己的胸前抽回截了肢的手，伸给我看。“只有那么一截了——看上去真可怕！你说是不是，简？”

“见了这真为你惋惜，见了你的眼睛也一样——还有额上火烫的伤疤。最糟糕的是，就因为这些，便有让人爱抚过分，照料过头把你惯坏的危险。”

“我以为，简，你看到我的胳膊和疤痕累累的面孔时会觉得厌恶的。”

“你这样想的吗？别同我说这话——不然我会对你的判断说出不恭的话来。好吧，让我走开一会儿，把火生得旺些，把壁炉清扫一下。火旺的时候，你能辨得出来吗？”

“能，右眼能看到红光——一阵红红的烟雾。”

“你看得见蜡烛光吗？”

“非常模糊——每根蜡烛只是一团发亮的雾。”

“你能看见我吗？”

“不行，我的天使。能够听见你，摸到你已经是够幸运了。”

“你什么时候吃晚饭？”

“我从来不吃晚饭。”

“不过今晚你得吃一点。我饿了，我想你也一样，不过是忘了罢了。”

我把玛丽叫了进来，让她很快把房间收拾得更加整洁舒心，同时也为他准备了一顿惬意的美餐。我的心情也激动起来，晚餐时及晚餐后同他谈了很久，觉得很愉快，也很随意。跟他在一起，不存在那种折磨人的自我克制，不需要把欢快活跃的情绪压下去。同他相处，我无拘无束，因为我知道自己很中他的意。我的一切言行似乎都抚慰着他，给他以新的生命。多么愉快的感觉呀！它唤醒了我全部的天性，使它熠熠生辉。在他面前我才尽情地生活着，同样，在我面前，他才尽情地生活着。尽管他眼睛瞎了，脸上还是浮起了笑容，额头映出了欢乐，面部表情温柔而激动。

晚饭后他开始问我很多问题，我上哪儿去了呀，在干些什么呀，怎么找到他的呀。不过我回答得很简略，那夜已经太晚，无法细谈了。此外，我不想去拨动那剧烈震颤的心弦——不想在他的心田开掘情感的新泉。我眼下的唯一目的是使他高兴。而如我所说他已很高兴，但反复无常。要是说话间沉默了一会儿，他会坐立不安，碰碰我，随后说，“简。”

“你是十十足足的人吗，简？你肯定是这样的吗？”

“我诚恳地相信是这样。罗切斯特先生。”

“可是，在这样一个悲哀的黑夜，你怎么会突然出现在我冷落的炉边呢？我伸手从一个佣人那儿取一杯水，结果却是你端上来的。我问了个问题，期待着约翰的妻子回答我，耳边却响起了你的声音。”

“因为我替玛丽端着盘子进来了。”

“我现在与你一起度过的时刻，让人心驰神迷。谁能料到几个月来我挨过了黑暗、凄凉、无望的生活？什么也不干，什么也不盼，白天和黑夜不分。炉火熄了便感到冷；忘记吃饭便觉得饿。随后是无穷无尽的哀伤，有时就痴心妄想，希望再见见我的简。不错，我渴望再得到她，远胜过渴望恢复失去的视力。而简跟我呆着，还说爱我，这怎么可能呢？她会不会突然地来，突然地走呢？我担心明天再也看不到她了。”

在他这样的心境中，给他一个普普通通、实实在在的回答，同他烦乱的思绪毫无联系，是再好不过了，也最能让他放下心来。我用手指摸了摸他的眉毛，并说眉毛已被烧焦了，我可以敷上点什么，使它长得跟以往的一样粗、一样黑。

“随你怎么做好事对我有什么用处呢，慈善的精灵？反正在关键时刻，你又会抛弃我——像影子一般消失，上哪儿去而又怎么去，我一无所知，而且从此之后，我就再也找不到你了。”

“你身边有小梳子吗，先生？”

“干嘛，简？”

“把乱蓬蓬的黑色鬃毛梳理一下。我凑近你细细打量时，发现你有些可怕。你说我是个精灵，而我相信，你更像一个棕仙。”

“我可怕吗，简？”

“很可怕，先生。你知道，你向来如此。”

“哼！不管你上哪儿呆过一阵子，你还是改不掉那淘气的样子。”

“可是我同很好的人呆过，比你好得多，要好一百倍。这些人的想法和见解，你平生从来没有过。他们比你更文雅，更高尚。”

“你究竟跟谁呆过？”

“要是你那么扭动的话，你会弄得我把你的头发拔下来，那样我想你再也不会怀疑我是实实在在的人了吧。”

“你跟谁呆过一阵子？”

“今天晚上别想从我嘴里把话掏出来了，先生。你得等到明天。你知道，我把故事只讲一半，会保证我出现在你的早餐桌旁把其余的讲完。顺便说一句，我得留意别只端一杯水来到你火炉边，至少得端进一个蛋，不用讲油煎火腿了。”

“你这个爱嘲弄人的丑仙童——算你是仙女生，凡人养的！你让我尝到了一年来从未有过的滋味。要是扫罗能让你当他的大卫，那么不需要弹琴就能把恶魔赶走了。”

“瞧，先生，可把你收拾得整整齐齐，像个样子了。这会儿我得离开你了。最近三天我一直在旅途奔波，想来也够累的。晚安！”

“就说一句话，简，你前一阵子呆的地方光有女士吗？”

我大笑着抽身走掉了，跑上楼梯还笑个不停。“好主意！”我快活地想道。“我看以后的日子我有办法让他急得忘掉忧郁了。”

第二天一早，我听见他起来走动了，从一个房间摸到另一个房间。玛丽一下楼，我就听见他问：“爱小姐在这儿吗？”接着又问：“你把她安排在哪一间？里面干燥吗？她起来了吗？去问问是不是需要什么，什么时候下来？”

我一想到还有一顿早餐，便下楼去了。我轻手轻脚进了房间，他还没有发现我，我就已瞧见他了。说实在的，目睹那么虎虎有生气的精神受制于软弱的肉体，真让人心酸。他坐在椅子上——虽然一动不动，却并不安分，显然在企盼着。如今，习惯性的愁容，已镌刻在他富有特色的脸庞上。他的面容令人想起一盏熄灭了的灯，等待着再度点亮——唉！现在他自己已无力点燃那生动的表情之光了，不得不依赖他人来完成。我本想显得高高兴兴、无忧无虑，但是这个强者那么无能为力的样子使我心碎了。不过我还是尽可能轻松愉快地跟他打了招呼：

“是个明亮晴朗的早晨呢，先生，”我说。“雨过天晴，你很快可以去走走了。”

我已唤醒了那道亮光，他顿时容光焕发了。

“啊，你真的还在，我的云雀！上我这儿来。你没有走，没有飞得无影无踪呀？一小时之前，我听见你的一个同类在高高的树林里歌唱，可是对我来说，它的歌声没有音乐，就像初升的太阳没有光芒。凡我能听到的世间美妙的音乐，都集中在简的舌头上（我很高兴它不是生来默然的），凡我能感受到的阳光，都聚在她身上。”

听完他表示对别人的依赖，我不禁热泪盈眶。他仿佛是被链条锁在栖木上的一头巨鹰，竟不得不企求一只麻雀为它觅食。不过，我不喜欢哭哭啼啼，抹掉带咸味的眼泪，我便忙着去准备早餐了。

大半个早上是在户外度过的。我领着他走出潮湿荒凉的林子，到了令人心旷神怡的田野。我向他描绘田野多么苍翠耀眼，花朵和树篱多么生气盎然，天空又多么湛蓝闪亮。我在一个隐蔽可爱的地方，替他找了个坐位，那是一个干枯的树桩。坐定以后，我没有拒绝他把我放到他膝头上。既然他和我都觉得紧挨着比分开更愉快，那我又何必要拒绝呢？派洛特躺在我们旁边，四周一片寂静。他正把我紧紧地楼在怀里时突然嚷道：

“狠心呀，狠心的逃跑者！啊，简，我发现你出走桑菲尔德，而又到处找不着你，细看了你的房间，断定你没有带钱，或者当钱派用处的东西，我心里是多么难受呀！我送你的一根珍珠项链，原封不动地留在小盒子里。你的箱子捆好了上了锁，像原先准备结婚旅行时一样。我自问，我的宝贝成了穷光蛋，身边一个子儿也没有，她该怎么办呢？她干了些什么呀？现在讲给我听听吧。”

于是在他的敦促之下，我开始叙述去年的经历了。我大大淡化了三天的流浪和挨饿的情景，因为把什么都告诉他，只会增加他不必要的痛苦。但是我确实告诉他的一丁点儿，也撕碎了他那颗忠实的心，其严重程度超出了我的预料。

他说，我不应该两手空空地离开他，我应该把我的想法跟他说说。我应当同他推心置腹，他决不会强迫我做他的情妇。尽管他绝望时性情暴烈，但事实上，他爱我至深至亲，绝不会变成我的暴君。与其让我把自己举目无亲地抛向茫茫人世，他宁愿送我一半财产，而连吻一下作为回报的要求都不提。他确信，我所忍受的比我说给他听的要严重得多。

“嗯，我受的苦再多，时间都不长。”我回答。随后我告诉他如何被接纳进沼泽居；如何得到教师的职位，以及获得财产，发现亲戚等，按时间顺序，一一叙述。当然随着故事的进展，圣·约翰·里弗斯的名字频频出现。我一讲完自己的经历，这个名字便立即提出来了。

“那么，这位圣·约翰是你的表兄了？”

“是的，”

“你常常提到他，你喜欢他吗？”

“他是个大好人，先生，我不能不喜欢他。”

“一个好人？那意思是不是一个体面而品行好的五十岁男人？不然那是什么意思？”

“圣·约翰只有二十九岁，先生。”

“Jeune encore，就像法国人说的，他是个矮小、冷淡、平庸的人吗？是不是那种长处在于没有过错，而不是德行出众的人？”

“他十分活跃，不知疲倦，他活着就是要成就伟大崇高的事业。”

“但他的头脑呢？大概比较软弱吧？他本意很好，但听他谈话你会耸肩。”

“他说话不多，先生。但一开口总是一语中的。我想他的头脑是一流的，不易打动，却十分活跃。”

“那么他很能干了？”

“确实很能干。”

“一个受过良好教育的人？”

“圣·约翰是一个造诣很深、学识渊博的学者。”

“他的风度，我想你说过，不合你的口味？”“——一本正经，一副牧师腔调。”

“我从来没有提起过他的风度。但除非我的口味很差，不然是很合意的。他的风度优雅、沉着，一副绅士派头，”

“他的外表——我忘了你是怎么样描述他的外表的了——那种没有经验的副牧师，扎着白领巾，弄得气都透不过来；穿着厚底高帮靴，顶得像踏高跷似的，是吧？”

“圣·约翰衣冠楚楚，是个漂亮的男子，高个子，白皮肤，蓝眼睛，鼻梁笔挺。”

（旁白）“见他的鬼！——”（转向我）“你喜欢他吗，简？”

“是的，罗切斯特先生，我喜欢他。不过你以前问过我了。”

当然，我觉察出了说话人的用意。妒嫉已经攫住了他，刺痛着他。这是有益于身心的，让他暂时免受忧郁的咬啮。因此我不想立刻降服嫉妒这条毒蛇。

“也许你不愿意在我膝头上坐下去了，爱小姐？”接着便是这有些出乎意料的话。

“为什么不愿意呢，罗切斯特先生，”

“你刚才所描绘的图画，暗视了一种过分强烈的对比。你的话已经巧妙地勾勒出了一个漂亮的阿波罗。他出现在你的想象之中，——‘高个子，白皮肤，蓝眼睛，笔挺的鼻梁。’而你眼下看到的是一个火神——一个地道的铁匠，褐色的皮肤，宽阔的肩膀，瞎了眼睛，又瘸了腿。”

“我以前可从来没有想到过这点，不过你确实像个火神，先生？”

“好吧——你可以离开我了，小姐。但你走之前（他把我搂得更紧了），请你回答我一两个问题，”他顿了一下。

“什么问题，罗切斯特先生？”

接踵而来的便是这番盘问：

“圣·约翰还不知道你是他表妹，就让你做莫尔顿学校的教师？”

“是的。”

“你常常见到他吗？他有时候来学校看看吗？”

“每天如此。”

“他赞同你的计划吗，简？——我知道这些计划很巧妙，因为你是一个有才干的家伙。”

“是的，——他赞同了。”

“他会在你身上发现很多预料不到的东西，是吗？你身上的某些才艺不同寻常。”

“这我不知道。”

“你说你的小屋靠近学校，他来看过你吗？”

“不时来。”

“晚上来吗？”

“来过一两次。”

他停顿了一下。

“你们彼此的表兄妹关系发现后，你同他和他妹妹们又住了多久？”

“五个月。”

“里弗斯同家里的女士们在一起的时候很多吗？”

“是的，后客厅既是他的书房，也是我们的书房。他坐在窗边，我们坐在桌旁。”

“他书读得很多吗？”

“很多。”

“读什么？”

“印度斯坦语。”

“那时候你干什么呢？”

“起初学德语。”

“他教你吗？”

“他不懂德语。”

“他什么也没有教你吗？”

“教了一点儿印度斯坦语。”

“里弗斯教你印度斯坦语？”

“是的，先生。”

“也教他妹妹们吗？”

“没有。”

“光教你？”

“光教我。”

“是你要求他教的吗？”

“没有。”

“他希望教你？”

“是的。”

他又停顿了一下。

“他为什么希望教你？印度斯坦语对你会有什么用处？”

“他要我同他一起去印度。”

“啊！这下我触到要害了。他要你嫁给他吗？”

“他求我嫁给他。”

“那是虚构的——胡编乱造来气我。”

“请你原谅，这是千真万确的事实。他不止一次地求过我，而且在这点上像你一样寸步不让。”

“爱小姐，我再说一遍，你可以离开我了。这句话我说过多少次了？我已经通知你可以走了，为什么硬赖在我膝头上？”

“因为在这儿很舒服。”

“不，简，你在这儿不舒服，因为你的心不在我这里，而在你的这位表兄，圣•约翰那里了。啊，在这之前，我以为我的小简全属于我的，相信她就是离开我了也还是爱我的，这成了无尽的苦涩中的一丝甜味，尽管我们别了很久，尽管我因为别离而热泪涟涟，我从来没有料到，我为她悲悲泣泣的时候，她却爱着另外一个人！不过，心里难过也毫无用处，简，走吧，去嫁给里弗斯吧！”

“那么，甩掉我吧，先生——把我推开，因为我可不愿意自己离开你。”

“简，我一直喜欢你说话的声调，它仍然唤起新的希望，它听起来又那么真诚。我一听到它，便又回到了一年之前。我忘了你结识了新的关系。不过我不是傻瓜——走吧——”

“我得上哪儿去呢，先生。”

“随你自己便吧——上你看中的丈夫那儿去。”

“谁呀？”

“你知道——这个圣·约翰·里弗斯。”

“他不是我丈夫，也永远不会是，他不爱我，我也不爱他。他爱（他可以爱，跟你的爱不同）一个名叫罗莎蒙德的年轻漂亮小姐。他要娶我只是由于以为我配当一个传教士的妻子，而这她是做不到的。他不错，也很了不起，但十分冷峻，对我来说同冰山一般冷。他跟你不一样，先生。在他身边，接近他，或者同他在一起，我都不会愉快。他没有迷恋我——没有溺爱我。在我身上，他看不到吸引人的地方，连青春都看不到——他所看到的只不过心灵上的几个有用之处罢了。那么，先生，我得离开你上他那儿去了？”

我不由自主地哆嗦了一下，本能地把我亲爱的瞎眼主人搂得更紧了。他微微一笑。

“什么，简！这是真的吗？这真是你与里弗斯之间的情况吗？”

“绝对如此，先生。啊，你不必嫉妒！我想逗你一下让你少伤心些。我认为愤怒比忧伤要好。不过要是你希望我爱你，你就只要瞧一瞧我确实多么爱你，你就会自豪和满足了。我的整个心儿是你的，先生，它属于你，即使命运让我身体的其余部分永远同你分离，我的心也会依然跟你在一起。”

他吻我的时候，痛苦的想法使他的脸又变得阴沉了。

“我烧毁了的视力！我伤残了的体力！”他遗憾地咕哝着。

我抚摸着他给他以安慰。我知道他心里想些什么，并想替他说出来，但我又不敢。他的脸转开的一刹那，我看到一滴眼泪从封闭着的眼睑滑下来，流到了富有男子气的脸颊上。我的心起伏难平。

“我并不比桑菲尔德果园那棵遭雷击的老七叶树好多少，”没有过多久他说，“那些残枝，有什么权利吩咐一棵爆出新芽的忍冬以自己的鲜艳来掩盖它的腐朽呢？”

“你不是残枝，先生——不是遭雷击的树。你碧绿而茁壮。不管你求不求，花草会在你根子周围长出来，因为它们乐于躲在你慷慨的树荫下。长大了它们会偎依着你，缠绕着你，因为你的力量给了它们可靠的支撑。”

他再次笑了起来，我又给了他安慰。

“你说的是朋友吗，简？”他问。

“是的，是朋友，”我迟迟疑疑地回答。我知道我的意思超出了朋友，但无法判断要用什么字。他帮了我忙。

“呵？简。可是我需要一个妻子。”

“是吗，先生？”

“是的，对你来说是桩新闻吗？”

“当然，你以前一字未提。”

“是桩不受欢迎的新闻吗？”

“那就要看情况了，先生——要看你的选择。”

“你替我选择吧，简。我会遵从你的决定。”

“先生，那就挑选最爱你的人。”

“我至少会选择我最爱的人，简。你肯嫁给我吗？”

“肯的，先生。”

“一个可怜的瞎子，你得牵着手领他走的人。”

“是的，先生。”

“一个比你大二十岁的瘸子，你得伺候他的人。”

“是的，先生。”

“当真，简？”

“完全当真，先生。”

“呵，我的宝贝？愿上帝祝福你，报答你！”

“罗切斯特先生，如果我平生做过什么好事，如果我有过什么好的想法，如果我做过什么真诚而没有过错的祷告，如果我曾有过什么正当的心愿，那么现在我得到了酬报。对我来说，做你的妻子是世上最大的幸福。”

“因为你乐意做出牺牲。”

“牺牲！我牺牲了什么啦？牺牲饥饿而得到食品，牺牲期待而得到满足。享受特权搂抱我珍重的人，亲吻我热爱的人，寄希望于我信赖的人。那能叫牺牲吗？如果说这是牺牲，那当然乐于做出牺牲了。”

“还要忍受我的体弱，简，无视我的缺陷。”

“我毫不在乎，先生。现在我确实对你有所帮助了，所以比起当初你能自豪地独立自主，除了施主与保护人，把什么都不放在眼里时，要更爱你了。”

“我向来讨厌要人帮助——要人领着。但从今起我觉得我不再讨厌了。我不喜欢把手放在雇工的手里，但让简的小小的指头挽着，却很愉快。我不喜欢佣人不停地服侍我，而喜欢绝对孤独。但是简温柔体贴的照应却永远是一种享受。简合我意，而我合她的心意吗？”

“你与我的天性丝丝入扣，先生。”

“既然如此，就根本没有什么好等的了，我们得马上结婚。”

他的神态和说话都很急切，他焦躁的老脾气又发作了。

“我们必须毫不迟疑地化为一体了，简。只剩下把证书拿到手，随后我们就结婚——”

“罗切斯特先生，我刚发现，日色西斜，太阳早过了子午线。派洛特实际上已经回家去吃饭了，让我看看你的手表。”

“把它别在你腰带上吧，珍妮特，今后你就留着，反正我用不上。”

“差不多下午四点了，先生。你不感到饿吗？”

“从今天算起第三天，该是我们举行婚礼的日子了，简。现在，别去管豪华衣装和金银首饰了，这些东西都一钱不值。”

“太阳已经晒干了雨露，先生。微风止了，气候很热。”

“你知道吗，简，此刻在领带下面青铜色的脖子上，我戴着你小小的珍珠项链。自从失去仅有的宝贝那天起，我就戴上它了，作为对她的怀念。”

“我们穿过林子回家吧，这条路最阴凉。”

他顺着自己的思路去想，没有理会我。

“简！我想，你以为我是一条不敬神的狗吧，可是这会儿我对世间仁慈的上帝满怀感激之情。他看事物跟人不一样，要清楚得多；他判断事物跟人不一样，但要明智得多。我当时做错了，很可能会玷污清白的花朵——把罪孽带给无辜，要不是上帝把它从我这儿抢走的话。我倔强地对抗，险些儿咒骂这种处置方式，我不是俯首听命，而是全不放在眼里。神的审判照旧进行，大祸频频临头。我被迫走过死阴的幽谷，他的惩罚十分严厉，其中一次惩罚是使我永远甘于谦卑。你知道我曾对自己的力量非常自豪，但如今它算得了什么呢？我不得不依靠他人的指引，就像孩子的孱弱一样。最近，简——只不过是最近，我在厄运中开始看到并承认上帝之手。我开始自责和忏悔，情愿听从造物主。有时我开始祈祷了，祷告很短，但很诚恳。

已经有几天了，不，我能说出数字来——四天。那是上星期一晚上——我产生了一种奇怪的心情：忧伤，也就是悲哀和阴沉代替了狂乱。我早就想，既然到处找不着你，那你一定已经死了。那天深夜——也许在十一二点之间，我闷闷不乐地去就寝之前，祈求上帝，要是他觉得这么做妥当的话，可以立刻把我从现世收去，准许我踏进未来的世界，那儿仍有希望与简相聚。

我在自己的房间，坐在敞开着的窗边，清香的夜风沁人心脾。尽管我看不见星星，只是凭着一团模糊发亮的雾气，才知道有月亮。我盼着你，珍妮特！啊，无论是肉体还是灵魂，我都盼着你。我既痛苦而又谦卑地问上帝，我那么凄凉、痛苦、备受折磨，是不是已经够久了，会不会很快就再能尝到幸福与平静。我承认我所忍受的一切是应该的——我恳求，我实在不堪忍受了。我内心的全部愿望不由自主地崩出了我的嘴巴，化作这样几个字——‘简！简！简！’”

“你大声说了这几个字吗？”

“我说了，简。谁要是听见了，一定会以为我在发疯，我疯也似地使劲叫着那几个字。”

“而那是星期一晚上，半夜时分吗？”

“不错，时间倒并不重要，随后发生的事儿才怪呢。你会认为我相信迷信吧——从气质来看，我是有些迷信，而且一直如此。不过，这回倒是真的——我现在说的都是我听到的，至少这一点是真的。”

“我大叫着‘简！简！简！’的时候，不知道哪儿传来了一个声音，但听得出是谁的，这个声音回答道：‘我来了，请等一等我！’过了一会儿，清风送来了悄声细语——‘你在哪儿呀？’”

“要是我能够，我会告诉你这些话在我的心灵中所展示的思想和画面，不过要表达自己的想法并不容易。你知道，芬丁庄园深藏在密林里，这儿的声音很沉闷，没有回荡便会消失。‘你在哪儿呀？’这声音似乎来自于大山中间，因为我听到了山林的回声重复着这几个字。这时空气凉爽清新，风似乎也朝我额头吹来。我会认为我与简在荒僻的野景中相会。我相信，在精神上我们一定已经相会了。毫无疑问，当时你睡得很熟，说不定你的灵魂脱离了它的躯壳来抚慰我的灵魂。因为那正是你的口音——千真万确——是你的！”

读者呀，正是星期一晚上——将近午夜——我也接到了神秘的召唤，而那些也正是我回答的话。我倾听着罗切斯特先生的叙述，却并没有向他吐露什么。我觉得这种巧合太令人畏惧、令人费解了，因而既难以言传，也无法议论。要是我说出什么来，我的经历也必定会在聆听者的心灵中留下深刻的印象，而这饱受痛苦的心灵太容易忧伤了，不需要再笼罩更深沉的超自然阴影了。于是我把这些事情留在心里，反复思量。

“这会儿你不会奇怪了吧，”我主人继续说，“那天晚上你出乎意外地在我当前冒出来时。我难以相信你不只是一个声音和幻象，不只是某种会销声匿迹的东西，就像以前已经消失的夜半耳语和山间回声那样。现在我感谢上帝，我知道这回可不同了。是的，我感谢上帝！”

他把我从膝头上放下来。虔敬地从额头摘下帽子，向大地低下了没有视力的眼睛，虔诚地默默站立着，只有最后几句表示崇拜的话隐约可闻。

“我感谢造物主，在审判时还记着慈悲。我谦恭地恳求我的救世主赐予我力量，让我从今以后过一种比以往更纯洁的生活！”

随后他伸出手让我领着，我握住了那只亲爱的手，在我的嘴唇上放了一会儿，随后让它挽住我肩膀。我个子比他矮得多，所以既做支撑，又当了向导。我们进了树林，朝家里走去。

[简析]

《简·爱》是一部具有浓厚浪漫主义色彩的现实主义小说。整部作品以自叙形式写成。大量运用心理描写是小说的一大特色。全书构思精巧，情节波澜起伏，给读者制造出一种阴森恐怖的气氛，而又不脱离一个中产阶级家庭的背景。作者还以抒情的笔法描写简与主人公之间的真挚爱情和自然风景，感情色彩丰富而强烈。这部优美、动人并带有神秘色彩的小说，至今仍保持着它独特的艺术魅力。

[思考与练习]

试析简爱的性格。

[延伸阅读]

《简·爱》

最后一片常春藤叶

欧·亨利

[作者简介]

欧·亨利（1862 年 9 月 11 日－1910 年 6 月 5 日），有时又译奥亨利，原名威廉·西德尼·波特，20 世纪初美国著名短篇小说家，美国现代短篇小说之父。与法国的莫泊桑、俄国的契诃夫并称为世界三大短篇小说巨匠。他少年时曾一心想当画家，婚后在妻子的鼓励下开始写作。后因在银行供职时的账目问题而入狱，服刑期间认真写作，并以“欧·亨利”为笔名发表了大量的短篇小说，引起读者广泛关注。他是一位高产的作家，一生中留下了一部长篇小说和近三百篇的短篇小说。他的短篇小说构思精巧，风格独特，以表现美国中下层人民的生活、语言幽默、结局出人意料（即“欧·亨利式结尾”）而闻名于世。

在华盛顿广场西面的一个小区，街道仿佛发了狂似地，分成了许多叫做“巷子”的小胡同。这些“巷子”形成许多奇特的角度和曲线。一条街本身往往交叉一两回。有一次，一个画家发现这条街有它可贵之处。如果商人去收颜料、纸张和画布的账款，在这条街上转弯抹角、大兜圈子的时候，突然碰上一文钱也没收到，空手而回的他自己，那才有意思呢！

因此，搞艺术的人不久都到这个古色古香的格林威治村来了。他们逛来逛去，寻找朝北的窗户、18 世纪的三角墙、荷兰式的阁楼以及低廉的房租。接着，他们又从六马路买来一些锡蜡杯子和一两只烘锅，组成了一个“艺术区”。

苏艾和琼珊在一座矮墩墩的三层砖砌房屋的顶楼设立了她们的画室。“琼珊”是琼娜的昵称。两人一个是从缅因州来的；另一个的家乡是加利福尼亚州。她们是在八马路上一家名叫德尔蒙尼戈饭馆里吃客饭时碰到的，彼此一谈，发现她们对于艺术、饮食、衣着的口味十分相投，结果便联合租下了那个画室。

那是五月间的事。到了十一月，一个冷酷无情、肉眼看不见、医生管他叫“肺炎”的不速之客，在艺术区里蹑手蹑脚，用他的冰冷的手指这儿碰碰那儿摸摸。在广场的东面，这个坏家伙明目张胆地走动，每闯一次祸，受害的人总有几十个。但是，在这错综复杂、苔藓遍地、狭窄的“巷子”里，他的脚步却放慢了。

“肺炎先生”并不是你们所谓的扶弱济困的老绅士。一个弱小的女人，已经被加利福尼亚的西风吹得没有什么血色了，当然经不起那个有着红拳头、气吁吁的老家伙的赏识。但他竟然打击了琼珊；她躺在一张油漆过的旧铁床上，一动不动，望着荷兰式小窗外对面砖屋的墙壁。

一天早晨，那位忙忙碌碌的医生扬扬他蓬松的灰色眉毛，招呼苏艾到过道上去。

“依我看，她的病只有一成希望，”他说，一面把体温表里的水银柱甩下去，“那一成希望在于她自己要不要活下去。人们不想活，情愿照顾殡仪馆的买卖，这种精神状态使医药一筹莫展。你的这位小姐满肚子以为自己不会好了。她有什么心事吗？”

“她——她希望有一天能去画那不勒斯海湾。”苏艾说。

“画画？——别扯淡了！她心里有没有值得想两次的事情——比如说，男人？”

“男人？”苏艾像吹小口琴似地哼了一声说，“难道男人值得——别说啦，不，大夫，根本没有那种事。”

“那么，一定是身体虚弱的关系。”医生说，“我一定尽我所知，用科学所能达到的一切方法来治疗她。可是每逢我的病人开始盘算有多少辆马车送他出殡的时候，我就得把医药的治疗力量减去百分之五十。要是你能使她对冬季大衣的袖子式样发生兴趣，提出一个问题，我就可以保证，她恢复的机会准能从十分之一提高到五分之一。”

医生走后，苏艾到工作室里哭了一场，把一张日本纸餐巾擦得一团糟。然后，她拿起画板，吹着拉格泰姆曲调，昂首阔步地走进琼珊的房间。

琼珊躺在被窝里，脸朝窗口，一点动静都没有。苏艾以为她睡着了，赶紧不吹口哨。

她架起画板，开始替杂志社画一幅短篇小说的钢笔画插图。青年画家不得不以杂志小说的插图来铺平通向艺术的道路，而这些小说则是青年作家为了铺平文学道路而创作的。

苏艾正为小说里的主人公，一个爱达荷州的牛仔，画上一条在马匹展览会里穿的漂亮的马裤和一片单眼镜，忽然听到一个微弱的声音重复了好几遍。她赶快走到床前。

琼珊的眼睛睁得大大的。她望着窗外，在计数——倒数上来。

“十二。”她说。过了一会儿又说“十一”，接着是“十”、“九”，再接着是几乎连在一起的“八”和“七”。

苏艾关切地向窗外望去。有什么可数的呢？外面可以看到的只是一个空荡荡、阴沉沉的院子，和二十英尺外的一幢砖砌房屋的墙壁。一株极老极老的常春藤上的叶子差不多全吹落了，只剩下几根几乎是光秃秃的藤枝，依附在那堵松动残缺的砖墙上。

“怎么回事，亲爱的？”苏艾问道。

“六”琼珊说，声音低得像是耳语，“它们现在掉得快些了。三天前差不多有一百片。数得我头昏眼花。现在可容易了。喏，又掉了一片。只剩下五片了。”

“五片什么，亲爱的？告诉你的苏艾。”

“叶子。常春藤上的叶子。等最后一片掉落下来，我也得去了。三天前我就知道了。难道大夫没有告诉你吗？”

“哟，我从没听到过这么荒唐的话。”苏艾装出满不在乎的样子数落她说，“老藤叶同你的病有什么相干？你一向很喜欢那株常春藤，得啦，你这淘气的姑娘。别发傻啦。我倒忘了，大夫今天早晨告诉你，你很快康复的机会是——让我想想，他是怎么说的——他说你好的希望是十比一！哟，那几乎跟我们在纽约搭电车或者走过一幢新房子的工地一样，碰到意外的时候很少。现在喝一点汤吧。让苏艾继续画图，好卖给编辑先生，换了钱给她的病孩子买点儿红葡萄酒，也买些猪排填填她自己的馋嘴。”

“你不用再买什么酒啦。”琼珊说，仍然凝视着窗外，“又掉了一片。不，我不要喝汤。只剩四片了。我希望在天黑之前看到最后的藤叶飘落下来。那时候我也该走了。”

“琼珊，亲爱的，”苏艾弯下腰对她说，“你能不能答应我，在我画完之前别睁开眼睛，别瞧窗外？我明天要交那些图画。我需要光线，不然我早就把窗帘拉下来了。”

“你不能到另一间屋子里去画吗？”琼珊冷冷地问道。

“我要呆在这儿，和你在一起。”苏艾说，“而且我不喜欢你老盯着那些莫名其妙的藤叶。”

“你一画完就告诉我。”琼珊闭上眼睛说，她脸色惨白，静静地躺着，活像一尊倒下来的塑像，“因为我要看那最后的藤叶掉下来。我等得不耐烦了。也想得不耐烦了。我想摆脱一切，像一片可怜的、厌倦的藤叶，悠悠地往下飘，往下飘。”

“你争取睡一会儿。”苏艾说，“我要去叫贝尔曼上来，替我做那个隐居的老矿工的模特儿。我去不了一分钟。在我回来之前，千万别动。”

老贝尔曼是住在楼下底层的一个画家，年纪六十开外，有一把像米开朗琪罗的摩西雕像的胡子，从萨蒂尔似的脑袋上顺着小鬼般的身体卷垂下来。贝尔曼在艺术界是个失意的人。他耍了四十年画笔，还是同艺术女神隔有相当距离，连她的长袍的边缘都没有摸到。他老是说就要画一幅杰作，可是始终没有动手。除了偶尔涂抹了一些商业画或广告画之外，几年来没有什么创作。他替“艺术区”一些雇不起职业模特儿的青年艺术家充当模特儿，挣几个小钱。他喝杜松子酒总是过量，老是唠唠叨叨地谈着他未来的杰作。此外，他还是个暴躁的小老头儿，极端瞧不起别人的温情，却认为自己是保护楼上两个青年艺术家的看家恶狗。

苏艾在楼下那间灯光暗淡的小屋子里找到了酒气扑人的贝尔曼。角落里的画架上绷着一幅空白的画布，它在那儿静候杰作的落笔，已经有了二十五年。她把琼珊的想法告诉了他，又说她多么担心，惟恐那个虚弱的像是枯叶一般的琼珊抓不住她同世界的微弱联系，真会撒手去世。

老贝尔曼的充血的眼睛老是迎风流泪，他对这种白痴般的想法大不以为然，讽刺地咆哮了一阵子。

“什么话！”他嚷道，“难道世界上竟有这种傻子，因为可恶的藤叶落掉而想死？我活了一辈子也没有听到过这种怪事。不，我没有心思替你当那无聊的隐士模特儿。你怎么能让她脑袋里有这种傻念头呢？唉，可怜的小琼珊小姐。”

“她病得很重，很虚弱，”苏艾说，“高烧烧得她疑神疑鬼，满脑袋都是稀奇古怪的念头。好吧，贝尔曼先生，既然你不愿意替我当模特儿，我也不勉强了。我认得你这个可恶的老——老贫嘴。”

“你真女人气！”贝尔曼嚷道，“谁说我不愿意来着？走吧。我跟你一起去。我已经说了半天，愿意为你效劳。天哪！像琼珊小姐那样的好人实在不应该在这种地方害病。总有一天，我要画一幅杰作，那么我们都可以离开这里啦。天哪！是啊。”

他们上楼时，琼珊已经睡着了。苏艾把窗帘拉到窗槛上，打手势让贝尔曼到另一间屋子里去。他们在那儿担心地瞥着窗外的常春藤。接着，他们默默无言地对瞅了一会儿。寒雨夹着雪花下个不停。贝尔曼穿着一件蓝色的旧衬衫，坐在一口翻转过来的权充岩石的铁锅上，扮作隐居的矿工。

第二天早晨，苏艾睡了一个小时醒来的时候，看到琼珊睁着无神的眼睛，凝视着放下来的绿窗帘。

“把窗帘拉上去，我要看。”她用微弱的声音命令说。

苏艾困倦地照办了。

可是，看哪！经过了漫漫长夜的风吹雨打，仍旧有一片常春藤的叶子贴在墙上。它是藤上最后的一片叶子。靠近叶柄的颜色还是深绿的，但是锯齿形的边缘已染上了枯败的黄色，它傲然挂在离地面二十来英尺的一根藤枝上面。

“那是最后的一片叶子。”琼珊说，“我以为昨夜它一定会掉落的。我听到刮风的声音。它今天会脱落的，同时我也要死了。”

“哎呀，哎呀！”苏艾把她困倦的脸凑到枕边说，“即使你不为自己着想，也得替我想想呀。我可怎么办呢？”

但是琼珊没有回答。一个准备走上神秘遥远的死亡道路的心灵，是全世界最寂寞、最悲凉的了。当她与尘世和友情之间的联系一片片地脱离时，那个玄想似乎更有力地掌握了她。

那一天总算熬了过去。黄昏时，她们看到墙上那片孤零零的藤叶仍旧依附在茎上。随着夜晚同来的是北风的怒号，雨点不住地打在窗上，从荷兰式的屋檐上倾泻下来。

天色刚明的时候，狠心的琼珊又吩咐把窗帘拉上去。

那片常春藤叶仍在墙上。

琼珊躺着对它看了很久。然后她喊喊苏艾，苏艾正在煤气炉上搅动给琼珊喝的鸡汤。

“我真是一个坏姑娘，苏艾，”琼珊说，“冥冥中似乎有什么使那片叶子不掉下来，启示了我过去是多么邪恶。不想活下去是个罪恶。现在请你拿些汤来，再弄一点掺葡萄酒的牛奶，再——等一下，先拿一面小镜子给我，用枕头替我垫垫高，我想坐起来看你煮东西。”

一小时后，她说：

“苏艾，我希望有朝一日能去那不勒斯海湾写生。”

下午，医生来了，他离去时，苏艾找了一个借口，跑到过道上。

“好的希望有了五成。”医生抓住苏艾瘦小的、颤抖的手说，“只要好好护理，你会胜利的。现在我得去楼下看看另一个病人。他姓贝尔曼——据我所知，也是搞艺术的。也是肺炎。他上了年纪，身体虚弱，病势来得很猛。他可没有希望了，不过今天还是要把他送进医院，让他舒服些。”

第二天，医生对苏艾说：“她现在脱离危险了，你赢啦。现在只要营养和调理就行啦。”

那天下午，苏艾跑到床边，琼珊靠在那儿，心满意足地在织一条毫无用处的深蓝色肩巾，苏艾连枕头把她一把抱住。

“我有些话要告诉你，小东西。”她说，“贝尔曼先生今天在医院去世了。他害肺炎，只病了两天。头天早上，看门人在楼下的房间里发现他痛苦得要命。他的鞋子和衣服都湿透了，冰凉冰凉的。他们想不出，在那种凄风苦雨的夜里，他究竟是到什么地方去的。后来，他们找到了一个还燃着的灯笼，一把从原来地方挪动过的梯子，还有几支散落的画笔，一块调色板，上面剩有绿色和黄色的颜料，末了——看看窗外，亲爱的，看看墙上最后的一片叶子。你不是觉得纳闷，它为什么在风中不飘不动吗？啊，亲爱的，那是贝尔曼的杰作——那晚最后的一片叶子掉落时，他画在墙上的。”

[简析]

作家讲述了老艺术家贝尔曼用生命绘制毕生杰作，点燃别人即将熄灭的生命火花的故事，歌颂了艺术家之间相濡以沫的友谊，特别是老艺术家贝尔曼舍己救人的品德。笔者对其以人物的对话形式来刻画人物的内心世界及特征、采用对物体细腻的描述、以及比喻拟人化的手法等来加强其逻辑性与生动性有所认识，并阐述己见。此外，笔者认为，小说本身是部杰作，画家画出那逼真的“最后一片叶子”是另一幅杰作，然而，真正的杰作是那欧·亨利成功塑造的、值得效仿又难以捕捉到的、具有无私奉献精神的小说主人翁形象。

[思考与练习]

1．分析“欧·亨利式结局”的特点和妙处。

2．感悟人间真情，认识信念对人生的重要性。

[延伸阅读]

《爱的牺牲》《麦琪的礼物》

雪国（节选）

川端康成

[作者简介]

川端康成（1899—1972），日本新感觉派作家，生于大阪，著名小说家。川端康成因写《伊豆舞女》而成名，他的代表作中篇小说《雪国》，与《千只鹤》《古都》一起，于1968年获诺贝尔文学奖。已有多部作品在中国翻译出版，作品善于用意识流写法展示人物内心世界。

绉纱产地离这个温泉浴场很近。它就在山峡渐渐开阔的河流下游的原野上，因此从岛村的房间也可以望见。昔日建有绉纱市场的镇子，如今却修了火车站，成为闻名于世的纺织工业区。

不过，岛村没有在穿绉纱的仲夏，也没有在织绉纱的严冬来过这个温泉浴场，从而也就没有机会同驹子谈起绉纱的事。再说，他这个人也不像是去参观古代民间的艺术遗迹的。

然而，岛村听了叶子在浴池放声歌唱，忽然想到，这个姑娘若生在那个时代，恐怕也会守在纺纱车或织布机旁这样放声歌唱吧。叶子的歌声确实像那样一种声音。

比头发丝还细的麻纱，若缺少雪天的天然潮湿，就很难办了。阴冷的季节对它似乎最合适。古时有这样一种说法：三九寒天织出来的麻纱，三伏天穿上令人觉得特别凉爽，这是由于阴阳自然的关系。

倾心于岛村的驹子，似乎在根性上也有某种内在的凉爽。因此，在驹子身上迸发出的奔放的热情，使岛村觉得格外可怜。

但是，这种挚爱之情，不像一件绉纱那样能留下实在的痕迹。纵然穿衣用的绉纱在工艺品中算是寿命最短的，但只要保管得当，五十年或更早的绉纱，穿在身上照样也不褪色。而人的这种依依之情，却没有绉纱寿命长。岛村茫然地这么想着，突然又浮现出为别的男人生了孩子、当了母亲的驹子的形象。他心中一惊，扫视了一下周围，觉得大概是自己太劳累了吧。

岛村这次逗留时间这么长，好像忘记了要回到家中妻子身边的样子。这倒不是离不开这个地方，或者同驹子难舍难分，而是由于长期以来自然形成了等候驹子频频前来相会的习惯。而且驹子越是寂寞难过，岛村对自己的苛责也就越是严厉，仿佛自己不复存在。这就是说，他明知自己寂寞，却仅仅一动不动地待在那里。驹子为什么闯进自己的生活中来呢？岛村是难以解释的。岛村了解驹子的一切，可是驹子却似乎一点也不了解岛村。驹子撞击墙壁的空虚回声，岛村听起来有如雪花飘落在自己的心田里。当然，岛村也不可能永远这样放荡不羁。

岛村觉得这次回去，暂时是不可能再到这个温泉浴场来了。雪季将至，他靠近火盆，听见了柔和的水沸声。这种水沸声是客栈主人特地拿出来的京都出产的古老铁壶发出来的。铁壶上面精巧地镶嵌着银丝花鸟。水沸声有二重音，听起来一近一远。而比远处水沸声还稍远些的地方，仿佛不断响起微弱的小铃声。岛村把耳朵贴近铁壶，听了听那铃声。驹子在铃声不断的远处，踏着同铃声相似的细碎的脚步走了过来。她那双小脚，赫然映入岛村的眼帘。岛村吃了一惊，不禁暗自想道，已经到该离开这里的时候了。

于是，岛村想起要到绉纱产地去看看。这个行动固然也含有为自己找个机会离开温泉浴场的意思。

但是，河流下游有好几个小镇，岛村不晓得到哪个镇上去才好。他又不是想去看正在发展成纺织工业区的大镇，因此索性在一个冷落的小站下了车。走了一会儿，就到了一条像是古代驿站集中的市街上。

家家户户的房檐直伸出去，支撑着它一端的柱子并排立在街道上。好像江户城里叫“店下”的廊檐，在这雪国旧时把它叫“雁木”。积雪太厚时，这廊檐就成为往来的通道。通道一侧，房屋整齐，廊檐也就连接下去。

房檐紧接房檐，屋顶上的雪除了弄到马路当中以外，别无他处可以弃置。实际上是将雪从大屋顶上高高抛起来扔到马路正中的雪堤上。要到马路对过，就得挖通雪堤，修成一条条隧道。这些地方叫做“钻胎内涵洞”。

同样是在雪国，但驹子所在的温泉乡，房檐并不相连。岛村到了这个镇子，才头一回看到这种“雁木”。好奇心促使他走过去看了看，只见破旧的房檐下十分昏暗。倾斜的柱脚已经腐朽，令人觉得仿佛是在窥视世世代代被埋没在雪里的忧郁的人家一样。

在雪里把精力倾注在手工活上的纺织女工，她们的生活可不像织出来的绉纱那样爽快。这个镇子自然而然地给人相当古老的印象。在记载绉纱的古书里，也引用了唐代秦韬玉（秦韬玉，唐诗人。诗以七律见长，《贫女诗》较有名）的诗。但据说纺织商之所以不愿雇佣纺织女工，是因为织一匹绉纱相当费工，在经济上划不来。

这样呕心沥血的无名工人，早已长逝。他们只留下了这种别致的绉纱。夏天穿上有一种凉爽的感觉，成了岛村他们奢华的衣着。这事并不稀奇，但岛村却突然觉得奇怪。难道凡是充满诚挚的爱的行动，迟早都会鞭挞人的吗？他从“雁木”底下，走到了马路上。

笔直的长长的市街，很像当年旅馆区的街道。这大概是从温泉乡直通过来的一条旧街。木板葺的屋顶上的横木条和铺石，同温泉乡也没有什么不同。

房檐的柱子投下了淡淡的影子，不知不觉地已近黄昏。

没有什么可观赏的，于是岛村又乘火车来到了另一个镇子。那里也和先前那个镇子不相上下。岛村在那里也只是悠然漫步，然后吃了一碗面条，暖和暖和身子。

面食店在河岸上。这条河大概也是从温泉浴场流过来的。可以看到尼姑三三两两地先后走过桥去。她们穿着草鞋，其中有的背着圆顶草帽，像是化缘回来的样子，给人一种小鸟急于归巢的感觉。

“有不少尼姑打这儿路过吧？”岛村问面食店的女人。

“是啊。这山里有尼姑庵。过些时候一下雪，从山里出来，路就不好走了。”

在薄暮中，桥那边的山峦已经是一片白茫茫的景色。

在这北国，每到落叶飘零、寒风萧瑟的时节，天空老是冷飕飕，阴沉沉的。那就是快要下雪了。远近的高山都变成一片茫茫的白色，这叫做“云雾环岳”。另外，近海处可以听见海在呼啸，深山中可以听到山在呜咽，这自然的交响犹如远处传来的闷雷，这叫做“海吼山鸣”。看到“云雾环岳”，听见“海吼山鸣”，就知道快要下雪了。岛村想起古书上有过这样的记载。

岛村晚起，躺在床上听那赏枫游客唱谣曲（谣曲，日本古典戏曲“能乐”的歌词）的那天，下了第一场雪。不知今年是否已经海吼山鸣过了？也许由于岛村一个人旅行，在温泉乡同驹子接连幽会，不觉间听觉变得特别敏锐起来，只要想起海吼山鸣，耳边就仿佛回荡着这种远处的闷雷声。

“尼姑们这就要深居过冬了。她们有多少人呢？”

“哦，大概很多吧。”

“这么多尼姑聚到一块，在冰天雪地里呆几个月，不知都在干些什么呢？这一带旧时织绉纱，她们在尼姑庵里要是也织织就好啦。”

对岛村这席好奇的话，面食店的女人只是报以微笑。

岛村在车站等了将近两个小时回程的火车。微弱的阳光已沉下去，一股寒意袭来，犹如星星的寒光，冷飕飕的。脚板也觉得透心凉。

岛村漫无目的地跑了一趟，又回到了温泉浴场。车子驶过那个岔口，一直开到守护神的杉林边上，眼前出现一间透着亮光的房子，岛村不禁松了一口气。这是“菊村”小饭馆。三四个艺妓站在门前闲聊天。

他刚想不知驹子在不在，驹子就出现了。

车子突然放慢了速度。显然是司机早已了解岛村和驹子的关系，有意无意地把车子放慢了。

岛村无端回过头，朝着与驹子相反的方向望去。岛村坐来的那辆汽车的车辙，清晰地留在雪地上，在星光下，意外地拖到很远很远的地方。

车子来到了驹子跟前。只见驹子刚闭了闭眼睛，冷不防地向汽车扑上来。车子没有停下，仍按原先的慢速爬上了坡道。驹子弓着腰，抓住车门上的把手，跳到车门外的踏板上。

驹子就像被吸引住似地猛扑了上来，岛村觉得仿佛有一种温暖的东西轻轻地贴近，因而他对驹子的这种举动并没有感到不自然或者危险。驹子像要抱住车窗，举起了一只胳膊。袖口滑落下来，露出了长衬衣的颜色。那色彩透过厚厚的窗玻璃，沁入岛村冻僵了的眼睑。

驹子把额头紧贴在窗玻璃上，尖声喊道：

“到哪儿去了？喂，你到哪儿去了？”

“多危险呀，简直是胡闹!”岛村虽也高声回答，但却是一种甜蜜的戏谑。

驹子打开车门，侧身倒了进去。这时车子已经停住，来到山脚。

“我说，你到哪儿去了啊？”

“嗯，这个……”

“哪儿？”

“也说不上到哪儿。”

驹子理了理衣裳下摆，那举止十足是艺妓的派头，岛村突然觉得有点新奇。

司机坐着一动也不动。车子已经走到街的尽头，停了下来。岛村觉得就这样坐在车上，实在滑稽，于是说道：“下车吧。”

驹子把手放到岛村那只放在膝头的手上。

“唉呀，真冷啊！瞧，多冷啊！你为什么不带我去呢？”

“对，应该带你去……”

“这时候说带我去，你这人真有意思。”

驹子欢快地笑着，爬上了有陡峻石磴的小路。

“我是看着你出去的。大概是两三个钟头以前，对吧？”

“唔。”

“听见汽车声，我就出来看了。到外面来看了。你连头也没回，对吧？”

“嗯。”

“你没看后面，为什么不回头看看呢？”

岛村有点惊讶。

“真不知道我在送你吗？”

“不知道。”

“瞧你。”驹子还是高兴得笑眯眯的，然后，她把肩膀靠了过来，“为什么不带我去？你变得冷淡了。讨厌！”

报火警的钟声突然响了起来。

两人回头望去。

“着火，着火啦！”

“着火啦！”

火势从下面村子的正中央蹿上来。

驹子喊了两三声什么，一把抓住岛村的手。

火舌在滚滚上升的浓烟中若隐若现。火势向旁边蔓延，吞噬着周围的房檐。

“是什么地方？不是在你原来住过的师傅家附近吗？”

“不是。”

“是在哪一带呢？”

“在上头一点，靠近火车站那边。”

火焰冲过屋顶，腾空而起。

“你瞧，是蚕房呀。是蚕房呀！你瞧，你瞧，蚕房着火了。”驹子把脸颊压在岛村的肩上，接连地说：“是蚕房，是蚕房呀！”

火燃得更旺了。从高处望下去，辽阔的星空下，大火宛如一场游戏，无声无息。尽管如此，她却感到恐惧。有如听见一种猛烈的火焰声逼将过来。岛村抱住了驹子。

“没什么可怕的。”

“不，不，不！”驹子摇摇头，哭了起来。她的脸贴在岛村掌上，显得比平时小巧玲珑。绷紧的太阳穴在忒忒地跳动着。

看见着火，驹子就哭了起来。可是她哭什么呢？岛村并没怀疑，还是搂抱着她。

驹子突然不哭了，她把脸从岛村肩上抬了起来。

“哎哟，对了，今晚蚕房放电影，里面挤满了人，你……”

“那可就不得了啦！”

“一定会有人受伤，有人烧死啊！”

两人听见上面传来一片骚乱声，就慌慌张张地登上石磴。抬头一看，高处客栈二三楼房间的拉窗差不多都打开了，人们跑到敞亮的走廊上观看着火场面。庭院一个角落里，一排菊花的枯枝，说不清是借着客栈的灯光还是星光，浮现出轮廓来，令人不禁感到那上面映着火光。就在那排菊花后面，也站着一些人。三四个客栈伙计从岛村他俩头顶上跌跌撞撞地滚落下来。驹子提高嗓门问：

“喂，是蚕房吗？”

“是蚕房。”

“有人受伤吗？有没有人受伤？”

“正一个个地往外救呐。来电话说是电影胶片呼啦一声烧着了，火势蔓延得很快。喏，你瞧。”伙计迎头碰上他们两人，只挥了挥一只胳臂，就走了。

“听说人们正把孩子一个个从二楼往下扔呐。”

“唉，这可怎么得了。”

驹子好像追赶着伙计似地走下石磴。后来下楼的人都跑到她的前头去了。她不由自主地跟着跑了起来。岛村也随后跟上。

在石磴下面，火场被房子挡住，只能看见火舌。火警声响彻云霄，令人越发惶恐，人们四外乱跑。

“结冰了，请留神，滑啊！”驹子停住了脚步，回头看了看岛村，趁机说：“对了，你就算了，何必一块去呢。我是担心村里的人。”

她这么说，倒也是的。岛村感到失望。这时才发现脚底下就是铁轨，他们已经来到铁路岔口跟前了。

“银河，多美啊！”

驹子喃喃自语。她仰望着太空，又跑了起来。

啊，银河！岛村也仰头叹了一声，仿佛自己的身体悠然飘上了银河当中。银河的亮光显得很近，像是要把岛村托起来似的。当年漫游各地的芭蕉（芭蕉，即松尾芭蕉（1644－1694），日本著名俳句诗人。他一生在旅行中度过，写了许多游记和俳句），在波涛汹涌的海上所看见的银河，也许就像这样一条明亮的大河吧。茫茫的银河悬在眼前，仿佛要以它那赤裸裸的身体拥抱夜色苍茫的大地。真是美得令人惊叹。岛村觉得自己那小小的身影，反而从地面上映入了银河。缀满银河的星辰，耀光点点，清晰可见，连一朵朵光亮的云彩，看起来也像粒粒银沙子，明澈极了。而且，银河那无底的深邃，把岛村的视线吸引过去了。

“喂，喂。”岛村呼唤着驹子，“喂，来呀！”

驹子正朝银河下昏暗的山峦那边跑去。

她提着衣襟往前跑，每次挥动臂膀，红色的下摆时而露出，时而又藏起来，在洒满星光的雪地上，显得更加殷红。

岛村飞快地追了上去。

驹子放慢了脚步，松开衣襟，抓住岛村的手。

“你也要去？”

“嗯。”

“真好管闲事啊！”驹子提起拖在雪地上的下摆，“人家会取笑我的，你快回去吧！”

“唔，我就要到前边去。”

“这多不好，连到火场去也要带着你，在村里人面前怪难为情的。”

岛村点点头，停了下来。驹子却轻轻地抓住岛村的袖子，慢慢地起步走了。

“你找个地方等着我，我马上就回来。找什么地方好呢？”

“什么地方都行啊。”

“是啊。再过去一点吧。”驹子直勾勾地望着岛村的脸，突然摇摇头说：“我不干，我再也不理你了。”

驹子抽冷子用身子碰了碰岛村。岛村晃悠了一下。在路旁薄薄的积雪里，立着一排排大葱。

“真无情啊！”驹子挑逗说。“喏，你说过我是个好女人的嘛。一个说走就走的人，干吗还说这些话呢，难道是向我表白？”

岛村想起驹子用发簪哧哧地扎榻榻米的事来。

“我哭了。回家以后还哭了一场。就害怕离开你。不过，你还是早点走吧。你把我说哭了，我是不会忘记这件事的。”

岛村一想起那句虽然引起了驹子的误会、然而却深深印在她的心坎上的话，就油然生起一股依恋之情。瞬间，传来了火场那边杂沓的人声。新的火舌又喷出了火星。

“你瞧，还烧得那么厉害，火苗又蹿上来了。”

两人得救似地松了一口气，又跑起来。

驹子跑得很快。她穿着木屐，飞也似地擦过冰面跑着。两条胳膊与其说前后摆动，不如说是向两边伸展，把力量全集中在胸前了。岛村觉得她格外小巧玲珑。发胖的岛村一边跑一边瞧着驹子，早就感到疲惫不堪。而驹子突然喘着粗气，打了个趔趄倒向岛村。

“眼睛冻得快要流出泪水来啦。”

她脸颊发热，只有眼睛感到冰冷。岛村的眼睛也湿润了。他眨了眨眼，眸子里映满了银河。他控制住晶莹欲滴的泪珠。

“每晚都出现这样的银河吗？”

“银河？美极了。可并不是每晚都这样吧。多明朗啊。”

他们两人跑过来了。银河好像从他们的后面倾泻到前面。驹子的脸仿佛映在银河上。

但是，她那玲珑而悬直的鼻梁轮廓模糊，小巧的芳唇也失去了色泽。岛村无法相信成弧状横跨太空的明亮的光带竟会如此昏暗。大概是星光比朦胧的月夜更加暗淡的缘故吧。可是，银河比任何满月的夜空都要澄澈明亮。地面没有什么投影。奇怪的是，驹子的脸活像一副旧面具，淡淡地浮现出来，散发出一股女人的芳香。

岛村抬头仰望，觉得银河仿佛要把这个大地拥抱过去似的。

犹如一条大光带的银河，使人觉得好像浸泡着岛村的身体，漂漂浮浮，然后伫立在天涯海角上。这虽是一种冷冽的孤寂，但也给人以某种神奇的媚惑之感。

“你走后，我要正经过日子了。”驹子说罢，用手拢了拢松散的发髻，迈步就走。走了五六步，又回头说：“你怎么啦？别这样嘛。”

岛村原地站着不动。

“啊？等我一会儿，回头一起到你房间去。”

驹子扬了扬左手就走了。她的背影好像被黑暗的山坳吞噬了。银河向那山脉尽头伸张，再返过来从那儿迅速地向太空远处扩展开去。山峦更加深沉了。

岛村走了不一会儿，驹子的身影就在路旁那户人家的背后消失了。

传来了“嘿嗬，嘿嗬，嘿嗬嗬”的吆喝声，可以看见消防队拖着水泵在街上走过。人们前呼后拥地在马路上奔跑。岛村也急匆匆地走到马路上。他们两人来时走的那条路的尽头，和大马路连成了丁字形。

消防队又拖来了水泵。岛村让路，然后跟随在他们后头。

这是老式手压木制水泵。一个消防队员在前头拉着长长的绳索，另一些消防队员则围在水泵周围。这水泵小得可怜。

驹子也躲闪一旁，这人将这些水泵拉过去。她找到岛村，两人又一块走起来。站在路旁躲闪水泵的人，仿佛被水泵所吸引，跟在后面追赶着。如今，他们两人也不过是奔向火场的人群当中的成员罢了。

“你也来了？真好奇。”

“嗯。这水泵老掉牙了，怕是明治以前的家伙了。”

“是啊。别绊倒。”

“真滑啊。”

“是啊。往后要是刮上一夜大风雪，你再来瞧瞧，恐怕你来不了了吧？那种时候，野鸡和兔子都逃到人家家里呢。”驹子虽然这么说，然而声音却显得快活、响亮，也许是消防队员的吆喝声和人们的脚步声使她振奋吧。岛村也觉得浑身轻松了。

火焰爆发出一阵阵声音，火舌就在眼前蹿起。驹子抓住岛村的胳膊肘。马路上低矮的黑色屋顶，在火光中有节奏地浮现出来，而后渐渐淡去。水泵的水，向脚底下的马路流淌过来。岛村和驹子也自然被人墙挡住，停住了脚步。火场的焦糊气味里，夹杂着一股像是煮蚕蛹的腥气。

起先人们到处高声谈论：火灾是因为电影胶片着火引起的啦，把看电影的小孩一个个从二楼扔下来啦，没人受伤啦，幸亏现在没把村里的蚕蛹和大米放进去啦，如此等等。然而，如今大家面对大火，却默然无言。失火现场无论远近，都统一在一片寂静的气氛之中。只听见燃烧声和水泵声。

不时有些来晚了的村民，到处呼唤着亲人的名字。若有人答应，就欢欣若狂，互相呼唤。只有这种声音才显出一点生机。警钟已经不响了。

岛村顾虑有旁人看见，就悄悄地离开了驹子，站在一群孩子的后面。火光灼人，孩子们向后倒退了几步。脚底下的积雪也有点松软了。人墙前面的雪被水和火融化，雪地上踏着杂乱的脚印，变得泥泞不堪。

这里是挨着蚕房的旱田。同岛村他们一起赶来的村民，大都到这里来了。

火苗是从安放电影机的入口处冒出来的，几乎大半个蚕房的房顶和墙壁都烧坍了，而柱子和房梁的骨架仍然冒着烟。木板屋顶、木板墙和木板地都已荡然无存。屋内不见怎么冒烟了。屋顶被喷上大量的水，看样子再燃烧不起来了。可是火苗仍在蔓延不止，有时还从意想不到的地方冒出火焰来。三台水泵的水连忙喷射过去，那火苗就噗地喷出火星子，冒起黑烟来。

这些火星子迸散到银河中，然后扩展开去，岛村觉得自己仿佛又被托起飘到银河中去。黑烟冲上银河，相反地，银河倏然倾泻下来。喷射在屋顶以外的水柱，摇摇曳曳，变成了朦朦的水雾，也映着银河的亮光。

不知什么时候，驹子靠了过来，握住岛村的手。岛村回过头来，但没有作声。驹子仍旧望着失火的方向，火光在她那张有点发烫的一本正经的脸上，有节奏地摇曳。一股激情涌上了岛村的心头。驹子的发髻松散了，她伸长了脖颈。岛村正想出其不意地将手伸过去，可是指头颤抖起来。他的手也暖和了。驹子的手更加发烫。不知怎的，岛村感到离别已经迫近。

入口处的柱子什么的，又冒出火舌，燃烧起来。水泵的水柱直射过去，栋梁吱吱地冒出热气，眼看着要倾坍下来。

人群“啊”地一声倒抽了一口气，只见有个女人从上面掉落下来。

由于蚕房兼作戏棚，所以二楼设有不怎么样的观众席。虽说是二楼，但很低矮。从这二楼掉落到地面只是一瞬间的事，可是却让人有足够的时间用肉眼清楚地捕捉到她落下时的样子。也许这落下时的奇怪样子，就像个玩偶的缘故吧，一看就晓得她已经不省人事。落下来没有发出声响。这地方净是水，没有扬起尘埃。正好落在刚蔓延开的火苗和死灰复燃的火苗中间。

消防队员把一台水泵向着死灰复燃的火苗，喷射出弧形的水柱。在那水柱前面突然出现一个女人的身体。她就是这样掉下来的。女人的身体，在空中挺成水平的姿势。岛村心头猛然一震，他似乎没有立刻感到危险和恐惧，就好像那是非现实世界的幻影。僵直了的身体在半空中落下，变得柔软了。然而，她那副样子却像玩偶似地毫无反抗，由于失去生命而显得自由了。在这瞬间，生与死仿佛都停歇了。如果说岛村脑中也闪过什么不安的念头，那就是他曾担心那副挺直了的女人的身躯，头部会不会朝下，腰身或膝头会不会折曲。看上去好像有那种动作，但是她终究还是直挺挺的掉落下来了。

“啊！”

驹子尖叫一声，用手掩住了两只眼睛。岛村的眼睛却一眨不眨地凝望着。

岛村什么时候才知道掉落下来的女人就是叶子呢？

实际上，人们“啊”地一声倒抽一口冷气和驹子“啊”地一声惊叫，都是在同一瞬间发生的。叶子的腿肚子在地上痉挛，似乎也是在这同一刹那。

驹子的惊叫声传遍了岛村全身。叶子的腿肚在抽搐。与此同时，岛村的脚尖也冰凉得痉挛起来。一种无以名状的痛苦和悲哀向他袭来，使得他的心房激烈地跳动。

叶子的痉挛轻微得几乎看不出来，而且很快就停止了。

在叶子痉挛之前，岛村首先看见的是她的脸和她的红色箭翎花纹布和服。叶子是仰脸掉落下来的。衣服的下摆掀到一只膝头上。落到地面时，只有腿肚子痉挛，整个人仍然处在昏迷状态。不知为什么，岛村总觉得叶子并没有死。她内在的生命在变形，变成另一种东西。

叶子落下来的二楼临时看台上，斜着掉下来两三根架子上的木头，打在叶子的脸上，燃烧起来。叶子紧闭着那双迷人的美丽眼睛，突出下巴颏儿，伸长了脖颈。火光在她那张惨白的脸上摇曳着。

岛村忽然想起了几年前自己到这个温泉浴场同驹子相会、在火车上山野的灯火映在叶子脸上时的情景，心房又扑扑跳动起来。仿佛在这一瞬间，火光也照亮了他同驹子共同度过的岁月。这当中也充满一种说不出的苦痛和悲哀。

驹子从岛村身旁飞奔出来。这与她捂住眼睛惊叫差不多在同一瞬间。也正是人们“啊”的一声倒抽一口冷气的时候。

驹子拖着艺妓那长长的衣服下摆，在被水冲过的瓦砾堆上，踉踉跄跄地走过去，把叶子抱回来。叶子露出拼命挣扎的神情，耷拉着她那临终时呆滞的脸。驹子仿佛抱着自己的牺牲和罪孽一样。

人群的喧嚣声渐渐消失，他们蜂拥上来，包围住驹子她们两人。

“让开，请让开！”

岛村听见了驹子的喊声。

“这孩子疯了，她疯了！”

驹子发出疯狂的叫喊，岛村企图靠近她，不料被一群汉子连推带搡地撞到一边去。这些汉子是想从驹子手里接过叶子抱走。待岛村站稳了脚跟，抬头望去，银河好像哗啦一声，向他的心坎上倾泻了下来。

（节选自[日]川端康成著、高慧勤译《雪国》漓江出版社，1985年）

[简析]

川端康成是诺贝尔文学奖获得者。他幼年失怙，历尽人世沧桑和炎凉世态，性格孤独沉默，对世事常采取漠然的态度。其作品富于抒情性，追求人生升华的美，并深受佛教思想和虚无主义影响。他早期多以下层女性作为小说的主人公，写她们的纯洁和不幸。《雪国》反映了生活在社会底层的受损害艺妓的悲惨命运。作者把自己的关注、同情和哀叹，都给予了她们，试图揭示这些普通女性的美好心灵。《雪国》的问世，标志着作家的文学创作进入了鼎盛时期。《雪国》情节简单，以雪国及其温泉旅馆为背景，以驹子和岛村的邂逅为题材，表现了在雪国风光中岛村和驹子之间的感情生活。作者善于捕捉外界事物给人的瞬间感受，描述纤细，联想丰富，给人以强烈的感染。

[思考与练习]

1．你如何看待岛村的人生态度？

2．小说的主要艺术特色是什么？

[延伸阅读]

《伊豆舞女》《千只鹤》

实训 演讲

演讲又叫讲演、演说。“演讲”这一概念，最早见诸荷马史诗；我国“演说”是因疑作答，寻根问底，明辨是非，以期达到释疑解惑的目的。

演讲是指在特定的时空环境中，以有声语言和相应的态势语言为手段，公开向听众传递信息，表述见解，阐明事理，抒发感情，以期达到感召听众的目的，它是一种直接的带有艺术性的社会实践活动。

常言道：“一言可以兴邦，一言亦可误国。”古人还说：“一人之辩重于九鼎之宝，三寸之舌强于百万之师。”由此可见，演讲对于历史的发展起着重要的作用。

古今中外，演讲已渗透到生活的各个领域、各个角落。从总统竞选到新官上任的施政报告，从学位论文的答辩到宗教神学的布道等，演讲无处不在。

一、演讲必须具备四个条件

（一）必须有演讲者

演讲者是演讲信息的发布者。演讲的成功与否，取决于演讲者自身有关情况好坏。

知识：专业知识、百科知识、演讲知识。

能力：观察能力、分析能力、写作能力和构思能力、记忆能力、演讲能力、应变能力、社交能力。

素质：良好的思想政治素质、良好的科学文化素质、良好的心理素质、良好的身体素质。

（二）必须有听众

听众是演讲信息的接受者。

对听众知识结构的最低要求：主动去听演讲的听众，肯定是对演讲所涉及的知识感兴趣——他既可能是这个知识领域的“新兵”，也可能是这个知识领域的“老手”；被动去听演讲的听众，对演讲所涉及的知识，可能有所了解，也可能一无所知——这无关紧要，因为演讲可以让他增长知识。

对听众能力结构的最低要求：无论何种层次的听众，都应至少具备一定的获取信息的能力、理解问题的能力、辨别是非的能力等。

对听众素质结构的最低要求：具有求知欲望、懂得文明礼貌等。

（三）必须有沟通演讲者和听众的媒介——语言

语言包括有声语言和态势语言。

有声语言：演讲活动中传递信息表达思想最主要的媒介和物质表达手段，它是演讲者思想感情的载体，以流动的方式，运载着演讲者的主张、见解、态度和感情，将其传达给听众，从而产生说服力、感召力，使听众受到教育和鼓舞。

态势语言：在一定程度上能辅助有声语言表达思想感情的眼神、表情、体态、手势等。

（四）演讲必须在特定的时空环境中进行

演讲活动都要有相应的场合、相当的听众、适当的布置、合适的讲台、良好的音响效果和一定的时限。

二、演讲的特征

（一）现实性

从“讲”的方面看：选取的题目大都是社会现实问题，选用的材料大都是真实的，而不是虚构的。

从“演”的方面看：演讲者在现实生活中是他自己，走上讲台后仍然是他自己，可以用本来面目出现，很真实。

（二）艺术性

（三）综合性

演讲是一种综合的说话形式。演讲的综合性主要体现在五个方面：

（1）写和说的综合

（2）讲和演的综合

（3）演讲者各种知识、能力和素质的综合

（4）各种表达手法、技巧的综合

（5）演讲者和听众思想、情感的融合

（四）直观性

演讲是一种演讲者和听众面对面的信息交流形式。在演讲过程中，台上的演讲者以“孤家寡人”态势，面对台下听众的“众目睽睽”。一方面，台上演讲者的观点主张、举手投足，向台下的听众“暴露无遗”；另一方面，台下听众的一笑一颦、一举一动，又让台上的演讲者

“尽收眼底”。这就是演讲的直观性。

（五）鼓动性

许多演讲，其目的都是为了让听众接受它的观点主张，并付诸行动。因此，鼓动性便成了演讲的一个重要特征。似乎可以这样说：没有鼓动性的演讲，便不是真正的演讲。演讲的鼓动性，在演讲的结尾表现得尤为突出。

（六）实用性

第一是人们离不开它；

第二是因为它好用，用起来方便。

三、即兴演讲

即兴演讲是演讲人在临场之前未作具体准备的情况下，临时构思，当场发表的演讲。一般应注意下列几点：

（一）树立信心

这是作好即兴演讲的首要条件。树立信心，一靠平时多讲多练，二要有应邀即兴讲话的心理准备。因此，参加活动时，要注意了解活动的背景、目的、意义以及参加者的情况，活动当中要留心别人的表现（特别是讲话）和活动的环境、气氛，随时概括出自己的感受以备急用。

（二）以词立纲

确定好讲题之后，要迅速把要点按照一定的顺序浓缩，提炼出几个词或词组作为讲话的提纲，并把它们牢记在心。

（三）展开要点

开讲之后，要边想边说，边说边想，把那几个串成讲话提纲的词逐一展开成有具体内容的一段话语。可以举出具体例子对要点进行阐述，也可以对要点进行解释说明，还可以列举提出要点的原因。

（四）精当简要

只要能够把临时抓住的一个话题得体地进行阐述，使听众受到启发，获得教益，也就达到了目的。所以，要选择自己感触最深的一点加以发挥，而不能贪多求全。

四、演讲的声音和腔调

演讲的语言从口语表述角度看，必须做到发音正确、清晰、优美，词句流利、准确、易懂，语调贴切、自然、动情。

（一）发音正确、清晰、优美

以声音为主要手段的，语音的要求很高，既要能准确地表达出丰富多彩的思想感情，又要悦耳爽心，优美。为此，演讲者必须认真对语音进行研究，努力使自己的声音达到最佳状态。

一般来说，最佳语言是：

（1）准确清晰，即吐字正确清楚，语气得当，节奏自然；

（2）清亮圆润，即声音宏亮清越，铿锵有力，悦耳动听；

（3）富于变化，即区分轻重缓急，随感情变化而变化；

（4）有传达力和浸透力，即声音有一定的响度和力度，使在场听众都能听真切，听明白。

演讲语言常见的毛病有声音痉挛颤抖，飘忽不定；大声喊叫，音量过高；音节含糊，夹杂明显的气息声；声音忽高忽低，音响失度；朗诵腔调，生硬呆板等。所有这些，都会影响听众对演讲内容的理解。

（二）词句流利、准确、易懂

听众通过演讲活动接受信息主要诉诸听觉作用。演讲者借助口语发出的信息，听众要立即能理解。口语与书面语之间有较明显的差距。有人说，书面语是最后被理解，而口语则需立即被听懂。与书面语相比，口语具有以下特点：

（1）句式短小。演讲不宜使用过长的句子。

（2）通俗易懂。要使用常用词语和一些较流行的口头词语，使语言富有生气和活力；

（3）不过多地做某些精确的列举，特别是过大的数字，常用约数。

（4）较多地使用那些表明个人倾向的词语，诸如“显而易见”“依我看来”等，并且常常运用“但是”“除了”等连接词，使讲话显得活泼、生动、有气势。当然，讲究表意朴实的口语化，绝不能像平常随便讲话那样任意增减音节，拖泥带水，吭吭巴巴，这样便损害了口语的健康美，破坏了语言的完整性。

（三）语调贴切、自然、动情

语调是口语表达的重要手段，它能很好地辅助语言表情达意。同样一句话，由于语调轻重、高低长短、急缓等的不同变化，在不同的语境里可以表达出种种不同的思想感情，一般来讲，表达坚定、果敢、豪迈、愤怒的思想感情，语气急骤，声音较重；表达幸福、温暖、体贴、欣慰的思想感情，语气舒缓，声音较轻；表示优雅、庄重、满足，语调前后尽弱中间强。只有这样，才能绘声绘色，传情达意。

语调的选择和运用，必须切合思想内容，符合语言环境，考虑现场效果。语调贴切、自然正是演讲者思想感情在语言上的自然流露。所以，演讲者恰当地运用语调，事先必须准确地掌握演讲内容和感情。

五、说话的速度

说话的速度也是演讲的要素。为了营造沉着的气氛，说话稍微慢点很重要。标准大致为5分钟三张左右的A4原稿，不过，要注意的是，倘若从头至尾一直以相同的速度来进行，听众会睡觉的。

科学的发音取决于科学的运气，有些演讲者时间稍长点就底气不足，出现口干舌燥、声音嘶哑的现象，此时，只得把气量集中到喉头，使声带受压，变成喉音。

“气乃音之帅。”气息是声音的原动力，科学地运用运气发音方法可以便声音更加甜美、清亮、持久、有力。要达到这个目的，平时要加强训练，掌握胸腹联合呼吸法。其要领是：双目平视，全身放松，喉松鼻通，无论是站姿还是坐式，胸部稍向前倾，小腹自然内收。

吸气方法是：扩展两肋，向上向外提起，感到腰带渐紧，后腰有撑开感。横隔膜下压腹部扩大胸腔体积，小腹内收，气贯“丹田”。用鼻吸气，做到快、缓、稳。

呼气方法是：控制两肋，使腹部有一种压力，将气均匀地往外吐，呼气时用嘴，做到匀、缓、稳。

六、控场与应变

（一）控场的要求

所谓控场，就是演讲者对演讲场面进行有效控制的技能和办法。

（1）亮相得体。上场时务必大方自然，充满信心；上场后可先环视一下全场，接着开始演讲。缩手缩脚或忸怩作态，是上场亮相的大忌。

（2）脱离讲稿。这既有助于增强听众对演讲者的信服感，也有利于演讲者与听众更好地进行面对面的交流。

（3）动静结合。演讲者不仅要把目光、动作的变换作为表达感情的一种方式，而且要把它作为吸引听众注意力的重要手段。

（4）变换节奏。演讲者应以抑扬顿挫的不同语调和急缓快慢的不同速度进行演讲。

（5）设置悬念。在必要的地方设置悬念，以激发听众的兴趣，调动听众的情绪。

（6）有意提问。演讲者根据演讲内容和场上情况，在适当之处问“为什么”或“怎么办”，促使听众产生积极的智力活动。

（7）临乱不惊。一旦出现秩序混乱的现象，演讲者须镇定自若，要根据造成混乱的不同原因，采取不同的应变措施。

（二）应变的方法

所谓应变，是指演讲者在演讲过程中，面对主观或客观出现的突发事件和意外情况所造成的阻碍和干扰时，敏锐、及时、准确地作出反应，并采取有效措施，迅速、果断、巧妙地平息和排除，使演讲顺利进行的一种技巧、方法或处理能力。

应付主观之变的方法：

1. *应付忘却法*

演讲者在演讲中思维的链条突然中断，以致忘却了下面的内容，往往使本来很精彩的演讲毁于一旦。应付忘却有以下几种方法：

（1）插话衔接法。当你一旦忘却的时候，立即插入一两句与演讲内容有关的问话。利用短暂的时间，加速回忆下面要讲的内容。比如讲着讲着忘却了，这时切不可停顿，你应当面向广大听众问一句：“同志们，前面这一部分我不知道大家是否听清楚了？”话音落后，你就可以扫视全场，而就在扫视的瞬间，就完全可以想起下面应当讲的内容了。一旦想起，你就可以说：“好，既然大家听清楚了，我就继续讲下去。”

（2）重复衔接法。重复衔接法，就是一旦忘却的时候，要把最后这句话再加重语气重复一遍。这样，往往能使断了的思维链条再衔接起来，使演讲顺畅地继续下去，比如前段演讲最后一句话是：“我理解了他们的爱吗？我懂得爱他们吗？”而后段前句话是：“从那以后我变了”。一旦前段讲完了，而后一段的前句话又忘了，这时，你可以有意地加重语气，重复讲一遍前段最后的那句话“我懂得爱他们吗？”往往就在重复的这一瞬间，便想起了后段的第一句话“从那以后我变了”。这样，演讲就可以继续下去了。

（3）跳跃衔接法。演讲者常常出现的忘却，并不是把后面的全部忘却了，而仅是把下段的第一句或整段忘记了。这时只好随方就圆，忘却就忘却吧，哪里没忘，就从那里接着讲下去。这就是跳跃衔接法。用这种方法虽然丢掉了几句话，甚至一个段落，但它总不至于因中断而破坏了演讲的气氛，涣散了听众的注意力，影响整个演讲的效果。如果这几句话或这段比较重要，演讲期间又想起来了，可采取在收尾前补充的办法。比如可以这样说：“这里值得一提的是……”就可以把忘掉的重要段落补充进去了。

2. *除失误法*

失误就是讲错了话，这是最普遍的毛病。比如张冠李戴，讲错了词句、数字、年代等。一般可以在发觉的时候重复一下，这就是一种纠正。不关键的大可不必纠正。另外，应付客观之变的方法：

（1）听众对象突然变化——因人演讲，随机应变。

（2）演讲的主题与他人撞车——除专题赛外，要重新选材组稿，或提取部分引出新意。

（3）突然发现有名人、领导或专家到场——强化“我是讲台主人”，照讲不误。

（4）由于某种原因，听众甚少——或热情不减，或交谈讨论。

（5）听众在听演讲时兴趣转移——敏锐抓住这一兴趣，生发开去，巧妙转移，再回主题。

（6）听众对演讲不感兴趣，反应冷漠——一要插讲故事，来一点幽默；二要调整内容，提高技艺。

（7）听到台下喝倒彩声——见怪不怪，冷眼相视，置之不理，切勿生气。

（8）出现对立观点和对立情绪——切勿截流，慢慢疏导，善言商榷，会后推敲。

（9）反响强烈，不时掌声——暂停演讲，目谢听众。切勿趾高气扬，应有礼有节。也不必羞怯不安，而应大方稳重。

（10）收到条子或当场提问——根据具体情况及时作答或恰当处理。

（11）突然停电，扩音器无声，场内变暗，或突然雷雨大作——要镇定，可开开玩笑。设法补救。

此外，还要注意如下几点：

（1）开发想像力。积累资料，丰富知识，善于纵横联想和左右取舍。

（2）锻炼洞察力。登台说话时能眼观四路，耳听八方，见微知著，迅速反馈。

（3）培养感受力。感受听众心理和情绪，知道他们的愿望与祈求。

（4）提高判断力。能正确分析听众的情绪反馈，并迅速作出对应的决断回音。

（5）增强应变力。经常参加辩论会、辩论赛或观看辩论会、辩论赛。

七、演讲的表情与姿势

演讲者的表情与姿势可以帮助听众理解演讲的内容，可以进行情感交流。

（一）在表情中，眼神起着非常重要的作用

目光语言就是以目光来表达思想感情的一种形式。人类的目光也是一种“语言”，要学会用眼睛“说话”。人们的喜怒哀乐、爱憎好恶等思想情绪的存在和变化，都可以从眼睛这个神秘的器官中显示出来，目光语言可以成为有声语言的有力辅助手段。

眼神与语言之间有一种同步效应，人们的思想感情常常是通过眼神自然流露出来。不同的眼神，给人以不同的印象。眼神坚定明澈，使人感到坦荡、善良、天真；眼神阴暗狡黠，给人以虚伪、狭隘、刁邪之感；左顾右盼，显得心慌意乱；翘首仰视，露出凝思高傲；低头俯视，露出胆怯、害羞。眼神会透露人的内心真意和隐私。演讲者的眼神变化要与演讲内容的发展和自己情绪的变化相协调，要注意眼神运用的多样性，准确地表情达意，给人以胸怀坦荡的感觉。

眼神不仅可以辅助有声语言表达思想感情，而且有时还能直接代替语言。例如，在演讲过程中，现场出现局部骚乱等情况，演讲者可以不开口，而采取盯视法，使观众领会其意。演讲者既要保持视线的目标在正前方，炯炯有神地面对听众，又要不断地兼顾全场，了解听众反应。自如地学会运用眼神的三种技法：即点视法、环视法和虚视法。

1. 点视法

即有目的、有针对性地注视某一局部听众。运用这种方法针对性强，目光含义要明确，同时要适可而止，避免与听众目光长时间直接接触，以免被注视的听众感到局促不安和其他的听众受到冷落。

2. 环视法

即目光有节奏或周期性地环视全场。照顾全场，统帅全局。运用这种方法可使听众产生亲切感。但必须注意，一定要照顾全局，不可忽视任何角落的听众；同时，头部摆动幅度不宜过大，眼珠不可肆意乱转。

3. 虚视法

即目光似盯未盯地望着观众。这种方法显示出演讲者端庄大方的神态。

运用眼神、表情作为演讲的辅助手段，要注意变化，不要僵化；要自然，不要造作；要与演讲内容紧密配合，不要脱离内容。表现出信心和活力，显出风度。

（二）在姿势中，手势起着非常重要的作用

任何的手势、动作都有一定的含义，用来传达某种信息。一定的手势包括着一定的意义。

第一是手指的几种形态。竖起大拇指，可以表示夸赞之意；食指指向前，可能表示指责，也可能表示某个方向；食指指向下，可能表示此地或现在；食指指向上，可能表示引起注意或强调。

第二是拳的几种形态。拳头左右挥动，可以表示鼓动，也可表示抗议；拳头上下挥动可以表示决心，也可表示愤怒。

第三左边的手势可以表示向小范围听众致意；中间的手势可以表示向较大范围听众致意；右边的手势可以表示不同意某个意见，也可表示号召人们向前奋进。

我们提倡演讲手势动作要文雅大方。现以最简单的手势“我”为例，手势就有多种：

有以手轻抚胸口的，有以食指指自己鼻子的，还有以拇指自指的。这三者相比，以第一种最为文雅。而第三种以大拇指翘起，手势与夸赞相同，颇有些“老子天下第一”的味道，所以容易给人以粗俗之感。右手轻抚胸口，这个手势与表示谦虚和诚意的手势相类似，所以给人以文雅之感。一般来说，表达同一个意义的手势不止一个，应该有选择地采用。

我们主张手势明确、简洁，不要使用含义不清的“小动作”。特别是一些下意识动作的简单重复，更应注意避免。例如有的人在讲台上喜欢用手指拧衣角；有的人喜欢用一个手指翘起来；还有的人习惯性地摇晃身体，抖动腿部。这些“小动作”没有明显的含义，却破坏了演讲者的形象美。

八、演讲稿的写作技巧

一次成功的演讲，有赖于综合素质的完美结合，有赖于临场的出色发挥，也有赖于事先的精心准备，而写好演讲稿则是其中最关键的工作。

演讲稿通常从形式上分为提纲式、略稿式、详稿式演讲稿三种。

（一）提纲挈领，纲举目张——提纲式演讲稿

这是演讲者最简要的一种写稿方式。其实质是把演讲者的“腹稿”按照逻辑顺序，简要地写在纸面，提纲挈领，以纲代目，使演讲者有所遵循，不至于“跑题”，但又给即兴发挥留下充分的余地和空间。它的特点是：能避免读稿式演讲和背诵式演讲共同的弊病——与听众感情交流太少。提纲式演讲稿，通常把演讲者的主要观点、论题，按照逻辑顺序简要标明，把整个演讲的结构层次、主要例证用简练的句子排列出来。演讲时根据提纲开启思路，再逐一展开，摆事实，讲道理，驳谬论，提主张，围绕中心论题加以阐述和辩论。也可以根据听众反应、现场的状况及时调整、增删演讲的内容，以增强针对性和真实感。提纲式演讲稿保持了读稿式演讲和背诵式演讲的优点——对所讲的内容可以事先有所准备，收集有关资料，考虑演讲要点和论证方法，但不必一字一句写成完整的演讲稿，以省时省力。

（二）经纬交错，细针密线——略稿式演讲稿

这种演讲稿介于提纲式演讲稿与详稿式演讲稿之间，兼有两者的优点，又摒弃了两者的缺点。一方面，它具有坚实的骨架，用演讲者的基本观点支撑、连接，做到提纲挈领、纲举目张；另一方面，又用分论点和典型事例、有关资料，紧密围绕支撑着分论点，具有政论文的某些特色。这类演讲稿比提纲式演讲稿翔实牢靠，花费的力气也多，使用起来更方便，既可像详稿式演讲稿那样读稿或背稿，又可脱离讲稿即兴发挥补充，因而显得演讲者胸有成竹，游刃有余，给人以生动活泼之感，较易与听众进行感情沟通和交流。

（三）周密翔实、文采灿然——详稿式演讲稿

详稿式演讲稿是读稿式演讲和背诵式演讲的讲稿和依据。它本身就是一篇观点鲜明、结构完整、层次清晰、逻辑严密、论述有力、文采灿然的文章。由演讲者事先精心准备，撰写而成。演讲时，演讲者只要带着强烈的思想感情色彩，逐字逐句地向听众宣读一遍或背诵一遍即可。其优点是演讲者对所讲的观点、内容事先加以充分准备，慎重考虑，反复推敲，并旁征博引，使事实论据和道理论据充分、准确、有力，像写议论文一样可以有引论（提出问题）、本论（分析问题）、结论（解决问题），可以把以正面阐述道理为主的立论和以批驳错误论调为主的驳论有机地结合起来，可以充分运用记叙、议论、说明、描写、抒情等表达方式，体现演讲者的内在素质，德、才、学、识相统一，以雄辩的逻辑力量和超凡脱俗的人格魅力，来打动人心，征服听众。

要写好详稿，必须考虑演讲时的具体情状：文章是平面式的，靠读者去阅读；而演讲稿则是立体式的，要通过眼、耳、鼻、舌、身，全方位地去感染听众，所以必须考虑演讲的五大要素在讲稿中的体现，即：演讲者的立场，这是演讲的灵魂；内容，这是演讲的生命；语言，这是演讲的武器；动作，这是演讲的无声语言；情态，这是演讲的神韵和风格。此外，还要关注严肃与活泼、雅与俗、口语与书面语、快与慢、低潮与高潮、悬念与细节诸多因素的辩证统一，从而把演讲与一般读书念报、发言讲话区分开来，把演讲的魅力与艺术体现出来。

读稿式演讲和背稿式演讲是当前学生中普遍采用的方式，但处理不好，则影响其表达效果。读稿式演讲倘若只是一味低头读稿，目光一直盯着稿件，限制了演讲者与听众的感情交流，容易使人厌倦；背稿式演讲是在熟读详稿的基础上，背熟脱稿，像即兴演讲那样。目光始终对着听众，容易交流感情。但这种方式也有弱点，由于演讲者事先在口头语言和态势语言（以手势助说话）的表达方面做了详细周密的准备，倘不自然，就会有矫揉造作之感。

第四部分　戏剧欣赏

戏剧概述

一

中国古典戏剧是中华民族文化的重要组成部分，在世界剧坛占有独特的地位，与古希腊悲喜剧、印度梵剧并称为世界三大古剧。

戏剧的起源可追溯到原始时代带有巫术色彩的歌舞活动，其目的是通过娱神祈求获得神灵的保佑。后来演员替代巫师，娱神转向娱人，巫术仪式就转化成了戏剧表演。周朝开始有了职业演员优伶，以表演歌舞、调笑逗乐和诙谐滑稽为主，比如“优孟衣冠”的典故讲的就是春秋时楚国著名艺人优孟的一次精彩表演。在汉代，随着经济繁荣及丝绸之路开辟所带来的多民族艺术的交流，出现了百戏的繁盛局面。百戏是各种技艺歌舞的总称，其中角（jué）抵戏这种形式一直延续下来。到南北朝时又出现了《踏谣娘》《兰陵王》等剧目。至唐代又产生了参军戏及拨头，前者主要由参军和苍鹘两个角色作滑稽的对话和表演，以讽刺时政和社会现象；后者是一种戴假面具的乐舞，来自西域。

宋代随着城市的繁荣和市民阶层的扩大，适应市民口味的文化娱乐形式获得长足发展，出现了专供演出的固定场所瓦舍、勾栏及职业演艺人员，发展出戏剧的初步形式杂剧。而当时在金国则出现了院本这种与杂剧分庭抗礼的戏剧形式，金院本作品现已失传。诸宫调也已出现，产生于北宋，取同一宫调的若干曲牌联成短套，首尾一韵，再用不同宫调的许多短套联成长篇，杂以说白，以说唱长篇故事。最有名的是金代董解元的《西厢记诸宫调》，又称《董西厢》。北宋末年在温州一带产生永嘉杂剧，主要采用南方曲调，故又称南戏，至南宋时流行开来。南戏是我国戏剧最早的成熟形式之一，对明、清两代的戏剧影响颇大。

经过自宋至元的长期酝酿，元杂剧以其高度的社会价值、杰出的艺术成就和独特的形式体制，开辟了我国戏剧文学的黄金时代。元杂剧最重要的作家为“元曲四大家”（关汉卿、马致远、白朴、郑光祖）和王实甫。有“曲状元”之称的马致远的代表作《汉宫秋》，白朴的代表作《梧桐雨》和《墙头马上》，郑光祖的代表作《倩女离魂》。关汉卿是我国戏剧史上最伟大的剧作家，是元杂剧的奠基人和元前期剧坛领袖。他的剧作当行本色，雅俗共赏，代表作有《窦娥冤》《救风尘》《望江亭》《单刀会》等，分别塑造了窦娥、赵盼儿、谭记儿、关云长等个性鲜明的人物形象。《窦娥冤》是关汉卿最优秀的作品，也是我国戏剧史上不可多得的悲剧典范，与《汉宫秋》《梧桐雨》和纪君祥的《赵氏孤儿》并称“元人四大悲剧”。该剧通过年轻的寡妇窦娥被封建礼教、泼皮无赖、贪官污吏戕害致死的悲惨遭遇，揭露了元代司法吏治的腐败和社会现实的黑暗，歌颂了被压迫人民不屈不挠的斗争精神，成功地塑造了窦娥这个具有反抗精神的妇女形象。王实甫的代表作是《西厢记》，有“天下夺魁”之誉。该剧通过崔莺莺和张君瑞的爱情故事，批判了封建礼教和门阀婚姻制度，歌颂了青年男女对自由爱情的热烈追求，表达了“愿普天下有情的都成了眷属”的爱情理想，塑造了莺莺、张生、红娘、老夫人等典型的人物形象。该剧篇辐宏博，构思巧妙，结构严谨，语言典雅清丽，被视为元杂剧的压卷之作，至今盛演不衰。

元末杂剧衰微，南戏又复盛行，出现了高明的《琵琶记》（被誉为“南戏之祖”）以及“荆、刘、拜、杀”四大传奇（指《荆钗记》《白兔记》《拜月亭》《杀狗记》四大南戏），为明清传奇奠定了基础（明清传奇是宋元南戏的进一步发展）。

明代剧坛以明万历为界可分为两大阶段：前期是杂剧、传奇分头并进的阶段，徐渭、康海是优秀的杂剧作家，代表作分别是《四声猿》《中山狼》；后期是传奇取代杂剧一统天下的时期，产生了杰出的剧作家汤显祖。汤显祖思想上追求个性解放，提出以情反理的进步主张；创作上反对拘于声律，提倡性灵，代表作是“临川四梦”（指《牡丹亭》《紫钗记》《南柯记》《邯郸记》），其中《牡丹亭》影响最大，是我国戏剧史上的浪漫主义杰作。该剧通过女主人公杜丽娘由情而梦，由梦而死，死而复生，终于与柳梦梅结成眷属的故事，表现了青年男女追求自由幸福生活的曲折过程，反映了“情”与“理”的冲突，肯定了人包括情欲在内的自然本性，否定了扼杀人性的理学，体现了个性解放的时代精神。全剧以新颖的构思、深刻的主题、细腻的心理描写、瑰奇的艺术境界、精美的曲词，显示了作者非凡的艺术才能。

清代戏剧创作也有重要收获。清初吴伟业的《秣陵春》、“苏州派”作家李玉的《清忠谱》等作品，反映了明、清交替之际的民族矛盾和社会现实。《清忠谱》真实地再现了明末东林党人和苏州人民反抗阉党魏忠贤的斗争，是我国戏剧史上第一部“事俱按实”的历史戏。“南洪北孔”的出现，表明清传奇创作高潮的到来。洪昇的《长生殿》对唐明皇、杨贵妃爱情悲剧这一传统题材进行了新的演绎，以李、杨爱情为主线，展现了广阔的社会生活画面，既对他们的爱情进行了歌颂，又揭示了安史之乱背后所隐含的深刻社会危机和政治危机。全剧结构精巧严密，情节曲折动人，语言清丽流畅，充满诗情画意。孔尚任的《桃花扇》是“借离合之情，写兴亡之感”的历史剧，通过明末复社文人侯方域与秦淮名妓李香君悲欢离合的爱情故事，反映了南明王朝兴亡的历史，揭示了南明覆亡的原因，达到了艺术真实与历史真实的较好统一。该剧剧情起伏多变，结构不枝不蔓，人物形象各具特色，有着深厚的内涵。嗣后，传奇日趋衰微，各种地方戏则兴盛起来，标志着近代京剧和三百余种地方戏将要登台成为中国戏剧的主力军了。

二

中国现当代戏剧以引入、接受外来话剧为开端。五四时期，为适应新文化运动的要求，话剧运动再次兴起。1918 年《新青年》出“易卜生专号”，形成了介绍外国戏剧理论、翻译外国剧作的热潮。当时出现了戏剧专门学校、戏剧团体和刊物，形成了多种戏剧流派。从 1921 年开始，中国现代话剧进入了建设发展时期。

中国现代话剧史上，第一部剧作是胡适模仿易卜生名剧《娜拉》而作的《终身大事》。剧作取材五四时期的社会现实，表现反封建、争取婚姻自由、追求人格独立的新主题，开“五•四”社会写实剧风气之先。

此时期主要剧作家有田汉、郭沫若、丁西林、欧阳予倩、熊佛西等。

现代话剧运动的重要开拓者之一、革命戏剧运动的奠基人田汉，是这一时期创作最丰富的剧作家，写有二十多部话剧，主要代表作品是《获虎之夜》和《名优之死》。《获虎之夜》描写在封建思想的禁锢下，莲姑和黄大傻爱情自由与个性解放面临的严酷现实。《名优之死》通过京剧名伶刘振声的遭遇，暴露了半封建半殖民地旧中国社会的黑暗。田汉的早期剧作主题为反帝反封建、表现“五四”时代精神，在浪漫主义与现实主义的交叉运用中透露着热烈、悲凉的艺术情调。以写独幕剧见长的丁西林，被人冠以“独幕剧圣手”“中国的莫里哀”的美名。他的代表作《一只马蜂》，戏剧语言机智幽默，具有喜剧色彩。此外，欧阳予倩写的《泼妇》、熊佛西写的《蟋蟀》也很有名。

1927 年大革命失败后，大批追求革命的小资产阶级知识分子云集上海，使上海成为话剧运动中心。1931 年成立的“中国左翼戏剧家联盟”（简称“剧联”）提出了“无产阶级戏剧”的口号，出现了田汉领导的“南国社”和洪深领导的“复旦剧社”等五大剧社，出版了介绍戏剧的刊物，公演了外国左翼作家的剧作。

20 世纪 30 年代中国话剧在普及和发展中走向成熟。有名的剧作家有曹禺、田汉、洪深、夏衍等。现代话剧的奠基人曹禺，在这一时期创作了《雷雨》《日出》和《原野》。曹禺戏剧的成功，标志了中国话剧进入了成熟期。四幕话剧《雷雨》通过对各色人物不同命运的描写，批判了封建家庭的腐朽和资产阶级的罪恶，塑造了周朴园、繁漪、鲁大海、四凤、鲁妈等形象，剧作思想和戏剧艺术形式上的巨大成功，使该剧成为现代戏剧史上的经典之作。田汉创作的《回春之曲》，全剧将抗战主线与男女主人公爱情线索交织起来，塑造了梅娘这一形象，剧作具有现实鼓动性，又有抒情性和传奇性。夏衍写了《上海屋檐下》和《赛金花》，历史讽刺剧《赛金花》被誉为“国防戏剧的力作”。洪深写了《农村三部曲》（《五奎桥》《香稻米》《青龙潭》），话剧舞台首次出现了农民形象，这是“五• 四”以来现代戏剧史上首次较全面反映农村生活的剧作。

抗日战争初期，民族精神被激发，小型抗日剧作大量涌现，出现了街头剧等形式的广场戏剧。著名的剧作有《放下你的鞭子》《三江好》等。之后，由于政治格局与民族矛盾等原因的影响，现代历史剧空前活跃。郭沫若创作了《屈原》《虎符》《孔雀胆》等 6 部历史剧，其成就、影响最大。其中《屈原》把历史与现实结合起来，通过歌颂历史人物屈原，表现了作者强烈的民族忧患意识，此剧成为中国现代历史剧的传世之作。

全国解放初期，革命历史题材是戏剧创作的主要内容，有名的作品有胡可的《战斗里成长》、陈其通的《万水千山》、宋之的《保卫和平》等。此外，反映现实生活、揭露生活矛盾的剧作中，比较有影响的是海默的《洞箫横吹》、杨履方的《布谷鸟又叫了》等。

20 世纪 50 年代末至 60 年代初，反右斗争扩大化和人民公社、大跃进等重大错误，使戏剧创作中粉饰现实的廉价浪漫主义作品增多。但历史剧却成就斐然，名作有郭沫若的《蔡文姬》，田汉的《关汉卿》《文成公主》，曹禺的《胆剑篇》等。同时，反映现实生活的剧作，主要有沈西蒙的《霓虹灯下的哨兵》、陈耕的《年青的一代》、贾六的《雷锋》等。

十七年时期，戏剧创作成就最大的是老舍。新中国成立后，老舍共创作、改编了 23 个剧本，被誉为“文艺界的劳动模范”。老舍最有影响的表现现实生活的剧本是《龙须沟》，因此剧，老舍被誉为“人民艺术家”。1957 年发表的《茶馆》，是老舍戏剧创作的一座里程碑，这部戏是中国当代戏剧创作最杰出的作品之一。

1965 年对吴晗新编历史剧《海瑞罢官》的批判，拉开了文革的序幕，文革十年戏剧舞台荒芜，全国只有 8 个样板戏。

粉碎“四人帮”后，最早出现的是揭批“四人帮”、歌颂老一代的戏剧作品，如王景愚的《枫叶红了的时候》、苏叔阳的《丹心谱》、宗福先的《于无声处》、邵冲飞的《报童》、程士荣的《西安事变》等。

十一届三中全会后，剧作家的目光开始转向了四化建设和生活中的矛盾斗争，出现了社会问题剧，如《报春花》（崔德志）、《未来在召唤》（赵梓雄）、《谁是强者》（梁秉坤）、《救救她》（赵国庆）等，剧作大多锋芒凌厉，具有社会轰动效应。

20 世纪 80 年代初，出现了探索性戏剧，剧作手法不一，追求不同。1985 年前，探索戏剧较多地受到西方戏剧观念和手法的影响，如《秦王李世民》（颜海平）、《阿 Q 正传》（陈白尘）、《绝对信号》（高行健）、《屋外有热流》（马中骏）等。1985 年以后，戏剧则更多表现为现实主义的深化，文化成为最具吸引力的审美视角，有影响的如《狗儿爷涅槃》（刘锦云）、《桑树坪纪事》（徐频莉编剧）等，创作表现手法不一，思想艺术的审美呈多元化发展。

三

西方戏剧的源头是古希腊戏剧。古希腊戏剧成就最高的是悲剧和喜剧。

古希腊悲剧的内容，基本取材于神话和传说。埃斯库罗斯、索福克勒斯和欧里庇得斯是古希腊的三大悲剧作家。埃斯库罗斯，被人誉为“悲剧之父”，他的悲剧作品流传至今仅 7 部，最著名的是“普罗米修斯三部曲”之一的《被缚的普罗米修斯》。索福克勒斯，传说他一生写过 120 多部作品，现存 7 部，其代表作是《俄底浦斯王》。剧本主要表现了人的意志与命运之间的矛盾冲突，因而被称为“命运悲剧”。欧里庇得斯，一生写过 92 部作品，现存 19 部，被誉为“剧场里的哲学家”，其代表作是《美狄亚》。

古希腊喜剧的雏形产生于公元前 5 世纪下半叶，主要形式分两种，一种是西西里喜剧，另一种是阿提卡喜剧。阿提卡喜剧的发展，经历了旧喜剧、中喜剧、新喜剧三个阶段。阿里斯托芬是雅典旧喜剧的代表人物，他一生共写过 44 部喜剧，现存 11 部。《鸟》是阿里斯托芬旧喜剧中首屈一指的作品，描写两个雅典人不满生活的混乱、逃至鸟的国度的故事。

威廉•莎士比亚是欧洲文艺复兴时期最伟大的戏剧家，被称为世界戏剧史上的泰斗。莎士比亚在 20 余年的戏剧创作生涯中，共创作了历史剧 10 部、喜剧 10 部、悲剧 10 部、悲喜剧 3 部等。莎士比亚创作的著名的历史剧有《亨利四世》《亨利五世》，喜剧当中，《第十二夜》是杰出代表。悲剧以《哈姆莱特》《奥赛罗》《李尔王》和《麦克白》最为著名，被公认为莎士比亚的“四大悲剧”。莎士比亚的戏剧创作，继承了古希腊罗马戏剧的传统，又继承了英国民族戏剧的传统，把人物活动置于广阔的社会背景中去刻画，注重情节的生动性、丰富性，塑造了一系列个性鲜明的人物形象，使戏剧创作达到了前所未有的水平。

17 世纪西方文学的主要成就是法国的古典主义戏剧。古典主义戏剧在艺术上以古代希腊、罗马为典范，强调一部剧本中地点、情节、时间同一的“三一律”。皮埃尔•高乃依是古典主义悲剧的创始人，代表作《熙德》是古典主义第一部典范作品。让•拉辛是古典主义悲剧的另一位代表人物，其代表作是《安德洛玛克》。莫里哀是法国古典主义最杰出的代表，他的喜剧成就超过了古典主义悲剧，《伪君子》是其代表作，该剧本深刻地揭露了教会势力的虚伪性和欺骗性。

亨利克•易卜生是挪威杰出的戏剧家，其代表作是《玩偶之家》。他创作的社会问题剧发扬了现实主义精神，深刻地揭示了资本主义社会的腐朽、虚伪，批判了资本主义社会中的种种丑恶。

象征主义戏剧是古典戏剧与现代戏剧的分界线，其具有代表性的作家是比利时的梅特林克和德国的霍普特曼。梅特林克的代表作是《青鸟》，霍普特曼的代表作是《晨钟》。

表现主义戏剧产生于第一次世界大战前夕的德国，盛于二十世纪二三十年代的德国和美国。尤金•奥尼尔是表现主义戏剧具有代表性的作家，曹禺先生称他是“美国现代戏剧之父”，其代表作是《毛猿》。

荒诞派戏剧是第二次世界大战后在西方戏剧舞台上出现的一种新的戏剧品种。在艺术上，荒诞派戏剧没有什么戏剧性事件和情节，只有零乱、破碎的舞台形象。荒诞派戏剧的创始人是德国的尤金·尤奈斯库，其代表作是《秃头歌女》。德国作家塞缪尔·贝克特是荒诞派戏剧具有代表性的作家，《等待戈多》是其代表作。该剧本深刻地反映了第二次世界大战后西方普遍存在的幻灭情绪，揭示了人类在一个荒谬世界中的尴尬处境。该剧在结构上采用反复再现的手法来组织情节，打破了传统戏剧的方式。该剧人物语言重复、啰嗦，体现出非逻辑性、无意义性，具有相当强烈的艺术效果。

戏剧欣赏

西厢记——拷红

王实甫

[作者简介]

王实甫，名德信，字实甫，大度（今北京人）。生平事迹已难确考，主要活动约在元成宗元贞、大德年间（1295—1307）。元代前期杰出的剧作家。他是一个失意文人，与演员、歌妓来往密切，剧本内容多写儿女风情，具有一定的反封建意义。曲词清丽，风韵优美。著有杂剧14种，现存《西厢记》是他的代表作，有“天下夺魁”之誉。

第二折

[夫人引俫上云]这几日窃见莺莺语言恍惚，神思加倍，腰肢体态，比向日不同。莫不做下来了么？[俫云]前日晚夕，奶奶睡了，我见姐姐和红娘烧香，半晌不回来，我家去睡了。[夫人云]这桩事都在红娘身上，唤红娘来！[俫唤红科][红云]哥哥唤我怎么？[俫云]奶奶知道你和姐姐去花园里去，如今要打你哩。[红云]呀！小姐，你带累我也！小哥哥，你先去，我便来也。[红唤旦科]姐姐，事发了也。老夫人唤我哩，却怎了？[旦云]好姐姐，遮盖咱！[红云]娘呵，你做的隐秀者[1]，我道你做下来也！[旦念]月圆便有阴云蔽，花发须教急雨催[2]。[红唱]

[越调][斗鹌鹑]则著你夜去明来，倒有个天长地久；不争你握雨携云[3]，常使我提心在口[4]。则合带月披星，谁著你停眠整宿？老夫人心数多[5]，情性㑇[6]，使不著我巧语花言，将没做有。

[紫花儿序]老夫人猜那穷酸做了新婿，小姐做了娇妻：“这小贱人做了牵头”[7]。俺小姐这些时春山低翠，秋水凝眸。别样的都休[8]，试把你裙带儿拴，纽门儿扣，比著你旧时肥瘦，出落得精神，别样的风流[9]。

[旦云]红娘，你到那里，小心回话者。[红云]我到夫人处，必问：“这小贱人！[金蕉叶]我著你但去处行监坐守[10]，谁著你迤逗的胡行乱走？”若问著此一节呵如何诉休[11]？你便索与他个知情的犯由[12]。

姐姐，你受责理当，我图甚么来？

[调笑令]你绣帏里效绸缪[13]，倒凤颠鸾百事有[14]。我在窗儿外几曾轻咳嗽，立苍苔将绣鞋儿冰透[15]。今日个嫩皮肤倒将粗棍抽，姐姐呵，俺这通殷勤的著甚来由？

姐姐在这里等著，我过去。说过呵，休欢喜，说不过，休烦恼。[红见夫人科][夫人云]小贱人，为甚么不跪下！你知罪么？[红跪云]红娘不知罪。[夫人云]你故自口强哩。若实说呵，饶你；若不实说呵，我直打死你这个贱人[16]！谁著你和小姐花园里去来？[红云]不曾去，谁见来？[夫人云]欢郎见你去来，尚故自推哩。[打科][红云]夫人休闪了手[17]，且息怒停嗔，听红娘说。

[鬼三台]夜坐时停了针绣，共姐姐闲穷究[18]，说张生哥哥病久。咱两个背着夫人向书房问候。

[夫人云]问候呵，他说甚么？[红云]他说来，道“老夫人事已休，将恩变为仇，著小生半途喜变做忧”。他道：“红娘你且先行，教小姐权时落后[19]。”

[夫人云]他是个女孩儿家，著他落后怎么[20]！[红唱]

[秃厮儿]我则道神针法灸，谁承望燕侣莺俦。他两个经今月馀则是一处宿，何须你一一问缘由？

[圣药王]他每不识忧，不识愁，一双心意两下投。夫人得好休，便好休，这其间何必苦追求？常言道“女大不中留”[21]。

[夫人云]这端事都是你个贱人！[红云]非是张生、小姐、红娘之罪，乃夫人之过也。[夫人云]这贱人倒指下我来，怎么是我之过？[红云]信者，人之根本，“人而无信，不知其可也。大车无輗，小车无軏，其何以行之哉[22]？”当日军围普救，夫人所许退军者，以女妻之。张生非慕小姐颜色，岂肯建区区退军之策？兵退身安，夫人悔却前言，岂得不为失信乎？既然不肯成就其事，只合酬之以金帛，令张生舍此而去。却不当留请张生于书院，使怨女旷夫[23]，各相早晚窥视，所以夫人有此一端。目下老夫人若不息其事，一来辱没相国家谱；二来张生日后名重天下，施恩于人，忍令反受其辱哉？使至官司[24]，老夫人亦得治家不严之罪。官司若推其详[25]，亦知老夫人背义而忘恩[26]，岂得为贤哉？红娘不敢自专[27]，乞望夫人台鉴：莫若恕其小过，成就大事，撋之以去其污[28]，岂不为长便乎？

[麻郎儿]秀才是文章魁首[29]，姐姐是仕女班头[30]；一个通彻三教九流，一个晓尽描鸾刺绣[31]。

[幺篇]世有、便休、罢手[32]，大恩人怎做敌头？起白马将军故友[33]，斩飞虎叛贼草寇[34]。

[络丝娘]不争和张解元参辰卯酉[35]，便是与崔相国出乖弄丑[36]。到底干连著自己骨肉，夫人索穷究[37]。

[夫人云]这小贱人也道得是。我不合养了这个不肖之女[38]。待经官呵，玷辱家门。罢，罢，俺家无犯法之男，再婚之女，与了这厮罢！红娘唤那贱人来！[红见旦云]且喜姐姐，那棍子则是滴溜溜在我身上，吃我直说过了[39]。我也怕不得许多。夫人如今唤你来，待成合亲事。[旦云]羞人答答的，怎么见夫人？[红云]娘跟前有甚么羞？

[小桃红]当日个月明才上柳梢头，却早人约黄昏后[40]。羞得我脑背后将牙儿衬着衫儿袖。猛凝眸，看时节则见鞋底尖儿瘦。一个恣情的不休，一个哑声儿厮耨[41]。呸！那其间可怎生不害半星儿羞？

[旦见夫人科][夫人云]莺莺，我怎生抬举你来？今日做这等的勾当！则是我的孽障[42]，待怨谁的是！我待经官来，辱没了你父亲，这等事，不是俺相国人家的勾当。罢罢罢，谁似俺养女的不长俊[43]！红娘，书房里唤将那禽兽来！[红唤末科][末云]小娘子，唤小生做甚么？[红云]你的事发了也，如今夫人唤你来，将小姐配与你哩。小姐先招了也，你过去。[末云]小生惶恐，如何见老夫人？当初在谁在老夫人行说来？[红云]休佯小心，过去便了。

[小桃红]既然泄漏怎干休？是我相投首[44]。俺家里陪酒陪茶倒撋就[45]。你休愁，何须约定通媒媾[46]？我弃了部署不收[47]，你原来“苗而不秀”[48]。呸！你是个银样蜡枪头[49]。

[末见夫人科][夫人云]好秀才呵！岂不闻“非先王之德行不敢行”[50]？我待送你去官司里

去来，恐辱没了俺家谱。我如今将莺莺与你为妻，则是俺三辈儿不招白衣女婿[51]，你明日便上朝取应去。我与你养着媳妇。得官呵，来见我；驳落呵[52]，休来见我。[红云]张生早则喜也。

[东原乐]相思事，一笔勾，早则展放从前眉儿皱，美爱幽欢恰动头[53]。既能勾，张生，你觑兀的般可喜娘庞儿也要人消受。

[夫人云]明日收拾行装，安排果酒，请长老一同送张生，到十里长亭去[54]。[旦念]寄语西河堤畔柳，安排青眼送行人[55]。[同夫人下][红唱]

[收尾]来时节画堂箫鼓鸣春昼，列著一对儿鸾交凤友。那其间才受你说媒红[56]，方吃你谢亲酒[57]。[并下]

[注释]

[1] 稳秀：即隐秀，藏而不露之意。稳：通隐。红娘说反话，意谓：你们干得可真隐蔽呀！

[2] “月圆”二句：此为喻美好事物遭受摧残之常用语。

[3] 不争：此作“因为”解。

[4] 提心在口：提心吊胆，状（态）紧张的心情，即言心都到了嗓子眼儿。

[5] 心数：犹心计。

[6] 㑇[zhòu]：或作“㤘”，固执，刚愎。

[7] 牵头：男女私通的拉线人。

[8] 别样的都休：谓其他变化莫测且不用说。

[9] “试把”五句：意谓试着旧时衣装。与从前的体态相比，如今变得特别精神、特别风流。出落，长成，指身体相貌变得更加光艳动人。

[10] 但去处：只是去呀。处，语气词。行监坐守：一举一动都要监视看守。

[11] 如何诉休：如何诉说呵。《诗词曲语辞汇释》：“休，语助辞”。

[12] 犯由：犯罪的原由，即罪状。

[13] 绸缪[móu]：《诗经·唐风·绸缪》：“绸缪束薪，三星在天。今夕何夕，见此良人。”绸缪，本为紧紧捆缚之意，引申作缠绵意，后用以指男女欢会。

[14] 百事有：样样有。

[15] “立苍苔”句：句本白朴“仙吕·点绛唇”套：“深沉院宇朱扉虚，立苍苔冷透凌波袜。”

[16] 直：竟。

[17] 闪了手：扭伤了手。犹今称扭腰为闪了腰。

[18] 穷究：本指追根问底，此指聊天，说话。

[19] 权时落后：犹暂时晚走一会儿。

[20] “怎么”：原无“怎”字，据弘治本、壬伯良本补。

[21] 女大不中留：宋元谚语有“三不留”之说。康进之《梁山泊李逵负荆》第一折：“你晓的世上有‘三不留’么？……蚕老不中留，人老不中留，……常言道‘女大不中留’。”

[22] “人而无信”五句：语出《论语·为政》篇。作为一个人却没有信用，怎么可以，就像大车上没有輗[ní]，小车上没有軏[yuè]一样，还靠什么行走呢？大车，牛车；小车，驷马车；輗和軏都是车辕前面安放套牲口横木的销子，大车上的叫輗，小车上的叫軏，没有輗軏就不能套牲口，车就不能行走。

[23] 怨女旷夫：成年未嫁之女为怨女，成年未娶之男为旷夫。《孟子·梁惠王下》：“内无

怨女，外无旷夫。”

[24] 官司：本指百官，后用以指称官府。《水浒传》第十五回：“偌大去处，终不成官司禁打鱼鲜？”

[25] 推其详：追究详细情况。推：追究审问。

[26] 背义忘恩：宋·崔鹏《杨嗣复论》：“君子不记旧恶，以德报怨；而小人忘恩背义，至以怨报德。”

[27] 自专：自以为是，自作主张。乐府诗《孔雀东南飞》：“奉事循公姥，进止敢自专？”

[28] 撋：撋就，本指摩弄、揉搓义，此处意思是迁就、撮合。

[29] 文章魁首：犹言文坛领袖。魁首，首领。

[30] 仕女班头：女中领袖。仕女，贵族妇女，大家闺秀；班头，领袖，首领。关汉卿《望江亭中秋切鱼会旦》第二折：“端的是佳人领袖，美女班头。”领袖、班头对举，义同。

[31] 描鸾：描绘鸾鸟图案，这里泛指描绘刺绣的图案。

[32] 世有、便休、罢手：既然张生与莺莺做出这种事，就只能了结，放开手不必追究。

[33] 起：举荐。

[34] 草寇：聚于从林草泽中的贼寇，比喻小善战斗、容易对付的乌合之众。

[35] 参[shēn]辰：参星和辰星，亦称参商。参与辰此出彼落，不同时出现，故以参辰喻不睦或不能相见。

[36] 出乖弄丑：意谓做出错事丑事而丢人现眼。关汉卿《杜蕊娘智赏金线池》第二折：“小是我出乖弄丑，从良弃贱，我命里终须有。”

[37] 穷究：犹言慎重考虑，与作“聊天”解者不同。马致远《大石调青杏子·姻缘》套：“许持箕帚，愿结绸缪。娇羞，试穷究，博个天长和地久。”

[38] 不自：肖，似也。《说文》：“肖，骨肉相似也。……不似其先，故日不肖也。”故称子弟不贤、不孝父母为不肖。

[39] 吃：此作“被”解。

[40] “当日个”二句：语本欧阳修《生查子》：“去年元夜时，花市灯如昼，月上柳梢头，人约黄昏后。”

[41] 厮耨[nòu]：纠缠戏弄之意。

[42] 孽[niè]障：即业障。佛教称所做恶业（坏事）障碍正道，故称业障。《俱舍论》卷十七日：“一者害母，二者害父，三者害阿罗汉，四者破和合僧，五者出佛身血。如是五种，名为业障。”孽，罪恶，灾殃。孽障乃业障之讹。

[43] 长俊：即长进，向上、进步、有出息。

[44] 投首：自首。《六部成语补遗·刑部·投首》注解：“言犯罪者不待告发或官拘拿，即自行赴官衙，投到自首也。”

[45] “俺家里”句：婚姻一般是由男家备茶酒向女家求婚，现在反其事而行，由崔家倒陪茶酒撮合成婚。茶，聘礼之代称。明·许次纾《茶疏·考本》：“茶不移本，植必子牛，古人结婚，必以茶为礼，取其不移置子之意也。今人犹名其礼曰下茶。”

[46] 媒媾[gòu]：因媒而结姻，犹媒人。媾，结婚。

[47] 部署：宋元时的枪棒师傅。又，拳棒比赛主持人亦称部署，此指前者。弃部署不收，不做师傅，不收你为徒，意谓不再为你出主意帮忙。

[48] 苗而不秀：庄稼苗长得好，却不开花吐穗，比喻无用之人。

[49] 银样蜡[là]枪头：枪头的样子看上去像是银的，实际是蜡做的。比喻好看而小巧实用的样子货。蜡，即现在的焊锡，为锡与铅的合金。

[50] 非先王之德行不敢行：语出《孝经·卿大夫章》。前一“行（xìng）”为名词，品德，品质；后一“行（xíng）”为动词，贯彻，实行。

[51] 白衣：古代没有做官的人穿白衣，故以“白衣”代指没有功名官职的人，即平民。

[52] 驳落：落第。亦作“剥落”。

[53] 恰动头：犹才开始。

[54] 十里长亭：古代设在路旁供行人停宿、休息用的公用房舍，《园冶·亭》云：“亭者，停也，所以停憩游行也。”《白孔六帖》卷九：“十里一长亭，五里一短亭。”常用作送别饯行的地方，北周·王褒《送别裴仪同》：“河桥望行旅，长亭送故人。”

[55] “寄语”二句：王季思云：“《中卅集》称高汝励临终留诗，有‘寄谢东门千树柳，安排青眼送行人’句。”青眼，指柳叶。又，指黑眼珠，《晋书·阮籍传》：“籍又能为青白眼，见礼俗之士，以白眼对之。及嵇喜来吊，籍作白眼，喜不怿而退。喜弟康闻之，乃赍酒挟琴造焉，籍大悦，乃见青眼。”后以青眼表示对人的重视、喜爱。这里语意双关。

[56] 说媒红：赏给媒人的谢礼。媒人合婚而索取报酬，汉代已有此规矩。元时行媒也是求取报酬的。

[57] 谢亲酒：婚后男往女家谢亲宴饮，称为谢亲酒。

[简析]

《西厢记》描写书生张生在寺庙中遇见崔相国之女崔莺莺，两人产生爱情，通过婢女红娘的帮助，历经坎坷，终于冲破封建礼教束缚而结合的故事。《西厢记》在中国文学史上第一次鲜明地提出了“愿普天下有情人都成眷属”的美好愿望，表达了强烈的反对封建礼教，要求爱情自由、婚姻自主的思想。它体制宏伟，人物形象鲜明生动，文词华美，洋溢着诗情画意。

红娘，是王实甫在《西厢记》中着力描写并塑造得比较成功的一个光彩照人的形象。她虽然身处卑下地位，却有着高尚情操和美好心灵。红娘出于正义感，因崔老夫人的赖婚而为崔、张抱不平，并积极为崔、张二人穿针引线、成人之美。“红娘”也因此成为帮助青年男女终成眷属的热心人的代名词，在民间流传久远，这也从另一个角度体现出红娘这艺术形象的生命力。

[思考与练习]

1. 阅读《西厢记》全剧，结合“拷红”一折，分析红娘这一形象。
2. 结合《西厢记》全剧，谈谈“拷红”一折是如何描写戏剧冲突的。

[延伸阅读]

《西厢记》

牡丹亭——惊梦游园

汤显祖

[作者简介]

汤显祖（1550—1616），中国明代戏曲家、文学家。字义仍，号海若、若士、清远道人。

江西临川人。公元1583年（万历十一年）中进士，任太常寺博士、礼部主事，因弹劾申时行，降为徐闻典史，后调任浙江遂昌知县，又因不附权贵而免官，未再出仕。曾从罗汝芳读书，又受李贽思想的影响。在戏曲创作方面，反对拟古和拘泥于格律。作有传奇《牡丹亭》《邯郸记》《南柯记》《紫钗记》，合称《玉茗堂四梦》，以《牡丹亭》最著名。在戏曲史上，和关汉卿、王实甫齐名，在中国乃至世界文学史上都有着重要的地位，被誉为“东方的莎士比亚”。

[绕池游]〔旦上〕梦回莺啭，乱煞[1]年光遍。人立小庭深院。〔贴〕炷尽沉烟[2]，抛残绣线，恁[3]今春关情似去年？

[乌夜啼]〔旦〕晓来望断梅关[4]，宿妆残。〔贴〕你侧着宜春髻子[5]恰凭阑。〔旦〕翦不断[6]，理还乱，闷无端。〔贴〕已分付催花莺燕借春看。”〔旦〕春香，可曾叫人扫除花径？〔贴〕分付了。〔旦〕取镜台衣服来。〔贴取镜台衣服上〕“云髻罢梳[7]还对镜，罗衣欲换更添香。”镜台衣服在此。

[步步娇]〔旦〕袅晴丝[8]吹来闲庭院，摇漾[9]春如线。停半晌、整花钿。没揣[10]菱花，偷人半面，迤逗[11]的彩云偏。〔行介〕步香闺怎便把全身现！

〔贴〕今日穿插的好。

[醉扶归]〔旦〕你道翠生生[12]出落的裙衫儿茜，艳晶晶[13]花簪八宝填，可知我常一生儿爱好[14]是天然。恰三春好处无人见[15]。不提防沉鱼落雁[16]鸟惊喧，则怕的羞花闭月[17]花愁颤。〔贴〕早茶时了，请行。〔行介〕你看：“画廊金粉半零星，池馆苍苔一片青。踏草怕泥[18]新绣袜，惜花[19]疼煞小金铃。”〔旦〕不到园林，怎知春色如许！

[皂罗袍]原来姹紫嫣红[20]开遍，似这般都付与断井颓垣[21]。良辰美景奈何天，赏心乐事谁家院[22]！恁般景致，我老爷和奶奶再不提起。〔合〕朝飞暮卷[23]，云霞翠轩；雨丝风片，烟波画船——锦屏人[24]忒看的这韶光[25]贱！〔贴〕是花都放了，那牡丹还早。

[好姐姐]〔旦〕遍青山啼红了杜鹃[26]，那荼蘼[27]外烟丝醉软。春香啊，牡丹虽好，他春归怎占的先！〔贴〕成对儿莺燕啊。〔合〕闲凝眄，生生燕语明如翦，呖呖莺歌溜的圆。〔旦〕去罢。〔贴〕这园子委是[28]观之不足也。〔旦〕提他怎的！〔行介〕

[隔尾]观之不足由他缱，便赏遍了十二亭台是枉然。到不如兴尽回家闲过遣。〔作到介〕〔贴〕开我西阁门，展我东阁床。瓶插映山紫，炉添沉水香。小姐，你歇息片时，俺瞧老夫人去也。〔下〕

[注释]

[1] “乱煞”句：使人眼花缭乱的春光到处都是。

[2] 炷：焚烧。沉烟：名贵香料沉香燃起的烟。炷尽，表示时间过得很久。

[3] 恁：恁么、为什么。本句说：为什么对春天的关注之情今年又深似去年？

[4] 梅关：江西大庾岭有梅关，为宋代蔡挺所置。这里泛指梅树聚集的山岭。

[5] 宜春髻子：饰有宜春彩燕的发髻。古代妇女于立春日，剪色绢为燕形，贴“宜春”字而戴。见《荆楚岁时记》。

[6] “剪不断”二句：表示情绪紊乱难以排遣。原为五代李煜词《乌夜啼》中的句子。

[7] 罢梳：即梳罢，梳好。

[8] 晴丝：晴日天空中飘荡的游丝。杜甫《春日江村五首》“燕外晴丝卷，鸥边水叶开”中的“晴丝”，即指此。

[9] 摇漾：飘荡、晃动的样子。
[10] 没揣：没有料到。菱花：镜子。
[11] 迤逗：引惹、牵引。彩云：女子美丽的头发。
[12] 翠生生：色彩鲜艳、明丽。“生生”表示强调。出落的：显得。
[13] 艳晶晶：艳丽得光灿夺目。晶晶，明亮。填：嵌饰。本句说：头上戴着用种种珍宝嵌镶的花簪。
[14] 爱好：爱美。
[15] 三春好处：比喻青春美丽的时候。
[16] 沉鱼落雁：形容女子美丽得使鱼为之沉，雁为之落。见《庄子·齐物论》“毛嫱、丽姬，人之所美者，鱼见之深入，鸟见之高飞”。喧：喧哗噪叫。
[17] 羞花闭月：形容美丽得使花为之羞，月为之掩蔽。颤：抖动。
[18] 泥：玷污，作动词用。
[19] “惜花”句：唐天宝时，宁王（李宪）因为爱花，竟于花梢上系了很多金铃，一有鸟鹊来．就命园工拉动绳丝响起金铃把它们赶走。见《开元天宝遗事》。
[20] 姹紫嫣红：红、紫指花的颜色，姹、嫣指花的艳丽。本句描写百花盛开、花色娇艳的情状。
[21] 断井颓垣：败落、残破的庭院。
[22] “良辰”二句：谢灵运《邺中集诗序》：“天下良辰、美景、赏心、乐事，四者难并。”这里写杜丽娘难以排遣的惆怅。
[23] 朝飞暮卷：王勃《滕王阁诗》：“画栋朝飞南浦云，珠帘暮卷西山雨。”这里是省文，借以描写外界珠帘画栋和云飞雨卷的景象。
[24] 锦屏人：指幽居深闺、被迫与自然美景隔绝的人。
[25] 韶光：春光。
[26] 杜鹃：杜鹃花，又名映山红。古时有杜鹃啼血的传说，所以把到处开遍了杜鹃花说成“啼红科植物，棘长条状，花色如酒酿。美丽占花中第一，但它却要到春尽以抒发美好青春被耽误的伤感。
[27] 荼蘼：花名，晚春时开放。
[28] 委是：确实是。

[简析]

《牡丹亭》原名《牡丹亭还魂记》，是汤显祖的代表作，共五十五出，是我国戏曲史上浪漫主义的杰作。作品通过杜丽娘和柳梦梅曲折离奇又充满了浪漫色彩的生死离合的爱情故事的描述，洋溢着追求个人幸福、呼唤个性解放、反对封建制度的浪漫主义情怀，感人至深。它文词典丽，宾白饶有机趣，曲词兼有北曲泼辣动荡及南词宛转精丽的长处。

《游园》是第十出《惊梦》中的前半部分，由六支曲子组成，这一出戏通过长期幽居深闺的杜丽娘对美好春色的观赏，以及对春光短暂的感叹，表现出她对大自然的热爱和青春意识的觉醒，以及对自己美好青春被耽误的不满，反映了在宋明理学等封建礼教桎梏下青年女子的苦闷，揭露了扼杀人性的封建礼教对青年人的摧残和造成的不幸，表现了鲜明的反封建精神。作者透过人物欲藏又露的神态动作，主客交融的景物观照，回肠九曲的心灵告白等表现手法，把读者观众引向了人物的内心世界。情景交融手法的运用尤有特色。《游园》中的景物描写都是通过人物眼睛与人物当时的思绪，来写出人物对景物的感受。景中情，情中景浑然一体，巧妙叠出，无境不新，达到了炉火炖青的地步。

[思考与练习]

1．比较崔莺莺和杜丽娘这两个人物形象的异同。

2．谈谈《牡丹亭》艺术成就。

[延伸阅读]

《牡丹亭》

日出（节选）

曹禺

[作者简介]

曹禺（1910—1996），原名万家宝，现当代著名戏剧家。生于天津一个封建官僚家庭，自幼喜爱喜剧、文学。1933 年清华大学毕业后，入该校研究生院专攻戏剧，毕业后长期从事戏剧教学工作，解放后历任文艺界领导。

曹禺 23 岁即发表中国话剧史上的巅峰之作《雷雨》，这标志着新兴话剧艺术在中国真正走向成熟。此后又有《日出》、《原野》、《北京人》等多部经典之作问世，解放后还发表了《胆剑篇》《王昭君》等有影响的剧作。曹禺巨作思想深刻，注重戏剧形式的实践创新，不愧为中国现代戏剧大师。

出场人物

王福升——某某旅馆的茶房。

陈白露——住在某某旅馆的一个女人，二十三岁。

方达生——陈白露的旧友，二十五岁。

（福升由中门进。他早已回到旅馆，现在又穿起他的号衣施施然走进来。）

王福升　小姐。

陈白露　你来干什么？

王福升　（看见白露哭了）哦，您没有叫我？

陈白露　没有。

王福升　哦，是……（望着白露）小姐，您今天晚上喝多了。

陈白露　嗯？我今天喝了点酒。

王福升　（四面望望）方先生不在这儿？

陈白露　他还没有回来。有事么？

王福升　没有什么要紧的事。刚才又来了一个电报，是给方先生的。

陈白露　跟早上打来的是一个地方么？

王福升　嗯。

陈白露　在哪儿？

王福升　（由口袋里取出来）您要么？

陈白露　回头我交给他吧。（福升把电报交给白露）反正还早。

王福升　（看看自己的手表）早？已经四点来钟了！

陈白露　（失神地）那些人没有走。

王福升　（望左边的房门）客人们在这儿又是吃，又是喝，有的是玩的，谁肯走？

陈白露　（悲戚地点头）哦，我这儿是他们玩的地方。

王福升　（不懂）怎么？

陈白露　可是他们玩够了呢？

王福升　呃！……自然是回家去。各人有各人的家，谁还能一辈子住旅馆？

陈白露　那他们为什么不走？

王福升　小姐，您说呃……那自然是因为他们没有玩够。

陈白露　（还是不动声色地）那么他们为什么没有玩够？

王福升　（莫名其妙，不得已地笑）那……那他们是没有玩够嘿，没有玩够嘿。

陈白露　（忽然走到福升面前，迸发）我问你，他们为什么没有玩够！（高声）他们为什么不玩够！（更高声）他们为什么不玩够了走，回自己的家里去。滚！滚！滚！（愤怨）他们为什么不——（忽然她觉出失了常态。她被自己吓住了，说不完，便断在那里，低下头）

（福升望望白露的脸，仿佛很了解的样子。他倒了一杯白水，端到白露面前。）

王福升　小姐。

陈白露　（看看他手里的杯子）干什么？

王福升　您大概是真喝多了！

陈白露　（接下杯子）不，不。（摇摇头低声）我大概是真玩够了。（坐下）玩够了！（沉思）我想回家去，回到我的老家去。

王福升　（惊奇）小姐，您这儿也有家？

陈白露　嗯。你的话对的。（叹一口气）各人有各人的家，谁还一辈子住旅馆？

王福升　小姐，您真有这个意思？

陈白露　嗯，我常常这么想。

王福升　（赶紧）小姐，您要是真想回老家，那您在这儿欠的那些账，那您——

陈白露　对了，我还欠了许多债。（有意义地）不过这些年，难道我还没有还清？

王福升　（事实地）小姐，您刚还了八百，又欠了两千。您这样花法，一辈子也是还不清的。今天下午他们又来了，您看，这些账单，（又从自己口袋往外拿）这一共是——

陈白露　不，不用拿，我不要看，不要看。

王福升　可是他们说，您明天下午是非还清不可的。我跟他们说好话，叫他们——

陈白露　谁叫你跟他们说好话？冤有头，债有主，我自己没求过他们，要你去求？

王福升　可是小姐，——

陈白露　我知道，知道了！你不要再提了，钱！钱！钱！为什么你老这样子来逼我！

（电话铃响。）

…………

（中门敲门声。）

陈白露 谁？

（方达生上。）

方达生 我。（推开门进来，他还穿着他的毛蓝布大褂，神色沉郁。见着白露，微现喜色）

陈白露 你刚回来？

方达生 我回来一会，我走到你门口，听见顾太太在里面。就没进来。

陈白露 （望着他）怎么样？小东西找着了么？

方达生 （摇头）没有。那种地方我都一个一个去看了。可是，没有她。

陈白露 （黯然）这是我早料到的。（半晌，让他坐下）累了么？

方达生 有一点。不过我很兴奋，我很兴奋。我在想，这两天我不断地想着个问题。

陈白露 （笑）怎么，你又想，想起来了。

方达生 嗯。没有办法，我是这么一个人，我又想起来了。尤其是今天一晚上，叫我觉得——（忽然）我问你，人与人之间为什么要这么残忍呢？

陈白露 （笑）这就是你所想的问题么？

方达生 不，不尽然。我想的比这个问题要大，要实际得多。我奇怪，为什么你们允许金八这么一个禽兽活着？

陈白露 你这个人哪，我告诉你，不是我们允许不允许金八活着的问题。而是金八允许我们活着不允许我们活着的问题。

方达生 我不相信金八有这么大的势力。他不过是一个人。

陈白露 你怎么知道他是一个人？

方达生 （沉思）嗯……（忽然）你见过金八么？

陈白露 我没有。你想见他么？

方达生 （有意义地）嗯，我想见见他。

陈白露 那还不容易。金八多得很，大的，小的，不大不小的，在这个地方，有时像臭虫一样，到处都是。

方达生 （沉思）对了，臭虫！金八！这两个东西都是一样的，不过臭虫的可厌，外面看得见，而金八的可怕外面是看不见的，所以他更凶、更狠。

陈白露 （眼盯着达生）你仿佛有点变了。

方达生 也许。我应该谢谢你。

陈白露 （不懂）为什么？

方达生 （严重地）是你给我这么一个机会。

陈白露 我不大明白你的话，你的口气似乎有点后悔。

方达生 （肯定地）不！我不后悔，我毫不后悔多在这里住几天。你的话是对的。我应该多观察，观察这一帮东西。现在我看清楚他们了，不过我还没有看清楚你，我不明白你为什么要跟他们混？你难道看不出他们是鬼，是一群禽兽。竹均，我看你的眼，我就知道你厌恶他们。而你故意天天装出满不在意的样子，天天自己骗着自己。

陈白露 （深沉地望着他）你——

方达生 你这样看我做什么？

陈白露 （忽然——倔强地嘲讽着）你很相信你自己的聪明。

方达生　竹均，你又来了。不，我不聪明，但是我相信你的聪明。你不要瞒我，你心里痛苦。请你看在老朋友的份上，我求你不要再跟我倔强。我知道你嘴头上硬，故意说着谎，叫人相信你快乐。可是你眼神儿软，你的眼睛不住你的恐慌，你的犹疑，你的不满。竹均，一个人可以欺骗别人，但是欺骗不了自己。你这样会把你闷死的。

陈白露　（叹一口气）不过，你叫我干什么好呢？

方达生　很简单，你跟我走，先离开这儿。

陈白露　离开这儿？

方达生　嗯，远远地离开他们。

陈白露　（仰头想）可……可是上哪里去呢？我这个人在热闹的时候，总想着寂寞；寂寞了，又常想起热闹。整天不知道自己怎么样才好。你叫我到哪里去呢？

方达生　有个办法，你结婚！你嫁人！你跟我走。

陈白露　（忽然笑起来）你的拿手好戏，又来了。

方达生　不，不，你不要误会，我不是跟你求婚。我并没有说我要娶你。我说我带你走，这一次，我要替你找个丈夫。

陈白露　你替我找丈夫？

方达生　嗯，我替你找。你们女人只懂得嫁人，可是总不懂得嫁哪一类人。这一次，我带你去找，我要替你找一个真正的男人。你跟我走。

陈白露　（笑着）你是说一手拉着我，一手敲着锣，到处找我的男人么？

方达生　那怕什么？竹均，你应该嫁一个真正的男人。他站得扎实，有力量，勇敢，真干！像这两天打夯的人一样。

陈白露　哦，你要我嫁给一个打夯的？

方达生　那不也很好？！你看他们哪一点不像个男人？竹均，你应该结婚。你应该立刻离开这儿。

陈白露　（思虑地）离开？——是的。不过，结婚？（嘘出一口气）

方达生　竹均，你正年轻，为什么不试试呢？活着，原来就是不断的冒险。结婚，是里面最险的一段。

陈白露　（忽然，把头转过去，一字一字地）可是这个险，我冒过了。

方达生　（吃了一惊）什么？你试过？

陈白露　（乏味地）嗯，我试过。但是（叹一口气）一点也不险。——平淡无聊，并且想起来，很可笑。

方达生　竹均，……你……你已经结过婚？

陈白露　咦，你为什么这么惊讶？难道必须等你替我去找，我才冒这个险么？

方达生　（低声）这个人是谁？

陈白露　（神秘地）这个人有点像你。

方达生　（起了兴趣）像我？

陈白露　嗯，像！……他是个傻子。

方达生　（失望）哦。

陈白露　因为他是个诗人。（追想）这个人哪，……这个人思想起来，很聪明；做起事，就很糊涂。让他一个人说话，他最可爱；多一个人谈天，他简直别扭得叫人头痛。他是个最忠心的朋友，可是个最不体贴的情人。他骂过我，而且他还打过我。

方达生　但是（怕说的样子）你爱他？

陈白露　（肯定）嗯，我爱他！他叫我离开这儿跟他结婚，我就离开这儿跟他结婚。他要我到乡下去，我就陪他到乡下去。他说“你应该生个小孩”！我就为他生个小孩。结婚以后几个月，我们过的是天堂似的日子。他最喜欢看日出，每天早上，他一天亮就爬出来，叫我陪他看太阳。他真像个小孩子，那么天真！那么高兴！有时乐得在我面前，直翻跟头。他总是说“太阳就出来了，黑暗会过去的”。他永远是那么乐观，他写一本小说，也叫《日出》。因为他相信一切是有希望的。

方达生　不过——以后呢？

陈白露　以后？——（低头）这有什么提头！

方达生　为什么不叫我也分一点他的希望呢。

陈白露　（望着前面）以后他就一个人，追他的希望去了。

方达生　怎么讲？

陈白露　你不懂？后来，新鲜的，渐渐不新鲜了。两个人处久了，渐渐，就觉得平淡了，无聊了。但是都还忍着；不过有一天，……他忽然说，我是他的累赘；我也忍不住说，他简直是讨厌！从那天以后，我们渐渐就不打架了，不吵嘴了。他也不骂我，也不打我了。

方达生　那不是很好么？

陈白露　不，不，你不懂。我告诉你结婚后最可怕的事情，不是穷，不是嫉妒，不是打架，而是平淡、无聊、厌烦。两个人互相觉得是个累赘。懒得再吵嘴打架，直盼望哪一天天塌了，等死。于是我们先只见面拉长脸，皱眉头，不说话。最后，他怎么想法子叫我头痛；我也怎么想法子叫他头痛。他要走一步，我不让他走；我要动一动，他也不许我动。两个人仿佛捆在一起扔到水里，向下沉，……沉，……沉，……

方达生　不过你们逃出来了。

陈白露　那是因为那根绳子断了。

方达生　什么？

陈白露　孩子死了。

方达生　你们就分开了？

陈白露　嗯，他也去追他的希望去了。

方达生　那么，他在哪里？

陈白露　不知道。

方达生　那他有一天也许回来看你。

陈白露　不，他决不会回来的。他现在一定工作得很高兴。（低头）他会认为我现在简直已经堕落，到没有法子挽救的地步。（悲痛地）哼！他早已把我忘记了。

方达生　（忽然）你似乎还没有忘记他？

陈白露　嗯，我忘不了他！我到死也忘不了他。喂，你喜欢这两句话么？“太阳升起来了，黑暗留在后面；但是太阳不是我们的，我们要睡了。”你喜欢么？

方达生　我不大懂。

陈白露 这是他的小说里，一个快死的老人说的。
方达生 你为什么忽然，要提起这一句？
陈白露 因为我……我时常想着这样的人。
方达生 （忽然）我看你现在还爱他。
陈白露 （低头）嗯。
方达生 你很爱他。
陈白露 （望）嗯。——但是你为什么这么问我？
方达生 没有什么，也许我问清楚了，可以放下心。这样，我可以不必时常惦念着你了。谢谢你，竹均，你真是个爽快人。（立起来）竹均，我要去收拾东西去了。
陈白露 你就要走？这里还有你一封电报。（拿出来交给他）
方达生 （拆开看）嗯。（把电报揉成一团）
陈白露 是催你回去么？
方达生 嗯，是的。（停顿）再见吧！竹均！（伸出手来）
陈白露 为什么这么忙？难道你天亮，就走么？
方达生 我想天亮就离开旅馆。
陈白露 你坐哪一趟车？
方达生 不，不，我不回去。我只是想搬开。
陈白露 你不走？
方达生 不，我不回去。不过我也许不能常来看你了。
陈白露 （奇怪）为什么？这句话很神秘。
方达生 我在这里要多住些天，也许我在这里要做一点事情。
陈白露 你在这里找事做？
方达生 事情自然很多。我也许要跟金八打打交道，也许要为小东西跑跑，也许为小录事那一类人做点事，都难说。我只是想有许多事可做。
陈白露 这么说，你跟他要走一条路了。
方达生 谁？
陈白露 他，——我那个诗人。
方达生 不，我不会成诗人。但是我也许真会变成一个傻子。
陈白露 （叹一口气）去吧！你们去吧！我知道我会被你们都忘记的。
方达生 （忽然）竹均，你为什么不跟我走？（拉起她的手，热烈地）你跟我走！还是跟我走吧。
陈白露 （空虚地望着前面）上哪儿去呢？我告诉过你，我是卖给这个地方的。
方达生 （放下手，怜惜地望着她）好吧。
陈白露 （从盛满一簇簇鲜丽的山茶花的花缸里取出一枝）来，戴上！送你一枝山茶花吧。
方达生 这又是谁送给你的？
陈白露 没有谁。（凄然）我自己送给我自己的，不好么？
方达生 （接下花枝）这枝山茶花还没有开足呢？
陈白露 （望着方达生）拿着它！闲着想想我吧。
方达生 （握着白露的手）唉，你这个人太骄傲，太倔强。
（敲门声。）

…………

（晨光渐渐由窗户透进来，日影先只射在屋檐上。白露把门关好，走到中间的桌旁坐下。愣一下，她立起走了两步，怜惜地望望屋内，有她种种生活足迹的陈设。她走到沙发的小几旁，拿起酒瓶，倒酒。尽量喝下一大口。她立在沙发前，发愣。

（中门呀地开了，福升进。）

陈白露　（低哑地）来干什么？

王福升　天亮了，太阳都出来了，您还不睡觉？

陈白露　我知道。

王福升　您不要打点豆浆喝了再睡么？

陈白露　不要，去吧。

王福升　（由身上取出一卷账条）小姐！这是今天要还的那些账条。我搁在这里，您先合计合计。（把账条放在中间的桌子上）

陈白露　搁在那儿吧。

王福升　您不要什么东西啦？

陈白露　（摇摇头）

（福升很疲倦地打了一个呵欠，由中门走出。）

（白露把酒喝尽，放下酒杯。走到中桌前慢慢翻着账条，一张一张，扔在地下。桌前满铺着乱账条。）

陈白露　（嘘出一口气）嗯。

（她由桌上拿起安眠药瓶，走到窗前的沙发旁，拔开塞，一片两片地倒出来。她不自主地停住了，她颓然跌在沙发上，愣愣地坐着。她抬头，在沙发左边一个立柜的穿衣镜里发现了自己，立起来，走到镜子前。）

陈白露　（左右前后，看了看里面一个美丽的妇人，慢慢正对着镜子，摇摇头，凄然地）生得不算太难看吧？（停一下）人不算得太老吧！可是……（悠长地嘘出一口气。她不忍再看了。她慢慢踱到中桌前，将药一片一片由药瓶数出来，脸上带着微笑。声音和态度仿佛自己是个失了父母的女孩子，一个人在墙角落的小天井里，用几个糖球，自己哄着自己，甜蜜而又凄楚地怜惜着自己）一片，两片，三片，四片，五片，六片，七片，八片，九片，十片。（她紧紧地握着那十片东西。剩下的空瓶，当啷一声，丢在痰盂里。她把胳膊平放桌面，长长伸出去，望着前面。微微点着头，哀伤地）这——么——年——轻！这——么——美！这——么——（眼泪悄然流下来。她振起精神，立起来。拿起茶杯，背过脸，一口，两口，把药爽快地咽下去）

（这时阳光渐渐射过来，照在什物狼藉的地板上。天空非常明亮，外面打地基的小工们早聚集在一起，迎着阳光，由远处“哼哼唷，哼哼唷”地，又以整齐严肃的步伐迈到楼前。木夯一排一排地砸在土里，沉重的石硪落下，发出闷塞的回声，随着深沉的“哼哼唷，哼哼唷”的呼声，是做工的人们战士似地那样整齐的脚步。他们还没有开始‘叫号’。）

陈白露　（扔下杯子，凝听外面的木夯声。她挺起胸走到窗前，拉开帘幕，阳光照着她的脸。她望着外面，低声地）“太阳升起来了，黑暗留在后面。（她吸进一口凉气，打了个寒战，她回转头来）但是太阳不是我们的，我们要睡了”。（她忽然关上灯，把窗帘都拉拢。屋内陡然暗下来，帘幕隙缝间，透出一两道阳光颤动着。她捶着胸，仿佛胸际有些痛苦窒塞。她拿起沙发上那本《日出》，躺在沙发上，正要安静地读下去，——）

（很远，很远，小工们隐约唱起了夯歌，——唱的是“轴号”，但听不清楚歌词。）

（外面方达生的声音：竹均！竹均！）

（声音走到门前。白露放下书本，立起来。走到门前，知道是他。四面望望，把地上的账条拾起几条，团在手里，拿起那本《日出》，从容地走进右面卧室。她的脚步显得一点迟钝，进了门就锁上。）

外面方达生：（低声）竹均！竹均！你屋里没有人吧？竹均！竹均！我要走啦！（没有人应）竹均！（外面有一两声麻雀的叫声）

（方达生推门进，手里还拿着那枝山茶花。）

方达生　（左右望）竹均！我告诉你！——（察觉屋里很黑。他走到窗前，把幕帷又拉开。阳光射满了一屋子。雀声吱吱地唱着）奇怪，你为什么不让太阳进来。（他走到左面卧室门前）竹均，你听我一句，你这么下去，是一条死路。听我一句，你还是跟我走！不要再跟他们混！你看，（指窗外）外面是太阳，是春天。

（这时小工们渐唱渐近，他们用下面的腔调在唱着“日出啊东来呀，满天的大红！……”）

方达生　（敲门）你听！你听！（欢喜地）太阳就在外面，太阳就在他们身上。我们一齐做点事，跟金八拼一拼，我们，——（觉得里面不肯理他）你为什么不理我？（低低敲着门）不说话？（他回转身，叹一口气）你太聪明，你不肯做一点傻事。（陡然振作起来）好了，我先走了，竹均，再见了！

（里面还是不答应。他转过头，听窗外的夯歌。迎着阳光，由中门昂首走出去。）

（由外面射进来满屋的太阳，窗外一切都亮得耀眼。）

砸夯的工人们高亢而洪壮地合唱着轴歌，（即“日出东来，满天地大红！要想吃饭，可得做工！”）沉重的石破一下一下落在土里，那声音传到观众的耳里，是一个大生命浩浩荡荡地向前推，向前进，洋洋溢溢地充塞了宇宙。

（屋内渐渐暗淡，窗外更光明起来。）

——幕徐落

1935 年

[简析]

曹禺是中国话剧艺术的集大成者。曹禺剧作的成功标志了现代话剧在中国的成熟。其经典之作《雷雨》《日出》和《原野》被人称为生活、生命、人性的“生命三部曲”。

《日出》采用了人像展览式的戏剧结构方式，展览了活动在高等旅馆和下等妓院的不同人物，勾勒了社会众生相，表现了“损不足而奉有余”的社会主题。节选部分是陈白露与方达生的对比场景，剧中用个性化的语言和象征暗示等表现手法，展示了两人不同的人生观，形象地指出了资产阶级个性解放和享乐主义思想，不会具有日出般的光明前景。

[思考与练习]

1．结合作品分析陈白露悲剧产生的原因。

2．阅读《日出》，分析其艺术成就。

[延伸阅读]

《雷雨》《原野》

茶馆（节选）

老舍

[作者简介]

老舍（1899—1966），原名舒庆春，字舍予，生于北京一个贫苦满族家庭。1913 年就读北京师范学校，毕业后当过小学校长和中学教员，1924 年去过英国教书，开始文学创作，1929 年回国后主要从事教学和文学创作，抗战爆发后投身抗战文艺运动。解放后历任文艺界领导，文革中受迫害含冤而死。

老舍解放前主要成就在小说，解放后主要成就在戏剧。著名的作品有长篇小说《骆驼祥子》《四世同堂》《离婚》，中篇小说《月牙儿》《我这一辈子》，短篇小说《断魂枪》等。戏剧代表作为《龙须沟》《茶馆》。

老舍作品思想上关注文化批判与民族性问题。他是中国现代小说史上京味小说的开拓者，其作品语言亲切流利，幽默滑稽，被人称为“语言大师”。老舍的戏剧创作代表了曹禺之后中国现代戏剧的最高成就。

第一幕

人物：王利发 刘麻子 庞太监 唐铁嘴 康六 小牛儿 松二爷 黄胖子 宋恩子 常四爷 秦仲义 吴祥子 李三 老人 康顺子 二德子 乡妇 茶客甲、乙、丙、丁 马五爷 小妞 茶房一、二人。

时间：一八九八年（戊戌）初秋，康梁等的维新运动失败了。早半天。

地点：北京，裕泰大茶馆。

幕启：这种大茶馆现在已经不见了。在几十年前，每城都起码有一处。这里卖茶，也卖简单的点心与饭菜。玩鸟的人们，每天在遛够了画眉、黄鸟等之后，要到这里歇歇腿，喝喝茶，并使鸟儿表演歌唱。商议事情的，说媒拉纤的，也到这里来。那年月，时常有打群架的，但是总会有朋友出头给双方调解；三五十口子打手，经调人东说西说，便都喝碗茶，吃碗烂肉面（大茶馆特殊的食品，价钱便宜，做起来快当），就可以化干戈为玉帛了。总之，这是当日非常重要的地方，有事无事都可以来坐少半天。

在这里，可以听到最荒唐的新闻，如某处的大蜘蛛怎么成了精，受到雷击。奇怪的意见也在这里可以听到，像把海边上都修上大墙，就足以挡住洋兵上岸。这里还可以听到某京戏演员新近创造了什么腔儿，和煎熬鸦片烟的最好的方法。这里也可以看到某人新得到的奇珍——一个出土的玉扇坠儿，或三彩的鼻烟壶。这真是个重要的地方，简直可以算作文化交流的所在。

我们现在就要看见这样的一座茶馆。

一进门是柜台与炉灶——为省点事，我们的舞台上可以不要炉灶；后面有些锅勺的响声也就够了。屋子非常高大，摆着长桌与方桌，长凳与小凳，都是茶座儿。隔窗可见后院，高搭着凉棚，棚下也有茶座儿。屋里和凉棚下都有挂鸟笼的地方。各处都贴着“莫谈国事”的纸条。

有两位茶客，不知姓名，正眯着眼，摇着头，拍板低唱。有两三位茶客，也不知姓名，正入神地欣赏瓦罐里的蟋蟀。两位穿灰色大衫的——宋恩子与吴祥子，正低声地谈话，看样子他们是北衙门的办案的（侦缉）。

今天又有一起打群架的，据说是为了争一只家鸽，惹起非用武力解决不可的纠纷。假若真打起来，非出人命不可，因为被约的打手中包括着善扑营的哥儿们和库兵，身手都十分厉害。好在，不能真打起来，因为在双方还没把打手约齐，已有人出面调停了——现在双方在这里会面。三三两两的打手，都横眉立目，短打扮，随时进来，往后院去。

马五爷在不惹人注意的角落，独自坐着喝茶。

王利发高高地坐在柜台里。

唐铁嘴趿拉着鞋，身穿一件极长极脏的大布衫，耳上夹着几张小纸片，进来。

…………

王利发　唐先生，你外边遛遛吧！

唐铁嘴　（惨笑）王掌柜，捧捧唐铁嘴吧！送给我碗茶喝，我就先给您相相面吧！手相奉送，不取分文！（不容分说，拉过王利发的手来）今年是光绪二十四年，戊戌。您贵庚是……

王利发　（夺回手去）算了吧，我送你一碗茶喝，你就甭卖那套生意口啦！用不着相面，咱们既在江湖内，都是苦命人！（由柜台内走出，让唐铁嘴坐下）坐下！我告诉你，你要是不戒了大烟，就永远交不了好运！这是我的相法，比你的更灵验！松二爷和常四爷都提着鸟笼进来，王利发向他们打招呼。他们先把鸟笼子挂好，找地方坐下。松二爷文绉绉的，提着小黄鸟笼；常四爷雄赳赳的，提着大而高的画眉笼。茶房李三赶紧过来，沏上盖碗茶。他们自带茶叶。茶沏好，松二爷、常四爷向临近的茶座让了让。

常四爷　您喝这个！（然后，往后院看了看）

松二爷　好像又有事儿？

常四爷　反正打不起来！要真打的话，早到城外头去啦，到茶馆来干吗？

[二德子，一位打手，恰好进来，听见了常四爷的话。]

二德子　（凑过去）你这是对谁甩闲话呢？

常四爷　（不肯示弱）你问我哪？花钱喝茶，难道还教谁管着吗？

松二爷　（打量了二德子一番）我说这位爷，您是营里当差的吧？来，坐下喝一碗，我们也都是外场人。

二德子　你管我当差不当差呢！

常四爷　要抖威风，跟洋人干去，洋人厉害！英法联军烧了圆明园，尊家吃着官饷，可没见您去冲锋打仗！

二德子　甭说打洋人不打，我先管教管教你！（要动手）

[别的茶客依旧进行他们自己的事。王利发急忙跑过来。]

王利发　哥儿们，都是街面上的朋友，有话好说。德爷，您后边坐！

[二德子不听王利发的话，一下子把一个盖碗搂下桌去，摔碎。翻手要抓常四爷的脖领。

常四爷　（闪过）你要怎么着？

二德子　怎么着？我碰不了洋人，还碰不了你吗？

马五爷　（并未立起）二德子，你威风啊！

二德子　（四下扫视，看到马五爷）喝，马五爷，你在这儿哪？我可眼拙，没看见您！（过去请安）

马五爷　有什么事好好地说，干吗动不动地就讲打？

二德子　嗻！您说得对！我到后头坐坐去。李三，这儿的茶钱我候啦！

（往后面走去）

常四爷　（凑过来，要对马五爷发牢骚）这位爷，您圣明，您给评评理！

马五爷　（立起来）我还有事，再见！（走出去）

常四爷　（对王利发）邪！这倒是个怪人！

王利发　您不知道这是马五爷呀！怪不得你也得罪了他！

常四爷　我也得罪了他？我今天出门没挑好日子！

王利发　（低声地）刚才您说洋人怎样，他就是吃洋饭的。信洋教，说洋话，有事情可以一直地找宛平县的县太爷去，要不怎么连官面上都不惹他呢！

常四爷　（往原处走）哼，我就不佩服吃洋饭的！

王利发　（向宋恩子、吴祥子那边稍一歪头，低声地）说话请留点神！（大声地）李三，再给这儿沏一碗来！（拾起地上的碎瓷片）

松二爷　盖碗多少钱？我赔！外场人不作老娘们事！

王利发　不忙，待会儿再算吧！（走开）

［纤手刘麻子领着康六进来。刘麻子先向松二爷、常四爷打招呼。

刘麻子　您二位真早班儿！（掏出鼻烟壶，倒烟）您试试这个！刚装来的，地道的英国造，又细又纯！

常四爷　唉！连鼻烟也得从外洋来！这得往外流多少银子啊！

刘麻子　咱们大清国有的是金山银山，永远花不完！您坐着，我办点小事！

（领康六找了个座儿）

［李三拿过一碗茶来。］

刘麻子　说说吧，十两银子行不行？你说干脆的！我忙，没工夫专伺候你！

康六　刘爷！十五岁的大姑娘，就值十两银子吗？

刘麻子　卖到窑子去，也许多拿一两八钱的，可是你又不肯！

康六　那是我的亲女儿！我能够……

刘麻子　有女儿，你可养活不起，这怪谁呢？

康六　那不是因为乡下种地的都没法子混了吗？一家大小要是一天能吃上一顿粥，我要还想卖女儿，我就不是人！

刘麻子　那是你们乡下的事，我管不着。我受你之托，教你不吃亏，又教你女儿有个吃饱饭的地方，这还不好吗？

康六　到底给谁呢？

刘麻子　我一说，你必定从心眼里乐意！一位在宫里当差的！

康六　宫里当差的谁要个乡下丫头呢？

刘麻子　那不是你女儿的命好吗？

康六　谁呢？

刘麻子　庞总管！你也听说过庞总管吧？伺候着太后，红的不得了，连家里打醋的瓶子都是玛瑙的！

康六　刘大爷，把女儿给太监作老婆，我怎么对得起人呢？

刘麻子　卖女儿，无论怎么卖，也对不起女儿！你糊涂！你看，姑娘一过门，吃的是珍馐美味，穿的是绫罗绸缎，这不是造化吗？怎样，摇头不算点头算，来个干脆的！

康六　自古以来，哪有……他就给十两银子？

刘麻子　找遍了你们全村儿，找得出十两银子找不出？在乡下，五斤白面就换个孩子，你不是不知道！

康六　我，唉！我得跟姑娘商量一下！

刘麻子　告诉你，过了这个村可没有这个店，耽误了事可别怨我！快去快来！

康六　唉！我一会儿就回来！

刘麻子　我在这儿等着你！

康六　（慢慢地走出去）

刘麻子　（凑到松二爷、常四爷这边来）乡下人真难办事，永远没有个痛痛快快！

松二爷　这号生意又不小吧？

刘麻子　也甜不到哪儿去，弄好了，赚个元宝！

常四爷　乡下是怎么了？会弄得这么卖儿卖女的！

刘麻子　谁知道！要不怎么说，就是条狗也得托生在北京城里嘛！

常四爷　刘爷，您可真有个狠劲儿，给拉拢这路事！

刘麻子　我要不分心，他们还许找不到买主呢！（忙岔话）松二爷（掏出个小时表来），您看这个！

松二爷　（接表）好体面的小表！

刘麻子　您听听，嘎登嘎登地响！

松二爷　（听）这得多少钱？

刘麻子　您爱吗？就让给您！一句话，五两银子！您玩够了，不爱再要了，我还照数退钱！东西真地道，传家的玩艺！

常四爷　我这儿正咂摸这个味儿：咱们一个人身上有多少洋玩艺儿啊！老刘，就看你身上吧：洋鼻烟，洋表，洋缎大衫，洋布裤褂……

刘麻子　洋东西可真是漂亮呢！我要是穿一身土布，像个乡下脑壳，谁还理我呀！

常四爷　我老觉乎着咱们的大缎子，川绸，更体面！

刘麻子　松二爷，留下这个表吧，这年月，带着这么好的洋表，会教人另眼看待！是不是这么说，您哪？

松二爷　（真爱表，但又嫌贵）我……

刘麻子　您先戴几天，改日再给钱！

［黄胖子进来。］

黄胖子　（严重的砂眼，看不清楚，进门就请安）哥儿们，都瞧我啦！我请安了！都是自家兄弟，别伤了和气呀！

王利发　这不是他们，他们在后院哪！

黄胖子　我看不大清楚啊！掌柜的，预备烂肉面，有我黄胖子，谁也打不起来！（往里走）

二德子　（出来迎接）两边已经见了面，您快来吧！

［二德子同黄胖子入内。］

［茶房们一趟又一趟地往后面送茶水。老人进来，拿着些牙签、胡梳、耳挖勺之类的小东西，低着头慢慢地挨着茶座儿走；没人买他的东西。他要往后院去，被李三截住。

李三　老大爷，您外边溜达溜达吧！后院里，人家正说和事呢，没人买您的东西！（顺

手儿把剩茶递给老人一碗）

松二爷　（低声地）李三！（指后院）他们到底为了什么事，要这么拿刀动杖的？

李三　（低声地）听说是为一只鸽子。张宅的鸽子飞到了李宅去，李宅不肯交还……唉，咱们还是少说话好，（问老人）老大爷您高寿啦？

老人　（喝了茶）多谢！八十二了，没人管！这年月呀，人还不如一只鸽子呢！唉！（慢慢走出去）

［秦仲义，穿得很讲究，满面春风，走进来。］

王利发　哎哟！秦二爷，您怎么这样闲在，会想起下茶馆来了？也没带个底下人？

秦仲义　来看看，看看你这年轻小伙子会做生意不会！

王利发　唉，一边做一边学吧，指着这个吃饭嘛。谁叫我爸爸死的早，我不干不行啊！好在照顾主儿都是我父亲的老朋友，我有不周到的地方，都肯包涵，闭闭眼就过去了。在街面上混饭吃，人缘儿顶要紧。我按着我父亲遗留下的老办法，多说好话，多请安，讨人人的喜欢，就不会出大岔子！您坐下，我给您沏碗小叶茶去！

秦仲义　我不喝！也不坐着！

王利发　坐一坐！有您在我这儿坐坐，我脸上有光！

秦仲义　也好吧！（坐）可是，用不着奉承我！

王利发　李三，沏一碗高的来！二爷，府上都好？您的事情都顺心吧？

秦仲义　不怎么太好！

王利发　您怕什么呢？那么多的买卖，您的小手指头都比我的腰还粗！

唐铁嘴　（凑过来）这位爷好相貌，真是天庭饱满，地阁方圆，虽无宰相之权，而有陶朱之富！

秦仲义　躲开我！去！

王利发　先生，你喝够了茶，该外边活动活动去！（把唐铁嘴轻轻推开）

唐铁嘴　唉！（垂头走出去）

秦仲义　小王，这儿的房租是不是得往上提那么一提呢？当年你爸爸给我的那点租钱，还不够我喝茶用的呢！

王利发　二爷，您说的对，太对了！可是，这点小事用不着您分心，您派管事的来一趟，我跟他商量，该长多少租钱，我一定照办！是嘛！

秦仲义　你这小子，比你爸爸还滑！哼，等着吧，早晚我把房子收回去！

王利发　您甭吓唬着我玩，我知道您多么照应我、心疼我，决不会叫我挑着大茶壶，到街上卖热茶去！

秦仲义　你等着瞧吧！

［乡妇拉着个十来岁的小妞进来。小妞的头上插着一根草标。李三本想不许她们往前走，可是心中一难过，没管。她们俩慢慢地往里走。茶客们忽然都停止说笑，看着她们。

小妞　（走到屋子中间，立住）妈，我饿！我饿！

［乡妇呆视着小妞，忽然腿一软，坐在地上，掩面低泣。］

秦仲义　（对王利发）轰出去！

王利发　是！出去吧，这里坐不住！

乡妇　哪位行行好？要这个孩子，二两银子！

常四爷 李三，要两个烂肉面，带她们到门外吃去！

李三 是啦！（过去对乡妇）起来，门口等着去，我给你们端面来！

乡妇 （立起，抹泪往外走，好像忘了孩子；走了两步，又转回身来，搂住小妞，吻她）宝贝！宝贝！

王利发 快着点吧！

［乡妇、小妞走出去。李三随后端出两碗面去。］

王利发 （过来）常四爷，您是积德行好，赏给她们面吃！可是，我告诉您：这路事儿太多了，太多了！谁也管不了！（对秦仲义）二爷，您看我说的对不对？

常四爷 （对松二爷）二爷，我看哪，大清国要完！

秦仲义 （老气横秋地）完不完，并不在乎有人给穷人们一碗面吃没有。小王，说真的，我真想收回这里的房子！

王利发 您别那么办哪，二爷！

秦仲义 我不但收回房子，而且把乡下的地，城里的买卖也都卖了！

王利发 那为什么呢？

秦仲义 把本钱拢到一块儿，开工厂！

王利发 开工厂？

秦仲义 [嗯]，顶大顶大的工厂！那才救得了穷人，那才能抵制外货，那才能救国！（对王利发说而眼看着常四爷）唉，我跟你说这些干什么，你不懂！

王利发 您就专为别人，把财产都出手，不顾自己了吗？

秦仲义 你不懂！只有那么办，国家才能富强！好啦，我该走啦。我亲眼看见了，你的生意不错，你甭再耍无赖，不长房钱！

王利发 您等等，我给您叫车去！

秦仲义 用不着，我愿意溜达溜达！

［秦仲义往外走，王利发送。］

［小牛儿搀着庞太监走进来。小牛儿提着水烟袋。］

庞太监 哟！秦二爷！

秦仲义 庞老爷！这两天您心里安顿了吧？

庞太监 那还用说吗？天下太平了：圣旨下来，谭嗣同问斩！告诉您，谁敢改祖宗的章程，谁就掉脑袋！

秦仲义 我早就知道！

［茶客们忽然全静寂起来，几乎是闭住呼吸地听着。］

庞太监 您聪明，二爷，要不然您怎么发财呢！

秦仲义 我那点财产，不值一提！

庞太监 太客气了吧？您看，全北京城谁不知道秦二爷！您比作官的还厉害呢！听说呀，好些财主都讲维新！

秦仲义 不能这么说，我那点威风在您的面前可就施展不出来了！哈哈哈！

庞太监 说得好，咱们就八仙过海，各显其能吧！哈哈哈！

秦仲义 改天过去给您请安，再见！（下）

庞太监 （自言自语）哼，凭这么个小财主也敢跟我斗嘴皮子，年头真是改了！（问王利发）刘麻子在这儿哪？

王利发　总管，您里边歇着吧！

［刘麻子早已看见庞太监，但不敢靠近，怕打搅了庞太监、秦仲义的谈话。］

刘麻子　喝，我的老爷子！您吉祥！我等您好大半天了！（搀庞太监往里面走）

［宋恩子、吴祥子过来请安，庞太监对他们耳语。］

［众茶客静默一阵之后，开始议论纷纷。］

茶客甲　谭嗣同是谁？

茶客乙　好像听说过！反正犯了大罪，要不，怎么会问斩呀！

茶客丙　这两三个月了，有些作官的，念书的，乱折腾乱闹，咱们怎能知道他们捣的什么鬼呀！

茶客丁　得！不管怎么说，我的铁杆庄稼又保住了！姓谭的，还有那个康有为，不是说叫旗兵不关钱粮，去自谋生计吗？心眼多毒！

茶客丙　一份钱粮倒叫上头克扣去一大半，咱们也不好过！

茶客丁　那总比没有强啊！好死不如赖活着，叫我去自己谋生，非死不可！

王利发　诸位主顾，咱们还是莫谈国事吧！

［大家安静下来，都又各谈各的事。］

庞太监　（已坐下）怎么说？一个乡下丫头，要二百银子？

刘麻子　（侍立）乡下人，可长得俊呀！带进城来，好好地一打扮、调教，准保是又好看，又有规矩！我给您办事，比给我亲爸爸作事都更尽心，一丝一毫不能马虎！

［唐铁嘴又回来了。］

王利发　铁嘴，你怎么又回来了？

唐铁嘴　街上兵荒马乱的，不知道是怎么回事！

庞太监　还能不搜查搜查谭嗣同的余党吗？唐铁嘴，你放心，没人抓你！

唐铁嘴　嗻，总管，您要能赏给我几个烟泡儿，我可就更有出息了！

［有几个茶客好像预感到什么灾祸，一个个往外溜。］

松二爷　咱们也该走啦吧！天不早啦！

常四爷　嗻！走吧！

［两灰衣人——宋恩子和吴祥子走过来。］

宋恩子　等等！

常四爷　怎么啦？

宋恩子　刚才你说“大清国要完”？

常四爷　我，我爱大清国，怕它完了！

吴祥子　（对松二爷）你听见了？他是这么说的吗？

松二爷　哥儿们，我们天天在这儿喝茶。王掌柜知道：我们都是地道老好人！

吴祥子　问你听见了没有？

松二爷　那，有话好说，二位请坐！

宋恩子　你不说，连你也锁了走！他说“大清国要完”，就是跟谭嗣同一党！

松二爷　我，我听见了，他是说……

宋恩子　（对常四爷）走！

常四爷　上哪儿？事情要交代明白了啊！

宋恩子　你还想拒捕吗？我这儿可带着“王法”呢！（掏出腰中带着的铁链子）

常四爷　告诉你们，我可是旗人！

吴祥子　旗人当汉奸，罪加一等！锁上他！

常四爷　甭锁，我跑不了！

宋恩子　量你也跑不了！（对松二爷）你也走一趟，到堂上实话实说，没你的事！

［黄胖子同三五个人由后院过来。］

黄胖子　得啦，一天云雾散，算我没白跑腿！

松二爷　黄爷！黄爷！

黄胖子　（揉揉眼）谁呀？

松二爷　我！松二！您过来，给说句好话！

黄胖子　（看清）哟，宋爷，吴爷，二位爷办案哪？请吧！

松二爷　黄爷，帮帮忙，给美言两句！

黄胖子　官厅儿管不了的事，我管！官厅儿能管的事呀，我不便多嘴！（问大家）是不是？

众　　　嗻！对！

［宋恩子、吴祥子带着常四爷、松二爷往外走。］

松二爷　（对王利发）看着点我们的鸟笼子！

王利发　您放心，我给送到家里去！

［常四爷、松二爷、宋恩子、吴祥子同下。］

黄胖子　（唐铁嘴告以庞太监在此）哟，老爷在这儿哪？听说要安份儿家，我先给您道喜！

庞太监　等吃喜酒吧！

黄胖子　您赏脸！您赏脸！（下）

［乡妇端着空碗进来，往柜上放。小妞跟进来。］

小妞　　妈！我还饿！

王利发　唉！出去吧！

乡妇　　走吧，乖！

小妞　　不卖妞妞啦？妈！不卖了？妈！

乡妇　　乖！（哭着，携小妞下）

［康六带着康顺子进来，立在柜台前。］

康六　　姑娘！顺子！爸爸不是人，是畜生！可你叫我怎办呢？你不找个吃饭的地方，你饿死！我不弄到手几两银子，就得叫东家活活地打死！你呀，顺子，认命吧，积德吧！

康顺子　我，我……（说不出话来）

刘麻子　（跑过来）你们回来啦？点头啦？好！来见总管！给总管磕头！

康顺子　我……（要晕倒）

康六　　（扶住女儿）顺子！顺子！

刘麻子　怎么啦？

康六　　又饿又气，昏过去了！顺子！顺子！

庞太监　我要活的，可不要死的！

［静场］

茶客甲　（正与茶客乙下象棋）将！你完啦！

——幕落

[简析]

老舍是“人民艺术家”和“文艺界的劳动模范”。《茶馆》是中国当代话剧艺术的经典之作。戏剧运用侧面透露的表现方法，以北京裕泰茶馆为典型环境，以茶馆的变迁和一些小人物悲剧命运来表现时代的主题。戏剧采用了人物展览式的结构，塑造了具有时代特征的人物群像，反映了清朝末年至国民党统治时期近五十年的历史变迁，深刻表现了“埋葬三个时代”的主题。本文节选的是第一幕的后面部分。

[思考与练习]

1．分析《茶馆》的艺术特色。

2．分析贯穿全剧的人物形象：王利发、秦仲义、常四爷。

[延伸阅读]

《茶馆》

玩偶之家（节选）

易卜生

[作者简介]

亨利克·约翰·易卜生（挪威语：Henrik Johan Ibsen，1828 年 3 月 20 日－1906 年 5 月 23 日），生于挪威希恩，是一位影响深远的挪威剧作家，被认为是现代现实主义戏剧的创始人。

第三幕

海尔茂　你这坏东西——干的好事情！

娜拉　让我走——你别拦着我！我做的坏事不用你担当！

海尔茂　不用装腔作势给我看。（把出去的门锁上）我要你老老实实把事情招出来，不许走。你知道不知道自己干的什么事？快说！你知道吗？

娜拉　（眼睛盯着他，态度越来越冷静）现在我才完全明白了。

海尔茂　（走来走去）嘿！好象做了一场恶梦醒过来！这八年工夫——我最得意、最喜欢的女人——没想到是个伪君子，是个撒谎的人——比这还坏——是个犯罪的人。真是可恶级了！哼！哼！（娜拉不作声，只用眼睛盯着他）其实我早就该知道。我早该料到这一步。你父亲的坏德性——（娜拉正要说话）少说话！你父亲的坏德性你全都沾上了——不信宗教，不讲道德，没有责任心。当初我给他遮盖，如今遭了这么个报应！我帮你父亲都是为了你，没想到现在你这么报答我！

娜拉　不错，这么报答你。

海尔茂　你把我一生幸福全都葬送了。我的前途也让你断送了。喔，想起来真可怕！现在我让一个坏蛋抓在手心里。他要我怎么样我就得怎么样，他要我干什么我就得干什么。他可以随便摆布我，我不能不依他。我这场大祸都是一个下贱女人惹出来！

娜拉　我死了你就没事了。

海尔茂　哼，少说骗人的话。你父亲以前也老有那么一大套。照你说，就是你死了，我有什么好处？一点儿好处都没有。他还是可以把事情宣布出去，人家甚至还会疑惑我是跟你串通一气的，疑惑是我出主意撺掇你干的。这些事情我都得谢谢你——结婚以来我疼了你这些年，想不到你这么报答我。现在你明白你给我惹的是什么祸吗？

娜拉　（冷静安详）我明白。

海尔茂　这件事真是想不到，我简直摸不着头脑。可是咱们好歹得商量个办法。把披肩摘下来。摘下来，听见没有！我先得想个办法稳住他，这件事无论如何不能让人家知道。咱们俩表面上照样过日子——不要改样子，你明白不明白我的话？当然你还得在这儿住下去。可是孩子不能再交在你手里。我不敢再把他们交给你——唉，我对你说这么一句话心里真难受，因为你是我一向最心爱并且现在还——可是现在情形已经改变了。从今以后再说不上什么幸福不幸福，只有想法子怎么挽救、怎么遮盖、怎么维持这个残破的局面——（门铃响起来，海尔茂吓了一跳）什么事？三更半夜的！难道事情发作了？难道他——娜拉，你快藏起来，只推托有病。（娜拉站着不动。海尔茂走过去开门。）

爱伦　（披着衣服在门厅里）太太，您有封信。

海尔茂　给我。（把信抢过来，关上门）果然是他的。你别看。我念给你听。

娜拉　快念！

海尔茂　（凑着灯看）我几乎不敢看这封信。说不定咱们俩都会完蛋。也罢，反正总得看。（慌忙拆信，看了几行之后发现信里夹着一张纸，马上快活得叫起来）娜拉！

（娜拉莫名其妙地看着他。）

海尔茂　娜拉！喔，别忙！让我再看一遍！不错，不错！我没事了！娜拉，我没事了！

娜拉　我呢？

海尔茂　自然你也没事了，咱们俩都没事了。你看，他把借据还你了。他在信里说，这件事非常抱歉，要请你原谅，他又说他现在交了运——喔，管他还写些什么。娜拉，咱们没事了！现在没人能害你了。喔，娜拉，娜拉咱们先把这害人的东西消灭了再说。让我再看看（朝着借据瞟了一眼）喔，我不想再看它，只当是做了一场梦。（把借据和柯洛克斯泰的两封信一齐都撕掉，扔在火炉里，看它们烧）好！烧掉了！他说自从二十四号起——喔，娜拉，这三天你一定很难过。

娜拉　这三天我真不好过。

海尔茂　你心里难过，想不出好办法，只能——喔，现在别再想那可怕的事情了。我们只应该高高兴兴多说几遍“现在没事了，现在没事了！”听见没有，娜拉！你好像不明白。我告诉你，现在没事了。你为什么绷着脸不说话？喔，我的可怜的娜拉，我明白了，你以为我还没饶恕你。娜拉，我赌咒，我已经饶恕你了，我知道你干那件事都是因为爱我。

娜拉　这倒是实话。

海尔茂　你正像做老婆的应该爱丈夫那样地爱我。只是你没有经验，用错了方法。可是难道因为你自己没主意，我就不爱你吗？我决不的。你只要一心一意依赖我，我会指点你，教导你。正因为你自己没办法，所以我格外爱你，要不然我还算什么男子汉大丈夫？刚才我觉得好像天要塌下来，心里一害怕，就说了几句不好听的话，你千万别放在心上。娜拉，我已经饶恕你了。我赌咒不再埋怨你。

娜拉　谢谢你宽恕我。（从右边走出去。）

海尔茂　别走！（向门洞里张望）你要干什么？

娜拉　（在里屋）我去脱掉跳舞的服装。

海尔茂　（在门洞里）好，去吧。受惊的小鸟儿，别害怕，定定神，把心静下来。你放心，一切事情都有我。我的翅膀宽，可以保护你。（在门口走来去）喔，娜拉，咱们的家多可爱，多舒服！你在这儿很安全，我可以保护你，像保护一只儿鹰爪子底下救出来的小鸽子一样。我不久就能让你那颗扑扑跳的心定下来，娜拉，你放心，到了明天，事情就不一样了，一切都会恢复老样子。我不用再说我已经饶恕你了，你心里自然会明白我不是说假话。难道我舍得把你撵出去？别说撵出去，就说是责备，难道我舍得责备你？娜拉，你不懂得男子的好心肠。要是男人饶恕了他老婆——真正饶恕了她，从心坎儿里饶恕了她——他心里会有一股没法子形容的好滋味。从此以后他老婆越发是他私有的财产。做老婆的就像重新投了胎，不但是她丈夫的老婆，并且还是她丈夫的孩子。从今以后，你就是我的孩子，我的吓坏了的可怜的小宝贝。别着急，娜拉，只要你老老实实对待我，你的事情都有我作主，都有我指点。（娜拉换了家常衣服走进来）怎么，你还不睡觉？又换衣服干什么？

娜拉　不错，我把衣服换掉了。

海尔茂　这么晚换衣服干什么？

娜拉　今晚我不睡觉。

海尔茂　可是，娜拉——

娜拉　（看自己的表）时候还不算晚。托伐，坐下，咱们有好些话要谈一谈。（她在桌子一头坐下）

海尔茂　娜拉，这是什么意思？你的脸色冰冷铁板似的——

娜拉　坐下。一下子说不完。我有好些话跟你谈。

海尔茂　（在桌子那一头坐下）娜拉，你把我吓了一大跳。我不了解你。

娜拉　这话说得对，你不了解我，我也到今天晚上才了解你。别打岔。听我说下去。托伐，咱们必须把总账算一算。

海尔茂　这话怎么讲？

娜拉　（顿了一顿）现在咱们面对面坐着，你心里有什么感想？

海尔茂　我有什么感想？

娜拉　咱们结婚已经八年了，你觉得不觉得，这是头一次咱们夫妻正正经经谈谈话？

海尔茂　正正经经！这四个字怎么讲？

娜拉　这整整的八年——要是从咱们认识的时侯算起，其实还不止八年，咱们从来没有在正经事情上谈过一句正经话。

海尔茂　难道要我经常把你不能帮我解决的事情麻烦你？

娜拉　我不是指着你的业务。我说的是，咱们从来没坐下来正正经经细谈过一件事。

海尔茂　我的好娜拉，正经事跟你有什么相干？

娜拉　咱们的问题就在这儿！你从来就没了解过我。我受尽了委屈，先在我父亲手里，后来又在你手里。

海尔茂　这是什么话！你父亲和我这么爱你，你还说受了我们的委屈！

娜拉　（摇头）你们何尝真爱过我，你们爱我只是拿我当消遣。

海尔茂　娜拉，这是什么话！

娜拉　托伐，这是老实话。我在家跟父亲过日子的时候，他把他的意见告诉我，我就跟着他的意见走，要是我的意见跟他不一样，我也不让他知道，因为他知道了会不高兴。他叫我"泥娃娃孩子"，把我当作一件玩意儿，就像我小时候玩儿我的泥娃娃一样。后来我到你家来住着——

海尔茂　用这种字眼形容咱们的夫妻生活简直不像话！

娜拉　（满不在乎）我是说，我从父亲手里转移到了你手里。跟你在一块儿，事情都由你安排。你爱什么我也爱什么，或者假装爱什么——我不知道是真还是假——也许有时候真，有时候假。现在我回头想一想，这些年我在这儿简直像个要饭的叫化子，要一口，吃一口。托伐，我靠着给你耍把戏过日子。可是你喜欢我这么做。你和我父亲把我害苦了。我现在这么没出息都要怪你们。

海尔茂　娜拉，你真不讲理，真不知好歹！你在这儿过的日子难道不快活？

娜拉　不快活。过去我以为快活，其实不快活。

海尔茂　什么！不快活！

娜拉　说不上快活，不过说说笑笑凑个热闹罢了。你一向待我很好。可是咱们的家只是一个玩儿的地方，从来不谈正经事。在这儿我是你的"泥娃娃老婆"，正像我在家里是我父亲的"泥娃娃女儿"一样。我的孩子又是我的泥娃娃。你逗着我玩儿，我觉得有意思，正像我逗孩子们，孩子们也觉得有意思。托伐，这就是咱们的夫妻生活。

海尔茂　你这段话虽然说得太过火，倒也有点儿道理。可是以后的情形就不一样了。玩儿的时候过去了，现在是受教育的时候了。

娜拉　谁的教育？我的教育还是孩子们的教育？

海尔茂　两方面的，我的好娜拉。

娜拉　托伐，你不配教育我怎样做个好老婆。

海尔茂　你怎么说这句话？

娜拉　我配教育我的孩子吗？

海尔茂　娜拉！

娜拉　刚才你不是说不敢再把孩子交给我吗？

海尔茂　那是气头儿上的话，你老提它干什么！

娜拉　其实你的话没说错。我不配教育孩子。要想教育孩子，先得教育我自己。你没资格帮我的忙。我一定得自己干。所以现在我要离开你。

海尔茂　（跳起来）你说什么？

娜拉　要想了解我自己和我的环境，我得一个人过日子，所以我不能再跟你待下去。

海尔茂　娜拉！娜拉！

娜拉　我马上就走。克立斯替纳一定会留我过夜。

海尔茂　你疯了！我不让你走！你不许走！

娜拉　你不许我走也没用。我只带自己的东西。你的东西我一件都不要，现在不要，以后也不要。

海尔茂　你怎么疯到这步田地！

娜拉　明天我要回家去——回到从前的老家去。在那儿找点事情做也许不大难。

海尔茂　喔，像你这么没经验——

娜拉　我会努力去吸取。

海尔茂　丢了你的家，丢了你丈夫，丢了你儿女！不怕人家说什么话！

娜拉　人家说什么不在我心上。我只知道我应该这么做。

海尔茂　这话真荒唐！你就这么把你最神圣的责任扔下不管了？

娜拉　你说什么是我最神圣的责任？

海尔茂　那还用我说？你最神圣的责任是你对丈夫和儿女的责任。

娜拉　我还有别的同样神圣的责任。

海尔茂　没有的事！你说的是什么责任？

娜拉　我说的是我对自己的责任。

海尔茂　别的不用说，首先你是一个老婆，一个母亲。

娜拉　这些话现在我都不信了。现在我只信，首先我是一个人，跟你一样的一个人——至少我要学做一个人；托伐，我知道大多数人赞成你的话，并且书本里也是这么说。可是从今以后我不能一味相信大多数人说的话，也不能一味相信书本里说的话。什么事情我都要用自己脑子想一想，把事情的道理弄明白。

海尔茂　难道你不明白你在自己家庭的地位？难道在这些问题上没有颠扑不破的道理指导你？难道你不信仰宗教？

娜拉　托伐，不瞒你说，我真不知道宗教是什么。

海尔茂　你这话怎么讲？

娜拉　除了行坚信礼的时候牧师对我说的那套话，我什么都不知道。牧师告诉过我，宗教是这个，宗教是那个。等我离开这儿一个人过日子的时候我也要把宗教问题仔细想一想。我要仔细想一想牧师告诉我的话究竟对不对，对我合用不合用。

海尔茂　喔，从来没听说过这种话！并且还是从这么个年轻女人嘴里说出来的！要是宗教不能带你走正路，让我唤醒你的良心来帮助你——你大概还有点道德观念吧？要是没有，你就干脆说没有。

娜拉　托伐，这小问题不容易回答。我实在不明白。这些事情我摸不清。我只知道我的想法跟你的想法完全不一样。我也听说，国家的法律跟我心里想的不一样，可是我不信那些法律是正确的。父亲病得快死了，法律不许女儿给他省烦恼，丈夫病得快死了，法律不许老婆想法子救他的性命！我不信世界上有这种不讲理的法律。

海尔茂　你说这些话像个小孩子。你不了解咱们的社会。

娜拉　我真不了解。现在我要去学习。我一定要弄清楚，究竟是社会正确，还是我正确。

海尔茂　娜拉，你病了，你在发烧说胡话。我看你像精神错乱了。

娜拉　我的脑子从来没像今天晚上这么清醒、这么有把握。

海尔茂　你清醒得、有把握得要丢掉丈夫和儿女？

娜拉　一点不错。

海尔茂　这么说，只有一句话讲得通。

娜拉　什么话？

海尔茂　那就是你不爱我了。

娜拉　不错，我不爱你了。

海尔茂　娜拉！你忍心说这话！

娜拉　托伐，我说这话心里也难受，因为你一向待我很不错。可是我不能不说这句话。现在我不爱你了。

海尔茂　（勉强管住自己）这也是你清醒的有把握的话？

娜拉　一点不错。所以我不能再在这儿待下去。

海尔茂　你能不能说明白我究竟做了什么事使你不爱我？

娜拉　能，就因为今天晚上奇迹没出现，我才知道你不是我理想中的那等人。

海尔茂　这话我不懂，你再说清楚点。

娜拉　我耐着性子整整等了八年，我当然知道奇迹不会天天有，后来大祸临头的时候，我曾经满怀信心地跟自己说："奇迹来了！"柯洛克斯泰把信扔在信箱里以后，我决没想到你会接受他的条件。我满心以为你一定会对他说："尽管宣布吧"，而且你说了这句话之后，还一定会——

海尔茂　一定会怎么样？叫我自己的老婆出丑丢脸，让人家笑骂？

娜拉　我满心以为你说了那句话之后，还一定会挺身出来，把全部责任担在自己肩膀上，对大家说，"事情都是我干的。"

海尔茂　娜拉——

娜拉　你以为我会让你替我担当罪名吗？不，当然不会。可是我的话怎么比得上你的话那么容易叫人家信？这正是我盼望它发生又怕它发生的奇迹。为了不让奇迹发生，我已经准备自杀。

海尔茂　娜拉，我愿意为你日夜工作，我愿意为你受穷受苦。可是男人不能为他爱的女人牺牲自己的名誉。

娜拉　千千万万的女人都为男人牺牲过名誉。

海尔茂　喔，你心里想的嘴里说的都像个傻孩子。

娜拉　也许是吧。可是你想和说的也不像我可以跟他过日子的男人。后来危险过去了——你不是怕我有危险，是怕你自己有危险——不用害怕了，你又装作没事人儿了。你又叫我跟从前一样乖乖地做你的小鸟儿，做你的泥娃娃，说什么以后要格外小心保护我，因为我那么脆弱不中用。（站起来）托伐，就在那当口，我好像忽然从梦中醒过来，我简直跟一个生人同居了八年，给他生了三个孩子。喔，想起来真难受！我恨透了自己没出息！

海尔茂　（伤心）我明白了，我明白了，在咱们中间出现了一道深沟。可是，娜拉，难道咱们不能把它填平吗？

娜拉　照我现在这样子，我不能跟你做夫妻。

海尔茂　我有勇气重新再做人。

娜拉　在你的泥娃娃离开你之后——也许有。

海尔茂　要我跟你分手！不，娜拉，不行！这是不能设想的事情。

娜拉　（走进右边屋子）要是你不能设想，咱们更应该分开。（拿着外套、帽子和旅行小提包又走出来，把东西搁在桌子旁边椅子上。）

海尔茂　娜拉，娜拉，现在别走。明天再走。

娜拉　（穿外套）我不能在生人家里过夜。

海尔茂　难道咱们不能像哥哥妹妹那么过日子？

娜拉　（戴帽子）你知道那种日子长不了。（围披肩）托伐，再见。我不去看孩子了。我知道现在照管他们的人比我强得多。照我现在这样子，我对他们一点儿用处都没有。

海尔茂　可是，娜拉，将来总有一天——

娜拉　那就难说了。我不知道我以后会怎么样。

海尔茂　无论怎么样。你还是我的老婆。

娜拉　托伐，我告诉你。我听人说，要是一个女人像我这样从她丈夫家里走出去，按法律说，她就解除了丈夫对她的一切义务。不管法律是不是这样，我现在把你对我的义务全部解除。你不受我拘束，我也不受你拘束。双方都有绝对的自由。拿去，这是你的戒指。把我的也还我。

海尔茂　连戒指也要还？

娜拉　要还。

海尔茂　拿去。

娜拉　好。现在事情完了。我把钥匙都搁这儿。家里的事佣人都知道——她们比我更熟悉。明天我动身之后，克立斯替纳会来给我收拾我从家里带来的东西。我会叫她把东西寄给我。

海尔茂　完了！完了！娜拉，你永远不会再想我了吧？

娜拉　喔，我会时常想到你，想到孩子们，想到这个家。

海尔茂　我可以给你写信吗？

娜拉　不，千万别写信。

海尔茂　可是我总得给你寄点儿——

娜拉　什么都不用寄。

海尔茂　你手头不方便的时候我得帮点忙。

娜拉　不必，我不接受生人的帮助。

海尔茂　娜拉，难道我永远只是个生人？

娜拉　（拿起手提包）托伐，那就要等奇迹中的奇迹发生了。

海尔茂　什么叫奇迹中的奇迹？

娜拉　那就是说，咱们俩都得改变到——喔，托伐，我现在不信世界上有奇迹了。

海尔茂　可是我信。你说下去！咱们俩都得改变到什么样子——？

娜拉　改变到咱们在一块儿过日子真正像夫妻。再见。（她从门厅走出去。）

海尔茂　（倒在靠门的一张椅子里，双手蒙着脸）娜拉！娜拉！（四面望望，站起身来）屋子空了。她走了。（心里闪出一个新希望）啊！奇迹中的奇迹——

（楼下砰的一响传来关大门的声音）

[简析]

三幕话剧《玩偶之家》是易卜生的代表作，主要写主人公娜拉从爱护丈夫、信赖丈夫到与丈夫决裂，最后离家出走，摆脱玩偶地位的自我觉醒过程。节选部分是全剧的高潮，娜拉和海尔茂之间的潜在矛盾暴露出来，并产生激烈冲突，从而完成主题的表达和人物形象的刻画。

《玩偶之家》曾被比做“妇女解放运动的宣言书”。在这个宣言书里，娜拉终于觉悟到自己在家庭中的玩偶地位，并向丈夫严正地宣称：“首先我是一个人，跟你一样的人，至少我要学做一个人。”以此作为对以男权为中心的社会传统观念的反叛。

剧本结构紧凑，情节集中。全剧采用追溯的手法，通过债主的要挟，海尔茂收到揭发信，交代剧情发展的关键事件娜拉伪造签名，然后集中刻画他们冲突、决裂的过程。

[思考与练习]

1．分析比较《安娜•卡列尼娜》中安娜和《玩偶之家》中娜拉的形象异同。

2．展开对“娜拉是否该出走”或“出走后会怎样”等问题的讨论。

[延伸阅读]

《玩偶之家》

罗密欧与朱丽叶（节选）

莎士比亚

[作者简介]

威廉•莎士比亚（1564—1616），英国著名戏剧家和诗人，欧洲文艺复兴时期文学领域中的最杰出代表。

莎士比亚的文学创作很丰富，他一生写过两首长诗、154 首十四行诗和 37 部戏剧。莎士比亚的主要成就是戏剧。他的戏剧创作大致分为三个时期：早期（1590—1600），以历史剧和喜剧为主，如《亨利四世》《威尼斯商人》。这些巨作表达了新兴资产阶级反对封建诸侯割据、拥护中央集权君主专制的政治思想，歌颂了追求个性解放、爱情自由的生活理想，洋溢着坚定乐观的人文主义信念和欢快活泼的浪漫主义情调。中期（1601—1607），以悲剧为主，《哈姆莱特》《奥赛罗》《李尔王》《麦克白》是莎士比亚中期创作的“四大悲剧”。这个时期的创作，莎士比亚在思想上揭露和批判的力量大大加强，不仅揭露了封建贵族的野蛮残暴和腐化堕落，而且批判了资产阶级的个人主义和唯利是图，风格上带着一层浓厚的悲愤沉郁的色彩。后期（1608—1612），以传奇剧为主，如《暴风雨》。这个时期的创作虽然对黑暗现实仍有所揭露，但在态度上以宽容、和平代替了批判和抗议，宣扬道德感化，倡导改恶从善。

第五幕

第一场　曼多亚•街道

[罗密欧上。]

罗密欧　要是梦寐中的幻景果然可以代表真实，那么我的梦预兆着将有好消息到来；我觉得心君宁恬，整日里有一种一向所没有的精神，用快乐的思想把我从地面上飘扬起来。我梦见我的爱人来看见我死了——奇怪的梦，一个死人也会思想！——她吻着我，把生命吐进了我的嘴唇里，于是我复活了，并且成为一个君王。唉！仅仅是爱的影子，已经给人这样丰富的欢乐，要是能占有爱的本身，那该有多么甜蜜！

[鲍尔萨泽上。]

罗密欧　从维洛那来的消息！啊，鲍尔萨泽！不是神父叫你带信来给我吗？我的爱人怎样？我父亲好吗？我再问你一遍，我的朱丽叶安好吗？因为只要她安好，一定什么都是好好的。

鲍尔萨泽　那么她是安好的，什么都是好好的；她的身体长眠在凯普莱特家的坟茔里，她的不死的灵魂和天使们在一起。我看见她下葬在她亲族的墓穴里，所以立刻飞马前来告诉您。啊，少爷！恕我带了这恶消息来，因为这是您吩咐我做的事。

罗密欧　有这样的事！命运，我咒诅你！——你知道我的住处；给我买些纸笔，雇下两匹快马，我今天晚上就要动身。

鲍尔萨泽　少爷，请您宽心一下；您的脸色惨白而仓皇，恐怕是不吉之兆。

罗密欧　胡说，你看错了。快去，把我叫你做的事赶快办好。神父没有叫你带信给我吗？

鲍尔萨泽　没有，我的好少爷。

罗密欧　算了，你去吧，把马匹雇好了，我就来找你。（鲍尔萨泽下）好，朱丽叶，今晚我要睡在你的身旁。让我想个办法。啊，罪恶的念头！你会多么快钻进一个绝望者的心里！我想起了一个卖药的人，他的铺子就开设在附近，我曾经看见他穿着一身破烂的衣服，皱着眉头在那儿拣药草；他的形状十分消瘦，贫苦把他熬煎得只剩一把骨头；他的寒伧的铺子里挂着一只乌龟，一头剥制的鳄鱼，还有几张形状丑陋的鱼皮；他的架子上稀疏地散放着几只空匣子、绿色的瓦罐、一些胞囊和发霉的种子、几段包扎的麻绳，还有几块陈年的干玫瑰花，作为聊胜于无的点缀。看到这一种寒酸的样子，我就对自己说，在曼多亚城里，谁出卖了毒药是会立刻处死的，可是倘有谁现在需要毒药，这儿有一个可怜的奴才会卖给他。啊！不料我这一个思想，竟会预兆着我自己的需要，这个穷汉的毒药却要卖给我。我记得这里就是他的铺子；今天是假日，所以这叫化子没有开门。喂！卖药的！

[卖药人上。]

卖药人　谁在高声叫喊？

罗密欧　过来，朋友。我瞧你很穷，这儿是四十块钱，请你给我一点能够迅速致命的毒药，厌倦于生命的人一服下去便会散入全身的血管，立刻停止呼吸而死去，就像火药从炮膛里放射出去一样快。

卖药人　这种致命的毒药我是有的；可是曼多亚的法律严禁发卖，出卖的人是要处死刑的。

罗密欧　难道你这样穷苦，还怕死吗？饥寒的痕迹刻在你的面颊上，贫乏和迫害在你的眼睛里射出了饿火，轻蔑和卑贱重压在你的背上；这世间不是你的朋友，这世间的法律也保护不到你，没有人为你定下一条法律使你富有；那么你何必苦耐着贫穷呢？违犯了法律，把这些钱收下吧。

卖药人　我的贫穷答应了你，可是那是违反我的良心的。

罗密欧　我的钱是给你的贫穷，不是给你的良心的。

卖药人　把这一服药放在无论什么饮料里喝下去，即使你有二十个人的气力，也会立刻送命。

罗密欧　这儿是你的钱，那才是害人灵魂的更坏的毒药，在这万恶的世界上，它比你那些不准贩卖的微贱的药品更会杀人；你没有把毒药卖给我，是我把毒药卖给你。再见；买些吃的东西，把你自己喂得胖一点。——来，你不是毒药，你是替我解除痛苦的仙丹，我要带着你到朱丽叶的坟上去，少不得要借重你一下哩。（各下。）

第二场　维洛那·劳伦斯神父的寺院

[约翰神父上]

约翰　喂！师兄在哪里？

[劳伦斯神父上]

劳伦斯　这是约翰师弟的声音。欢迎你从曼多亚回来！罗密欧怎么说？要是他的意思在信里写明，那么把他的信给我吧。

约翰　我临走的时候，因为要找一个同门的师弟作我的同伴，他正在这城里访问病人，不料给本地巡逻的人看见了，疑心我们走进了一家染着瘟疫的人家，把门封锁住了，不让我们出来，所以耽误了我的曼多亚之行。

劳伦斯　那么谁把我的信送去给罗密欧了？

约翰　我没有法子把它送出去，现在我又把它带回来了；因为他们害怕瘟疫传染，也没有人愿意把它送还给你。

劳伦斯　糟了！这封信不是等闲，性质十分重要，把它耽误下来，也许会引起极大的灾祸。约翰师弟，你快去给我找一柄铁锄，立刻带到这儿来。

约翰　好师兄，我去给你拿来。（下。）

劳伦斯　现在我必须独自到墓地里去；在这三小时之内，朱丽叶就会醒来，她因为罗密欧不曾知道这些事情，一定会责怪我。我现在要再写一封信到曼多亚去，让她留在我的寺院里，直等罗密欧到来。可怜的没有死的尸体，幽闭在一座死人的坟墓里！（下。）

第三场　凯普莱特家坟茔所在的墓地

[帕里斯及侍童携鲜花火炬上。]

帕里斯　孩子，把你的火把给我；走开，站在远远的地方；还是灭了吧，我不愿给人看见。你到那边的紫杉树底下直躺下来，把你的耳朵贴着中空的地面，地下挖了许多墓穴，土是松的，要是有踉跄的脚步走到坟地上来，你准听得见；要是听见有什么声息，便吹一个嘘哨通知我。把那些花给我。照我的话做去，走吧。

侍童　（旁白）我简直不敢独自一个人站在这墓地上，可是我要硬着头皮试一下。（退后）

帕里斯　这些鲜花替你铺盖新床；
惨啊，一朵娇红永委沙尘！
我要用沉痛的热泪淋浪，
和着香水浇溉你的芳坟；
夜夜到你墓前散花哀泣，

这一段相思啊永无消歇！（侍童吹口哨）

这孩子在警告我有人来了。哪一个该死的家伙在这晚上到这儿来打扰我在爱人墓前的凭吊？什么！还拿着火把来吗？——让我躲在一旁看看他的动静。（退后）

[罗密欧及鲍尔萨泽持火炬、锹锄等上。]

罗密欧　把那锄头跟铁锹给我。且慢，拿着这封信，等天一亮，你就把它送给我的父亲。把火把给我。听好我的吩咐，无论你听见什么瞧见什么，都只好远远地站着不许动，免得妨碍我的事情；要是动一动，我就要你的命。我所以要跑下这个坟墓里去，一部分的原因是要探望探望我的爱人，可是主要的理由却是要从她的手指上取下一个宝贵的指环，因为我有一个很重要的用途。所以你赶快给我走开吧；要是你不相信我的话，胆敢回来窥伺我的行动，那么，我可以对天发誓，我要把你的骨骼一节一节扯下来，让这饥饿的墓地上散满了你的肢体。我现在的心境非常狂野，比饿虎或是咆哮的怒海都要凶猛无情，你可不要惹我性起。

鲍尔萨泽　少爷，我走就是了，决不来打扰您。

罗密欧　这才像个朋友。这些钱你拿去，愿你一生幸福。再会，好朋友。

鲍尔萨泽　（旁白）虽然这么说，我还是要躲在附近的地方看着他；他的脸色使我害怕，我不知道他究竟打算做出什么事来。（退后）

罗密欧　你无情的泥土，吞噬了世上最可爱的人儿，我要擘开你的馋吻，（将墓门掘开）索性让你再吃一个饱！

帕里斯　这就是那个已经放逐出去的骄横的蒙太古，他杀死了我爱人的族兄，据说她就是因为伤心他的惨死而夭亡的。现在这家伙又要来盗尸发墓了，待我去抓住他。（上前）万恶的蒙太古！停止你的罪恶的工作，难道你杀了他们还不够，还要在死人身上发泄你的仇恨吗？该死的凶徒，赶快束手就捕，跟我见官去！

罗密欧　我果然该死，所以才到这儿来。年轻人，不要激怒一个不顾死活的人，快快离开我走吧；想想这些死了的人，你也该胆寒了。年轻人，请你不要激动我的怒气，使我再犯一次罪；啊，走吧！我可以对天发誓，我爱你远过于爱我自己，因为我来此的目的，就是要跟自己作对。别留在这儿，走吧；好好留着你的活命，以后也可以对人家说，是一个疯子发了慈悲，叫你逃走的。

帕里斯　我不听你这种鬼话；你是一个罪犯，我要逮捕你。

罗密欧　你一定要激怒我吗？那么好，来，朋友！（二人格斗）

侍童　哎哟，主啊！他们打起来了，我去叫巡逻的人来！（下）

帕里斯　（倒下）啊，我死了！——你倘有几分仁慈，打开墓门来，把我放在朱丽叶的身旁吧！（死）

罗密欧　好，我愿意成全你的志愿。让我瞧瞧他的脸；啊，茂丘西奥的亲戚，尊贵的帕里斯伯爵！当我们一路上骑马而来的时候，我的仆人曾经对我说过几句话，那时我因为心绪烦乱，没有听得进去；他说些什么？好像他告诉我说帕里斯本来预备娶朱丽叶为妻；他不是这样说吗？还是我做过这样的梦？或者还是我神经错乱，听见他说起朱丽叶的名字，所以发生了这一种幻想？啊！把你的手给我，你我都是登录在恶运的黑册上的人，我要把你葬在一个胜利的坟墓里。一个坟墓吗？啊，不！被杀害的少年，这是一个灯塔，因为朱丽叶睡在这里，她的美貌使这一个墓窟变成一座充满着光明的欢宴的华堂。死了的人，躺在那儿吧，一个死了的人把你安葬了。（将帕里斯放下墓中）人们临死的时候，往往反会觉得心中愉快，旁观的人便说这是死前的一阵回光返照。啊！这也就是我的回光返照吗？啊，我的爱人！我的妻子！死虽然已经吸去了你呼吸中的芳蜜，却还没有力量摧残你的美貌；你还没有被他征服，你的嘴唇上、面庞上，依然显着红润的美艳，不曾让灰白的死亡进占。提伯尔特，你也裹着你的血淋淋的殓衾躺在那儿吗？啊！你的青春葬送在你仇人的手里，现在我来替你报仇来了，我要亲手杀死那杀害你的人。原谅我吧，兄弟！啊！亲爱的朱丽叶，你为什么仍然这样美丽？难道那虚无的死亡，那枯瘦可憎的妖魔，也是个多情种子，所以把你藏匿在这幽暗的洞府里做他的情妇吗？为了防止这样的事情，我要永远陪伴着你，再不离开这漫漫长夜的幽宫；我要留在这儿，跟你的侍婢，那些蛆虫们在一起。啊！我要在这儿永久安息下来，从我这厌倦人世的凡躯上挣脱恶运的束缚。眼睛，瞧你的最后一眼吧！手臂，作你最后一次的拥抱吧！嘴唇，啊！你呼吸的门户，用一个合法的吻，跟网罗一切的死亡订立一个永久的契约吧！来，苦味的向导，绝望的领港人，现在赶快把你的厌倦于风涛的船舶向那巉岩上冲撞过去吧！为了我的爱人，我干了这一杯！（饮药）啊！卖药的人果然没有骗我，药性很快地发作了。我就这样在这一吻中死去。（死。）

[劳伦斯神父持灯笼、锄、锹自墓地另一端上。]

劳伦斯　圣芳济保佑我！我这双老脚今天晚上怎么老是在坟堆里绊来跌去的！那边是谁？

鲍尔萨泽　是一个朋友，也是一个跟您熟识的人。劳伦斯祝福你！告诉我，我的好朋友，那边是什么火把，向蛆虫和没有眼睛的骷髅浪费着它的光明？照我辨认起来，那火把亮着的地方，似乎是凯普莱特家里的坟茔。

鲍尔萨泽　正是，神父；我的主人，您的好朋友，就在那儿。

劳伦斯　他是谁？

鲍尔萨泽　罗密欧。

劳伦斯　他来多久了？

鲍尔萨泽　足足半点钟。

劳伦斯　陪我到墓穴里去。

鲍尔萨泽　我不敢，神父。我的主人不知道我还没有走；他曾经对我严辞恐吓，说要是我留在这儿窥伺他的动静，就要把我杀死。

劳伦斯　那么你留在这儿，让我一个人去吧。恐惧临到我的身上。啊！我怕会有什么不幸的祸事发生。

鲍尔萨泽　当我在这株紫杉树底下睡了过去的时候，我梦见我的主人跟另外一个人打架，那个人被我的主人杀了。

劳伦斯　（趋前）罗密欧！嗳哟！嗳哟，这坟墓的石门上染着些什么血迹？在这安静的地方，怎么横放着这两柄无主的血污的刀剑？（进墓）罗密欧！啊，他的脸色这么惨白！还有谁？什么！帕里斯也躺在这儿，浑身浸在血泊里？啊！多么残酷的时辰，造成了这场凄惨的意外！那小姐醒了。（朱丽叶醒。）

朱丽叶　啊，善心的神父！我的夫君呢？我记得很清楚我应当在什么地方，现在我正在这地方。我的罗密欧呢？（内喧声。）

劳伦斯　我听见有什么声音。小姐，赶快离开这个密布着毒氛腐臭的死亡的巢穴吧；一种我们所不能反抗的力量已经阻挠了我们的计划。来，出去吧。你的丈夫已经在你的怀中死去；帕里斯也死了。来，我可以替你找一处地方出家做尼姑。不要耽误时间盘问我，巡夜的人就要来了。来，好朱丽叶，去吧。（内喧声又起）我不敢再等下去了。

朱丽叶　去，你去吧！我不愿意走。（劳伦斯下）这是什么？一只杯子，紧紧地握住在我的忠心的爱人的手里？我知道了，一定是毒药结果了他的生命。唉，冤家！你一起喝干了，不留下一滴给我吗？我要吻着你的嘴唇，也许这上面还留着一些毒液，可以让我当作兴奋剂服下而死去。（吻罗密欧）你的嘴唇还是温暖的！

巡丁甲　（在内）孩子，带路；在哪一个方向？

朱丽叶　啊，人声吗？那么我必须快一点了结。啊，好刀子！（攫住罗密欧的匕首）这就是你的鞘子；（以匕首自刺）你插了进去，让我死了吧。（扑在罗密欧身上死去。）

[巡丁及帕里斯侍童上。]

侍童　就是这儿，那火把亮着的地方。

巡丁甲　地上都是血；你们几个人去把墓地四周搜查一下，看见什么人就抓起来。（若干巡丁下）好惨！伯爵被人杀了躺在这儿，朱丽叶胸口流着血，身上还是热热的好像死得不久，虽然她已经葬在这里两天了。去，报告亲王，通知凯普莱特家里，再去把蒙太古家里的人也叫醒了，剩下的人到各处搜搜。（若干巡丁续下）我们看见这些惨事发生在这个地方，可是在没有得到人证以前，却无法明了这些惨事的真相。

[若干巡丁率鲍尔萨泽上。]

巡丁乙　这是罗密欧的仆人；我们看见他躲在墓地里。

巡丁甲　把他好生看押起来，等亲王来审问。

[若干巡丁率劳伦斯神父上。]

巡丁丙　我们看见这个教士从墓地旁边跑出来，神色慌张，一边叹气一边流泪，他手里还拿着锄头铁锹，都给我们拿下来了。

巡丁甲　他有很重大的嫌疑；把这教士也看押起来。

[亲王及侍从上。]

亲王　什么祸事在这样早的时候发生，打断了我的清晨的安睡？

[凯普莱特、凯普莱特夫人及余人等上]

凯普莱特　外边这样乱叫乱喊，是怎么一回事？

凯普莱特夫人　街上的人们有的喊着罗密欧，有的喊着朱丽叶，有的喊着帕里斯；大家沸沸扬扬地向我们家里的坟上奔去。

亲王　这么许多人为什么发出这样惊人的叫喊？

巡丁甲　王爷，帕里斯伯爵被人杀死了躺在这儿；罗密欧也死了；已经死了两天的朱丽叶，身上还热着，又被人重新杀死了。

亲王　　用心搜寻，把这场万恶的杀人命案的真相调查出来。

巡丁甲　　这儿有一个教士，还有一个被杀的罗密欧的仆人，他们都拿着掘墓的器具。

凯普莱特　　天啊！——啊，妻子！瞧我们的女儿流着这么多的血！这把刀弄错了地位了！瞧，它的空鞘子还在蒙太古家小子的背上，它却插进了我的女儿的胸前！

凯普莱特夫人　　嗳哟！这些死的惨象就像惊心动魄的钟声，警告我这风烛残年，快要不久于人世了。

[蒙太古及余人等上。]

亲王　　来，蒙太古，你起来虽然很早，可是你的儿子倒下得更早。

蒙太古　　唉！殿下，我的妻子因为悲伤小儿的远逐，已经在昨天晚上去世了；还有什么祸事要来跟我这老头子作对呢？

亲王　　瞧吧，你就可以看见。

蒙太古　　啊，你这不孝的东西！你怎么可以抢在你父亲的前面，自己先钻到坟墓里去呢？

亲王　　暂时停止你们的悲恸，让我把这些可疑的事实审问明白，知道了详细的原委以后，再来领导你们放声一哭吧；也许我的悲哀还要远远胜过你们呢！——把嫌疑犯带上来。

劳伦斯　　时间和地点都可以作不利于我的证人；在这场悲惨的血案中，我虽然是一个能力最薄弱的人，但却是嫌疑最重的人。我现在站在殿下的面前，一方面要供认我自己的罪过，一方面也要为我自己辩解。

亲王　　那么快把你所知道的一切说出来。

劳伦斯　　我要把经过的情形尽量简单地叙述出来，因为我的短促的残生还不及一段冗烦的故事那么长。死了的罗密欧是死了的朱丽叶的丈夫，她是罗密欧的忠心的妻子，他们的婚礼是由我主持的。就在他们秘密结婚的那天，提伯尔特死于非命，这位才做新郎的人也从这城里被放逐出去；朱丽叶是为了他，不是为了提伯尔特，才那样伤心憔悴。你们因为要替她解除烦恼，把她许婚给帕里斯伯爵，还要强迫她嫁给他，她就跑来见我，神色慌张地要我替她想个办法避免这第二次的结婚，否则她要在我的寺院里自杀。所以我就根据我的医药方面的学识，给她一服安眠的药水；它果然发生了我所预期的效力，她一服下去就像死了一样昏沉过去。同时我写信给罗密欧，叫他就在这一个悲惨的晚上到这儿来，帮助把她搬出她寄寓的坟墓，因为药性一到时候便会过去。可是替我带信的约翰神父却因遭到意外，不能脱身，昨天晚上才把我的信依然带了回来。那时我只好按照着预先算定她醒来的时间，一个人前去把她从她家族的墓茔里带出来，预备把她藏匿在我的寺院里，等有方便再去叫罗密欧来；不料我在她醒来以前几分钟到这儿来的时候，尊贵的帕里斯和忠诚的罗密欧已经双双惨死了。她一醒过来，我就请她出去，劝她安心忍受这一种出自天意的变故；可是那时我听见了纷纷的人声，吓得逃出了墓穴，她在万分绝望之中不肯跟我去，看样子她是自杀了。这是我所知道的一切，至于他们两人的结婚，那么她的乳母也是与闻的。要是这一场不幸的惨祸，是由我的疏忽所造成，那么我这条老命愿受最严厉的法律的制裁，请您让它提早几点钟牺牲了吧。

亲王　　我一向知道你是一个道行高尚的人。罗密欧的仆人呢？他有什么话说？

鲍尔萨泽　我把朱丽叶的死讯通知了我的主人，因此他从曼多亚急急地赶到这里，到了这座坟堂的前面。这封信他叫我一早送去给我家老爷；当他走进墓穴里的时候，他还恐吓我，说要是我不离开他赶快走开，他就要杀死我。

亲王　把那封信给我，我要看看。叫巡丁来的那个伯爵的侍童呢？喂，你的主人到这地方来做什么？

侍童　他带了花来散在他夫人的坟上，他叫我站得远远的，我就听他的话；不一会儿工夫，来了一个拿着火把的人把坟墓打开了。后来我的主人就拔剑跟他打了起来，我就奔去叫巡丁。

亲王　这封信证实了这个神父的话，讲起他们恋爱的经过和她的去世的消息；他还说他从一个穷苦的卖药人手里买到一种毒药，要把它带到墓穴里来准备和朱丽叶长眠在一起。这两家仇人在哪里？——凯普莱特！蒙太古！瞧你们的仇恨已经受到了多大的惩罚，上天借手于爱情，夺去了你们心爱的人；我为了忽视你们的争执，也已经丧失了一双亲戚，大家都受到惩罚了。

凯普莱特　啊，蒙太古大哥！把你的手给我；这就是你给我女儿的一份聘礼，我不能再作更大的要求了。

蒙太古　但是我可以给你更多的；我要用纯金替她铸一座像，只要维洛那一天不改变它的名称，任何塑像都不会比忠贞的朱丽叶那一座更为卓越。

凯普莱特　罗密欧也要有一座同样富丽的金像卧在他情人的身旁，这两个在我们的仇恨下惨遭牺牲的可怜的人儿！

亲王　清晨带来了凄凉的和解，
太阳也惨得在云中躲闪。
大家先回去发几声感慨，
该恕的、该罚的再听宣判。
古往今来多少离合悲欢，
谁曾见这样的哀怨辛酸！（同下。）

[简析]

《罗密欧与朱丽叶》（1595）是莎士比亚（1564—1616）早期创作的著名悲剧。它诗意盎然，热情充沛，洋溢着浓郁的浪漫气息和喜剧氛围。其艺术风格与作家早期创作的大多数喜剧相一致，被人们称为抒情悲剧。悲剧的冲突是罗密欧与朱丽叶的恋情与两个家族间的仇恨和对立，它表现了自由的爱情与封建势力之间尖锐的矛盾冲突。

《罗密欧与朱丽叶》是莎士比亚戏剧名作，体现了莎士比亚的创作思想和艺术风格。本文节选该剧的最后一场戏，是全剧的精华部分。

[思考与练习]

1. 纯洁而又充满期盼的爱情，是与传统社会观念格格不入的。男女主人公采用死亡这一极端方式，才实现了为尘世所不容的恋情，并且化解了两个家族的仇恨。你对此如何理解？

2. 阅读莎士比亚的四大悲剧作品。

[延伸阅读]

《罗密欧与朱丽叶》

相声、小品

相声——五官争功[1]

马季

甲　哎，我来跟大家说个事儿啊，我昨晚做了个梦，我这梦啊！特别奇怪，我梦见我这五官啊，从……

乙　哟！脑袋。

甲　哎。

乙　哈哈！哈哈！

甲　你好，你好！

乙　您还认识我吗？

甲　我可不敢认啦！请问您贵姓啊？

乙　我姓眼。

甲　姓……姓什么？

乙　姓眼。

甲　百家姓有你这姓吗？

乙　头一个就是啊。

甲　哪句呀？

乙　赵钱孙“眼”。

甲　没听说过！赵钱孙“眼”？赵钱孙李！

乙　啊，周吴郑“眼”!

甲　周吴郑王。

乙　冯陈楚“眼”。

甲　你别“杵”啦！你不怕“杵”瞎啦？

乙　不，我……

甲　你叫什么名字吧？

乙　我叫眼睛。

甲　眼睛？

乙　哎，对对！

甲　哎呀，您说这人有叫眼睛的吗？啊？

乙　那你这部分叫什么？

甲　别摸！

乙　不，我就问问。

甲　摸坏了，哪儿配这零件儿去呀？

乙　你这叫什么？

甲　我这是眼睛。

乙　我就是您的眼睛。

甲　您就是我的眼睛？

乙　对对对。

甲　我这眼睛长的跟带鱼似的？你上这儿干吗来啦？

乙　多日不见，怪想您的，我来看看您。

甲　哎哟！谢谢您，您找个地方坐下看。

乙　啊，坐下看。

甲　我接着说我这梦啊。

丙　哟嗬！您在这儿呢？

甲　怎么又来一位？

丙　您好！您还认识我吗？

甲　你也问我这句呀？不敢认啦。

丙　哎哟，真是大水冲了龙王庙，一家人不认一家人啦！

甲　请问您贵姓呀？

丙　我姓鼻。

甲　啊，姓……怎么这姓都这么别扭啊？姓鼻，百家姓有您这姓吗？

丙　有。

甲　哪句呀？

丙　赵钱孙“鼻”。

甲　去！没听说过！赵钱孙“眼”！咳！“孙眼”他说的！你叫什么名字吧？

丙　我呀，叫鼻子。

甲　鼻子。

丙　啊，我就是您这鼻子。

甲　坏啦！我这鼻子也下来啦！你上这儿干吗来啦？

丙　多日不见，怪想您的，我来呀，闻闻您。

甲　闻我！去去！甭闻啦！坐那儿，坐那儿。

丙　哎，哈哈。

甲　我这梦啊！

丁　哟嗬！

甲　怎么又来一位？你好，你好！

丁　您在这儿呢？您还认识我吗？

甲　怎么全问我这句呀？我不敢认啦！

丁　您真是房顶上开窗户——六亲不认啦！

甲　请问您是谁？

丁　我是您的耳朵呀！

甲　我耳朵也来了。

丁　下来啦！

甲　哎哟，您上这儿干吗来啦？

丁　多日不见，怪想您的，我到这儿来听听您。

甲　听我？您坐这儿听！我这个梦啊！

戊　哟嗬！您在这儿呢？

甲　啊。
甲　您还认识我吗？
戊　哎！这位怎么这么大劲儿啊？
甲　我认识您，您不是赵炎嘛。
戊　啊！不……我哪儿赵炎哪？
甲　你不是赵炎吗？
戊　再好好看看。
甲　怎么看……我看不出来了。
戊　您的眼睛怎么啦？
甲　我眼睛在那儿歇着呢！
戊　我呀，姓嘴。
甲　姓嘴？叫什么呀？
戊　叫嘴呀！
甲　你叫嘴嘴？
戊　没听说过！
甲　嘴嘴……
戊　不像话！我姓嘴、叫嘴，全名还是嘴，我就是您这张嘴。
甲　哦！你就是我这张嘴？
戊　不错。
甲　我这嘴可够富态的。
戊　嘴大吃八方嘛！
甲　您上这儿干吗来啦？
戊　这不多日不见，怪想您的，我来啃啃你呀。
甲　哎……你拿我当猪头肉啦？
戊　亲热亲热嘛！
甲　有这么亲热的吗？你们这五官全上这儿干吗来了！
戊　这不给您道喜来啦！
丙　给您哪，祝贺来啦！
丁　祝贺您，取得成绩呀！
乙　祝贺您获得了荣誉。
甲　我有什么荣誉？你们这么祝贺我呀？
丙　哎？这您还不明白吗？
甲　怎么回事儿？
丙　不久之前，您被评为笑星之首。
甲　啊，有这事儿。
合　哎！
丁　我可听说啦！
甲　听说什么？
丁　您还领了这么大一奖状。
甲　您瞧我这耳朵真够灵的。

乙　还发了那么多奖金。

甲　你看见啦？

乙　夜里三点半，您不还数一回。

甲　谁数啦？

戊　不，关键是您有了荣誉，我们想问问：您这荣誉呀，是怎么得来的。

合　哎。

甲　还是我这嘴会说话。荣誉怎么得来的？

合　啊。

甲　上级正确领导，同行的支持，观众们热情的帮助，加上我个人的一点努力。

乙　我呢？

丙　我呢？

丁　我呢？

戊　我呢？

甲　坏啦！就这点荣誉不够他们四个分的。碍着你们什么事啦！

合　嗯？

丙　忘恩负义！

丁　过河拆桥！

乙　念完经打和尚！

戊　吃饱了就骂厨子！

甲　哪儿这么多废话啊！

丙　我可告诉您，脑袋！你所以取得这么大的荣誉，跟我们五官这哥几个发挥功能可有很大的关系。

甲　五官各有各的作用啊。

丙　那您说说，谁的作用大？

丁　谁是五官之首？

乙　谁该立头功？

戊　这头份奖金归谁？

甲　你说这问题我怎么解答？这五官全长我脑袋上，这是有机整体呀！谁头功，谁二功？谁拿头份奖金？我分不清楚啦！

丙　胡说！

丁　放肆！

乙　无理！

戊　撑的！

丙　脑袋！我可告诉你，你所以当上头号笑星，那全仗着我这鼻子给你挺着呢。

甲　跟你这鼻子有什么关系？

丙　太有关系啦！

甲　你说说！

丙　你想啊，我这鼻子是你脑袋上唯一的一个呼吸器官哪，一天一呼一吸达万次以上，我有一天不干活儿，您就受不了。

甲　是啊！你这鼻子就管出气的，你凭什么不干活呀？

丙 白天咱就不说了，到晚上也一样啊。
甲 晚上怎么啦？
丙 你老人家躺在床上睡着了。
甲 休息呀！
丙 眼睛闭上啦！嘴也合上啦！耳朵也歇着啦！
甲 对。
丙 噢，就让我鼻子一个人值夜班啊？人家工厂都讲三班倒！你哪怕让我休息个十分八分的？
甲 你休息一会儿，我就休克了。能休息吗？
丙 再者说了，你从小长这么大，你哪时哪刻离开我鼻子啦？
甲 这倒是，打一生出来就有这玩艺儿，这玩艺儿还原装的。
丙 再者说，我这鼻子还是你脑袋上的嗅觉器官。
甲 怎么叫嗅觉器官？
丙 哎，有我这鼻子，你才能闻出来什么叫香，哪叫臭不是。
甲 得靠我这鼻子来闻味儿。
丙 哎。要没我这鼻子？
甲 啊？
丙 不客气地说：您——饿啦！
甲 怎么样？
丙 您就上厕所啦！
甲 回去！我上那儿干吗去？
丙 您闻不出味儿来呀？
甲 行行，行行，您这鼻子很重要就是啦！
丙 重要。那我得问问你：既然我这鼻子这么重要，那为什么在笑星领奖大会上，你发言的时候，对我这鼻子的功劳，你只字不提呀？
甲 那我怎么提呀？我上来就这么讲：同志们！评我为笑星，主要得归功我的鼻子。锦旗你不用给我，您就挂我这鼻子上……这玩意儿挂得上吗？
丙 反正我鼻子的待遇，您得重新考虑。
甲 鼻子很重要。
乙 胡说！
甲 哎，你怎么啦！
乙 怎么啦？他鼻子重要，我眼睛就不重要吗？
甲 我没那意思。
乙 我眼睛比鼻子重要。
甲 怎么呢？
乙 你的聪明，你的才智，全在我身上才能体现出来。
甲 哎，对啦！人们都这么说嘛，马季聪明！所以聪明，就聪明在那双水汪汪的……小眼睛上啦。
乙 你用我跟观众交流感情，用我表达喜怒哀乐。请问，没我眼睛，你能学文化、学知识吗？没我眼睛，你能表达喜怒哀乐吗？嗯？没我眼睛，你能看到这大千世界吗？

嗯？没我眼睛……嗯！

甲 什么毛病？

乙 就这样，我还得为你的婚事操心。

甲 这眼睛为我的婚事操心？怎么啦？

乙 怎么啦？你们俩第一次见面儿，不是我眉来眼去把她勾住的吗？脑袋！我还告诉你，你们从恋爱到结婚干的那点事儿，我可全看见了。

甲 你瞧我这缺德眼睛。

乙 你要不对我好点，我全都给你说出去。同志们，今天我先说第一回吧。

甲 别！你眼睛很重要，我离不开你。

乙 对啦，你每天下班是谁为您认路的？

甲 对对，真离不开这眼睛。

乙 就是啊！

丙 没关系，没关系！离开眼睛您照样能回家。

甲 不行，没有眼睛我拿什么认路啊？

丙 哎，用我这鼻子，闻着咱们就回去啦！

甲 我长个狗鼻子？像话吗？

乙 不行了，不是！你甭……您就对我好点儿，肯定我就报答您。

甲 怎么报答我？

乙 以后您再办坏事，我睁一眼，闭一眼吧。

甲 我办过坏事吗？

乙 我这眼睛很重要。

丁 胡说！

甲 你怎么啦？

丁 刚才说什么啦，我可全听见啦！

甲 是，你这贼耳朵什么听不见呢？

丁 说什么，眼睛重要，我这耳朵可有可无吗？

甲 我没那么说。

丁 我这耳朵是您脑袋上的信息机构。

甲 信息机构？

丁 靠我这耳朵，给你传递信息，没有我这耳朵？你能听出来什么是音乐？什么是唱歌？什么是唱戏？“汪！汪！汪！”这是什么？

甲 这个听出来啦！

丁 是什么？

甲 这是狗叫唤。

丁 对呀，要是没我这耳朵，你以为你三舅唱戏呢？

甲 去！你怎么说话呢？

丁 从小长到大，听报告、听讲课、听说话、听音乐、听什么离开过我这耳朵？

甲 嘿嘿！对对！耳朵挺重要。

丁 别说这个啦，就连你谈恋爱也没离过我这个耳朵。

甲 您怎么也提这事啊？我跟你耳朵有什么关系？

丁　哟！你们总是亲亲热热，互相吐露爱慕之情，靠什么呀？
甲　靠什么？就靠那嘴来表达。
丁　靠嘴说？……说什么呢？
甲　没听出来。
丁　就是呀！要有我这灵敏的耳朵，你就会听得一清二楚。
甲　说的什么意思？
丁　她说呀！你小心点儿，我爱人在后边儿呐！
甲　哎……像话吗？我第三者插足啊？
丁　反正我对你是俯首贴耳啊。
甲　嗯，耳朵对我不错。
丁　可是你呢？
甲　我？
丁　你对我们三六九等，你对他们什么样？
甲　对他们一视同仁呀！
丁　一视同仁？你喜欢眼睛，给他戴上变色镜，让他臭美去呀！
甲　那是臭美吗？戴眼镜保护点视力。
丁　你给鼻子、嘴戴上口罩。
甲　是啊，讲卫生啊。
丁　给你脖子围上围巾。
甲　是啊，爱护点儿嗓子。
丁　给你脑袋戴上帽子。
甲　戴帽子显得精神。
丁　你给我耳朵买过什么呀？
甲　哎，我还真没给这耳朵买过什么？
丁　不买没关系，可是你不该把口罩带、眼镜腿儿，全勒我耳朵上。
甲　你说，就这么点事儿他还抱委屈呢。
丁　抱委屈！有件事儿你还最对不起我。
甲　噢？什么事儿对不起你？
丁　我们耳朵本来是亲亲密密一对儿，你非得一边一个让我们长期分居啊！
甲　那……俩耳朵搁一边儿，那不成烧卖啦！
丁　你甭管，你说清楚，一定得说……
丙　别哭啦！没完没了，哭什么呀？
甲　他委屈，碍着你什么呀？
丙　他委屈我不管哪？你让大伙瞧瞧，这么会儿，他把我鼻子全都揪红啦！
甲　别揪啦！人家不乐意啦！
丁　你说我耳朵重要不重要？
甲　重要！我离不开你。
戊　胡说！
甲　怎么回事儿？
戊　我没说你，我说他呢！他说什么，我可都听见啦。

甲　听见啦。

戊　不像话！

甲　就是。

戊　他们这叫见荣誉就上。不明白道理，咱们是个整体。

甲　对。

戊　您这脑袋有了荣誉，大伙都有份儿。

甲　您瞧我这嘴说得多好！

戊　哪有为自己争功的？人家真正有功的从来不争功。

甲　有功人家不争功啦！

戊　你看我什么时候争过？

甲　你现在就争上啦！

戊　哈哈，我还用争吗？

甲　你这不争呢吗？

戊　我是什么呀？

甲　你是嘴呀！

戊　我这嘴对你来讲，最重要。

甲　有什么重要的？

戊　没有我这嘴，你说段相声我听听，说！

甲　我拿哪儿说呀？

戊　还是的！靠我这嘴吧？

甲　对对。

戊　你抽根儿烟，还得靠我这嘴。

甲　拿耳朵抽，嘬得进去吗？

戊　你喝点酒，还得靠我这嘴。

甲　对对。

戊　你吃点饭，也得靠我这嘴。

甲　全靠嘴！

戊　你说个瞎话，也得靠我这嘴。

甲　哎……我说过瞎话吗？

戊　反正我这嘴重要。

甲　嘴确实重要。

戊　笑星评比会上，评委说得清楚。

甲　怎么说的？

戊　说您口齿伶俐，那就是夸我这嘴。

甲　对对。

戊　说您吐字清楚，也是夸我这嘴呢。

甲　也是这嘴。

戊　说您嘴皮子利索，也是夸我这嘴呢。

甲　对。

戊　甭说这个，就是你和您爱人搞对象，也没离开我这嘴。

甲 你怎么也提这个事儿?

戊 多新鲜哪?你跟你爱人花言巧语,不得用我这嘴吗?

甲 对,对。

戊 你跟你爱人说点悄悄话,不得用我这嘴吗?

甲 对,是用嘴!

戊 你跟你爱人表示衷心,不得用我这嘴吗?

甲 对……用嘴!

戊 你跟你爱人亲热接吻……

甲 别……别说啦!嘴下留情吧。

戊 我这嘴怎么样?

甲 好,不错,我离不开您这嘴。

丙 我呀,不干啦!

丁 我呀,请探亲假!

乙 我呀,调离!

甲 怎么啦?又怎么啦?

丙 您说我这鼻子,辛辛苦苦的我落什么好啦?啊?你这脑袋偏心眼儿,你竟向着那嘴。

甲 我怎么向着他啦?

丙 嘿!弄点什么好吃的、好喝的,什么鸡鸭鱼肉、山珍海味、桔子汽水儿、奶油冰棍儿,你全塞那嘴里头啦!

甲 我塞你鼻子里头,你消化得了吗,你呀?

戊 行啦!鼻子。他再好吃的东西,我嘴没沾着边儿呢,味儿先让你闻跑啦!你还不知足哪?

丙 哎?我先闻味儿,干吗你那儿流哈喇子啊?

戊 废话!你要伤风,要感冒,这喘气儿,我还得替你顶着呢。

乙 别说啦!你们俩吃香的、闻辣的,我眼巴巴的看着没我什么事儿啊?

丁 对呀!我看还看不见呢?

甲 行啦!没你们俩什么事儿,这里头。

丙 这点好事儿,全落在嘴上啦!

戊 行啦!你们光瞧见我吃香、喝辣的啦!你们谁生个灾,闹个病,喝点苦水、吃个药片,不全塞我嘴里头啦?我说什么啦?

丁 对啦,这耳钉还扎我耳朵上呢!

戊 是啊!把你耳朵扎疼啦,我这嘴还得咧着呢。

乙 是啊,你一咧嘴,我还得挤眼泪哪。

丙 那我鼻子直犯酸,我招谁惹谁啦?

戊 凑合吧。

丙 我问你,你抽烟的时候,你干吗那烟打我鼻子里头走?

戊 废话!你过了烟瘾,我还没找你收烟钱呢?

丙 找我收烟钱?

戊 啊。

丙 我还没要你养路费呢?

乙　得。

戊　行啦，眼睛，你不错啦！他们家二十吋彩电就给你买的，我们谁看得见哪？

丁　说得好！说得太棒啦！

戊　还有你耳朵，他们家那几千块钱买的音响，就是你的，我们谁听得着啊？

甲　对，对。

丙　瞧瞧，他们全有好处不是。

戊　最可气的就是你鼻子，你不错啦！

丙　我怎么啦？

戊　你站最中间，我们全在边上围着你转，你还不知足，今儿伤风、明儿感冒、后儿闹个鼻窦炎什么的，也搭着他手懒点儿，流点清鼻涕全流到我嘴里啦，你拿我这儿当痰盂啊你！

丙　我再问问你！

戊　问什么？

丙　这病从口入、祸从口出，是不是嘴的责任？

甲　是你的毛病。

戊　那你这鼻子麻木不仁、不闻不问怎么说呢？

甲　对。

丁　口若悬河、信口雌黄，就是你这嘴。

戊　行啦！耳朵！你偏听偏信，耳边风，那就是你的毛病。

乙　云山雾罩、造谣生事，说的是谁呀！

戊　你这眼睛也可以啦！那社会上的红眼病就是你传染的。

甲　好！各位，就这么点荣誉，他们自己就打起来啦。

戊　脑袋，我对你有意见。

甲　对我有意见？

戊　嘿嘿。

甲　怎么啦？

戊　你凭什么把我这嘴放在最下边？

甲　是啊，当初它就那么设计来着。

戊　你得把我的位置往上调。

甲　怎么调法？

戊　我这嘴得长你脑瓜顶上去。

甲　这嘴长到这儿来？赶上下雨你不怕存水呀？

戊　我得最高啊！

丙　脑袋！我对您有意见。

甲　你有什么意见？

丙　我不能跟他们在一块儿，我得站最高峰。

甲　好！他也长到这地方来？

乙　脑袋！我高瞻远瞩，我请求上调。

甲　你也上来啦！

丁　脑袋！我耳朵也得必须长你脑瓜顶上。

甲　耳朵也长……我成兔爷啦！

合　就这样吧，好，上面见吧！

甲　别说啦！干吗呢你们？五官全长我脑袋上头，都得听我的！五官分工不一样，得互相支持，互相帮助，团结起来才能干出点事儿来呀？照你们这样，自己强调自己重要，不要你们啦！走！走！众走。走！

甲　回来，回来！

众　怎么又回来啦？

甲　我琢磨过来啦。

众　啊。

甲　你们几位全走啦？

众　啊？

甲　我这脑袋成鸭蛋啦！

众　嗐！

[注释]

[1]　选自《人民文学》1987 年第 3 期。

[思考与练习]

1．体会马季语言的简洁与幽默。

2．这段相声反映了怎样的社会现实？

[延伸品味]

马三立、侯宝林相声作品

小品——昨天　今天　明天[1]

何庆魁

崔永元　您好…大叔您好…请坐——请坐大叔

赵本山　嗯

宋丹丹　嗯——咳——

崔永元　大叔大妈呀（稍微有一点紧张）

崔永元　稍微有一点紧张。大叔大妈呀，是第一次到电视台的演播室吧！

赵本山　第一次。

宋丹丹　嗯，是——

崔永元　刚来这个演播室啊，都会有一点紧张。你看有这么多摄像机，这么多观众，一会咱们谈着谈着就能放松。咱们先来个自我介绍。

赵本山　咋介绍？

崔永元　按您家里的习惯。

宋丹丹　那我先说呗——

崔永元　好

宋丹丹　我叫白云，

赵本山　我叫黑土，
宋丹丹　我七十一，
赵本山　我七十五，
宋丹丹　我属鸡，
赵本山　我属虎，
宋丹丹　这是我老公，
赵本山　这是我老母——（乐队奏乐）
赵本山　我老伴儿，
宋丹丹　差辈儿了——
崔永元　请坐请坐。大叔大妈呀，太紧张了，别紧张。我跟您说这个谈话节目吧，它有话题，咱一谈话题它就不紧张了。
赵本山　对
崔永元　今天的话题是“昨天，今天，明天”。我看咱改改规矩，这回大叔您先说。
赵本山　昨天，在家准备一宿；今天，上这儿来了；明天，回去，谢谢！
（乐队奏乐）
赵本山　挺简单。
崔永元　不是，大叔我不是让您说这个昨天，我是让您往前说。
宋丹丹　前天，前天俺们俩得到的乡里通知，谢谢。
崔永元　大叔大妈呀，我说的这个昨天、今天、明天呀，不是——昨天、今天、明天。
赵本山　是后天？
崔永元　不是后天。
宋丹丹　那是哪一天呢？
崔永元　不是哪一天。我说的这个意思就是咱，这个——回忆一下过去，再评说一下现在，再展望一下未来。您听明白了吗？
赵本山　啊——那是过去、现在和将来！
宋丹丹　那也不是昨天、今天和明天呐。
赵本山　是，你问这——有点毛病。
宋丹丹　对，没有这么问的。
崔永元　我还弄错了我还——那谁先说呀？
赵本山　我说吧，还有准备。
崔永元　啊，准备好啦？
赵本山　改革春风吹满地，中国人民真争气；齐心合力跨世纪，一场大水没咋地。谢谢！
（乐队奏乐）
崔永元　这是首诗。
宋丹丹　该我了。
崔永元　大妈也准备啦？
宋丹丹　是——我站着说吧。改革春风吹进门，中国人民抖精神；海湾那旮哒挺闹心，美英合伙欺负人。谢谢！
赵本山　欺负人你谢它干啥玩意儿。
宋丹丹　不礼貌么。

崔永元　这叫什么谈话啊，整个一个赛诗会呀。大叔大妈呀，今天过春节，过春节的时候就不说那些让人心烦的事儿。咱说点高兴的事儿。

赵本山　你看着没，我搁家我就告诉她我说你写这段不行，海湾那事儿那联合国安南都管不了你操那心干啥玩意儿——

宋丹丹　那你说吧——

崔永元　那大叔说，说说大好形势。

赵本山　各位领导，同志们。

崔永元　要做报告呀？

赵本山　这么说不行么？

崔永元　啊，行，您说吧——

赵本山　大家好！九八九八不得了，粮食大丰收，洪水被赶跑。百姓安居乐业，齐夸党的领导。尤其人民军队，更是天下难找。国外比较乱套，成天勾心斗角。今天内阁下台，明天首相被炒。闹完金融危机，又要弹劾领导。纵观世界风云，风景这边更好！多谢！

（乐队奏乐）（坐在地上）

崔永元　大叔！摔着了吧！哎呦，快起来——

赵本山　往前迈两步，忘了——

宋丹丹　没事儿——挺成功。

赵本山　成功么？……丢人了？

宋丹丹　没——

崔永元　大叔大妈呀，这个谈话节目呢，它实际上就是说话，就是聊天，就是唠嗑，就是你们东北坐在炕上唠嗑，您在家什么样啊，在这儿就什么样。别紧张，好不好？

赵本山　那你放松的事儿——你早说呀，早说早明白了——

（脱鞋、盘腿）（乐队奏乐）

宋丹丹　你把那鞋穿上。

赵本山　告诉放松呢！

宋丹丹　让放松精神你放松脚干啥呀，臭的——别了，汗脚——

赵本山　脱鞋不行是噢？

崔永元　啊——行行行——

宋丹丹　不礼貌呢——

崔永元　大叔大妈我问一句噢，您就——没看过我们这个节目吧？

赵本山　看过，你不姓崔么，实话实说那个。

崔永元　对呀，嗯。

宋丹丹　你不叫崔永元么。

崔永元　对。

宋丹丹　俺们村人可喜欢你了。

崔永元　真的啊？

宋丹丹　都夸你呢，说你主持那节目可好了。

崔永元　这么说的呀！

宋丹丹　就是人长的坷碜点——

（乐队奏乐）

赵本山　你咋这样呢！

宋丹丹　说实话么。

赵本山　你瞎说啥实话——对不起，她那不是这个意思，我老伴说那意思是都喜欢你主持那节目，哎呀，全村最爱看呐，那家伙说你主持的有特点，说一笑像哭似的。

（乐队奏乐）

赵本山　不是，一哭像笑似的——

崔永元　他们村都这么夸人啊他们村。

宋丹丹　还说你——

崔永元　行了行了——别说了，咱还是说您二老吧，我现在呢我把问题提得细一点，你们是哪一年结的婚？

赵本山　我们相约五八，

宋丹丹　大约在冬季。

崔永元　这好不容易不念诗了，又改唱歌了。当时谈恋爱的时候是谁追的谁呀？

赵本山　嘿嘿——

宋丹丹　这事儿，你看别说了——

崔永元　这属于个人隐私。

赵本山　其实小崔你应该有这种眼力，当时——我用现在话说，小伙长得比较帅呆了，追的我。

宋丹丹　你咋不实话实说呢？你让大伙瞅瞅你那老脸长的跟鞋拔子似的我能上赶子追你呀？

赵本山　这么不会审美呢！

宋丹丹　怎地？

赵本山　这叫鞋拔子脸那？这是正宗的猪腰子脸！

（乐队奏乐）

崔永元　还不如鞋拔子呢。

宋丹丹　我年轻的时候那绝对不是吹，柳叶弯眉樱桃口，谁见了我都乐意瞅。俺们隔壁那吴老二，瞅我一眼就浑身发抖

赵本山　哼——拉倒吧！吴老二脑血栓，看谁都哆嗦！

崔永元　大叔啊，大叔这么说不对，其实大妈现在看上去都挺精神的。

宋丹丹　现在不行了，现在是头发也变白了，皱纹也增长了，两颗洁白的门牙去年也光荣下岗了——

赵本山　哈哈哈——这词儿整的——

崔永元　知道这下岗还用这儿了还。大叔大妈呀，我一个一个问得了。先问大妈吧

宋丹丹　问我呀？

崔永元　大妈呀，当时大叔他是怎么追的你？

宋丹丹　他就是——主动和我接近，没事儿和我唠嗑，不是给我割草就是给我朗诵诗歌，还总找机会向我暗送秋波呢！

崔永元　暗送秋波呢？

赵本山　别瞎说，我记着我给你送过笔，送过桌，还给你家送一口大黑锅，我啥时给你送秋波了？秋波是啥玩意儿？

崔永元　秋波是青年男女——

宋丹丹　秋波是啥玩意儿你咋都不懂呢？这么没文化呢！

赵本山　啥呀？

宋丹丹　秋波就是秋天的菠菜。

赵本山　噢！

（乐队奏乐）

赵本山　送过，年年都送。

崔永元　我今天第一次听说秋波是这么回事。大叔啊，光送菠菜不行。人家谈恋爱的时候都得送那像样的定情物，你想想有没有。

赵本山　呵呵呵，说这事儿还有点儿历史。你说呗——

宋丹丹　我说吧！

崔永元　大妈说。

宋丹丹　俺俩搞对象那前儿吧，我就想送他件毛衣，那前儿穷，没钱买；赶上呢我正好给生产队放羊，我就发现那羊脱毛，我就往下薅羊毛。晚上回家呢，纺成毛线，白天一边织毛衣，一边放羊，一边再薅羊毛。结果眼瞅着织着差俩袖了让生产队发现了，不但没收了毛衣，还开批斗会批斗我，那前儿不是有个罪名叫——

崔永元　挖社会主义墙角！

宋丹丹　是，给我定的罪名就叫薅社会主义羊毛。

（乐队奏乐）

崔永元　这罪过不轻啊。

赵本山　她心眼儿太实，你说当时放了五十只羊，你薅羊毛偏可一个薅，薅得这家伙像葛优似的谁看不出来呀？

崔永元　我听出来了，这个定情物实际上就是没送成，那结婚的时候就得有像样的彩礼，有没有？

宋丹丹　说出来都不怕大伙笑话，他家穷得管啥玩意儿没有。

赵本山　别巴瞎，当时还有一样家用电器呢！

崔永元　还有家用电器呀？

赵本山　手电筒么！

崔永元　哎呀，也没有什么像样的定情物，也没有什么像样的彩礼，但是你看大叔大妈风风雨雨这么多年，过得挺好，我觉得就是这个一如既往的劲儿啊，就值得我们年轻人学习，是我们学习的榜样！

赵本山　嘿嘿，别向我们学习，俺俩感情出现过危机。

崔永元　以前？

赵本山　现在。

崔永元　怎么回事儿？

赵本山　改革开放富起来之后，我们俩盖起了二层小楼。这楼盖完了屋多了突然跟我提出来要分居，说搁一个屋睡耽误她学外语，完事呢说这个感情这个东西是距离产生美。结果我这一上楼，距离拉开了，美没了！天天吃饭啥的也不正经叫我了，打电话，还说外语“Hello 哇，饭已 OK 了，下来咪西吧！”

（乐队奏乐）

宋丹丹　你咋不实话实说呢？我为啥跟你分居呀？

赵本山　你心眼儿小。

宋丹丹　你一天到晚瞅都不瞅我一眼，天天搁电视机跟前等着盼着见倪萍，我不说你，拉倒吧！

赵本山　说那啥用啊，那赵忠祥一出来你眼睛不也直吗？

宋丹丹　赵忠祥咋地，赵忠祥是我的心中偶像。

赵本山　那倪萍就是我梦中情人，爱咋咋地！

崔永元　大叔，这么说不对——

宋丹丹　不拍了！当这些人呢，你说这玩意儿干啥啊！

崔永元　都少说两句。

赵本山　错了，行不？都录像呢！

宋丹丹　小崔，这咕噜掐了噢，别播。

崔永元　这咕噜掐了，别播——

宋丹丹　都这么大岁数了——

赵本山　不你提起来的么！

宋丹丹　没文化呢！

崔永元　二老都这么多年了，风风雨雨这么多年了，为了看个电视，我觉得不值得。

赵本山　可不是咋的，后来更过了，这家伙把我们家的男女老少东西两院议员全找来了开会，要弹劾我。

崔永元　事儿还闹大了！

赵本山　嗯，后来经过全家人的举手表决，大家一致认为我——

崔永元　您是对的！

赵本山　给人赔礼道歉。

崔永元　赔礼道歉这段呀，一定要让大妈讲。您肯定记着那天是怎么回事儿。

宋丹丹　去，我跟小崔说。

赵本山　说就说呗！

（推一下赵本山）

宋丹丹　有一天晚上，咣咣凿我房门，我一开门木头桩子似的两眼直钩盯着我，非要给我朗诵首诗。

赵本山　别说了——

宋丹丹　“啊，白云，黑土向你道歉，来到你门前，请你睁开眼，看我多可怜。今天的你我怎样重复昨天的故事，我这张旧船票还能否登上你的破船！”

（乐队奏乐）

崔永元　大叔啊，后来怎么样了？

赵本山　涛声依旧了——

（乐队奏乐）

崔永元　你看啊，咱们今天呢先说受苦，说着说着又说打架，我觉得是这个话题呀，起得太沉重。下面咱们换个话题，畅想一下美好的明天！

宋丹丹 那，我先畅想呗！

崔永元 您先畅想！

宋丹丹 我都畅想好了，我是生在旧社会，长在红旗下，走在春风里，准备跨世纪。想过去，看今朝，我此起彼伏。于是乎我冒出个想法。

崔永元 什么想法？

宋丹丹 我想写本书。

赵本山 哎呀，打住。拉倒吧，看书都看不下来写啥书啊！

崔永元 大叔啊，现在出书热，写一本也行。

宋丹丹 是，人倪萍都出本书么叫《日子》，我这本书就叫《月子》！

赵本山 净能吹牛啊，你要写《月子》我也写本书，《伺候月子》，吹呗。

崔永元 越说越不对劲了。大妈您慢慢地构思，慢慢写这本书。大叔要么您说，您现在最想干的事儿是什么？

赵本山 我觉着我们俩现在生活好了，越来越老了，余下的时间也越来越少了。过去论天过，现在就应该论秒了，下一步我准备领她出去旅旅游，走一走比较大的城市，去趟铁岭，度度蜜月。

宋丹丹 我就寻思度蜜月之前我得先美美容，把这俩门牙装上，装个烤瓷的。

崔永元 高级的。

宋丹丹 嗯，然后再整整容，做个拉皮儿。

赵本山 我拍个黄瓜。

崔永元 您要是弄个拉皮儿，拍个黄瓜，我就只能烫壶酒了。说着说着下酒菜都出来了。其实我听得出来，大叔大妈呀，是想永远年轻，那就让我们一起，祝大叔大妈永远年轻，生活幸福！

（乐队奏乐）

崔永元 在我们这次节目结束的时候，按照惯例，我们要请每一位嘉宾，每个人用一句话，再总结一下自己的内心感受。大妈先来？

宋丹丹 就剩，一句啦？

崔永元 一句话。

宋丹丹 发自肺腑的呀？

崔永元 对，发自肺腑的。

宋丹丹 我十分想见赵忠祥！

赵本山 拉倒吧！干啥玩意儿！

宋丹丹 人家让说发自肺腑的吗！

赵本山 这么丢人呢！没正事儿呢！让你说一句话你说这干啥玩意儿，丢不丢人！不说点关键的！

崔永元 大叔要么您说，一句话。

赵本山 我也剩一句啦？

崔永元 啊，一句话，对。

赵本山 来前儿的火车票谁给报了？

（乐队奏乐）

崔永元 感谢现场和电视机前的观众朋友们，咱们下周实话实说，再见！

[注释]

[1] 选自课程交流论坛（http://kc.wfe.cn）。

[思考与练习]

1．体会本篇小品在语言方面有什么特点。

2．这篇小品有什么现实意义？

[延伸品味]

陈佩斯、宋丹丹、潘长江小品作品

实训 表演

表演是一种通过演员的演出完成的艺术。它是演出艺术表现形式的主体。

表演艺术的六个发展时期：

第一，电影诞生初期，演员的表演主要是由夸张的表情和手势等动作构成的。譬如卓别林、瓦伦蒂诺等，当时的表演是从哑剧表演开始的。

第二，有声电影的发明，给表演的发展注射了一针强心剂。但由于这时期的演员大多数局限于舞台上训练的表演技艺，所以早期有声片的表演仍旧是过火的。

第三，20 世纪 30 年代末和 40 年代，表演艺术的主要发展特征是“银幕名牌”的兴起，最典型的例子是美国好莱坞。明星们用个性化的表情动作和手势来装饰每一个角色，使观众觉得很亲切，成为他们的形象标志。

第四，在二战前后，随着导演把摄影机和麦克风移得离演员越来越近，以及镜头、摄影机和录音设备的日益改进，演员的表演显得越来越细腻。

第五，20 世纪 50 年代开始，在欧洲艺术家的进一步探索中，出现了宽容和活跃的艺术风格，促使表演向更高层次迈进。

第六，当今表演艺术也得以空前地发展，几乎美国演员都追求更有突破性的表演。本色表演和本能表演的相辅相成，使人物塑造更有韵味、更独到，同时也更丰满。

表演是通过演员的演出完成的，演员是演出艺术中形象的直接体现者。表演艺术的创作目的和任务就是依据作家提供的剧作形象，在导演的指导下，进行二度创作，塑造出真实的、活生生的、典型的、富于鲜明性格的人物形象。表演艺术的核心就是解决演员与角色之间矛盾的统一，演员与他所扮演的人物之间总是有差距的，不论其生活经历、性格特征、思想风貌、言谈举止及生活习惯，包括气质、心态等都不尽相同，这就构成演员与角色之间的矛盾。演员塑造人物实际上就是缩短演员与角色之间的距离，使两者融为一体。

在解决演员与角色矛盾的统一时要注意以下两点：

（1）它是演员与角色融为一体，并非让演员脱胎换骨变成角色。因此，创作中演员要从自我出发，寻找自我身上与角色相近的东西与相似的情感，加以扩大，并设法抑制与角色相反的东西。应通过演员的身心、情感，去塑造一个活生生的完美形象。同时又要以角色为规范、为目的去进行“化身”与“塑造”。而这种塑造是以自我为基点的。即以角色为目的，必须从自我出发，对角色经过从外到内、从内到外的分析研究、体验、想象、创作，并从自我身上去开掘角色，从而达到“化身”的境地。这一个角色永远属于这一个演员的。例如嘉宝扮演的瑞典女王、赵丹扮演的聂耳等。

（2）在演员与角色这一对矛盾中，演员是主导的，作为艺术家的演员是角色的灵魂。演员与角色的统一过程是由“我”（演员）来统一的，是“我”改变了“我的一切”，而“我”又按照“角色的一切”体现出来。因此在创作过程中一定要强调演员主体的创造性。使两者和谐统一，创造出银幕上富于艺术魅力的形象。演员们通过生活的体验和捕捉，并一步步向角色靠拢。同时，演员还必须不断认识自我，开掘自我，发挥自我的创作优势。一方面努力寻找自我与角色的相通和联系，在角色中探索自我，在自我的基点上创造角色。另一方面注意充分发挥演员自身独特的艺术魅力，并将其和谐地注入角色。

要解决好演员与角色的矛盾，还涉及到演员自身的思想深度、艺术修养和表演技巧、功力等。没有高超的艺术功力和修养是难以使演员与角色高度和谐与统一的。

一、表演的特点

（一）三位一体

表演创作不同于其他艺术创作的一个重要特点在于“三位一体”。

各种类别的艺术创作的不同点或者特点来自它们各自创作的工具和手段：文学家使用语言、文字；作曲家使用音符；画家使用画笔、颜色、画布；摄影家则运用摄影机、胶片；演员则是以其自身为创作的手段与工具；演员创作的材料就是演员自己的脸、五官、自己的肌体、自己的思想、情感等。

俄罗斯著名艺术家泰依罗夫形象地作了论述：“真的，任何别的艺术创作，其创作人、材料、工具、以及作为完成全部创作过程的艺术作品本身，相互都是分开的；而且工具、材料和作品本身，全在外部，也就是说，在创作人之外；可是，唯有表演艺术，无论是创作人、材料、工具，还是艺术作品本身，全都有机地结合在同一客体之中，彼此无法分开。”

“三位一体”是宗教术语，指基督教教义，这里借用来说明表演艺术之特点：创作者、创作的工具和材料以及创作的成果（人物形象）全都统一于演员自身。因此演员表演的角色中有演员本人，而演员表演中有角色，两者融为一体，是一种矛盾的统一体。

表演艺术这种三者集于一身的特点，一方面会给演员带来极为生动的创作结果，因为塑造活生生的角色靠的是活生生的演员的活生生的肌体与情感。而活生生的诉诸更会给活生生的观众的视听带来极富感染力的亲切感觉。另一方面也给演员的创作带来特殊的困难，要知道，演员自身的这种创作材料和工具，特别是情感，是很难驾驭和掌握的。这就要求演员很好地认识自己、锻炼自己、支配自己以适应创造角色的需要。

（二）双重生活——两个自我

表演的艺术创作中，演员一方面表现为人物形象——角色，另一方面又作为形象的主人——创作者，两者既矛盾又统一。它是演员表演时所具有的一种独特的心理状态。演员要化身为角色，进入角色的规定情境，过着角色的精神生活，同时演员作为角色的创作者，又时刻监督着自己的表演，驾驭表演角色的整个进程，使其沿着正确的创作目标行进，这就形成演员创作角色时的双重生活。

演员的艺术就是要解决演员与角色的平衡、生活与表演的平衡。演员在创作中既要体验和表演角色的情感，即所谓进戏，又要掌握高度的表演技巧去驾驭这种情感，否则表演将会失控，也不成其为艺术。试想，如果演员缺乏自我控制，以至表演中激动地哭了起来，或笑得忘了形，竟忘记了念台词，忘了接戏，忘了导演的要求，或者愤怒起来失控了，以至真的去痛打对手，那么表演将终止，表演艺术也随之消失。因此，表演的分寸、表演的魅力、表演的艺术就产生于这种双重生活、双重人格的微妙的平衡之中。表演的艺术的难度和独特性就在于使两条生活线索：角色的想象生活和演员的创作生活同时地、保持平衡地并进，从而结合成“演员——角色”的统一体——形象。统一的程度越高、越和谐，说明表演艺术越高，从而达到“化身”为形象的境界，并将演员的魅力与角色的魅力融为一体，创造出形象的魅力。抛开自我，去直接表演形象，表演结果，难以创造出活生生的人物，容易导致虚假、过火的表演。然而，仅仅停留在演员自我，不从自我的基础上去探索角色、创造角色，会造成“自我展览”式的表演，谈不上艺术创造。

（三）天性与游戏感的结合

表演与天性、艺术与游戏存在着一种天然的亲近关系。因此，寻求表演中的第二天性与表演中的游戏感是演员将遇到的至关重要的课题和走向表演必然王国的必经途径。

我们说表演与游戏有一种天然的亲密关系，表演决不可漠视游戏感，然而一定要超越游戏感。作为起点，即演员进入表演创作时必须寻找到一种游戏感。作为终点，表演除了具备游戏属性外，则要超越游戏感。无论如何，表演应该是一种充满欢乐、愉悦及享受的创造活动。过份的严肃、过强的“责任心”及职业负担都会妨碍天性的创作。愈是责任心强，愈是使劲，效果愈适得其反，于是更是责备自己，更是加重心理负担，则更不易进入天性的创造状态。因此，学员与演员在进入表演创作时，必须保持一种纯洁的童心，带着无拘无束的游戏感投入创作，这样才能进入一种“天成”的艺术世界。

二、表演的技巧

（一）注意力

创作第一步要求的就是：整个精神和形体天性的完全集中。不论是准备角色或重复演出时，要求演员全部形体和心理能力的参与，迷恋于舞台上的事物，转移开对舞台以外事物的注意。

演员处在众目睽睽下进行表演往往容易精神紧张和肌体紧张，以至心慌意乱，心跳过速，四肢僵硬，手足无措。特别是演员若将注意力集中在戏外的观众席，或自我的成败上更容易破坏自如的表演感觉。演员必须将注意力集中于角色的任务，集中于戏中与对手的交流。做到“当众孤独”，这样就能摆脱紧张，进入创作。

当演员将注意力集中于动作中，任务上，种种紧张感及不自然的感觉随之消失了。只要演员在舞台上真实地动作，真听，真看，真感觉，就能逐步寻找到正确的舞台自我感觉。

“当众孤独”这样一种舞台自我感觉是生活中所没有的，是一种美妙的创作感觉，是一种艺术的观察力。学会观察周围的生活，将注意力集中在寻找创作材料上，特别是活生生的心灵与心灵交流中流露出的微妙情绪上。

（二）肌体控制

创作中的紧张、僵硬是艺术的大敌。不少演员在创作中控制不了肌体，反而让肌体所控制，整个肌体陷于无政府状态：腿臂僵硬，呼吸短促，喉咙沙哑，面部痉挛等。轻者也动作僵化，语言发紧。演员首先要过好肌体放松自如关，创作工作永远要从肌体松弛开始！

引起肌体紧张有以下几方面原因：

（1）前边提到的创作中私心杂念过多，不能将注意力集中于创作之中。

（2）演员的心理素质差，遇到关键的场合，遇到关键人物观看，或正式演出等造成紧张。

（3）创作素质差或创作方法错误。如缺乏信念感、适应力，以及表演中追求“表演结果”

"情绪表演"及"过火表演"都会引起紧张。

（4）表演观念错误，认为只有使劲去"演"才是表演艺术，或直接表演主题、表演"意念"也会引起"发紧"的表演。

演员可以通过多实践、多练习等技巧的锻炼及掌握正确的表演方法与表演观念去消除紧张。这一元素亦称"肌体控制"，即做到在创作中，根据人物性格与剧情的需要，该紧张的部位紧张，该松弛的部位松弛，达到表演的准确、适度，协调并富于魅力。真正在舞台上、镜头前做到极度松弛自如是相当难的，需要演员具备形体、心理素质和不懈的实践锻炼。

（三）真实感与信念

艺术都是虚构的，这就需要演员假戏真做，需要演员具备信念感。培养演员对剧情、剧中的环境、规定情境、人物关系、发生事件等具有真挚、强烈的信念与真实感，是基础训练的重要环节。不同素质的演员具有不同的信念感。一次影迷问巩俐最重要的表演经验秘诀是什么？她回答："投入，全身心地投入！"优秀的演员信念感强，容易相信舞台上、镜头前发生的一切，能很快进戏；信念差的演员不但难以进戏，且容易做作、过火，甚至"笑场"。对于实在的真实，人自然不能不相信；但对于创造性的"假使"，也就是虚构的、想象的真实，演员也能同样真挚地去相信，并且要比相信实在的真实更着迷，信念是演员必备的素质，缺乏信念感必须培养，否则就应离开舞台与银幕。斯坦尼斯拉夫斯基认为：演员应该沿着最小的形体动作寻找细小的真实和瞬间的信念，由此产生一连串真实和信念，可以形成很大的真实和持续的信念。

（四）想象

想象是演员进行形象思维的重要前提。在整个创作中，想象是引导演员的先锋。演员正是依据剧本提供的虚构事实和人物的基础，用自己对生活中熟悉、理解、感受、积累的素材，进入艺术构思的想象过程，丰富和深化人物形象，规定情境，并在内心造成相应的情绪，激起相应的体验、欲求、意向及动作。我们说，想象是通向角色的主航道，是打开艺术世界的金钥匙，是艺术航船之帆。想象来源于丰富的生活，来源于演员的心理体验和情绪记忆，来源于演员大胆的幻想与联想。当然一切想象必须既符合生活的真实与逻辑，又符合艺术的规律。演员必须将培养想像力看作自己毕生头等重要的任务。因为想象贯穿创作的始末，贯穿演员整个创作生涯。

应该让想象也成为演员创作的第二天性。在创作中养成一种想象生活的艺术习惯，学会进入想象的第二现实。当然为了进入想象的艺术现实，必须有激发和诱发想象的刺激手法和心理手法。一次我国一些著名作家刘心武、梁晓声、刘震云等在电视台谈创作，当观众向他们提出：当前中国小说家最缺乏的是什么时，许多作家都按常规回答："生活。"唯刘震云回答："想象"。刘震云的回答很有价值。我国作家决不比外国作家生活经历差，不论是自我经历的，还是间接深入生活的。不足的是艺术的想象。

"真正的创造就是艺术想象的活动"

——黑格尔《美学》

"大艺术就是那些将个人的想象力强加于全人类的人们。"

——莫泊桑《皮埃尔与让·前言》

作家的这些精辟论述完全适用于表演创作，一切好的表演也应归功于想象。

（五）情绪记忆

也有叫作"情感记忆""激情的记忆"。指演员创造角色中调动自己过去的体验过的感情和激情的记忆，唤起人物相应的情绪与情感。情绪记忆在表演创作中不仅是一种重要的技术，也是内心创作的最好素材，心理技术的重要手段。通过运用情绪记忆，演员可以唤起同角色在某种规定情境中相类似的情感和激情，有助于演员体验角色，同时还可用情绪记忆的活生生的材料加以补充，使体验具有魅力和感染力，使演员的创作丰富而完整。为了丰富演员情绪记忆的宝库以备创作时应用，演员在日常生活中应有意识地积累、储备自己体验过的种种情感和激情以及与之相伴随的种种细节。

许多伟大演员的伟大创造都得益于“情绪记忆”的丰富运用。日本著名女演员乙羽信子一辈子塑造了众多具有典型日本女性特征的艺术形象，大多是苦难善良奋斗的妇女形象，被称为“满身泥土的酒窝”。如《缩影》中备受压迫和蹂躏的艺妓——银子；《裸岛》中朴实、勤劳、刚毅的农村妇女；《本能》《鬼婆》等片的苦难妇女形象。我们从乙羽信子自传里，坦率而深刻的自述中清楚地看出：演员个人情感经历与艺术生涯的坎坷，和创造银幕形象系列的对应关系。她之所以十分成功而真切地创造了众多类型底层劳动妇女和备受凌辱的妇女形象，是与其生活道路、艺术道路的坎坷艰辛密切相关；是与她在创作中大量吸收了情绪记忆的养料，借鉴了她在生活道路和艺术道路搏斗中的丰富而复杂的情感分不开的。

（六）交流与适应

表演艺术是建立在剧中人物的彼此交流与自我交流的基础上的。在表演领域内，要真实地进行活生生的交流是十分困难的，而装作与对手交流则容易得多，也阻力最小，相当多的演员喜欢这种不费力的路子，他们往往乐于用简单、公式化的矫揉造作来代替真正的、活的交流。

交流指演员在表演过程中与对手之间的思想、感情、意志、愿望、动作等相互传递、相互作用和相互影响。也包括演员的自我交流，某种特殊风格演出中与观众的交流及电影创作中的无对象交流等。交流中，传达和接受的过程是相互交替进行的，在表达的同时，也在不断接受，在接受的同时又不断地反映着。交流必须真实、自然、富于情感。而真实的、活生生的交流过程会推动演员的创作天性。实际上交流这一元素是多种元素的综合运用。

正确的交流建立在对剧本思想内容、事件、规定情境的分析和挖掘上，并真挚地感受所要交流的物与人、思想与情感。掌握好外部的、心灵的（包括心灵的窗户——眼睛）及语言的交流。现实生活中，舞台银幕上，语言都是重要的交流方式。演员要学会运用好台词、潜台词、内心独白进行多种方式的正确深入的交流。

（七）速度与节奏

节奏贯穿于人的整个生活，也贯穿于演员的创作，不论是进行基础的表演训练，以及最后的演出，速度与节奏都是至关重要的元素。“哪里有生活，哪里就有动作；哪里有动作，哪里就有活动；哪里有活动，哪里就有速度；哪里有速度，哪里也就有节奏。”

速度与节奏是帮助演员激起正确体验和情感的技术，也是形成舞台演出节奏、情绪氛围的重要手段。速度一般指内、外部动作的快慢，是节奏的构成部分和外在表现之一；节奏则是贯串在表演过程中的一种交替出现的有规律的现象，一般指内、外部动作的强弱、长短、张弛等。两者有区别又不可分割。

速度与节奏有时是同步的，有时是反向的，在同一时间内，人的内部速度节奏可以与外部速度节奏相反，有时还有多种节奏速度并存。演员只有正确地掌握好规定情境中人物的任务和动作，才可能感受到准确的速度节奏；反之，速度节奏运用、创造得正确，也会自然地产生准确的情感和体验。特别在运用心理技术与感觉、领会角色内在世界有困难时，求助于速度节奏是个更有效的方法，因为外部（动作和语言）的节奏速度往往是情绪记忆的，因而也是内心体验最直接的刺激物，能直觉地、有意识地作用于演员的内心生活和体验，并直接影响作为心理生活动力之一的情感。

三、表演的核心元素——动作

动作是表演的根基，也是表演的核心元素。不论是初学者，还是成熟的演员进行形象塑造，都不能忘记动作这一创造的灵魂。演员入门学习的第一课就是学会组织和创造动作。

（一）动作的艺术与艺术的动作

演员在舞台上，银屏上随意的、漫不经心的动作甚至十分激烈的打杀动作，并不意味着就是艺术。生活动作不等同于艺术动作。在现实生活中，我们常常下意识地动作着，不知道决定我们行动的原因，我们所追求的目的——但是在舞台上，镜头前，我们必须知道我们要做什么、为什么要这样做、以致于设计创造出怎么做。这就构成舞台动作三要素：做什么——任务；为什么——目的；怎么做——适应。

演员在组织动作的创作中要着力抓“怎么做”。同时演员的想象、演员的功力、演员的魅力主要通过怎么做体现出来的。演员主要通过“怎么做”来施展英雄之用武之地。不同的演员在分析同一个剧本的同一人物时，对“做什么”“为什么”往往大同小异。而“怎么做”却完全不同，显示出艺术之高低。人物的“性格化”往往也是通过“怎么做”来体现的。

动作的三要素是紧密相关，联成一体的，是构成动作的、不可分割、必不可少的因素。

（二）戏剧动作与规定情境

以往我们谈戏剧本性，谈表演本性时，往往仅突出“动作说”，而忽略了“情境说”。实际上情境在戏剧创作、表演创作中占有绝对重要的地位。动作离不开情境、动作的戏剧价值也要靠对情境的挖掘，深化与丰富。

规定情境包括三个方面的内容：

（1）人物所处的环境、时间、地点（包括时代背景、风俗民俗等）。

（2）过去与现在发生的多种多样的事件。必须强调是对人直接影响的事件。事件的地位不是由其本身的价值决定的，而是由其对人的命运影响的深度来判断其价值。戏剧表现的不是那个事件的过程，而是对人的影响程度。即所谓“戏致所在”。

（3）关系——人与人的关系。人物关系的构思与处理是艺术成败的关键。事件对人的作用是有限的，而人物关系的作用是无限的，永恒的。在戏剧里，是关系与个性（性格）决定个人命运。因此在艺术里，关系愈具体、愈活、愈仔细、愈复杂，戏就愈好看。事件改变着人物关系，使人物关系复杂化。

（三）戏剧动作与冲突

“冲突”在戏剧中占有十分重要的地位。法国戏剧理论家布伦退尔甚至指出：没有冲突就没有戏剧。不少著名戏剧家都很重视在戏剧创作中运用冲突律，并进而提出：戏剧行动的本质在于戏剧冲突。好戏往往是以扣人心弦、引人入胜的戏剧冲突抓住观众，使其激动，引发其喜怒哀乐。

学员或演员不论是在组织和表演一个小品、一出片断或者演出完整的戏，或者拍摄小品和故事片时都不但要组织、寻找、表现好动作，贯串动作，也一定要组织、寻找、表现好反动作及反贯串动作。只有这样才能表现好冲突，体现作品的主题与戏剧性，体现人物的性格和思想。

（四）戏剧动作与情感

不论是传统的艺术家，还是现代的艺术家都十分重视艺术对情感的表达。

通常认为戏剧的要素是动作与情感。动作是戏剧的中心，情感是戏剧的要素。然而在创作时入手的必须是动作，而不是情感。主要靠动作唤起情感、靠动作表达思想。人们在天性中的感情是自然而然地产生的，而创作中“第二天性”的感情却不能完全靠意志产生。动作与情感的区别在于，动作是由本人意志决定的，是有目的：即我想这样做，就可以这样做，由自己意志转移和掌握的。任何动作都是由人的意志产生的，而情感则不是由意志产生的，有时恰恰与意志相反，如我不想哭，使劲控制却大哭起来，我不想生气而生气了，不想妒忌而妒忌了。情感是抓不住的，不能召之即来。掌握情感的正确方法是进行动作。不要直接表演感情，而是立即动作，“不要挤感情，而是积累情感，不是极力表现情感，而是控制情感。”在创作中，演员一方面去真实地完成最简单的形体任务，同时被迫进行着巨大的内心工作——考虑、感觉、理解、决定、想象和感受许多情境、事实和关系……这样演员从最简单的外形的物质一面开始，自然地逐渐地接近于内心的心理精神的一方面，并带动着情感与思想。

（五）戏剧动作与性格

人们虽然称演员为动作的大师，但演员的任务和最终目的决不是单单展现动作，而是在舞台与银屏上塑造真实的、活生生的、富于鲜明性格和艺术魅力的人物形象，从而反映生活、表达剧作者的思想意蕴。其实，掌握行动是手段，塑造人物性格才是目的。

性格是思想、气质、能力和兴趣的总和。性格，是人的内在实质，是个人思想感情的仓库。从广义上而言，性格，在心理学上一般称之为“个性”。黑格尔认为，人的完整的个性，也就是性格。人物性格是理想艺术表现的真正中心。各人的性格特点表现出各人不同的精神面貌。

性格化及创作性格动作是个艰难而漫长的创作过程，也是攀登创作高峰的关键课题，易卜生的经验值得我们每一个演员细细品味，好好学习。

总之，表演艺术是一个系统的概念，要想掌握好其中的技巧，做好表演，需要学习研究的东西还很多。更多领域的知识、经验的发现和积累，期待我们的探索和学习。

第五部分　影视欣赏

影视艺术概述

一

1905 年，北京丰泰照相馆创办人任景丰主持拍摄了由京剧演员谭鑫培主演的《定军山》片段，这是由中国人自己拍摄的最早的影片。这部影片的拍摄方法基本上是运用照相的方式，利用自然光，在露天搭戏台，摄影机定位拍摄。这一颇具中国特色的举动，使中国的电影一开始就深深烙上了“戏剧”的痕迹。1913 年，中国电影史上的第一部故事片《难夫难妻》基本上是舞台演出的一种记录，没有景别变化，没有镜头的分切。1920 年，商务印书馆影片部拍摄梅兰芳自导自演的《天女散花》和《春香闹学》，第一次在影片中运用特写镜头和叠印画面等电影技巧。中国早期电影在发展过程中，虽然尝试使用电影拍摄技巧和镜头的组接技巧，但在中国早期电影工作者看来，电影是戏剧的一种翻版。

20 世纪 30 年代，中国电影开始有了惊人的表现，影片《马路天使》《十字街头》《渔光曲》等相继亮相，由著名导演蔡楚生执导的《渔光曲》以曲折动人的情节、真切感人的表演吸引了无数观众，1935 年送到莫斯科电影节参展并获荣誉奖，成为中国第一部在国际上获奖的影片。这一时期的电影在内容上具有鲜明的社会批判精神，在表现对象和题材上与意大利新现实主义有相通之处，体现出纪实风格，但在电影形态上，却更多地显示出假定性和戏剧化色彩。

20 世纪 40 年代，《万家灯火》《一江春水向东流》《乌鸦与麻雀》等一批优秀影片延续了批判现实主义传统，在电影艺术特性方面作了进一步的探索。蔡楚生和郑君里编导的《一江春水向东流》，通过一个普通家庭的悲欢离合的故事，生动形象地展示了在民族危急关头，社会中各阶层人物的真实面貌，刻画了贤慧善良的素芬和忘恩负义、蜕化变质的张忠良等一系列银幕形象，真实地再现了特定历史时期的中国民族的现实内容。影片吸收了中国传统章回小说以及戏剧展开情节的手法，将不同线索巧妙地扭结在一起，创造出含义蕴藉的意境。这一时期的电影工作者尝试把中国传统的戏剧、小说表现技巧和电影蒙太奇手法相结合。1946 年 7 月，“延安电影制片厂”在延安建立，中国的电影事业在中国共产党的领导下揭开了新的一幕。

20 世纪 50 年代的电影在一定程度上体现了中国电影的现实主义传统和艺术上的民族风格，表现了新中国电影的良好开端。这个时期的电影的特点，一是电影表现生活的领域有所拓宽，题材选择的范围较为广泛；二是在电影手法上，继续沿袭戏剧展开情节的手法，如《祝福》以“逃”“撞”“捐”“问”四个戏剧板块组成，凝练集中地表现了祥林嫂命运发展的过程；三是形成了改编热；四是电影造型风格上体现出民族化的特征，如在影片《林则徐》中，导演郑君里大量使用了广角深焦距镜头，使影片的大部分镜头都有清晰的环境感，体现了中国美学中“情”“景”交融的美学追求。这一时期的中国电影中优秀的作品较多，如：《白毛女》《中华儿女》《祝福》《柳堡的故事》《青春之歌》《林家铺子》《林则徐》等，《中华儿女》获得第五届（捷克）卡罗维·发利国际电影节“自由斗争奖”，这是新中国电影首次在国际上获奖。《祝福》

1957年获卡罗维·发利国际电影节特别奖，1958年获墨西哥国际电影节银帽奖。

20世纪60年代，各种政治运动接踵而来，对电影事业的发展有所制约。整个60年代，从审美角度看，优秀的影片只有《李双双》《早春二月》《红旗谱》《舞台姐妹》和《甲午风云》了。虽然在这10年中（主要是在1962～1964年间），也有过电影创作的高潮，电影工作者用多种电影手段塑造有血有肉的人物形象，在影片样式方面有所拓展，但这10年的教训是深刻的。

用审美的观点来描述历史，我们不能不一下子跨到新时期电影。因为到了这个时期，“优秀电影”这个概念才又重新出现。新时期中国电影当从1976年开始，但1977～1978年电影创作仍然徘徊不前。1979年初白景晟在《丢掉戏剧的拐杖》中向戏剧电影观念提出挑战，他认为：“电影和戏剧最明显的区别，表现在时间、空间形式方面。”一批艺术家提出了“电影语言现代化”的口号，在新的电影理念的引导下，戏剧电影观念一统天下的局面打破了。《小花》抛开传统的影戏观念，大胆采用按人物情绪变化为线索的抒情结构，用黑白彩色相交替、旋转镜头、慢动作、梦幻等电影表现手法，渲染人物内心情感节奏，给人耳目一新之感。《天云山传奇》则采用多视角的表现手法，交错地从三个女性的视点展示男主人公的命运。在电影戏剧论的反拨后，在电影理论界又爆发了关于电影文学性的论争，在激烈的讨论中，长镜头理论的引进，使中国电影传统又接受了新的挑战，《邻居》《沙鸥》等影片相继出现。

文学电影观念、长镜头理论都有失偏颇，中国当代电影又面临着新的探索，《黑炮事件》《一个和八个》等影片追求以电影影像为本体，强烈地冲击着戏剧形态电影。新生代导演大胆尝试和实验新潮的风格，运用现代电影语言表现了中国人的民族意识，使影片带有一种深沉的反思特色。就在电影轰轰烈烈发展的时候，1986年后，探索片发展到了极端，过分追求哲理的诠释以至不惜图解释义，一味淡化情节，在审美上向往着“雅”的模式，使影片脱离了民族欣赏口味。加上电视的迅速普及、社会大众话题的转移，导致电影从轰轰烈烈滑到了冷冷清清。尽管如此，中国电影界依然涌现了一批优秀作品乃至经典影片。应该说，从80年代始，电影在艺术审美方面的探求已有长足发展，中国电影的艺术质量在世界电影舞台上登上了一个新台阶。着意透露民族、历史、地域背景下的风土人情等具象化的文化信息的“文化电影”和以市井小民的生态、心态为主要表现对象的“新市井电影”取得了令人欣喜的成绩。前者以《黄土地》《红高粱》《大红灯笼高高挂》《菊豆》《霸王别姬》为代表，后者如《我的九月》《大撒把》等。一批影片以令人刮目的姿态，接踵推出，既受到国内观众的欢迎，又频频在国际上获奖。近年来，一部分电影人在电影艺术探索中又特别注意如何满足受众的观赏趣味，一些新影片在艺术性和可看性方面做到了较好的结合。

中国电视艺术的发展一般从1958年5月1日开始算起，这一天北京电视台（中央电视台的前身）开始实验播出，它标志着中国电视事业的诞生。同年6月15日，北京电视台在电视演播室里，第一次以直播方式播出了第一部黑白电视剧《一口菜饼子》。这部根据《新观察》杂志上刊登的许可创作的同名小说改编的电视剧内容非常简单，妹妹高兴地用一块枣丝糕逗狗玩，姐姐看见后制止了她。姐姐回忆起解放前的遭遇，那时，她们一家人逃荒在外，父亲病死在路上，母亲又病倒在一个破窝棚里。姐姐到地主家讨饭，地主非但不给，还放出狗来咬伤了她的腿。姐姐逃回窝棚时，年幼的妹妹哭闹着要吃的，病危的母亲从怀里掏出唯一的一口菜饼子给了妹妹，姐姐让妹妹把这口菜饼子留给母亲吃，推让之际，母亲气绝身亡。妹妹听完姐姐的哭诉，痛悔自己不该忘了过去的苦难。全剧只有4个角色，演了20多分钟。演播时采用了第一人称的串讲方式。此后，一直到1966年，北京电视台和上海电视台共播出180部电视剧和电视小品。中国早期的电视艺术，编导们虽然试图突破舞台剧演出的框架，运用了初步的电视化手段，但由于受直播形式的制约，在时空的表现上不能自如，在电视的艺术个性方面起步也非常生嫩。除了“可见”之外，可圈可点的东西实在很少。

随着国外先进传播技术的引进，中国的电视艺术以新的姿态登上电视屏幕，尤其是 70 年代末 80 年代初，以《乔厂长上任记》《新岸》等一批优秀电视剧为代表的作品不断涌现。中国电视艺术实现了由戏剧美学为支点转向了以电影美学为支点的转变。在电视艺术领域由原来的现场直播，发展成用类似于电影的手法进行制作，以实景拍摄为主，以镜头为单位，以真实感人的电视艺术形象感染观众的格局。36 集电视连续剧《红楼梦》、25 集《西游记》、80 集《三国演义》、17 集历史连续剧《努尔哈赤》、28 集《末代皇帝》、50 集《唐明皇》，革命历史连续剧《夜幕下的哈尔滨》等，形成了以电视剧为主角的电视艺术的繁荣局面。这一时期中国的电视艺术与国外的电视艺术相比虽然尚有差距，但已开始用电视化手法，注重屏幕造型，较多地采用象征、隐喻、对比等造型技巧，以单线型和复线型的叙述线索来结构情节，注重观众审美心理的满足，在体裁、风格、样式上形成了多元化的格局。但在鉴赏层面上，还没有形成独立的电视艺术鉴赏理论，鉴赏者多以电影审美观念来评论电视艺术。

90 年代，电视艺术无论在电视化手法，还是在题材的广泛性上都有长足进步，出现了一大批优秀作品，如：《渴望》《围城》《北洋水师》《和平年代》《黑脸》等。这些作品深刻地反映了社会深层面，重视电视剧自身的美学特征。

二

每当论及西方影视艺术传统，首先要提到在影视史上烙下印记的两位人物：他们是路易·卢米埃尔和乔治·梅里爱。他们确立了具有深刻影响的写实主义和戏剧主义两大传统。西方影视史，基本上是写实主义和戏剧主义两大传统互相消长变化的历史。

写实主义的确立者是路易·卢米埃尔，他追求以真为美，追求电影的照相本性，强调生活的原样再现，反对艺术加工。路易·卢米埃尔一开始拍摄电影，就以绝对写实的风格记录原生态的社会生活、自然风景。如《工厂大门》就真实地记录了工厂下班的情景。男女工人或步行或骑着自行车离开工厂，接着厂主们乘汽车离开厂房，最后，看门人出来，将两扇大门关起来。用现代电影美学的观点来看，他拍摄的影片只是记录了普通生活场景，谈不上现代意义上的视觉奇观，但是却以前所未有的新鲜感征服了无数观众，使电影登上了人类文化的舞台，他所创立的纪实主义创作原则也在影视史上产生了深远影响。但是，电影艺术如果一味地纯真地记录生活场景，与生活一一对应，最终将令观众失去新鲜感，走向自行消亡。1861 年出生的乔治·梅里爱作为电影和戏剧的“主婚人”，他不满足于拍摄一些复现生活的短片，首先把电影引向戏剧的道路。他吸取了舞台表现手法和特技照相技巧，发明了叠印、多曝光等电影特技，把戏剧的舞台元素搬上银幕，重视艺术的假定，创作出故事化、情节化、戏剧化的艺术世界，突破了路易·卢米埃尔消极模仿生活的不足，拓展了电影艺术的表现力，在作品的观赏性上进了一步。乔治·梅里爱在 1902 年创作了戏剧式电影的代表作《月球旅行记》，影片描写一批天文学家乘坐炮弹型的飞船被发射到月球上，他们受到了月球仙女的热烈欢迎，并领略了月球上的旖旎风光；晚上，天文学家进入梦乡后不久，被寒风吹醒，钻进一座山洞，看见了月亮神和许多希奇古怪的景象。惊惧之余，重又登上了炮弹型的飞船返回地面。从这部片子的故事梗概中，我们粗略感受到了早期戏剧主义创作方法的特点：一是在内容上充满了幻想和形象色彩，远离现实生活；二是在手法上，充分调动舞台剧表演与魔术剧表演的戏剧性；三是重视艺术的假定性和虚拟性。乔治 • 梅里爱一生都拘泥于戏剧的美学，所以从未利用景的变换和视角变化的蒙太奇。

路易 • 卢米埃尔和乔治 • 梅里爱确立了两种不同的影视传统。这两种传统统治了西方影视世界。

艺术大师格里菲斯是乔治 • 梅里爱和路易 • 卢米埃尔两者的天才评判员。他的开拓性的贡献在于打破了古典戏剧“三一律”的表现格局，拓展了电影叙事功能。格里菲斯之前的电影基本不离戏剧美学的范畴，一部影片可以是一个场景，也可以有很多场景，但每一场景中的摄影机的位置基本上是固定的，看电影如同观看舞台剧。格里菲斯看出了舞台表演与电影的差别，从 1908 年就开始探索，兼收并蓄卢米埃尔和梅里爱的优点，完成了电影“原始综合”的历史任务，逐步形成了自己一整套较为完备的电影叙事语言。他在两部划时代的经典名片《一个国家的诞生》《党同伐异》中表现出了惊人的艺术成就。这两部影片最重要的贡献是将影片的基本构成单位从场景中再细分出不同景别的镜头，使电影摆脱了戏剧的附庸地位，以镜头为基本单位组构，采用推、拉、摇、移、跟多种拍摄手法，将远景、全景、近景与特写等镜头和谐地勾连起来。充分利用了电影的时空转换和跳跃的自由，采用交替蒙太奇，极大地丰富了电影的变现力。

爱森斯坦和普多夫金在格里菲斯的基础上深入研究，最终建立了蒙太奇理论，创立了蒙太奇学派，把电影艺术提高到一个新的水平。1925 年由爱森斯坦导演的《战舰波将金号》在蒙太奇语言的创造性运用方面获得了极大的成功。这部放映时间仅为 70 分钟的影片，有 1346 个镜头，充分凝结了爱森斯坦的有关正、反、合题、韵律、节奏、色调的蒙太奇思想，使电影具备了完美的表现客观世界的可能性。贯穿全片的 5 个部分都在同一主题下，以相反的两条动作线或情节线发展、延伸，整部影片注意起承转合的巧妙安排，情节起伏，跌宕有致，受到各国电影艺术家的交口赞誉。

后来，有不少艺术家兼收并蓄，形成当代世界影视多元化格局，从原始长镜头拍摄到停机再拍、从原始照相式模仿到艺术蒙太奇，从使用戏剧舞台的幕起幕落转换场景到镜头的自由剪接，影视语言不断发展，这两大传统在发展过程中，有时相融合，形成“综合”，有时更加走向极端，不是忽略了现实性，就是犯了形式主义的错误。在好莱坞电影的全盛时期，戏剧形态电影在世界电影的总体格局中开始占有举足轻重的地位。第二次世界大战后，意大利新现实主义电影的兴盛，以巴赞为代表的电影美学理论的产生，写实主义电影一度成为电影的主流。战后的意大利，为了解决资金匮乏等矛盾，把摄像机扛到大街上，发展成为一种对世界电影产生深刻影响的以“纪实”为特色的电影美学。《罗马 11 点》《偷自行车的人》等优秀影片无不体现这种纪实特色。

拿破仑兵败滑铁卢的一分钟

茨威格

[作者简介]

斯蒂芬 • 茨威格（1881～1942），奥地利著名作家、小说家，生于维也纳一个犹太资产阶级家庭。青年时代在维也纳和柏林攻读哲学和文学。后去世界各地游历，结识罗曼 • 罗兰和罗丹等人，并受到他们的影响。第一次世界大战时从事反战工作，成为著名的和平主义者。他的作品匠心独具，充满人道主义精神，尤其是“以罕见的温存和同情”（高尔基语）塑造了不少令人难忘的女性形象。

命运总是迎着强有力的人物和不可一世者走去。多少年来，命运总是使自己屈从于这样的个人：凯撒、亚历山大、拿破仑，因为命运喜欢这些像自己那样不可捉摸的强权人物。

但是有时候，当然，这在任何时代都是极为罕见的，命运也会出于一种奇怪的心情，把自己抛到一个平庸之辈的手中。有时候——这是世界历史上最令人惊奇的时刻——命运之线在瞬息时间内是掌握在一个窝囊废手中。英雄们的世界游戏像一阵风暴似的也把那些平庸之辈卷了进来。但是当重任突然降临到他们身上时，与其说他们感到庆幸，毋宁说他们更感到害怕。他们几乎都是把抛过来的命运又哆哆嗦嗦地从自己手里失落。一个平庸之辈能抓住机缘使自己平步青云，这是很难得的。因为伟大的事业降临到渺小人物的身上，仅仅是短暂的瞬间。谁错过了这一瞬间，它决不会再恩赐第二遍。

格鲁希

维也纳会议[1]正在举行。在交际舞会、调情嘻笑、玩弄权术和互相争吵之中，像一枚嗖嗖的炮弹飞来这样的消息：拿破仑[2]，这头被困的雄狮自己从厄尔巴岛的牢笼中闯出来了。紧接着，其他的信使也骑着马飞奔而来：拿破仑占领了里昂；他赶走了国王；军队又都狂热地举着旗帜投奔到他那一边，他回到了巴黎；他住进了杜伊勒里王宫。——莱比锡大会战和二十年屠杀生灵的战争全都白费了。好像被一只利爪攫住，那些刚刚还在互相抱怨和争吵的大臣们又都聚集在一起，急急忙忙抽调出一支英国军队、一支普鲁士军队、一支奥地利军队、一支俄国军队。他们现在要再次联合起来，彻底击败这个篡权者。欧洲合法的皇帝和国王们从未这样惊恐万状过。威灵顿[3]开始从北边向法国进军，一支由布吕歇尔[4]统率的普鲁士军，作为他的增援部队从另一方向前进。施瓦尔岑贝格[5]在莱茵河畔整装待发；而作为后备军的俄国军团，正带着全部辎重，缓慢地穿过德国。

拿破仑一下子就看清了这种致命的危险。他知道，在这些猎犬集结成群之前绝不能袖手等待。他必须在普鲁士人、英国人、奥地利人联合成为一支欧洲盟军和自己的帝国没落以前就将他们分而攻之，各个击破。他必须行动迅速，不然的话，国内就会怨声四起。他必须在共和分子重整旗鼓并同王党分子联合起来以前就取得胜利。他必须在富歇[6]——这个奸诈多变的两面派与其一丘之貉塔列兰[7]结成同盟并从背后捅他一刀以前就班师凯旋。他必须充分利用自己军队的高涨热情，一鼓作气就把自己的敌人统统解决掉。每一天都是损失，每一小时都是危险。于是，他就匆匆忙忙把赌注押在欧洲流血最多的战场——比利时上面。六月十五日凌晨三时，拿破仑大军（现在也是仅有的一支军队）的先头部队越过边界，进入比利时。十六日，他们在林尼与普鲁士军遭遇，并将普军击败。这是这头雄狮闯出牢笼之后的第一次猛击，这一击非常厉害，然而却不致命。被击败而并未被消灭的普军向布鲁塞尔撤退。

现在，拿破仑准备第二次攻击，即向威灵顿的部队进攻。他不允许自己喘息，也不允许对方喘息，因为每拖延一天，就意味着给对方增添力量。而胜利的捷报将会像烈性烧酒一样，使自己身后的祖国和流尽了鲜血、不安的法国人民如醉若狂。十七日，拿破仑率领全军到达四臂村高地前，威灵顿，这个头脑冷静、意志坚强的对手已在高地上筑好工事，严阵以待。而拿破仑的一切部署也从未有像这一天那样的细致周到。他的军令也从未有像这一天那样的清楚明白。他不仅反复斟酌了进攻的方案，而且也充分估计到自己面临的各种危险，即布吕歇尔的军队仅仅是被击败，而并未被消灭。这支军队随时可能与威灵顿的军队会合。为了防止这种可能性，他抽调出一部分部队去跟踪追击普鲁士军，以阻止他们与英军会合。

他把这支追击部队交给了格鲁希元帅指挥。格鲁希[8]，一个气度中庸的男子，老实可靠，兢兢业业，当他任骑兵队长时，常常被证明是称职的。然而他也仅仅是一位骑兵队长而已。他既没有缪拉[9]那样的胆识魄力，也没有圣西尔[10]和贝尔蒂埃[11]那样的足智多谋，更缺乏内伊[12]那样的英雄气概，关于他，没有神话般的传说，也没有谁把他描绘成威风凛凛的勇士。在拿破仑的英雄传奇中，他没有显著的业绩使他赢得荣誉和地位。使他闻名于世的，仅仅是他的不幸和厄运。他从戎二十年，参加过从西班牙到俄国、从尼德兰到意大利的各种战役。他是缓慢地、一级一级地升到元帅的军衔。不能说他没有成绩，但却无特殊的贡献。是奥地利人的子弹、埃及的烈日、阿拉伯人的匕首、俄国的严寒，使他的前任相继丧命（德塞[13]在马伦哥，克莱贝尔[14]在开罗，拉纳[15]在瓦格拉姆），从而为他腾出了空位。他不是青云直上登上最高军衔的职位，而是经过二十年战争的煎熬，水到渠成。

拿破仑大概也知道，格鲁希既不是气吞山河的英雄，也不是运筹帷幄的谋士，他只不过是一个老实可靠、循规蹈矩的人。但是他自己的元帅，一半已在黄泉之下，而其余几位已对这种没完没了的风餐露宿的戎马生活十分厌倦，正恹恹不乐地呆在自己的庄园里呢。所以，拿破仑是出于无奈才对这个中庸的男子委以重任的。

六月十七日，林尼一仗胜利后的第一天，也是滑铁卢战役的前一天，上午十一时，拿破仑第一次把独立指挥权交给格鲁希元帅。就在这一天，在这短暂的瞬间，唯唯诺诺的格鲁希跳出一昧服从的军人习气，自己走进世界历史的行列。这不过是短暂的一瞬间，然而又是怎样的一瞬间呵！拿破仑的命令是清楚的：当他自己向英军进攻时，格鲁希务必率领交给他的三分之一兵力去追击普鲁士军。这似乎是一项简单的任务，因为它既不曲折也不复杂。然而即便是一柄剑，也是柔韧可弯，两边双刃嘛！因为在向格鲁希交待追击任务的同时，还交待清楚：他必须始终和主力部队保持联系。

格鲁希元帅踌躇地接受了这项命令。他不习惯独立行事。只是当他看到皇帝的天才目光，他才感到心里踏实，不假思索地应承下来。此外，他好像从自己手下将军们的背后感觉出他们的不满。当然，也许还有命运的翅膀在暗中捉弄他呢。总之使他放心的是，大本营就在附近。只需三小时的急行军，他的部队便可和皇帝的部队会合。

格鲁希的部队在瓢泼大雨中出发。士兵们在软滑的泥泞地上缓慢地向普军运动。或者至少可以说，他们是朝着布吕歇尔部队所在地的方向前进。

卡右的夜里

北方的暴雨下个不停。拿破仑的师团步履艰难地在黑暗中前进、个个浑身湿透。每个人的靴底上至少有两磅烂泥。没有任何蔽身之处，没有人家，没有房屋。连麦秆稻草也都是水淋淋的，无法在上面躺一下。于是只好让十个或十二个士兵互相背靠背地坐在地上，直着身子在滂沱大雨中睡觉。皇帝自己也没有休息。他心急如焚，坐卧不安，因为在这什么也看不见的天气中，无法进行侦察。侦察兵的报告很含含糊糊。况且，他还不知道威灵顿是否会迎战，从格鲁希那里又没有任何关于普军的消息传来。半夜一点钟，拿破仑不顾簌簌的骤雨，一直走到英军炮火射程之内的阵地前沿。在雾蒙蒙中，隐现出英军阵地上的稀薄灯光。拿破仑一边走着一边考虑进攻方案。拂晓，他才回到卡右[16]的小屋子里，这就是他的极其简陋的统帅部。他在这里看到了格鲁希送来的第一批报告。报告中关于普军撤退去向的消息含含糊糊，尽是一些为了使人宽慰的承诺：正在继续追击普军。雨渐渐地停了，皇帝在房间里焦虑地走来走去，不时凝望着黄色的地平线，看看远处的一切是否最终能显现清楚，从而好使自己下决心。

清晨五点钟，雨全停了，妨碍下决心的胸中迷雾似乎也消散了，皇帝终于下达了如下的命令：全军务必在九点钟作好总攻准备。传令兵向各方出发。不久就响起了集合的鼓声。这时，皇帝才在自己的行军床上躺下，睡两小时。

滑铁卢的上午

时间已是上午九点钟，但部队尚未全部到齐。下了三天的雨，地上又湿又软，行路困难，妨碍了炮兵的转移。到这时侯，太阳才渐渐地从阴云中露出来，照耀着大地。空中刮着大风。今天的太阳可不像当年奥斯特里茨[17]的太阳那样金光灿烂，预兆着吉祥。

今天的太阳只散射出淡黄色的微光，显得阴郁无力。这是北方的阳光。部队终于准备就绪，处于待命状态。战役打响以前，拿破仑又一次骑着自己的白色牝马，沿着前线，从头至尾检阅一番。在呼啸的寒风里，旗手们举起战旗，骑兵们英武地挥动战刀，步兵们用刺刀尖挑起自己的熊皮军帽，向皇帝致意。所有的战鼓狂热地敲响，所有的军号都对着自己的统帅快乐地吹出清亮的号音。但是，盖过这一切响彻四方声音的，却是雷鸣般的欢呼声，它从各个师团滚滚而来．这是从七万士兵的喉咙里迸发出来的、低沉而又宏亮的欢呼声："皇帝万岁！"

二十年来，拿破仑进行过无数次检阅，从未有像他这最后一次检阅这样壮观、热烈。欢呼声刚一消失，十一点钟——比预定时间晚了两小时，而这恰恰是致命文件的两小时！——炮手们接到命令，用榴弹炮轰击山头上的身穿红衣的英国士兵。接着，内伊——这位"雄中之杰"，率领步兵发起冲锋。决定拿破仑命运的时刻开始了。关于这次战役，曾经有过无数的描述。但人们似乎从不厌倦去阅读关于它的各种各样激动人心的记载，一会儿去读司各特写的宏篇巨制[18]，一会儿去读司汤达写的片断插曲[19]。这次战役，无论是从远看，还是从近看，无论是从统帅的山头上看，还是从盔甲骑兵的马鞍上看，它都是伟大的，具有多方面的意义。它是一部扣人心弦的富于戏剧性的艺术杰作：一会儿陷入畏惧，一会儿又充满希望，两者不停地变换着位置，最后，这种变换突然成了一场灭顶之灾。这次战役是真正悲剧的典型，因为欧洲的命运全系在拿破仑这一个人的命运上，拿破仑的存在，犹如节日迷人的焰火，它像爆竹一样，在倏然坠地、永远熄灭之前，又再次冲上云霄。

从上午十一点至下午一点，法军师团向高地进攻，一度占领了村庄和阵地，但又被击退下来，继而又发起进攻。在空旷、泥泞的山坡上已覆盖着一万具尸体。可是除了大量消耗以外，什么也没有达到。双方的军队都已疲惫不堪，双方的统帅都焦虑不安。双方都知道，谁先得到增援，谁就是胜利者。威灵顿等待着布吕歇尔；拿破仑盼望着格鲁希。拿破仑心情焦灼，不时端起望远镜，接二连三地派传令兵到格鲁希那里去；一旦他的这位元帅及时赶到，那么奥斯特里茨的太阳将会重新在法兰西上空照耀。

格鲁希的错误

但是，格鲁希并未意识到拿破仑的命运掌握在他手中，他只是遵照命令于六月十七日晚间出发，按预计方向去追击普鲁士军。雨已经停止。那些昨天才第一次尝到火药味的年轻连队士兵，在无忧无虑地、慢腾腾地行走着，好像是在一个和平的国度里，因为敌人始终没有出现，被击溃的普军撤退的踪迹也始终没有找到。

正当格鲁希元帅在一户农民家里急急忙忙进早餐时，他脚底下的地面突然微微震动起来。所有的人都悉心细听。从远处一再传来沉闷的、渐渐消失的声音：这是大炮的声音，是远处炮兵正在开炮的声音，不过并不太远，至多只有三小时的路程。几个军官用印第安人的姿势伏在地上，试图进一步听清方向。从远处传来的沉闷回声依然不停地隆隆滚来。这是圣让山上的炮火声，是滑铁卢战役开始的声音。格鲁希征求意见。副司令热拉尔[20]急切地要求："立即向开炮的方向前进！"第二个发言的军官也赞同说："赶紧向开炮的方向转移，只是要快！"所有的人都毫不怀疑：皇帝已经向英军发起攻击了，一次重大的战役已经开始。可是格鲁希却拿不定主意。他习惯于唯命是从，他胆小怕事地死抱着写在纸上的条文——皇帝的命令：追击撤退的普军。热拉尔看到他如此犹豫不决，便激动起来，急冲冲地说："赶快向开炮的地方前进！"这位副司令当着二十名军官和平民的面提出这样的要求，说话的口气简直像是在下命令，而不是在请求。这使格鲁希非常不快。他用更为严厉和生硬的语气说，在皇帝撤回成命以前，他决不偏离自己的责任。军官们绝望了，而隆隆的大炮声却在这时不祥地沉默下来。

热拉尔只能尽最后的努力。他恳切地请求，至少能让他率领自己的一师部队和若干骑兵到那战场上去。他说他能保证及时赶到。格鲁希考虑了一下。他只考虑了一秒钟。

决定世界历史的一瞬间

然而格鲁希考虑的这一秒钟却决定了他自己的命运、拿破仑的命运和世界的命运。在瓦尔海姆的一家农舍里逝去的这一秒钟决定了整个十九世纪。而这一秒钟全取决于这个迂腐庸人的一张嘴巴。这一秒钟全掌握在这双神经质地揉皱了皇帝命令的手中。——这是多么的不幸！倘若格鲁希在这刹那之间有勇气、有魄力、不拘泥于皇帝的命令，而是相信自己、相信显而易见的信号，那么法国也就得救了。可惜这个毫无主见的家伙只会始终听命于写在纸上的条文，而从不会听从命运的召唤。

格鲁希使劲地摇了摇手。他说，把这样一支小部队再分散兵力是不负责任的，他的任务是追击普军，而不是其他。就这样，他拒绝了这一违背皇帝命令的行动。军官们闷闷不乐地沉默了。在他周围鸦雀无声。而决定性的一秒钟就在这一片静默之中消逝了，它一去不复返，以后，无论用怎样的言辞和行动都无法弥补这一秒钟。——威灵顿胜利了。

格鲁希的部队继续往前走。热拉尔和旺达姆[21]愤怒地紧握着拳头。不久，格鲁希自己也不安起来，随着一小时一小时的过去，他越来越没有把握，因为令人奇怪的是，普军始终没有出现。显然，他们离开了退往布鲁塞尔去的方向。接着，情报人员报告了种种可疑的迹象，说明普军在撤退过程中已分几路转移到了正在激战的战场。如果这时候格鲁希赶紧率领队伍去增援皇帝，还是来得及的。但他只是怀着愈来愈不安的心情，依然等待着消息，等待着皇帝要他返回的命令。可是没有消息来。只有低沉的隆隆炮声震颤着大地，炮声却愈来愈远。孤注一掷的滑铁卢搏斗正在进行，炮弹便是投下来的铁骰子。

滑铁卢的下午

时间已经到了下午一点钟。拿破仑的四次进攻虽然被击退下来，但威灵顿主阵地的防线显然也出现了空隙。拿破仑正准备发起一次决定性的攻击。他加强了对英军阵地的炮击。在炮火的硝烟像屏幕似的挡住山头以前，拿破仑向战场最后看了一遍。

这时，他发现东北方向有一股黑魆魆的人群迎面奔来，像是从树林里窜出来的。一支新的部队！所有的望远镜都立刻对准着这个方向。难道是格鲁希大胆地违背命令，奇迹般地及时赶到了？可是不！——一个带上来的俘虏报告说，这是布吕歇尔将军的前卫部队，是普鲁士军队。此刻，皇帝第一次预感到，那支被击溃的普军为了抢先与英军会合，已摆脱了追击，而他——拿破仑自己却用了三分之一的兵力在空地上作毫无用处、失去目标的运动。他立即给格鲁希写了一封信，命令他不惜一切代价赶紧与自己靠拢，并阻止普军向威灵顿的战场集结。

与此同时，内伊元帅又接到了进攻的命令，必须在普军到达以前歼灭威灵顿部队。获胜的机会突然之间大大减少了。此时此刻，不管下多大的赌注，都不能算是冒险。整个下午，向威灵顿的高地发起了一次又一次的冲锋。战斗一次比一次残酷，投入的步兵一次比一次多。他们几次冲进被炮弹炸毁的村庄，又几次被击退出来，随后又擎着飘扬的旗帜向着已被击散的方阵蜂拥而上。但是威灵顿依旧岿然不动，而格鲁希那边却始终没有消息来。当拿破仑看到普军的前卫正在渐渐逼近时，他心神不安地喃喃低语，“格鲁希在哪里？他究竟呆在什么地方呢？”他手下的指挥官们也都变得急不可耐。内伊元帅已决定把全部队伍都拉上去，决一死战（他的乘骑已有三匹被击毙）——他是那样的鲁莽勇敢，而格鲁希又是那样的优柔寡断。内伊把全部骑兵投入战斗。于是，一万名殊死一战的盔甲骑兵和步骑兵踩烂了英军的方阵，砍死了英军的炮手，冲破了英军的最初几道防线。虽然他们自己再次被迫撤退，但英军的战斗力已濒于殆尽。山头上像箍捅似的严密防线开始松散了。当受到重大伤亡的法军骑兵被炮火击退下来时，拿破仑的最后预备队——老近卫军正步履艰难地向山头进攻。欧洲的命运全系在能否攻占这一山头上。

决战

自上午以来，双方的四百门大炮不停地轰击着。前线响彻骑兵队向开火的方阵冲杀的铁蹄声。从四面八方传来的咚咚战鼓声，震耳欲聋，整个平原都在颤动！但是在双方的山头上，双方的统帅似乎都听不见这嘈杂的人声。他们只是倾听着更为微弱的声音。

两只表在双方的统帅手中，像小鸟的心脏似的在嘀嗒嘀嗒地响。这轻轻的钟表声超过所有震天的吼叫声。拿破仑和威灵顿各自拿着自己的计时器，数着每一小时，每一分钟，计算着还有多少时间，最后的决定性的增援部队就该到达了。威灵顿知道布吕歇尔就在附近。而拿破仑则希望格鲁希也在附近。现在双方都已没有后备部队了。谁的增援部队先到，谁就赢得这次战役的胜利。两位统帅都在用望远镜观察着树林边缘。现在，普军的先头部队像一阵烟似的开始在那里出现了。难道这仅仅是一些被格鲁希追击的散兵？还是被追击的普军主力？这会儿，英军只能作最后的抵抗了，而法国部队也已精疲力竭。就像两个气喘吁吁的摔跤对手，双臂都已瘫软，在进行最后一次较量前，喘着一口气：决定性的最后一个回合已经来到。

普军的侧翼终于响起了枪击声。难道发生了遭遇战？只听见轻火器的声音！拿破仑深深地吸了一口气，“格鲁希终于来了！”他以为自己的侧翼现在已有了保护，于是集中了最后剩下的全部兵力，向威灵顿的主阵地再次发起攻击。这主阵地就是布鲁塞尔的门闩，必须将它摧毁，这主阵地就是欧洲的大门，必须将它冲破。

然而刚才那一阵枪声仅仅是一场误会。由于汉诺威兵团穿着别样的军装，前来的普军向汉诺威士兵开了枪。但这场误会的遭遇战很快就停止了。现在，普军的大批人马毫无阻挡地、浩浩荡荡地从树林里穿出来。——迎面而来的根本不是格鲁希率领的部队，而是布吕歇尔的普军。厄运就此降临了。这一消息飞快地在拿破仑的部队中传开。部队开始退却，但还有一定的秩序。而威灵顿却抓住这一关键时刻，骑着马，走到坚守住的山头前沿，脱下帽子，在头上向着退却的敌人挥动。他的士兵立刻明白了这一预示着胜利的手势。所有剩下的英军一下子全都跃身而起，向着溃退的敌人冲去。与此同时，普鲁士骑兵也从侧面向仓惶逃窜、疲于奔命的法军冲杀过去，只听得一片惊恐的尖叫声：“各自逃命吧！”仅仅几分钟的工夫，这支赫赫军威的部队变成了一股被人驱赶的抱头鼠窜、惊慌失措的人流。它卷走了一切，也卷走了拿破仑本人。策鞭追赶的骑兵对待这股迅速向后奔跑的人流，就像对待毫无抵抗、毫无感觉的流水，猛击猛打。在一片惊恐的混乱叫喊声中，他们轻而易举地捕获了拿破仑的御用马车和全军的贵重财物，俘虏了全部炮兵。只是由于黑夜的降临，才拯救了拿破仑的性命和自由。一直到半夜，满身污垢、头昏目眩的拿破仑才在一家低矮的乡村客店里，疲倦地躺坐在扶手软椅上，这时，他已不再是个皇帝了。他的帝国、他的皇朝、他的命运全完了。一个微不足道的小人物的怯懦毁坏了他这个最有胆识、最有远见的人物在二十年里所建立起来的全部英雄业绩。

回到平凡之中

当英军的进攻刚刚击溃拿破仑的部队，就有一个当时几乎名不见经传的人，乘着一辆特快的四轮马车向布鲁塞尔急驶而去，然后又从布鲁塞尔驶到海边。一艘船只正在那里等着他。他扬帆过海，以便赶在政府信使之前先到达伦敦。由于当时大家还不知道拿破仑已经失败的消息，他立刻进行了大宗的证券投机买卖。此人就是罗斯柴尔德[22]。他以这突如其来的机敏之举建立了另一个帝国，另一个新王朝。第二天，英国获悉自己胜利的消息，同时巴黎的富歇——这个一贯依靠出卖发迹的家伙也知道了拿破仑的失败。这时，布普塞尔和德国都已响起了胜利的钟声。

到了第二天，只有一个人还丝毫不知滑铁卢发生的事，尽管他离这个决定命运的地方只有四小时的路程。他，就是造成全部不幸的格鲁希。他还一直死抱着那道追击普军的命令。奇怪的是，他始终没有找到普军。这使他忐忑不安。近处传来的炮声越来越响，好像它们在大声呼救似的。大地震颤着。每一炮都像是打进自己的心里。现在人人都已明白这绝不是什么小小的遭遇战，而是一次巨大的战役，一次决定性的战役已经打响。

格鲁希骑着马，在自己的军官们中间惶惶惑惑地行走。军官们都避免同他商谈，因为他们先前的建议完全被他置之不理。

当他们在瓦弗附近遇到一支孤立的普军——布吕歇尔的后卫部队时，全都以为挽救的机会到了，于是发狂似地向普军的防御工事冲去。热拉尔一马当先，好像被一种不祥的预感所驱使，去找死似的。一颗子弹随即把他打倒在地。这个最喜欢提意见的人现在一声不吭了。随着黑夜的降临，格鲁希的部队攻占了村庄，但他们似乎感到，对这支小小的后卫部队所取得的胜利，已不再有任何意义。因为在那边的战场上突然变得一片寂静。这是一种令人不安的寂静，可怕的和平，一种阴森森、死一般的沉默。所有的人都觉得，与其是这种咬啮神经的惘然沉默，倒不如听见隆隆的大炮声更好。格鲁希现在才终于收到那张拿破仑写来的要他到滑铁卢紧急增援的便条（可惜为时太晚了！）。滑铁卢一仗想必是一次决定性的战役，可是谁赢得了这次巨大战役的胜利呢？格鲁希的部队又等了整整一夜，完全是自等！从滑铁卢那边再也没有消息来。好像这支伟大的军队已经将他们遗忘。他们毫无意义地站立在伸手不见五指的黑夜中，周围空空荡荡。清晨，他们拆除营地，继续行军。他们个个累得要死，并且早已意识到，他们的一切行军和运动完全是漫无目的的。上午十点钟，总参谋部的一个军宫终于骑着马奔驰而来。他们把他扶下马，向他提出一大堆问题，可是他却满脸惊慌的神色，两鬓头发湿漉漉的，由于过度紧张，全身颤抖着。至于他结结巴巴说出来的话，尽是他们听不明白的，或者说，是他们无法明白和不愿意明白的。他说，再也没有皇帝了，再也没有皇帝的军队！法兰西失败了……这时，所有的人都把他当成疯子，当成醉汉。然而他们终于渐渐地从他嘴里弄清了全部真相，听完了他的令人沮丧颓唐、甚至使人瘫痪的报告。格鲁希面色苍白，全身颤抖，用军刀支撑着自己的身体。他知道自己殉难成仁的时刻来临了。他决心承担起力不从心的任务，以弥补自己的全部过失。这个唯命是从、畏首畏尾的拿破仑部下，在那关键的一秒中没有看到决定性的战机，而现在，眼看危险迫在眉睫，却又成了一个男子汉，甚至像是一个英雄似的。他立刻召集起所有的军官，发表了一通简短的讲话——眼眶里噙着愤怒和悲伤的泪水。他在讲话中既为自己的优柔寡断辩解，同时又自责自怨。那些昨天还怨恨他的军官们，此刻都默不作声地听他讲。本来，现在谁都可以责怪他，谁都可以自夸自己当时意见的正确。但是没有一个人敢这样做，也不愿意这样做。他们只是沉默，沉默。突如其来的悲哀使他们都成了哑巴。

错过了那一秒钟的格鲁希，在现在这一小时内又表现出了军人的全部力量——可惜太晚了！当他重新恢复了自信而不再拘泥于成文的命令之后，他的全部崇高美德——审慎、干练、周密、责任心，都表现得清清楚楚。他虽然被五倍于自己的敌军包围，却能率领自已的部队突围归来，而不损失一兵一卒，不丢失一门大炮——堪称卓绝的指挥。他要去拯救法兰西，去解救拿破仑帝国的最后一支军队。可是当他回到那里时，皇帝已经不在了。没有人向他表示感激，在他面前也不再有任何敌人。他来得太晚了！永远是太晚了！尽管从表面看，格鲁希以后又继续升迁，他被任命为总司令、法国贵族院议员，而且在每个职位上都表现出具有魄力和能干。可是这些都无法替他赎回被他贻误的那一瞬间。那一瞬间原可以使他成为命运的主人，而他却错过了机缘。

那关键的一秒钟就是这样进行了可怕的报复。在尘世的生活中，这样的一瞬间是很少降临的。当它无意之中降临到一个人身上时，他却不知如何利用它。在命运降临的伟大瞬间，市民的一切美德——小心、顺从、勤勉、谨慎，都无济于事，它始终只要求天才人物，并且将他造就成不朽的形象。命运鄙视地把畏首畏尾的人拒之门外。命运——这世上的另一位神，只愿意用热烈的双臂把勇敢者高高举起，送上英雄们的天堂。

[注释]

[1] 1814年4月6日拿破仑第一次退位后欧洲各国君主在维也纳举行的会议。

[2] 拿破仑一世在1814年反法联军攻陷巴黎后，被放逐于厄尔巴岛，1815年他再度返回巴黎，建立百日王朝。

[3] 威灵顿（1769—1852），英国元帅，第一任威灵顿公爵，反拿破仑战争中的联盟军统帅之一，以指挥滑铁卢战役闻名于世。1828年后历任英首相、外交大臣等职。

[4] 布吕歇尔（1619—1742），普鲁士元帅，拿破仑百日王朝时反法联盟军的普军总司令。在滑铁卢战役中，由于他的及时增援而使拿破仑的军队全线崩溃。

[5] 施瓦尔岑贝格（1771—1820）奥地利元帅，在1813年击败拿破仑的德累斯顿和莱比锡战役中任反法联盟军的总司令，1814年率联盟军攻占巴黎。

[6] 富歇（1763—1820），历任拿破仑的警务大臣，滑铁卢战役后力主拿破仑退位，后领导临时政府和反法盟国进行谈判，1816年被逐出法国。

[7] 塔列兰（1754—1838），曾任拿破仑第一帝国的外交大臣，复辟王期初期又任路易十八的外交大臣，百日王朝后被迫辞职，后又于1830—1834年出使英国，以权变多诈闻名。

[8] 格鲁希（1766—1847），法国大革命为拿破仑军队中的士兵，1794年任少将，在滑铁卢战役中指挥骑兵预备队，于1815年6月16日在林尼击败布吕歇尔将军的一个分遣队，但他未能阻止布吕歇尔的主力与威灵顿的部队会合，自己也未能及时去增援拿破仑，拿破仑失败后一度被流放，1813年任法国元帅，1832年任贵族院议员。

[9] 缪拉（1767-1815），拿破仑的元帅，骑兵司令，战功赫赫，参与百日王朝活动，1815年5月2日—3日在多伦蒂诺被奥军击败被俘，同年10月13日被处决。

[10] 圣西尔（1764—1830）法国元帅，曾出征俄国，屡建战功，1817—1819年任国防大臣。

[11] 贝尔蒂埃（1753—1815），法国元帅，曾随拿破仑进兵意大利和埃及，历任国防大臣、总参谋长。

[12] 内伊（1769—1815），法国元帅，随拿破仑征战欧洲，路易十八复辟时又任贵族院议

员，但在百日王朝时又重归拿破仑，滑铁卢战役中指挥老近卫军英勇奋战，拿破仑失败后，被贵族院判定犯有叛国罪，1815 年 12 月 7 日被处决。

[13] 德塞（1768—1800），拿破仑麾下的将军，1811 年 6 月 14 日在意大利马伦哥的战斗中被奥地利军击毙。

[14] 克莱贝尔（1753—1800），拿破仑麾下的将军，1798—1800 年驻军埃及，1800 年 6 月 14 日被一名埃及狂热分子暗杀。

[15] 拉纳（1769—1899），拿破仑的元帅，屡建战功，1809 年 5 月在奥地利的战斗中重伤身亡。

[16] 卡右，滑铁卢附近一小地名。

[17] 奥斯待里茨，奥地利一地名，拿破仑曾于 1805 年 12 月 2 日在此大胜奥俄联军。

[18] 司各特（1771—1832），英国小说家、诗人。代表作《艾凡赫》，另著有《拿破仑传》等。

[19] 司汤达（1783—1842），法国小说家，代表作《红与黑》，1806—1814 年在拿破仑军中任职，随大军转战欧洲大陆，他在《巴马修道院》中所描写的滑铁卢战役是该小说的著名篇章。

[20] 热拉尔（1773—1852），拿破仑的将军，曾参与滑铁卢战役，失败后于 1815—1817 年被逐出法国，后又任路易·菲力浦国王的国防大臣。

[21] 旺达姆（1770—1830），拿破仑的将军，百日王朝时指挥第三集团军。滑铁卢战役中，1815 年 6 月 18 日在瓦弗一仗中建奇功。拿破仑失败后，被放逐。

[22] 罗斯柴尔德（1777—1836），德国犹太大银行家罗斯柴尔德家族的后裔，1798 年在伦敦开设交易所，他是第一个获悉拿破仑在滑铁卢失败消息的人，随即返回伦敦，乘机进行证券投机买卖，获利百万。

[简析]

这是一篇充满哀怨、感叹和凄凉之情的历史特写。作者为读者渗透了这样的信息：人类历史上存在着一些非常重要的、真正具有世界历史意义的时刻，这些时刻一旦发生，就会决定历史的进程。虽然往往只有一天、一小时，甚至是一分钟、一秒钟的时间，但它们的影响却超越时间。本文便描写了一个关键性的历史时刻，正是这一时刻，决定了拿破仑的战败，继而也决定了欧洲，以至于人类的命运。茨威格将拿破仑和格鲁希这两个历史人物置于人类命运及其个人命运的历史重大关头来塑造，把二人的英雄气概和平庸无能相对比，从而使人物形象变得栩栩如生。作品以小标题的形式，分几个部分按时间顺序步步推进那个致命的历史时刻，无处不显露出作者对拿破仑兵败的惋惜之情。

[思考与练习]

1．作者认为滑铁卢之战，拿破仑失败的主要原因是什么？

2．分析作品中拿破仑和格鲁希的性格。

[延伸品味]

《巴顿将军》《诺曼底登陆》

魂断蓝桥（节选）

[美]S·N·白门，汉斯·雷缪，乔治·弗罗薛尔

[作者简介]

罗伯特·E.舍伍德（1889—1955），美国著名编剧。舍伍德曾在美国战争情报处工作，负责起草罗斯福的讲稿。1949 年他写了《罗斯福和霍普金斯》并因此获普利策奖。所编影片《魂断蓝桥》获第十三届奥斯卡最佳黑白片提名（1940 年），美国百部经典名片之一；和约翰• 哈里逊改编的《蝴蝶梦》曾获奥斯卡最佳影片，并获最佳编剧提名；所编影片《黄金时代》在 1947 年获第十九届奥斯卡最佳影片奖。

（根据罗勃肖伍特同名舞台剧改编）

夜晚的伦敦街头。

黑暗的马路，居民们在专心听广播。

马路两旁堆集着沙袋，战争已经开始。

[画外广播]　“全世界都知道了。一九三九年九月三日，星期天，它将永远被人记住。这天的上午十一点十五分，首相在唐宁街 10 号会议上的演说宣布了英国和德国处于交战状态。而且殷切希望伦敦居民们不要忘记已经发布的紧急状态命令，在灯火管制时间里不得露出任何灯光。任何人在天黑以后不得在街上游荡。并且切记不得在公共防空壕里安置床铺。睡觉之前应该将防毒面具和御寒的衣物放在身边，而且不妨在暖水瓶冲好热水或饮料，这对那些深夜不得不叫醒的儿童不是没有好处的。应该尽量稳定那些仍然留在伦敦的儿童，尽管直到今天夜里，撤退仍将持续不断。”

一队小学生默默走过。

（一）

上校军官罗依·克劳宁从军营大门出来。

一个军官喊：“上校的汽车！”汽车驶来。

罗依两鬓花白，满脸皱纹，沉闷地对司机，“达可唐纳，就在今天晚上……”

达可唐纳　“你要去法国？”

罗依　　　“是的，去法国，从滑铁卢车站出发。”罗依上车，车开动。

汽车内。罗依并坐司机达可唐纳身旁。

达可唐纳　“这些对你都很熟悉？”（罗依点头）

达可唐纳　“我是说你经历过上次大战。”

罗依　　　“是的，是很熟悉。从滑铁卢桥进车站。”

达可唐纳　“滑铁卢桥？”

罗依　　　“时间还够。”

汽车驶入滑铁卢桥，罗依下车，对司机达可唐纳：“你把车开到桥那边等我，我要走过去！”（音乐起）

罗依来到桥中间依在桥栏杆上，看着匆匆流去的河水，沉思。他转过身来，望着远方，然后从口袋里拿出一个象牙雕的“吉祥符”，凝视。

“吉祥符”的特写。

罗依回忆往事：

[玛拉的画外音]　“这给你。”

[罗依的画外音]　“‘吉祥符’！”

[玛拉的声音]　“它会给你带来运气。会带来，我希望它会带来！”

[罗依的声音]　“你真是太好了！”

[玛拉的声音]　“你现在不会忘记我了吧？”

[罗依的声音]　“我想不会，不会的……一辈子都不会忘记你！”

（二）

一九一四年第一次世界大战时期，英国青年军官上尉罗依·克劳宁正站在桥头上……

空袭警报声在空中呼啸。

桥头跑来三个姑娘。

姑娘们　“你们听，警报！你别楞着了。”

玛拉　　“你听见没有？……我什么也没听见。……我听见了。”

里苔亚　喊“请安静，安静！”

玛拉问罗依　“对不起，这是空袭警报吗？”

罗依　　“恐怕是。再仔细听听就知道了。”

有人高声喊“空袭——”

姑娘们更乱了，七嘴八舌讲着。

凯蒂　　“我们要是回去晚了，夫人会发脾气的，我们得赶快回去呀！”

里苔亚　“我们……空袭，我们到哪里好呢？”

罗依　　“到地下铁！”

姑娘们一时不知往哪里去，乱跑起来。

罗依　“右边，右边！”

姑娘们往回跑时，玛拉失手掉了手提包，东西散落一地。

罗依回身帮她去捡。

玛拉　“谢谢你！”

罗依　“别说了，飞机可能来炸桥，快走吧！”

玛拉　“哎呀，我的‘吉祥符’！”

[特写]失落在地上的“吉祥符”。

玛拉跑回去捡“吉祥符”，一辆马车飞奔过来眼看就要撞上，幸亏被罗依拉了一把，及时躲过。

罗依　“你这个小东西，不想活啦！”

玛拉　“不能丢的，它带给我运气。”

罗依　“它带给你空袭！”他带她跑着。

玛拉边跑边问　“你搀着我跑，你觉得太不像军人了吧？”

罗依　“没关系！”

（三）

地下铁道。挤满了人，熙熙攘攘。

罗依、玛拉挤在人群中，外边传来爆炸声。

一个人　　“……他说，哎，别挤我，先生！我就说，幸亏推了你，要不是我们这几推，你还在门外边呐！”

一个女人　“我一向靠自己跑。我听上了年纪的人说，活动的靶子不好打，你说是吗？”

一个人　　“当然。”

一个人　　“哎，‘特国’人打得可准了，是吧？”

一个人　　“特国，特国？‘特国’就是‘德国’！”

人群一阵哗笑。人们挤动着，把罗依挤到了玛拉身上。

罗依　“这股推劲儿还真不小呢！”

玛拉　“很挤，是吗？”

罗依　“嗯，这儿很安全！”他向一旁张望：“喔，靠墙边人少一点儿，我们挤过去。”

罗依，玛拉好不容易挤到墙边。

玛拉　“是的，这里好多了！”她跷起脚尖向四周环视。

罗依　“找你的朋友？”

玛拉　“是的。也许她们走别的门进来了。”

罗依（掏出纸烟）　“抽烟吗？”

玛拉　“啊，不，不！”

罗依　“大概你不会抽烟吧？”

玛拉（摇头）　“不，谢谢！”

罗依“你是个学生吧？”

玛拉（笑）　“啊——”

罗依　“这话可笑吗？”

在他们身后墙上贴着的广告，国际芭蕾舞剧团招生。

玛拉（望着墙上广告）　“正巧，我们学校——笛尔娃夫人的国际芭蕾舞剧团。”

罗依　“国际芭蕾舞剧团？那么说你是舞蹈演员喽？”

玛拉　“是的。”

罗依　“是专业演员？”

玛拉　“我看差不离儿吧！”

罗依　“你说……你会转圈儿什么的？”

玛拉（自豪地）　“当然，我还会滑步哪。”

罗依（不懂）　“你说什么？”

玛拉（小小地吹嘘）　“我能够跳跃腾空打击六次，里琴斯基能够连续做十次。不过，这可是一百年才出这么一个。”

罗依　“这对肌肉有好处！对肌肉有好处！舞蹈演员的肌肉就该像男人的喽！”

玛拉　“唔，不见得。我十二岁就学舞蹈啦，我并不觉得肌肉过于发达！”

罗依　“你是例外！”

玛拉（很想引起对方对自己的尊重）“唔，我们生活有严格的纪律！”

罗依　“那么，你今晚还有演出吗？”

玛拉　“当然，十点钟开始。”

罗依　“我真想去看看。”

玛拉　“你就来吧！”

罗依　“可惜今晚上校那里有个宴会，我要不去那得有点胆子！”

玛拉　“你是回来度假的？”

罗依　“嗯，就到期了，我家在苏格兰……”

玛拉　“那你就该回去了？去法国？”

罗依　“明天。”

玛拉　“太遗憾了，可恶的战争！”

罗依　“是的，我也是这么想。这战争，怎么说呢？它也有它的精彩之处——能随时随地叫人得到意外，就像我们现在这样儿。”

玛拉　“和平时期我们也会这样的。”

罗依　“你真是个现实主义者。”

玛拉　“是的。你好像很浪漫。”

传来哨声，有人喊：“警报解除了。”人群在蠕动。

罗依　“好啦！空袭过去了。没有过这样好的空袭吧！我们现在就走，还是等下一次空袭？”

玛拉　“这主意不错，不过还是走吧。”

罗依（指玛拉手中的提包）　“我帮你拿吧！”

玛拉　“不，不！我刚才是有点着急才掉的。”

罗依　“但愿下次掉的时候我还在旁边。”

玛拉　“这不大可能吧？你要回法国。”

罗依　“你呢？”

玛拉　“我们可能去美国。”

罗依　“那么说是不可能，太遗憾啦！”

玛拉　“我也是……”

（四）

滑铁卢桥头。人们涌出地下铁后，向四处散去。报童喊着跑过去：“看报，看报，军舰被击沉！”罗依、玛拉并肩走着。

玛拉　“可能太晚了，我得坐车走。”

罗依（一边招手叫车）　“这时候车子可不太好叫。”（对玛拉）“我真想去看芭蕾，这样的话，在我走上征途的时候将会留下一个愉快的回忆，你说呢？”

玛拉　“可是前线的人我一个也不认识，现在认识了你，我是不会忘记的，但是我并不完全了解你。”

汽车开过来，司机：“车来了，先生！”罗依扶玛拉上车。

玛拉　“谢谢你，我……我希望你平安回来。”

罗依　“谢谢你！”

玛拉（从车窗伸出手，手中拿着“吉祥符”）　“这个给你！”

罗依　“这是你的‘吉祥符’啊！”

玛拉　“也许会给你带来运气，会的”。

罗依　“我已经什么都有了，你比我更需要它。”

玛拉 “你拿着吧，我现在不再依赖它了！”

罗依（接过“吉祥符”） “你可真是太好啦！”

玛拉（对司机） “到奥林匹克剧院。”（对罗依柔情地）“再见！”

罗依（依恋地） “再见！”

玛拉乘坐出租汽车驰去。

（二十五）

（特写）车站上的大钟，针指着九点三十分。

火车站候车室，人群熙攘。出征的军人和送行的人们川流不息地拥出大门，走向月台。

火车准备开车的汽笛声中，罗依在人群中挤着向四处张望，他找不见玛拉，无可奈何地边寻找边退出了大门。嘈杂的人声、笛声、机车放气声，增添了罗依不安的心情。

月台。列车旁站满送行的人们，车厢里坐满了军人，相互道别。（镜头横移），罗依沿着车厢穿过嘈杂的人群快步走着，边走边回头张望……

（二十六）

车站外。玛拉疾步跑来，穿过车站大门。

（二十七）

月台上。强烈的人声，火车起动声……

罗依上车，扶着车门张望……

玛拉从候车室大门冲出来……

在开动的车上，罗依发现玛拉。

罗依（大声喊） “玛拉——”

音乐起。苏格兰民歌。《一路平安》压过一切嘈杂声。火车越来越快。

玛拉（在月台上追赶着开动的火车喊着） “罗依——”

罗依（在门口喊着） “玛拉——”

一声汽笛声夹杂在音乐声中，最后一节车厢走远了。

孤零零的玛拉伫立在月台上。（淡出）

（三十七）

滑铁卢桥上，天空飘着雨丝。

雪弥漫着，大地混混沌沌。

雾，像纱幕蒙盖着街道，房屋、滑铁卢桥。

玛拉独自沿着滑铁卢桥栏杆走着，她已经习惯这种夜生活了，衣服也比过去华丽了一些。她在桥上遇见一个卖花的妇女，二人寒暄。

妇人 “怎么样？”

玛拉 “不怎么样。”

妇人 “凯蒂呢？”

玛拉 “跟我差不多。”

妇人　“这年头好像谁也不会有什么好运气！”

玛拉　（长吁一声）“唉，好日子快来了，歌里唱的。”

妇人　“但愿如此。再见！”

玛拉　“再见！”　（化）

（三十九）

月台上挤满了军官、士兵和赶来迎接的家属。一些士兵匆匆走下火车，一些士兵和自己的亲属拥抱、谈笑、哭泣……

在剪票口，玛拉迎着军官，士兵们，慢悠悠地走着，微微颤动着身体、习惯地微笑，闪动着眼睛向走过她身旁的军官招徕。但他们忙于寻找自己的父母妻儿，并不理睬玛拉。

玛拉　“活着回来啦，欢迎你！”

一士兵　“谢谢你，宝贝。”

玛拉的目光暗淡下来，她看到一对对情人、眷属重逢的欢快，似乎联想到自己的孤独和不幸，眼睛闪过一丝悲哀。但她强制自己把这一切驱散，迎着一个士兵微笑……。突然，她眼睛一眨也不眨地，疑惑地望着前边，她发现了什么。

月台上军用列车前拥挤的人群中，罗依·克劳宁出现了。他挤过人群，匆忙地向剪票口走去。他突然站住，看见了玛拉。他不顾一切地穿过人群，大声地喊着，“玛拉！玛——拉——”他拼命地往玛拉身边挤。

玛拉茫然地望着。

罗依（走到玛拉跟前）　“玛拉，我简直不能相信，这是你吗？真是你，玛拉！”（他拥抱玛拉吻着）

玛拉　“呵，罗依！”

罗依（事出意外，高兴地）　“真的是你呀！——亲爱的，让我好好看看你！我这不是做梦吧？想不到你会在这儿等着我。你一直在这儿等我？真是个奇迹！”

玛拉（百感交集）　“啊——罗依，你活着！”

罗依（挽着玛拉边走边谈）　“几个月来，我一直盼着这一天，究竟盼到了。你怎么知道我回来！跟我妈谈过了吗？亲爱的别伤心，打起精神来，别这么脆弱。过去了，一切都过去了，我们永远在一起。”

玛拉　“罗依，你活着……”

罗依　“是的，活得挺好！”

玛拉（失声痛哭）

罗依　“亲爱的，小可怜！来，到那儿坐一会儿。”

（四十九）

克劳宁夫人卧室。玛拉奔入。

玛拉　“玛格丽特夫人！”

克劳宁夫人（惊望）　“怎么了，玛拉？”

玛拉　“我有话对您说。”

克劳宁夫人　“说吧，玛拉！”

玛拉　“我不能跟他结婚！”

克劳宁夫人（愕然，不明白发生了什么事，冷静了一下）　“坐下，亲爱的，把原因告诉我。”

玛拉（字字是泪）　“我得走，我根本不该来这儿。我早知道不可能重新开始的事情……是我自己骗自己。我一定得走，我再也不能见他了。”

克劳宁夫人　“亲爱的，告诉我，这究竟为了什么？我相信，我能帮助你！”

玛拉（极其痛苦地）　“唉，有谁能帮助我哪！　……”

克劳宁夫人（诚挚地）　“亲爱的，倒底是什么事有那么严重？是不是你有了别人？”

玛拉（痛切地摇头）　“玛格丽特夫人，您太纯洁了……”

克劳宁夫人（恍然大悟，声音颤抖地）：　“玛——拉——”

玛拉（快速地一声比一声高）　“是的！是的！！是的！！”

克劳宁夫人（痛苦地呼唤）　“玛——拉！！！”

玛拉（更急骤地一口气说出）　“是的，就是您现在想到的！您觉得这不会是真的。是——真——的！”（她放声痛哭）

克劳宁夫人　“玛拉！你为什么不早告诉他？”

玛拉“我没有这勇气。啊，我能举出许多理由，我又饿又穷……我以为罗依死了……可是……我可以使您了解我，但是却不能帮助我！”

克劳宁夫人（沉默，坐下）　“我不知道怎么说好，可这件事，我跟你一样有过错。因为我没有理解你，没有照料你……”

玛拉（打断对方的话）　“您，……别再对我好了，要是我……要是我明天一早就离开这儿……要是我再也不见罗依！……请答应我，您永远也不告诉他……，这傻孩子是会受不了的……”

克劳宁夫人　“玛拉，我们明天早起再说，让我们再考虑一下。”

玛拉　“您答应啦？”

克劳宁夫人（闭上眼睛微微点头，极低的声音）　“答应。”

玛拉　“谢谢您！您真是太好了！我多想成为您希望的……”

玛拉打开房门，走了出去。

（五十）

楼上走廊。玛拉从克劳宁夫人屋内走出，听见有人哼着歌曲她向楼下望去。

罗依正哼着歌曲，从楼下走上楼梯。玛拉急忙向自己屋里走去，罗依已上楼见到了她。

罗依（喊她）　“玛拉！”

玛拉在自己卧室门口站住。

罗依（笑着走过来）　“你这个夜游神，这么晚干吗还到处乱跑？到妈妈那儿去了？”

玛拉　“是的。”

罗依（兴致勃勃）　“她人不错吧？”

玛拉　“是的，很好！”

罗依（侃侃而谈）　“我知道。我睡不着，到花园里走走，对星星谈谈我的好运气！”

玛拉（强笑）　“它们高兴吗？”

罗依　“它们漠不关心，老是一闪一闪的，真是个风头主义者。”（他拿出“吉祥符”）“见过这个？”

玛拉（惨然一笑）　“我想见过。”

罗依　“给你。”

玛拉（躲闪）　“可我……？我给你了，是你的啦！”

罗依　“我看搁在你那儿比我这儿安全些，我刚才丢在花园里，我急疯啦！总算找着了，我看还是搁在你身边好。”（低声温情地）“玛拉，现在我俩就像一个人，不管谁收起来都一样。它给我的运气，现在又会给你啦！”

玛拉（微微一笑，孱弱的声音）　“我给你保存着，罗依。我要睡了，亲爱的！”

罗依（体贴地爱抚着）　“是的，你好像累了。辛苦了一天……，晚安，亲爱的！”

玛拉（强烈地抱吻罗依，当她的面孔出现在罗依的肩头时，是她的一双蒙着一层薄薄泪水、全然绝望了的眼睛。她声音微弱地）　“再会，亲爱的！”

罗依　“干吗说再会，一会儿就见面的。”（他是那么天真，单纯。）

玛拉（诀别前最后的话，好像是说玩笑话，但她心里滚动着像大海波涛般的哀伤）　“因为每次跟你分手，就像小小的永别！”

罗依　“我也有这种感觉！”

玛拉　“再会……”

罗依　“再会，多愁善感的人儿！”（吻）“明天整天都是我们的。”

玛拉　“是的。”

（五十一）

（特写）玛拉给罗依的信。

罗依在看信。

（玛拉的画外音）　“感谢你对我的爱，再会了，我亲爱的罗依”（化）

（五十二）

罗依急速从家门出来，跳上了车

一列火车鸣着长笛呼啸而过……

（五十八）

滑铁卢火车站候车室。罗依和凯蒂分头去寻找，没有结果。二人又相聚在一起，长时间的沉默。

罗依　“哪儿也没有。”

凯蒂　“没有，没有看见她。”（背过身去哭泣）“罗依，我害怕！”

罗依　“凯蒂！”

凯蒂　“我害怕，她到底会到哪儿去？……她实在混不下去，她太忠厚。她说过，你是她活下去的机会……”

罗依　“活下去的机会？……”

凯蒂　“她说过一切都过去了，她再不干这个……”

罗依（沉痛地）　“不要再说了，我懂啦！”

凯蒂（痛心地）　“她在哪儿？……”

罗依（绝望，但充满感情地）　“她不见了，她躲着我。我要永远找她，可我永远也找不到了……”

（五十九）

滑铁卢桥上。夜雾浓重。玛拉独自倚着桥栏杆，似乎向桥下望着什么……

一阵皮鞋声，一个打扮得妖艳的但面孔浮肿的女人走来，她看见玛拉。

女人（很熟悉地）　“是你啊，玛拉，你好！你不是嫁人了吗？”

玛拉（嗫嚅地）　“没有。”

女人　“那个凯蒂跟我说过的，说你跟了个体面的人。我说：‘哪有这好事？’”

玛拉　“是啊——”

女人　“别泄气，反正就是这么回事，到火车站去吗？唉，我到哪儿都没法儿……”（她耸耸肩叹息着走开。）

玛拉两眼滞呆呆地望着她的背影，望着望着……对她来说一切都绝望了，但她却表现出从来没有过的镇静。

桥上，一长队军用汽车亮着车灯，轰轰隆隆地向桥头驶来。

玛拉转过头去，望着驶来的军用卡车。

车队从远处驶近。

玛拉迎着车队走去。

车队在行驶，黄色车灯在浓雾中闪烁。

玛拉继续迎着车队走。

车队飞速行进。

玛拉迎面走去。

车队轰鸣，越来越近。

玛拉迎着车队走，越来越近。

玛拉宁静地向前移动，汽车灯光在她脸上照耀。

玛拉的脸，平静无表情的眼神。

巨大的煞车闸轮声，金属相磨的尖厉声。

车嘎然停止，人声惊呼。

人们从四面八方向有红十字标记的卡车拥去，顿时围成一个几层人重叠的圈子。（镜头推进）人群纷乱的脚。

地上，散乱的小手提包，一只象牙雕刻的“吉祥符”。（化）

一只手拿着“吉祥符”（《一路平安》音乐声起）。

二十年后的罗依，头发已斑白，面容衰老，穿着上校军服，凄切地站在滑铁卢桥心栏杆旁。他望着手里拿着的“吉祥符”，苍老的两眼闪现出哀怨、悲切和无限眷恋的心情。

（画外玛拉的声音）　“我爱过你，别人我谁也没有爱过，以后也不会。这是真话，罗依！我永远也不……”（强烈的苏格兰民歌《一路平安》将玛拉最后的声音淹没。）

歌声在夜雾的滑铁卢桥上空回荡……桥上，孤独地走着苍老的罗依。

罗依坐上汽车。

汽车驶去。

（全剧终）

[电影评价]

本片是美国好莱坞40年代较为优秀的艺术片，至今仍深受观众的喜爱。它不仅控诉了战争对爱情的破坏作用，同时还抨击了当时英国的正统观念；女主人公玛拉不仅受到战争的迫害而自杀，同时，她还是正统观念的牺牲品。玛拉为人诚实，性格纯真，她不愿欺骗对方，又不愿玷污未婚夫家族的荣誉，因此，她只有走上绝路。《魂断蓝桥》原名《滑铁卢桥》，男女主人公最初在这里相遇，女主人公沦为妓女后在这里卖笑，又在这里结束自己的生命，最后，老年时的男主人公又在这里忆起往事，可以说，这座大桥就是男女主人公发生悲剧的见证物。影片的编导通过电影的表演元素之一——“景”的安排——人与景的结合，情与景的交融，赋予景物以形象和意蕴，渲染并加强了这部影片主题思想的鲜明性与深刻性。本片的主题是反战，可是没有一处正面表现战争的场面，甚至影片中仅有的一次空袭，也是虚实结合。整部影片没有一句控诉战争的台词，但通过费雯•丽与泰勒的出色演技所塑造出的生动人物形象，以及他们人生命运的一步步发展，使观众在接受潜移默化的艺术感染的同时，也感到了战争的罪恶。

[思考与练习]

1. 写一篇《魂断蓝桥》影评。

2.《魂断蓝桥》被称为电影史上三大凄美不朽的爱情之一，其主旨为“拒绝战争，争取和平”，谈谈全剧是如何体现的。

[延伸品味]

《乱世佳人》《卡萨布兰卡》

红高粱（节选）

莫言

[作者简介]

莫言（1955年2月17日—），原名管谟业，山东高密县人，中国当代著名作家。香港公开大学荣誉文学博士，青岛科技大学客座教授。十九世纪八十年代中以乡土作品崛起，充满着“怀乡”以及“怨乡”的复杂情感，被归类为“寻根文学”作家。作品深受魔幻现实主义影响。莫言在小说中构造独特的主观感觉世界，天马行空的叙述，陌生化的处理，塑造神秘超验的对象世界，带有明显的“先锋”色彩。2011年8月，莫言凭长篇小说《蛙》获第八届茅盾文学奖。2012年10月11日，莫言因其“用魔幻现实主义将民间故事、历史和现代融为一体”获得诺贝尔文学奖。

一九三九年古历八月初九，我父亲这个土匪种十四岁多一点。他跟着后来名满天下的传奇英雄余占鳌司令的队伍去胶平公路伏击日本人的汽车队。奶奶披着夹袄，送他们到村头。余司令说：“立住吧。”奶奶就立住了。奶奶对我父亲说：“豆官，听你干爹的话。”父亲没吱声，他看着奶奶高大的身躯，嗅着奶奶的夹袄里散出的热烘烘的香味，突然感到凉气逼人，他打了一个战，肚子咕噜噜响一阵。余司令拍了一下父亲的头，说：“走，干儿。”

天地混沌，景物影影绰绰，队伍的杂沓脚步声已响出很远。父亲眼前挂着蓝白色的雾幔，挡住他的视线，只闻队伍脚步声，不见队伍形和影。父亲紧紧扯住余司令的衣角，双腿快速挪动。奶奶像岸愈离愈远，雾像海水愈近愈汹涌，父亲抓住余司令，就像抓住一条船舷。

父亲就这样奔向了耸立在故乡通红的高粱地里属于他的那块无字的青石墓碑。他的坟头上已经枯草瑟瑟，曾经有一个光屁股的男孩牵着一只雪白的山羊来到这里，山羊不紧不忙地啃着坟头上的草，男孩子站在墓碑上，怒气冲冲地撒上一泡尿，然后放声高唱：高粱红了——日本来了——同胞们准备好——开始开炮——

有人说这个放羊的男孩就是我，我不知道是不是我。我曾经对高密东北乡极端热爱，曾经对高密东北乡极端仇恨，长大后努力学习马克思主义，我终于悟到：高密东北乡无疑是地球上最美丽最丑陋、最超脱最世俗、最圣洁最龌龊、最英雄好汉最王八蛋、最能喝酒最能爱的地方。生存在这块土地上的我的父老乡亲们，喜食高粱，每年都大量种植。八月深秋，无边无际的高粱红成汪洋的血海。高粱高密辉煌，高粱凄婉可人，高粱爱情激荡。秋风苍凉，阳光很旺，瓦蓝的天上游荡着一朵朵丰满的白云，高粱上滑动着一朵朵丰满的白云的紫红色影子。一队队暗红色的人在高粱棵子里穿梭拉网，几十年如一日。他们杀人越货，精忠报国，他们演出过一幕幕英勇悲壮的舞剧，使我们这些活着的不肖子孙相形见绌，在进步的同时，我真切感到种的退化。

出村之后，队伍在一条狭窄的土路上行进，人的脚步声中夹杂着路边碎草的窸窣声响。雾奇浓，活泼多变。我父亲的脸上，无数密集的小水点凝成大颗粒的水珠，他的一撮头发，粘在头皮上，从路两边高粱地里飘来的幽淡的薄荷气息和成熟高粱苦涩微甘的气味，我父亲早已闻惯，不新不奇。在这次雾中行军里，我父亲闻到了那种新奇的、黄红相间的腥甜气息。那味道从薄荷和高粱的味道中隐隐约约地透过来，唤起父亲心灵深处一种非常遥远的回忆。

七天之后，八月十五日，中秋节。一轮明月冉冉升起，遍地高粱肃然默立，高粱穗子浸在月光里，像蘸过水银，汩汩生辉。我父亲在剪破的月影下，闻到了比现在强烈无数倍的腥甜气息。那时候，余司令牵着他的手在高粱地里行走，三百多个乡亲叠股枕臂、陈尸狼藉，流出的鲜血灌溉了一大片高粱，把高粱下的黑土浸泡成稀泥，使他们拔脚迟缓。腥甜的气味令人窒息，一群前来吃人肉的狗，坐在高粱地里，目光炯炯地盯着父亲和余司令。余司令掏出自来得手枪，甩手一响，两只狗眼灭了；又一甩手，灭了两只狗眼。群狗一哄而散，坐得远远的，呜呜地咆哮着，贪婪地望着死尸。腥甜味愈加强烈，余司令大喊一声："日本狗！狗娘养的日本！"他对着那群狗打完了所有的子弹，狗跑得无影无踪。余司令对我父亲说："走吧，儿子！"一老一小，便迎着月光，向高粱深处走去。那股弥漫田野的腥甜味浸透了我父亲的灵魂，在以后更加激烈更加残忍的岁月里，这股腥甜味一直伴随着他。

高粱的茎叶在雾中滋滋乱叫，雾中缓慢地流淌着在这块低洼平原上穿行的墨河水明亮的喧哗，一阵强一阵弱，一阵远一阵近。赶上队伍了，父亲的身前身后响着踢踢蹋蹋的脚步声和粗重的呼吸。不知谁的枪托撞到另一个谁的枪托上了。不知谁的脚踩破了一个死人的骷髅什么的。父亲前边那个人吭吭地咳嗽起来，这个人的咳嗽声非常熟悉。父亲听着他咳嗽就想起他那两扇一激动就充血的大耳朵。透明单薄布满细血管的大耳朵是王文义头上引人注目的器官。他个子很小，一颗大头缩在耸起的双肩中。父亲努力看去，目光刺破浓雾，看到了王文义那颗一边咳一边颠动的大头。父亲想起王文义在演练场上挨打时，那颗大头颠成那般可怜模样。那时他刚参加余司令的队伍，任副官在演练场上对他也对其他队员喊：向右转——，王文义欢欢喜喜地跺着脚，不知转到哪里去了。任副官在他腚上打了一鞭子，他嘴咧开叫一声：孩子他娘！脸上表情不知是哭还是笑。围在短墙外看光景的孩子们都哈哈大笑。

余司令飞去一脚，踢到王文义的屁股上。

“咳什么？”

“司令……”王文义忍着咳嗽说：“嗓子眼儿发痒……”

“痒也别咳！暴露了目标我要你的脑袋！”

“是，司令。”王文义答应着，又有一阵咳嗽冲口而出。

父亲觉出余司令前跨了一大步，只手捺住了王文义的后颈皮。王文义口里嗞嗞地响着，随即不咳了。

父亲觉得余司令的手从王文义的后颈皮上松开了，父亲还觉得王文义的脖子上留下两个熟葡萄一样的紫手印，王文义幽蓝色的惊惧不安的眼睛里，飞迸出几点感激与委屈。

很快，队伍钻进了高粱地。我父亲本能地感觉到队伍是向着东南方向开进的。适才走过的这段土路是由村庄直接通向墨水河边的唯一的道路。这条狭窄的土路在白天颜色青白，路原是由乌油油的黑土筑成，但久经践踏，黑色都沉淀到底层，路上叠印过多少牛羊的花瓣蹄印和骡马毛驴的半圆蹄印，马骡驴粪像干萎的苹果，牛粪像虫蛀过的薄饼，羊粪稀拉拉像震落的黑豆。父亲常走这条路，后来他在日本炭窑中苦熬岁月时，眼前常常闪过这条路。父亲不知道我的奶奶在这条土路上主演过多少风流悲喜剧，我知道。父亲也不知道在高粱阴影遮掩着的黑土上，曾经躺过奶奶洁白如玉的光滑肉体，我也知道。

拐进高粱地后，雾更显凝滞，质量加大，流动感少，在人的身体与人负载的物体碰撞高粱秸秆后，随着高粱嚓嚓啦啦的幽怨鸣声，一大滴一大滴的沉重水珠扑簌簌落下。水珠冰凉清爽，味道鲜美，我父亲仰脸时，一滴大水珠准确地打进他的嘴里。父亲看到舒缓的雾团里，晃动着高粱沉甸甸的头颅。高粱沾满了露水的柔韧叶片，锯着父亲的衣衫和面颊。高粱晃动激起的小风在父亲头顶上短促出击，墨水河的流水声愈来愈响。

父亲在墨水河里玩过水，他的水性好像是天生的，奶奶说他见了水比见了亲娘还急。父亲五岁时，就像小鸭子一样潜水，粉红的屁眼儿朝着天，双脚高举。父亲知道，墨水河底的淤泥乌黑发亮，柔软得像油脂一样。河边潮湿的滩涂上，丛生着灰绿色的芦苇和鹅绿色车前草，还有贴地爬生的野葛蔓，支支直立的接骨草。滩涂的淤泥上，印满螃蟹纤细的爪迹。秋风起，天气凉，一群群大雁往南飞，一会儿排成个“一”字，一会儿排成个“人”字，等等。高粱红了，成群结队的、马蹄大小的螃蟹都在夜间爬上河滩，到草丛中觅食。螃蟹喜食新鲜牛屎和腐烂的动物的尸体。父亲听着河声，想着从前的秋天夜晚，跟着我家的老伙计刘罗汉大爷去河边捉螃蟹的情景。夜色灰葡萄，金风串河道，宝蓝色的天空深邃无边，绿色的星辰格外明亮。北斗勺子星——北斗主死，南斗簸箕星——南斗司生，八角玻璃井——缺了一块砖，焦灼的牛郎要上吊，忧愁的织女要跳河……都在头上悬着。刘罗汉大爷在我家工作了几十年，负责着我家烧酒作坊的全面工作，父亲跟着罗汉大爷脚前脚后地跑，就像跟着自己的爷爷一样。

父亲被迷雾扰乱的心头亮起了一盏四块玻璃插成的罩子灯，洋油烟子从罩子灯上盖的铁皮、钻眼的铁皮上钻出来。灯光微弱，只能照亮五六米方圆的黑暗。河里的水流到灯影里，黄得像熟透的杏子一样可爱，但可爱一霎霎，就流过去了，黑暗中的河水倒映着一天星斗。父亲和罗汉大爷披着蓑衣，坐在罩子灯旁，听着河水的低沉呜咽——非常低沉的呜咽。河道两边无穷的高粱地不时响起寻偶狐狸的兴奋鸣叫。螃蟹趋光，正向灯影聚拢。父亲和罗汉大爷静坐着，恭听着天下的窃窃秘语，河底下淤泥的腥味，一股股泛上来。成群结队的螃蟹团团围上来，形成一个躁动不安的圆圈。父亲心里惶惶，跃跃欲起，被罗汉大爷按住了肩头。“别急！”大爷说，“心急喝不得热粘粥。”父亲强压住激动，不动。螃蟹爬到灯光里就停下来，首尾相衔，把地皮都盖住了。一片青色的蟹壳闪亮，一对对圆杆状的眼睛从凹陷的眼窝里打出来。隐在倾斜的脸面下的嘴里，吐出一串一串的五彩泡沫。螃蟹吐着彩沫向人类挑战，父亲身上披着大蓑衣长毛奓起。罗汉大爷说："抓！"父亲应声弹起，与罗汉大爷抢过去，每人抓住一面早就铺在地上的密眼罗网的两角，把一块螃蟹抬起来，露出了螃蟹下的河滩涂地。父亲和罗汉大爷把网角系起扔在一边，又同样迅速和熟练地抬起网片。每一网都是那么沉重，不知网住了几百几千只螃蟹。

父亲跟着队伍进了高粱地后，由于心随螃蟹横行斜走，脚与腿不择空隙，撞得高粱棵子东倒西歪。他的手始终紧扯着余司令的衣角，一半是自己行走，一半是余司令牵拉着前进，他竟觉得有些瞌睡上来，脖子僵硬，眼珠子生涩呆板。父亲想，只要跟着罗汉大爷去墨水河，就没有空手回来的道理。父亲吃螃蟹吃腻了，奶奶也吃腻了。食之无味，弃之可惜，罗汉大爷就用快刀把螃蟹斩成碎块，放到豆腐磨里研碎，加盐，装缸，制成蟹酱，成年累月地吃，吃不完就臭，臭了就喂罂粟。我听说奶奶会吸大烟但不上瘾，所以始终面如桃花，神清气爽。用螃蟹喂过的罂粟花朵肥硕壮大，粉、红、白三色交杂，香气扑鼻。故乡的黑土本来就是出奇的肥沃，所以物产丰饶，人种优良，民心高拔健迈，本是我故乡心态。墨水河盛产的白鳝鱼肥得像肉棍一样，从头至尾一根刺。它们呆头呆脑，见钩就吞。父亲想着的罗汉大爷去年就死了，死在胶平公路上。他的尸体被割得零零碎碎，扔得东一块西一块，躯干上的皮被剥了，肉跳，肉蹦，像只褪皮后的大青蛙。父亲一想起罗汉大爷的尸体，脊梁沟就发凉。父亲又想起大约七八年前的一个晚上，我奶奶喝醉了酒，在我家烧酒作坊的院子里，有一个高粱叶子垛，奶奶倚在草垛上，搂住罗汉大爷的肩，呢呢喃喃地说："大叔……你别走，不看僧面看佛面，不看鱼面看水面，不看我的面子也看豆官的面子上，留下吧，你要我……我也给你……你就像我的爹一样……"父亲记得罗汉大爷把奶奶推到一边，晃晃荡荡走进骡棚，给骡子拌料去了。我家养着两头大黑骡子，开着烧高粱酒的作坊，是村子里的首富。罗汉大爷没走，一直在我家担任业务领导，直到我家那两头大黑骡子被日本人拉到胶平公路修筑工地上去使役为止。

这时，从被父亲他们甩在身后的村子里，传来悠长的毛驴叫声。父亲精神一震，眼睛睁开，然而看到的，依然是半凝固半透明的雾气。高粱挺拔的秆子，排成密集的栅栏，模模糊糊地隐藏在气体的背后，穿过一排又一排，排排无尽头。走进高粱地多久了，父亲已经忘记，他的神思长久地滞留在远处那条喧响着的丰饶河流里，长久地滞留在往事的回忆里，竟不知这样匆匆忙忙拥拥挤挤地在如梦如海的高粱地里蹭进是为了什么。父亲迷失了方位。他在前年有一次迷途高粱地的经验，但最后还是走出来了，是河声给他指引了方向。现在，父亲又谛听着河的启示，很快明白，队伍是向正东偏南开进，对着河的方向开进。方向辨清，父亲也就明白，这是去打伏击，打日本人，要杀人，像杀狗一样。他知道队伍一直往东南走，很快就要走到那条南北贯通，把偌大个低洼平原分成两半，把胶县平度县两座县城连在一起的胶平公路。这条公路，是日本人和他们的走狗用皮鞭和刺刀催逼着老百姓修成的。

高粱的骚动因为人们的疲惫困乏而频繁激烈起来，积露连续落下，淋湿了每个人的头皮和脖颈。王文义咳嗽不断，虽连遭余司令辱骂也不改正。父亲感到公路就要到了，他的眼前昏昏黄黄地晃动着路的影子。不知不觉，连成一体的雾海中竟有些空洞出现，一穗一穗被露水打得精湿的高粱在雾洞里忧悒地注视着我父亲，父亲也虔诚地望着它们。父亲恍然大悟，明白了它们都是活生生的灵物。它们根扎黑土，受日精月华，得雨露滋润，上知天文下知地理。父亲从高粱的颜色上，猜到了太阳已经把被高粱遮挡着的地平线烧成一片可怜的艳红。

忽然发生变故，父亲先是听到耳边一声尖利呼啸，接着听到前边发出什么东西被迸裂的声响。

余司令大声吼叫："谁开枪？小舅子，谁开的枪？"

父亲听到子弹钻破浓雾，穿过高粱叶子高粱秆，一颗高粱头颅落地。一时间众人都屏气息声。那粒子弹一路尖叫着，不知落到哪里去了。芳香的硝烟迷散进雾。王文义惨叫一声："司令——我没有头啦——司令——我没有头啦——"

余司令一愣神，踢了王文义一脚，说："你娘个蛋！没有头还会说话！"

余司令撇下我父亲，到队伍前头去了。王文义还在哀嚎。父亲凑上前去，看清了王文义奇形怪状的脸。他的腮上，有一股深蓝色的东西在流动。父亲伸手摸去，触了一手粘腻发烫的液体。父亲闻到了跟墨水河淤泥差不多、但比墨水河淤泥要新鲜得多的腥气。它压倒了薄荷的幽香，压倒了高粱的甘苦，它唤醒了父亲那越来越迫近的记忆，一线穿珠般地把墨水河淤泥、把高粱下黑土、把永远死不了的过去和永远留不住的现在连系在一起，有时候，万物都会吐出人血的味道。

"大叔，"父亲说，"大叔，你挂彩了。"

"豆官，你是豆官吧，你看看大叔的头还在脖子上长着吗？"

"在，大叔，长得好好的，就是耳朵流血啦。"

王文义伸手摸耳朵，摸到一手血，一阵尖叫后，他就瘫了："司令，我挂彩啦！我挂彩啦，我挂彩啦。"

余司令从前边回来，蹲下，捏着王文义的脖子，压低嗓门说："别叫，再叫我就毙了你！"

王文义不敢叫了。

"伤着哪儿啦？"余司令问。

"耳朵……"王文义哭着说。

余司令从腰里抽出一块包袱皮样的白布，嚓一声撕成两半，递给王文义，说："先捂着，别出声，跟着走，到了路上再包扎。"

余司令又叫："豆官。"父亲应了，余司令就牵着他的手走。王文义哼哼唧唧地跟在后边。

适才那一枪，是扛着一盘耙在头前开路的大个子哑巴，不慎摔倒，背上的长枪走了火。哑巴是余司令的老朋友，一同在高粱地里吃过"扦饼"的草莽英雄，他的一只脚因在母腹中受过伤，走起来一颠一颠，但非常快。父亲有些怕他。

黎明前后这场大雾，终于在余司令的队伍跨上胶平公路时溃散下去。故乡八月，是多雾的季节，也许是地势低洼土壤潮湿所致吧。走上公路后，父亲顿时感到身体灵巧轻便，脚板利索有劲，他松开了抓住余司令衣角的手。王文义用白布捂着血耳朵，满脸哭相。余司令给他粗手粗脚包扎耳朵，连半个头也包住了。王文义痛得龇牙咧嘴。

余司令说："你好大的命！"

王文义说："我的血流光了，我不能去啦！"

余司令说："屁，蚊子咬了一口也不过这样，忘了你那三个儿子啦吧！"

王文义垂下头，嘟嘟哝哝说："没忘，没忘。"

他背着一支长筒子鸟枪，枪托儿血红色。装火药的扁铁盒斜吊在他的屁股上。

那些残存的雾都退到高粱地里去了。大路上铺着一层粗砂，没有牛马脚踪，更无人的脚印。相对着路两侧茂密的高粱，公路荒凉，荒唐，令人感到不祥。父亲早就知道余司令的队伍连聋带哑连瘸带拐不过四十人，但这些人住在村里时，搅得鸡飞狗跳，仿佛满村是兵。队伍摆在大路上，三十多人缩成一团，像一条冻僵了的蛇。枪支七长八短，土炮、鸟枪、老汉阳，方六方七兄弟俩抬着一门能把小秤砣打出去的大抬杆子。哑巴扛着一盘长方形的平整土地用的、周遭二十六根铁尖齿的耙。另有三个队员扛着一盘。父亲当时还不知道打伏击是怎么一回事，更不知道打伏击为什么还要扛上四盘铁齿耙。

为了为我的家族树碑立传，我曾经跑回高密东北乡，进行了大量的调查，调查的重点，就是这场我父亲参加过的、在墨水河边打死鬼子少将的著名战斗。我们村里一个九十二岁的老太太对我说："东北乡，人万千，阵势列在墨河边。余司令，阵前站，一举手炮声连环。东洋鬼子魂儿散，纷纷落在地平川。女中魁首戴凤莲，花容月貌巧机关，调来铁耙摆连环，挡住鬼子不能前……"老太婆头顶秃得像一个陶罐，面孔都朽了，干手上凸着一条条丝瓜瓤子一样的筋。她是三九年八月中秋节那场大屠杀的幸存者，那时她因脚上生疮跑不动，被丈夫塞进地瓜窖子里藏起来，天凑地巧活了下来。老太婆所唱快板中的戴凤莲，就是我奶奶的大号。听到这里，我兴奋异常。这说明，用铁耙挡住鬼子汽车退路的计谋竟是我奶奶这个女流想出来的。我奶奶也应该是抗日的先锋，民族的英雄。

提起我的奶奶，老太太话就多了。她的话破碎零乱，像一群随风遍地滚的树叶。她说起我奶奶的脚，是全村最小的脚。我们家的烧酒后劲好大。说到胶平公路时，她的话连贯起来："路修到咱这地盘时哪……高粱齐腰深了……鬼子把能干活的人都赶去了……打毛子工，都偷懒磨滑……你们家里那两头大黑骡子也给拉去了……鬼子在墨水河上架石桥……罗汉，你们家那个老长工……他和你奶奶不大清白咧，人家都这么说……呵呀呀，你奶奶年轻时花花事儿多着咧……你爹多能干，十五岁就杀人，杂种出好汉，十有九个都不善……罗汉去铲骡子腿……被捉住零刀子剐啦……鬼子糟害人呢，在锅里拉屎，盆里撒尿。那年，去挑水，挑上来一个什么呀，一个人头呀，扎着大辫子……"

刘罗汉大爷是我们家历史上的一个重要的人物。关于他与我奶奶之间是否有染，现已无法查清，诚然，从心里说，我不愿承认这是事实。

道理虽懂，但陶罐头老太太的话还是让我感到难堪。我想，既然罗汉大爷对待我父亲像对待亲孙子一样，那他就像我的曾祖父一样；假如这位曾祖父竟与我奶奶有过风流事，岂不是乱伦吗？这其实是胡想，因为我奶奶并不是罗汉大爷的儿媳而是他的东家，罗汉与我的家族只有经济上的联系而无血缘上的联系，他像一个忠实的老家人点缀着我家的历史而且确凿无疑地为我们家的历史增添了光彩。我奶奶是否爱过他，他是否上过我奶奶的炕，都与伦理无关。爱过又怎么样？我深信，我奶奶什么事都敢干，只要她愿意。她老人家不仅仅是抗日英雄，也是个性解放的先驱，妇女自立的典范。

我查阅过县志，县志载：民国二十七年，日军捉高密、平度、胶县民夫累计四十万人次，修筑胶平公路。毁稼禾无数。公路两侧村庄中骡马被劫掠一空。农民刘罗汉，乘夜潜入，用铁锹铲伤骡蹄马腿无数，被捉获。翌日，日军在拴马桩上将刘罗汉剥皮零割示众。刘面无惧色，骂不绝口，至死方休。

确实是这样，胶平公路修筑到我们这里时，遍野的高粱只长到齐人腰高。长七十里宽六十里的低洼平原上，除了点缀着几十个村庄，纵横着两条河流，曲折着几十条乡间土路外，绿浪般招展着的全是高粱。平原北边的白马山上，那块白色的马状巨石，在我们村头上看得清清楚楚。锄高粱的农民们抬头见白马，低头见黑土，汗滴禾下土，心中好痛苦！风传着日本人要在平原修路，村里人早就惶惶不安，焦急地等待着大祸降临。

日本人说来就来。

日本鬼子带着伪军到我们村里抓民夫拉骡马时，我父亲还在睡觉。他是被烧酒作坊那边的吵闹声惊醒的。奶奶拉着父亲的手，颠着两只笋尖般的小脚，跑到烧酒作坊院里去。当时，我家烧酒作坊院子里，摆着十几口大瓮，瓮里满装着优质白酒，酒香飘遍全村。两个穿黄衣的日本人端着上了刺刀的步枪在院子里站着。两个穿黑衣的中国人肩背着枪，正要解栓在楸树上的两头大黑骡子。罗汉大爷一次一次地扑向那个解缰绳的小个子伪军，但一次一次地都被那个大个子伪军用枪筒子戳退。初夏天气，罗汉大爷只穿一件单衫，袒露的胸膛上布满被枪口戳出的紫红圆圈。

罗汉大爷说："弟兄们，有话好说，有话好说。"

大个子伪军说："老畜生，滚到一边去。"

罗汉大爷说："这是东家的牲口，不能拉。"

伪军说："再吵嚷就毙了你个小舅子！"

日本兵端着枪，像泥神一样。

奶奶和我父亲一进院，罗汉大爷就说："他们要拉咱的骡子。"

奶奶说："先生，我们是良民。"

日本兵眯着眼睛对奶奶笑。

小个子伪军把骡子解开，用力牵扯，骡子倔强地高昂着头，死死不肯移步。大个子伪军上去用枪戳骡子屁股，骡子愤怒起蹄，明亮的蹄铁趵起泥土，溅了伪军一脸。

大个子伪军拉了一下枪栓，用枪指着罗汉大爷，大叫："老混蛋，你来牵，牵到工地上去。"

罗汉大爷蹲在地上，一气不吭。

一个日本兵端着枪，在罗汉大爷眼前晃着，鬼子说："呜哩哇啦哑啦哩呜！"罗汉大爷看着在眼前乱晃的贼亮的刺刀，一屁股坐在地上。鬼子兵把枪往前一送，锋快的刺刀下刃在罗汉大爷光溜溜的头皮上豁开一条白口子。

奶奶哆嗦成一团，说："大叔，你，给他们牵去吧。"

一个鬼子兵慢慢向奶奶面前靠。父亲看到这个鬼子兵是个年轻漂亮的小伙子，两只大眼睛漆黑发亮，笑的时候，嘴唇上翻，露出一只黄牙。奶奶跌跌撞撞地往罗汉大爷身后退。罗汉大爷头上的白口子里流出了血，满头挂色。两个日本兵笑着靠上来。奶奶在罗汉大爷的血头上按了两巴掌，随即往脸上两抹，又一把撕散头发，张大嘴巴，疯疯颠颠地跳起来。奶奶的模样三分像人七分像鬼。日本兵愕然止步。小个子伪军说："太君，这个女人，大大的疯了的有。"

鬼子兵咕噜着，对着我奶奶的头上开了一枪。奶奶坐在地上，呜呜地哭起来。

大个子伪军把罗汉大爷用枪逼起来。罗汉大爷从小个子伪军手里接过骡子缰绳。骡子昂着头，腿抖着，跟着罗汉大爷走出院子。街上乱纷纷跑着骡马牛羊。

奶奶没疯。鬼子和伪军刚一出院，奶奶就揭开一只瓮的木盖子，在平静如镜面的高粱烧酒里，看到一张骇人的血脸。父亲看到泪水在奶奶腮上流过，就变红了。奶奶用烧酒洗了脸，把一瓮酒都洗红了。

罗汉大爷跟骡子一起，被押上了工地。高粱地里，已开出一截路胎子。墨水河南边的公路已差不多修好，大车小车从新修好的路上挤过来，车上载着石头黄沙，都卸在河南岸。河上只有一座小木桥，日本人要在河上架一座大石桥。公路两侧，宽大的两片高粱都被踩平，地上像铺了层绿毡。河北的高粱地里，在刚用黑土弄出个模样的路两边，有几十匹骡马拉着碌碡，从海一样高粱地里，压出两大片平坦的空地，破坏着与工地紧密相连的青纱帐。骡马都有人牵着，在高粱地里来来回回地走。鲜嫩的高粱在铁蹄下断裂、倒伏，倒伏断裂的高粱又被带棱槽的碌碡和不带棱槽的石滚子反复镇压。各色的碌碡和滚子都变成了深绿色，高粱的汁液把它们湿透了。一股浓烈的青苗子味道笼罩着工地。

罗汉大爷被赶到河南往河北搬运石头。他极不情愿地把骡子缰绳交给了一个烂眼圈的老头子。小木桥摇摇晃晃，好像随时要塌。罗汉大爷过了桥，站在河南，一个工头模样的中国人，用手中持着的紫红色藤条，轻轻戳戳罗汉大爷的头，说："去，往河北搬石头。"罗汉大爷抹一把眼睛——头上流下的血把眉毛都浸湿了。他搬着一块不大不小的石头，从河南到河北。那个接骡的老头还未走，罗汉大爷对他说："你珍贵着使唤，这两头骡子，是俺东家的。"老头儿麻木地垂着头，牵着骡子，走进开辟信道的骡马大队。黑骡子光滑的屁股上反映阳光点点。头上还在流血，罗汉大爷蹲下，抓起一把黑土，按在伤口上。头顶上沉重的钝痛一直传导到十个脚趾，他觉得头裂成了两半。

工地的边缘上稀疏地站着持枪的鬼子和伪军。手持藤条的监工，像鬼魂一样在工地上转来转去，罗汉大爷在工地上走，民夫们看着他血泥模糊的头，吃惊得眼珠乱颤。罗汉大爷搬起一块桥石，刚走了几步，就听到背后响起一阵利飕的小风，随即有一道长长的灼痛落到他的背上。他扔下桥石，见那个监工正对着他笑。罗汉大爷说："长官，有话好说，你怎么举手就打人？"

监工微笑不语，举起藤条又横着抽了一下他的腰。罗汉大爷感到这一藤条几乎把自己打成两半，两股热辣辣的泪水从眼窝里凸出来。血冲头顶，那块血与土凝成的嘎痂，在头上崩崩乱跳，似乎要迸裂。

罗汉大爷喊："长官！"

长官又给了他一藤条。

罗汉大爷说："长官，打俺是为了啥？"

长官抖着手里的藤条，笑眯眯地说："让你长长眼色，狗娘养的。"

罗汉大爷气噎咽喉，泪眼模糊，从石堆里搬起一块大石头，踉踉跄跄地往小桥上走。他的脑袋膨胀，眼前白花花一片。石头尖硬的棱角刺着他的肚腹和肋骨，他都觉不出痛了。

监工拄着藤条原地不动，罗汉大爷搬着石头，胆战心惊地从他眼前走过。监工在罗汉大爷脖子上抽了一藤条。大爷一个前爬，抱着大石，跪倒在地上。石头砸破了他的双手，他的下巴在石头上碰得血肉模糊。大爷被打得六神无主，像孩子一样糊糊涂涂地哭起来。这时，一股紫红色的火苗，也在他空白的脑子里缓缓地亮起来。

他费力地从石头下抽出手，站起来，腰半弓着，像一只发威的老瘦猫。

一个约有四十岁出头的中年人，满脸堆着笑，走到监工面前，从口袋里摸出一包烟，捏出一支，敬到监工嘴边。监工张嘴叼了烟，又等着那人替他点燃。

中年人说："您老，犯不着跟这根糟木头生气。"

监工把烟雾从鼻孔里喷出来，一句话也不说。大爷看到他握藤条的焦黄手指在紧急地扭动。

中年人把那盒烟装进监工口袋里。监工好像全无觉察，哼了一声，用手掌压压口袋，转身走了。

"老哥，你是新来的吧？"中年人问。

罗汉大爷说是。

他问："你没送他点见面礼？"

罗汉大爷说："不讲理，狗！不讲理，他们硬抓我来的。"

中年人说："送他点钱，送他盒烟都行，不打勤的，不打懒的，单打不长眼的。"

中年人扬长进入民夫队伍。

[电影评价]

《红高粱》是最能反映莫言风格的一篇奇作。小说以一块块的感觉画面组合而成，形成一个以独特感觉为基础的“红高粱”世界。

“我给你们讲的是我们家乡那块高粱地发生的神奇事儿。”《红高粱》正是以一个具有神话意味的传说，犹如一声霹雳，惊醒了西方人对中国电影的蔑视与迷幻，歌颂了人性与蓬勃旺盛的生命力，张扬了人性的自由。它的艺术神韵在本部影片中无处不在却又藏而不露。在该部影片中，不论是它那雄浑悲壮的声音，还是它那耐人寻味的细节，都增加了其较高的美学价值，都是值得人们为之惊叹。

[思考与练习]

1．“红高粱”的世界作为独特的风景是怎样烘托剧情的？

2．导演运用了哪些表现手段来体现这部影片的审美价值？

[延伸品味]

《大红灯笼高高挂》《非诚勿扰》

大秦帝国（节选）

[作者简介]

孙皓晖（1949 年—），曾任西北大学法律系教授，获国务院首批特殊津贴的专家，2013 年第八届中国作家富豪榜上榜作家。1993 年秋天，孙皓晖动笔写《大秦帝国》。2008 年 4 月，历时 16 年创作的《大秦帝国》全套在河南文艺出版社出版，共 6 部 11 卷，504 万字。这是目前唯一一部全面、正面表现秦帝国时代的长篇历史小说，在 2009 年 3 月中国小说学会评选的“2008 年度中国小说排行榜”中居长篇小说组第二名。《大秦帝国》电视连续剧（第一部、第二部）已播出。2013 年 12 月 5 日，第八届中国作家富豪榜重磅发布，孙皓晖借着《大秦帝国》电视剧上映的“东风”，以 455 万元荣登作家富豪榜第 20 位，引发广泛关注。

第一部　黑色裂变

第六章　栎阳潮生　第二节　卫鞅两面君　招贤馆大起波澜

秦孝公黎明即起，练剑片刻，便埋首书房开始读书。

三个月以来，他对求贤令颁刻后的功效产生了很大怀疑。原想东方列国士子们只要进入秦国，一定会被他的诚意感动，会和他同心同德地治秦强秦。他不曾想到，注目于功业的士人竟也会有如此多的世俗要求，怕苦怕穷怕累。从心里讲，作为一个国君，他何尝不想和齐威王一样搞个学宫将这些士子们养起来，需要他们的时候请他们谋划，不需要的时候便让他们自由自在地切磋学问，以彰国家文华。可是秦国太穷，哪里有财力做这些锦上添花的事儿？在一个穷弱的战国，该做的能做的他都做了，甚至不能做的他也勉力做了，诚心诚意，披肝沥胆。

可是他看到的回应却是淡漠的。他从士子们的举止眼光中读到了轻蔑，读到了嘲笑，读到了他们自感降尊纡贵的虚荣和自大。这正是他最不能容忍的。他可以坦然接受任何人对秦国的指责评点甚或是恶意咒骂，但绝然不能接受对秦国的蔑视和嘲笑。六国卑秦，不屑与之会盟，他视为莫大国耻，书刻血碑以示永志不忘。他想不到的是，连求官做事的士子们竟然也对秦国显出一种满不在乎的轻蔑与嘲笑。当他确定无疑地感受到这一点时，他的心又一次被深深刺伤。为何如此？为何这些将依靠秦国建功立业，要靠秦国给予官职爵位的士人也敢蔑视秦国，蔑视秦国君主？冥思苦想中他恍然大悟，这些士子们将他们自己看作了拯救秦国的恩人，他们将给秦国带来富强，是以有理由蔑视呈现在他们面前的穷困愚昧。果然如此，也就罢了，嬴渠梁的胸怀够宽阔，对大才贤士的狂傲不羁完全可一笑了之。然则随着士子们的访秦作为，他又一次感到了失望。这些人只在县府打转儿，能找到强秦国策？是大才造世的作为么？聊以自慰的，还有一个王轼差强人意，招贤一事不至于难以收拾。名士难求，高人难遇，看来扭转乾坤的磐磐大才真是可遇不可求。说到底，秦国强大还得靠自己。

嬴渠梁决意自己谋划强秦之道，他相信自己的学力不算很差，刻苦修习，纵然不是大才，也是中才，绝然不会让秦国在自己手里继续衰落。一个月前，他将书房扩大了三倍，开始让长史公孙贾给他搜集简册典籍，将宫室所能找到的一切务实书籍全部搬到了自己的新书房。从此，他每天夜读两个时辰，早起一个时辰，练剑之后准点读书到卯时，再处理国务。卯时之前，他不见任何人。天天如此，今日亦如此。

黑伯在书房门口轻声禀报："君上，内史景监求见。"

"让他卯时后再来。"

"内史说，有紧急事体。"

秦孝公无奈地丢开简册，"请内史进来吧。"

景监走进书房，只看见沉沉简册高高低低环绕成巨大的书山，却不见国君身影，惊讶得不知说什么好。他有一个多月没有到国君书房了，不想变化竟如此之大？他不禁高声道："君上，景监参见。"

秦孝公从书山中绕出来，手中还拿着一卷竹简，"景监呵，如此高兴？"

"君上，好事，大好事。"

"究竟何事？孩童一般。"秦孝公颇为不悦。

"君上，兹事体大，容臣徐徐道来。"景监虽笑，脸上却冒出了细汗。

"徐徐道来？"孝公不禁一笑，"你也成老儒了？好，就徐徐道来吧，坐。"

景监长嘘一声，从出使魏国遇卫鞅讲起，讲到卫鞅入秦，讲到招贤馆卫鞅暗察国君，讲到卫鞅访秦的艰苦认真和细致，对卫鞅的才能大加褒扬。

秦孝公很平静地听完景监叙说，淡淡笑道："内史是说，卫鞅是个大才？"

"是。君上，卫鞅入秦，求贤令终有正果。"

秦孝公笑道："莫给求贤令找正果，自古求贤不遇者多矣。内史究竟何意？"

"臣请君上，许卫鞅面陈长策。"

秦孝公点头道："当然。士子如此苦访，可见一片赤诚，有无长策，皆须敬之。就明日吧，政事堂大礼待之。"

景监激动地颤声道："臣，谢过君上！"

"又非待你大礼，谢从何来？"秦孝公一笑，又一叹，"景监呵，求贤之道，长矣远矣。人有精诚，上天不负。纵无大才，秦国也不会灭亡的。"

景监从国府出来，立即赶赴招贤馆，派出一名书吏给渭风客栈的卫鞅送去一信，叮嘱他务须精心准备一举成功。然后又找到王轼等十余名士子，请他们做好面见君上的准备。最后又安排了其余士子们撰写治秦对策的竹简、笔墨、刻刀等一应琐务，方才回家呼呼大睡，安心给明日准备精神。

次日清晨卯时三刻，栎阳城门刚刚染上秋日的金色，四名甲士便护卫着一辆牛拉轺车，哐啷哐啷地驶到了渭风客栈门前。景监从车前跳下，肃立门前高声报号，“内史景监，迎接卫鞅先生入宫——！”话音落点，一名随行书吏捧着刻有景监官位名号的木牌恭敬进入客栈。片刻之后，卫鞅在侯嬴陪同下出门，互道礼节，景监便请卫鞅上车，自己亲自驾车，向国府哐啷哐啷驶来。

短短的路程，景监没有问话，卫鞅也没有说话。

国府门前，已经升任国府卫尉的车英全副戎装，肃立迎候。见牛车到来，高声宣示道：“奉国君令，贤士轺车直入国府——！”长剑一举，两列甲士哗然闪开，景监驾着牛车哐啷哐啷驶进了国府庭院，直到政事堂院中停下。

秦孝公和甘龙、嬴虔、公孙贾、杜挚几名重臣，已经在政事堂前等候。见牛车驶到，秦孝公大步上前，亲自来扶卫鞅下车。卫鞅拱手道：“多劳君上。”也没有推辞，便搭着孝公的胳膊下了车。旁边的甘龙深深皱起了眉头。

卫鞅下车，向秦孝公拱手见礼，“在下卫鞅，参见君上。”

秦孝公扶住笑道：“先生辛苦了。请——”便扶着卫鞅走上六级台阶，走进政事堂大厅，一直扶卫鞅到君主旁边最尊贵的位置坐下。一行大臣随后坐定，内侍上茶后退出，大厅一片肃然。

秦孝公肃然拱手道：“先生入秦，苦访三月，踏遍秦国荒僻山川，堪为贤士楷模。今日朝会，特请先生一抒治秦长策。”说着便站起身来，转向卫鞅深深一躬，“请先生教我。”卫鞅座中坦然拱手道：“不敢言教，但抒己见耳。”秦孝公坐回旁边长案前，又恭敬拱手道：“先生请不吝赐教。”

卫鞅环视四坐，终于将目光注视着秦孝公，不慌不忙开讲：“天下万物，凡有所事，必有所学。治国之道，为诸学之首，源远流长，博大精深。自黄帝以降，历经三皇五帝而夏商周，治国之道虽有变化，然终以王道治国为主流。周室东迁以来，礼崩乐坏，天下纷扰，高岸为谷，深谷为陵，诸侯僭越，瓦釜雷鸣，王室衰落，列国崛起。惟其如此，治国之学亦成众家争胜之势，终于莫衷一是。然细细查究，终无超越王道治国之境界者。”

听到这一通辞藻华丽而不着边际的开场白，景监迷糊起来，不明白卫鞅要如何了结这场隆重的殿对？难道他胸中所学就是这些老生常谈？卫鞅啊卫鞅，我如何老是摸不透你？机会给你了，你没真才实学，怨得谁哟？景监再抬头看看场中，甘龙与公孙贾、杜挚频频点头，面露笑容。而嬴虔、子岸与后来的卫尉车英三个将领，似乎直打瞌睡。惟有国君秦孝公平静如常面无表情，只有景监知道，这是国君对最讨厌最无奈的人和事才有的一种冷漠和蔑视。

“敢问先生，何谓王道治国啊？”秦孝公淡淡地问道。

“所谓王道者，乃德政化民，德服四邦，德昭海内，德息兵祸，以无形大德服人心，而使天下安宁之道也。何谓德？德者，政之魂魄也。对庶民如同亲生骨肉，对邻邦如同兄弟手足，对罪犯如同亲朋友人。如此则四海宾服，天下化一也。”卫鞅语言松缓，面色庄重，俨然一副讲述高深玄妙之大道的神色。

秦孝公闭目养神，似睡非睡。三个将军却是实在在地睡着了，粗莽的子岸竟撤起了沉重的鼾声。秦孝公竟然如同没听见一般。惟有甘龙颇感兴趣，插进来问道：“先生以为，秦国当如何行王道之治？”

卫鞅从容道：“王道以德为本。秦国行王道，当如鲁国，行仁政，息兵戈，力行井田，赦免罪犯。”

秦孝公霍然睁开眼睛，打断话头道：“先生，今日到此为止吧。后有闲暇，再听先生高论。

内史，送先生。”说完，径自撇下一堂大臣扬长而去。甘龙想唤回国君，却欲言又止，向卫鞅拱手做礼，便匆匆而去。三位将军也伸着懒腰，打着哈欠揉揉眼睛径自走了。公孙贾和杜挚也跟着甘龙走了。空荡荡的政事堂，只剩下肃然沉思的卫鞅。

景监尴尬得无地自容，再也无心和卫鞅说话，苦笑着拱手道：“先生，请吧。”

牛车哐啷哐啷地又驶出了国府。到得渭风客栈门前，卫鞅刚一下车，景监便对牛脊梁狠抽一鞭，“加！”的一声，哐啷啷走了。

卫鞅看着景监的背影，摇头微笑着走进渭风客栈。

回到家，景监丧气得直想打自己耳光。这叫什么事儿？如何能弄成这样？要知道他学的就是这些鸟玩意儿，费那么大劲儿吃撑了？算了算了，不想了，明日还有正事哩，吃完饭睡觉！景监高声道：“小令狐，饭来，快点！”“来了来了。”小令狐捧着木盘顽皮笑道：“哟，一阴一晴的，又咋了？”

“小孩子家少问。只对你说，今后那个人再来，就说我不在。”

“哪个人呀？”

“昨晚那个人！知道么？就是他！吃饭。”

小令狐捂着嘴巴不敢笑，嘟囔道：“那人很好么，你们称兄道弟的。”

“好甚？草包！饭袋！猪头！砖头！”景监气得连连乱骂。

从来没见过景监如此孩童般失态，小令狐咯咯大笑得喷出饭来。

景监脸一板，却禁不住也“噗”地一笑，“气死我也。”

“嗒，嗒，嗒”，响起熟悉的敲门声。

小令狐做个鬼脸，“开不？一定是那块砖头。”

“懂个甚？我还要问他呢，开去。”

“说人家是块砖头，还问个啥？”小令狐嘟囔着走了出去。

“吱呀”一声门响，卫鞅笑道：“小妹呀，内史骂我了么？”

小令狐向卫鞅做个鬼脸，指指正房悄声道：“正骂呢，小心。”

卫鞅笑着走进正房，坐在景监对面：“景兄，我特来领骂。”

景监丢下碗筷，“啪！”的一拍木几，颤声道：“卫鞅啊卫鞅，国君念你辛苦，我景监慕你才华，谁想你竟是个草包，饭袋，猪头，砖头！说出忒般没力气的话来？分明是亡国之道，还说甚治秦长策？那鲁国气息奄奄，是秦国学的么？你呀你，我看也就只能下两盘棋。说到正事，哼，砖头一块，一块砖头！”

卫鞅不禁哈哈大笑，前仰后合，逗得小令狐也咯咯笑得上气不接下气。

“笑甚？难道你很高明么？”

大笑一阵，卫鞅回过神来认真问，“内史大人，你说我卫鞅千里迢迢，就是为了给秦国讲这亡国之道来了？”

景监一怔，“既然不是，为何忒般没力气？”

“记得访秦之前，你答应我的请求么？”

景监默然点头，眼睛盯住卫鞅。

卫鞅坦然相对，“景兄，请为我再次约见秦公，我知道该说什么。”

景监叹息一声：“好吧，君子一诺，就再信你一次。”

正在此时，门外一阵急骤的马蹄声传来，接着便是“啪啪啪”的拍门声。小令狐急急开门，一个书吏冲进门来高声道：“内史大人，招贤馆士子们闹起来了！”

“所为何事？”景监急问。

“尚不清楚，只是有三五十人吵着要走。”

景监道：“鞅兄，我去了，回头再说。”

卫鞅笑道：“你去忙吧，我也走了。”便和景监一起出门回了客栈。

招贤馆里一片混乱。士子们将掌事围在中间，吵吵嚷嚷要见国君，否则今夜就离开秦国。掌事连连向士子们做拱，高声道：“诸位先生，不要急，不要急，已经派吏员去请内史大人了。”一个士子高声怒斥：“内史徇私，找他何用？要见国君！”“对，要见国君！”士子们嚷成一片。景监赶到时，满庭院正乱得不可收拾。景监站上一块石头高声道：“诸位先生，我是内史景监。有何不平，请对我说。”

一个红衣士子高声道：“请问内史，一个腐儒能见君面陈，我等何被冷落？”

“内史徇私，举贤无公心，我等要面见君上！”

“王道之说，竟也大礼相待，这是何人荐举？”

“国君不听此等亡国之道，只有内史徇私舞弊，举莠弃良！”

“请问内史，卫鞅用多少金钱买通了大人？”

“我等实言相告，今夜不见君上，即刻就走！”

“对，求贤令说得好，实则是虚情假意，蒙骗天下！”

景监已经明白，这完全是因为卫鞅今日的失败激起的事端。这些士子们原本就是个个自命不凡，访秦回来后更是踌躇满志的熬夜撰写，等待一朝面君陈策。后来听说，有个不住在招贤馆的魏国士子竟然捷足先登，被轺车接进了国府。士子们就议论纷纷，说秦国只瞅着魏国士子，瞧不起别国贤士。一时间，“魏国士子有何了得？”的愤然议论弥漫了招贤馆。然则景监已经分头排定了国君对策的次序，也已经分别向士子们说明。所以不满归不满，倒也没出乱子。谁知午后有消息传出，说那个魏国士子是个腐儒朽木，金玉其外，败絮其中，讲了一通不着边际的大话，国君愤然拂袖而去。这一下却犹如火上浇油，士子们不约而同的将举荐腐儒的罪责看在了景监身上，越想越不满，便聚相计议，以离开秦国相要挟，提出当夜面见君上。

景监心下明白，向场中拱手高声道：“诸位先生，景监是否徇私枉贤？可以存疑。卫鞅是否有才？可以后观。诸位请见君上，景监即刻进宫禀明。君上勤政敬贤，定然不会怠慢诸位先生。请诸位立即准备对策。”

士子们想不到这个很有实权的内史竟如此爽快，一时间倒是全场沉默。依许多士子的想法揣测，这个实权内史一定被卫鞅收买了；此等佞臣，不给他金钱，休想过他的关口，和山东六国一样！今日向他提出面见国君，他定然拒绝，然后便闹到国府，扳倒这个黑心内史！但却没有想到他竟然一口答应去请国君，却也奇了。有些没有对策或有他情者，竟是忐忑不安起来，原本准备借故离开已经将包袱提在手里的人，也顿时尴尬起来。

景监走下大石，对掌事吩咐，“好生侍奉先生们，今夜对策之前，哪位先生也不能走。收拾庭院，准备迎候国君。”说完，上马出了招贤馆。

一刻之后，秦孝公便走马而来。他正在书房用功，接到景监急报也感意外，稍加思忖，感到这倒未尝不是一个好机会，便向黑伯吩咐了几件事，和景监一起从容来到招贤馆。

招贤馆庭院中已经布置好露天坐席。秋月当空，再加上几十盏硕大的风灯，偌大庭院倒也是明亮异常。士子们已经在各自坐席上就位，一片肃然安静中透出几分紧张。景监吩咐在前方中央国君长案的两侧再加了六张木案。刚刚加好，甘龙、嬴虔、公孙贾、杜挚、子岸、车英六位大臣便相继来到入座。场面如此隆重，显然大出士子们意料，肃然静场中有人紧张得不断轻轻咳嗽。这时，景监看见卫鞅也来了，坐在最后的灯影里。

秦孝公庄重开口道："诸位贤士访秦辛苦，嬴渠梁先行谢过。秦国求贤，未分良莠前，一体待之。今夜以卫鞅陈策之同等大礼，倾听诸位先生的治秦国策，请诸位先生不吝赐教。上有青天明月，下有国士民心，嬴渠梁是否屈才枉贤？神人共鉴。"

景监向场中拱手道："敢请诸位贤士，先行报出策论名目，以为应对次序。"

士子们相互观察，眼神探询，窃窃私语，竟是无人先报。

终于一人站起，布衣长衫，黑面长须，高声道："我乃陈国士子王轼，访秦十县，深感秦国吏治弊端，呈上我的《治秦吏制策》。"书吏接过，恭敬地摆在秦孝公案前。孝公肃然拱手道："多谢先生，嬴渠梁当择日聆听高论。"

一阵骚动，有人站起高声道："访秦有得，呈上我之《秦县记》。"

"吾推崇墨家，呈上《兼爱治秦》。"

"呈上《无为治秦》。"

"呈上《百里奚王道治秦》。"

"呈上《中兴井田论》。"

"呈上《地力之教未尽论》。"

"我是《更张刑治论》。"

一卷又一卷地报出呈上，秦孝公的案前已经堆起了高高一摞。大约在五十多卷时，秦孝公感觉还没有听到一个振聋发聩的题目，场中却突然静了下来。

景监笑问："如何？其余先生？"

经常忿忿然的红衣士子霍然站起，手扶长剑，高声道："我是稷下士子田常，不知秦公对非秦策论可否容得？"自报稷下学宫的赫赫名号与"田"字显贵姓氏，又兼腰系长剑神态倨傲，非但使甘龙等几位大臣一脸不悦，就是场中士子，也是侧目而视。秦孝公却是精神一振，微笑答："良药苦口，良臣言悖。如何不容非秦之言？"

"好！这是我田常的《恶政十陈》，秦公愿听否？"

名目一报，场中一片哗然，甘龙等早已经是面色阴沉。面对秦国君臣和天下士子，公然指斥秦国为"恶政"，等闲之人岂能容得？

秦孝公却拱手笑道："请先生徐徐道来，嬴渠梁洗耳恭听。"

红衣士子田常展开长卷，亢声道："秦之恶政有十：其一，穷兵黩武；其二，姑息戎狄；其三，君道乖张；其四，吏治暗昧；其五，贬斥私学；其六，田制混乱；其七，不崇孝道；其八，蹂躏民生；其九，崇武贬文；其十，不开风化。大要如此，请秦公思之。"

这《恶政十陈》，几乎将秦国的政情治情悉数罗列，刻薄如君道乖张、蹂躏民生、不崇孝道、不开风化，使座中大臣无不愤然作色。嬴虔、子岸、车英三人同时紧紧握住了剑柄。田常却是坦然微笑，站立场中，似乎在等候着秦国君臣的雷霆怒火。坐在最后灯影里的卫鞅禁不住手心出汗，担心秦孝公按捺不住。他看透此人苦心，定是要在秦国以"不畏暴政"的惊人行动成名于天下。若秦公发作，田常肯定更加激烈，这是"死士"一派的传统，他们不会屈服于任何刀丛剑树。

这时再看秦孝公，却是肃然站起，向田常深深一躬，"先生所言，嬴渠梁虽感痛心疾首，然则实情大体不差，嬴渠梁当谨记先生教诲，刷新秦国，矢志不逾。"

又是大出意料，士子们不禁拍掌高喊："好——！""秦公雅量！"

十几个士子纷纷站起，呈上手中卷册，高报："我的《穷秦录》。"

“我的《苛政猛于虎》。”

“我之《入秦三论——兵穷野》。”

“我也有对，《栎阳死论》。”

纷纷嚷嚷，竟然全是抨击秦国的简册，一卷一卷，堆满了一张长案。秦孝公肃然立于攻秦简册前，一卷卷飞快浏览，竟是悚然动容。他回身对田常等人拱手道：“公等骨鲠之士，请留秦国，以正朝野视听。”

田常哈哈大笑，“秦公欲以我等为官乎？我等痛斥秦国，秦公不记狂狷荒唐已知足矣，岂能留秦自讨无趣？”非秦士子们纷纷应和，“多谢秦公！”“我等当离开秦国也。”“秦公胸襟似海，容当后报！”

秦孝公站上长案，向士子们拱手一周，慨然高声道：“公等对秦国百年以来之诸种弊端，皆做通彻评点，切中时弊。嬴渠梁以为，非秦者可敬，卑秦者可恶。诸位既敢公然非秦，亦当有胆略治秦，精诚之心，何自觉无趣？请诸公留秦，十日内确认职守。公等以为如何？”又是深深一躬。

抨击秦政的士子们低下了头，难堪的沉默。突然，田常面色胀红，呛啷拔出长剑走到秦孝公面前！座中子岸一声怒吼，“大胆！”长剑一挥，远处几名甲士跑步上来围住了田常。秦孝公勃然变色，大喝一声，“下去！”转对田常拱手道：“先生鉴谅，有话请讲。”田常向秦孝公深深一躬，激昂高声道：“田常身为稷下名士，非但做《恶政十陈》，且鼓动同人离开秦国。然则秦公非但不以为忤，反以国士待我。人云，君以国士待我，我当以国士报之。田常当以热血，昭秦公之明！”话音方落，长剑倒转，洞穿腹中，一股热血直喷三丈之外！

“先生——！”秦孝公大惊，扑到田常身上。

田常拉住秦孝公的手笑道：“以公之胸襟，图霸小矣，当，王天下。”说完，颓然后仰，撒手而去。

变起仓促，所有的士子们都感到震惊，围在田常的尸体周围默然垂首。

秦孝公抱起田常遗体，安放到自己的长案上，眼中含泪，对景监肃然道：“先生国士，以上大夫之礼葬之。”

满场士子们庄重一躬，“谢过秦公高义！”

秦孝公向士子们拱手做礼，坦诚真挚而又不胜惋惜，“田常先生去了，诸位勿以先生之慷慨激烈有所难为。愿留则留，愿去则去。留则同舟共济，去则好自为之。秦国穷困，没有高车驷马送别诸君，远道者赠匹马，近道者牛车相送，每位先生赠送百金，以为杯水车薪之助。”

一个中年士子感动哽咽，“我等离秦还乡，皆因与秦地风习水土不合，其中亦有不堪艰难困苦者。是以我等没有对策可呈，然绝无他意，尚请秦公详察。”

秦孝公不禁大笑，“周游列国，士子风尚，入秦去秦，寻常得紧。十年后请诸位重游秦国，若秦国贫弱如故，嬴渠梁当负荆请罪于天下。”

“好——！”一片激昂，喊声掌声响彻招贤馆。

当南门箭楼上响起五更刁斗时，招贤馆方才恢复了平静。

第二天早晨，景监送走了三十多名东方士子，又将留下的士子们的各种事务安排妥贴，才来到国府晋见秦孝公。时当正午，秦孝公正在书房外间用饭，立即吩咐黑伯给景监送来一份午饭——一鼎萝卜炖黄豆，一盘黑面烤饼。看看国君面前也是同样，景监不禁眼眶湿润起来。孝公笑道：“有何可看的？咥吧。”一句秦人土语，景监笑了起来，埋头便吃，泪水却滴到了热气蒸腾的鼎中。匆匆用完，黑伯收拾擦拭了书案，默默去了。孝公笑道：“秋阳正好，院中走走吧。”景监便随孝公来到庭院，正是秋高气爽的时节，院中落叶沙沙，阳光暖和得令人心醉。漫步徜徉，景监竟是不说话。孝公笑道：“景监啊，你匆匆而来，就是要跟我晒太阳么？”景监嗫嚅道：“君上，招贤馆士子们，如何安置？”孝公大笑，“如何安置？昨夜不是说了？至于何人何职，还得计议一番嘛。内史着急了？”景监忙道：“不急不急。”孝公道：“不急？那你来何事啊？”景监脸色胀红，却是说不出话来。秦孝公看着景监窘迫，不禁哈哈大笑，“说吧，不怪你就是。”景监吭吭哧哧道：“上次，卫鞅之事，臣，委实不安。”

“有何不安哪？”秦孝公淡漠问道。

“卫鞅对策，实在迂腐。”

“迂腐的又不是你，不安何来？”

“只是，臣斥责卫鞅，说他给国君讲述亡国之道。他回了一句，臣感意外。”

“他如何回的？”

“他说，我卫鞅千里迢迢，难道就是对秦公讲述亡国之道来了？”

秦孝公闻言，却是默然良久，笑问：“内史还想如何？”

“臣斗胆，请君上再，再次听卫鞅一对。”

“既然内史不死心，就再见一次吧。我看，明日正午吧，就这院中。”

景监深深一躬：“谢君上。”心中顿感宽慰，舒心地笑道：“君上，臣告辞。”孝公叮嘱道：“见卫鞅的事不要太操心。田常的葬礼一定要办好。”景监道：“臣明白。”便兴冲冲走了。到得招贤馆，景监先仔细安排了田常葬礼的细节琐务，确定了下葬日期，然后便向渭风客栈匆匆而来。

卫鞅在招贤馆目睹了田常剖腹自杀，感慨万端，回到客栈竟是无法入睡。

他知道，招贤馆波澜皆由他的“失败”对策引起，如果他第一次就显出法家本色，肯定局势要好得多，但却试探不出秦公的本心本色，自己往前走就会不塌实。第一次虽然“失败”，但却切实感觉到了秦孝公绝然不会接受王道的明确坚定。更重要的是，由此引起的波澜使秦孝公在招贤馆淋漓尽致地表现出发奋强秦的心志，直是始料未及。这种用语言所无法试探的内心沟壑，在强烈的冲突面前竟是尽显本色，无法压抑，也无法掩饰。使卫鞅激动的，不仅仅是看到了秦孝公忍辱负重决意强国的意志，而且看到了秦孝公在骤然事变面前稳如山岳强毅果断的闪光。既然如此，要不要继续试探？卫鞅凝思默想半日，心中终于明晰起来。

这时，景监匆匆而来，高兴地向卫鞅讲了国君的应诺。卫鞅也很高兴，请景监和侯嬴一起饮酒。景监和侯嬴也是一见如故，三人直饮到二更时分方散。临走时，景监反复叮嘱卫鞅，一定要拿出真正的治国长策，否则他无法再面见国君。卫鞅带着几分酒意，慷慨应道：“内史勿忧，卫鞅自有分寸。”景监也就放心去了。

第二天正午，卫鞅早点儿吃完饭，特意先到招贤馆等候景监用完饭，俩人一起向国府而来。进得政事堂，恰恰秦孝公也是用餐方罢，正在庭院中漫步，见二人到来，便笑道：“嬴渠梁正在恭候先生，这厢请。”来到政事堂后面的空阔庭院，只见树下已经铺好了一张大草席，案几齐备，黑伯正在摆设茶具。显然，秦孝公要在这露天庭院听卫鞅第二次对策。秋日和煦，黄叶沙沙，又逢午后最少来人的时刻，院中一片寂静清幽，正是静心交谈的大好时光。

秦孝公拱手笑道：“前次朝堂人多纷扰，先生未尽其兴。今日嬴渠梁屏弃杂务，恭听先生高论，不知先生何以教我？”

卫鞅从容不迫，“君上既然不喜王道，卫鞅以为可在秦国推行礼制。以礼治国，乃鲁国大儒孔丘创立的兴邦大道，以礼制为体，以仁政为用，仁政理民，礼制化俗，使国家里外同心，达大同之最高境界。如此，则国力自然凝聚为一。”

…………

秦孝公却不像头次那样一听到底，他微笑插问道：“儒家主张兴灭国、继绝世、举逸民，其实就是要恢复到西周时的一千多个诸侯国去，先生以为可行么？复井田、去赋税，在方今战国也可行么？”

卫鞅辩驳道：“儒家行仁政礼制，不以成败论美恶。不修仁政，虽成亦恶。修行仁政，虽败亦美。此乃杀身成仁、舍生取义之大理也。公当思之。”

秦孝公冷冷笑道：“大争之世，弱肉强食，正是实力较量之时，先生却教我不以成败论美恶，不觉可笑么？果真如此，秦国何用招贤？”

景监在旁，沮丧之极，只是不好插话，便大惑不解地盯着卫鞅，脸上木呆呆的。卫鞅却是不急不躁，没有丝毫的窘迫，竟是从容再道：“君上再容我一言。”

秦孝公笑道：“无妨，嬴渠梁愿洗耳恭听。”

“若君上痛恶仁政礼制，卫鞅以为，可行老子之大道之术。老聃乃千古奇才，他的道家之学，绝非寻常所言的修身养性之学，而是一种深奥的邦国大学问。方今天下刀兵连绵，若能行道家之学，则君上定成千古留名的圣君。”

“敢问先生，道家治国，具体主张究竟何在？”

“官府缩减，军队归田，小国寡民，无为而治。此乃万世之壮举也。”

“还有么？”

“道家精华，尽皆上述。其余皆细枝末节也。”

秦孝公哈哈大笑，“先生之学，何以尽教人成虚名而败实事？这种学问，与宋襄公的仁义道德如出一辙，有何新鲜？一国之君，听任国亡民丧，却去琢磨自己的虚名，一味地沽名钓誉，这是为君之道么？是治国之道么？”说罢站起来一笑，“先生若有精神，就去做别的事儿吧，治国一道，不谈也罢。”大袖一挥，径自而去。

景监呆若木鸡，难堪得不知何以自处。想追孝公，无颜以对，想说卫鞅，又觉无趣，只有板着脸生自己的闷气。突然，卫鞅却仰天大笑，爽朗兴奋之极。景监愕然，“你？莫非有病？”卫鞅再次大笑，“内史呵，我是高兴哪。”景监上下端详，“你？高兴？有何高兴处？”卫鞅向景监深深一躬，“请内史与我回客栈共饮，以贺半道之功。”景监心中有气道：“好吧，我看你卫鞅能搞出甚个名目？走，随你。”

卫鞅拉着景监欣然来到渭风客栈，侯嬴高兴得立即摆上肥羊炖和苦菜烈酒。景监闷闷不乐，卫鞅却是满面笑意。侯嬴疑惑地看着两人，“一喜一忧，究竟如何？”景监摇头叹息道：“他又说了一通忒没力气的话，君上拂袖而去。你说你高兴个甚？不是有病么？”侯嬴不禁笑了起来，“先生原本卖药，何以自己有病？”卫鞅大笑举爵，“来，景兄，侯兄，我等先痛饮一爵。”三人举爵饮尽，景监低头不语，侯嬴却笑看卫鞅，等待他说话。卫鞅微笑道：“景兄莫要沮丧，与君上今日一会，大功已成一半矣。”景监蓦然抬头，“大功？你有大功么？”卫鞅笑道：“景兄，你久在官场，但闻国君求贤而择臣，可曾闻臣工亦求明而择君？”景监惊讶道：“你是说，你是在选择明君？”卫鞅大笑道：“然也。景兄一语中的。”景监依然一脸困惑，“用亡国之道选择明君？”卫鞅悠然道：“景兄曾扮东方大商进入魏国，想来对商道尚通。请问，今一人怀有绝世珍品，当如何寻找识货之买主？”

景监毫不迟疑，“自当示珍品于买主，对其真实介绍，如实开价。”

“要是买主不识货呢？”

“继续等候，或另外寻觅识货买主。”

“整日怀抱珍奇，沿街叫卖？”

“难道还有更好的办法不成？”景监似有不服。

“我有一法，景兄姑妄听之。”卫鞅颇为神秘地一笑，“大凡稀世珍奇，绝不可轻易示人。首要大计，在于选择目光如炬的识货之人，此所谓货卖识家也。试探买家之上乘法则，先示劣货而后出诊奇，如此则百不差一。景兄以为如何？”卫鞅的口吻，完全是一个老谋深算的商人。

景监还在回味之中，喃喃自语，“先示劣货而后出诊奇？先示劣货？”

侯赢笑道：“不识劣货，岂能识得绝世珍奇？鞅兄如此精于商计，佩服。”

“鞅为殷商之后，略通一二，聊做类比，二位见笑。”

景监猛然拍案，高声道：“好！君择臣以才，臣择君以明，不识货，焉得为明？鞅兄高见，景监茅塞顿开！”

侯赢道：“哪？往前的路，该如何走法？”

“这要看内史了，景兄对卫鞅还有信心否？”

景监大饮一爵，长吁一声，“我就硬起头皮，再来一次。”又猛然醒悟，“哎，先说好，这次是劣货？还是珍奇？”卫鞅和侯赢同声大笑，景监也大笑起来。

第六章　栎阳潮生　第三节　肝胆相照　卫鞅三说秦孝公

十月二十日，栎阳城举行了隆重的葬礼，将齐国稷下学宫的名士田常以上大夫的礼遇，安葬在城北高岗上。那一天，招贤馆三十六名士子为灵车执绋挽歌，秦国下大夫以上官员全部送葬。在三丈高的坟墓堆起时，秦孝公亲自在墓前祭奠，并亲手为田常墓栽下了两棵栾树。

葬礼完毕，秦孝公没有回栎阳，带着车英直接到了渭水北岸的渡口。自平定戎狄叛乱后，他还没有视察过西部。这次，他想在严冬到来之前乘船逆流而上，到雍城以西看看。到得船上，秦孝公对车英吩咐，“稍等一会儿。”站在船头的车英指着北岸塬坡，“君上，内史来了，两个人？”孝公笑道：“就是等他们两个。半个时辰就完，误不了行程。”

塬坡小道上，驰马而来的正是景监和卫鞅。

三天以前，在请准田常葬礼事宜的时候，景监由招贤馆士子又拐弯抹角地提到了卫鞅。秦孝公又好气又好笑，“我说你个景监，是教卫鞅迷住了？还是吃了卫鞅好处？这个人已经在书房里泡迂了，表面上颇有英风，实则是老气横秋，你还不死心？咄咄怪事！”景监退无可退，就直说了卫鞅那一番“君试臣以才，臣试君以明”的论理和珍奇出手的比喻。秦孝公听了，又是沉默不语。他感到卫鞅此说颇耐寻味，蓦然之间，又觉此人颇为蹊跷，何以每次都能找出让他怦然心动的请见理由？若非有备而来，预谋而发，岂能如此？沉吟有顷，他悠然笑道：“好吧，就再见卫鞅一次，看看他揣了多少劣货？”

秋霜已起，渭水两岸草木枯黄。渡口停泊着一条高桅黑帆的官船，遥遥可见甲板上凉棚状的船亭中有长案木几。景监和卫鞅来到岸边，将马拴好，走向官船。景监低声道：“鞅兄，我再说一次，君上所以在船上见你，是想到西地查访民情。这次不行，你就只有回魏国了。”卫鞅笑着点点头，俩人便踏上宽宽的木板上船。

车英在船口迎候，拱手笑道：“内史、先生，这厢请。”将两人让到船亭坐定。

秦孝公见二人上船，便从船舱来到船亭，景监卫鞅一起做礼，“参见君上。”

秦孝公笑道：“不必多礼，我等边走边谈吧。”转身对车英吩咐，“开船西上。”

车英令下，浆手们一声呼喝，“起船——”，官船便悠悠离岸，缓缓西上。

渭水河面宽阔，清波滔滔，水深无险，端的是罕见的良性航道。要是在魏国，这样的水道一定是樯桅林立船只如梭。可眼下的渭水河面却是冷冷清清，偶有小船驶过，也只是衣衫破旧的打鱼人。茫茫水面，竟然看不到一只装载货物的商船。

卫鞅凝视着河面，发出一声喟然长叹。

秦孝公道："先生两次言三道，虽不合秦国，然先生之博学多识，我已感同身受。嬴渠梁意欲请先生任招贤馆掌事，职同下大夫，不知先生肯屈就否？"

卫鞅仿佛没有听见秦孝公的话，他望着清冷的河面，缓缓说道："渭水滔滔，河面宽阔，在秦境内无有险阻，乃天赐佳水也。何以秦据渭水数百年，坐失鱼盐航运之利？关中川道，土地平坦，沃野千里，天下所无，何以在秦数百年，却荒芜薄收，民陷饥困？"

景监一怔，生怕卫鞅又迂阔起来，仔细一听，都在实处，便不再言语。秦孝公则不动声色地沉默着，他想听听这个蹊跷的博学之士还能说出什么来。卫鞅也似乎并没有注意秦孝公和景监的沉默，他继续面河问道："秦地民众朴实厚重，又化进戎狄部族尽百万，尚武之风深植朝野。秦国却何以没有一支攻必克、战必胜的精锐之师？"

景监高兴插话："先生所问，正是君上日夜所思之大事。先生大计何在？"

秦孝公目光锐利地盯住卫鞅背影，向景监摆摆手，示意不要打断他。

卫鞅转过身来正视着秦孝公道："方今天下列国争雄，国力消长为兴亡根本。何谓国力？其一，人口众多，民家富庶，田业兴旺。其二，国库充盈，财货粮食经得起连年大战与天灾饥荒之消耗。其三，民众与国府同心，举国凝聚如臂使指。其四，法令稳定，国内无动荡人祸。其五，甲兵强盛，铁骑精良。有此五者，方堪称强国。而目下之秦国，五无其一。地小民少，田业凋敝；国库空虚，无积年之粮；民治松散，国府控缰乏力；内政法令，因循旧制；举国之兵，不到十万，尚是残破老旧之师。如此秦国，隐患无穷，但有大战，便是灭顶之灾。君上以为然否？"

秦孝公微微一笑，"如此一无是处，却如何改变？王道？无为？仁政？"

景监看话题已经入港，正在高兴，却听国君话音不对，着急道："不行不行，那都是亡国之道，先生岂能再提？"

秦孝公摆摆手道："请先生继续说下去。"

卫鞅神色肃然，"治国之道，强国为本。王道、仁政、无为，尽皆虚幻之说，与强国之道冰炭不能同器。君上洞察深彻，不为所动，鞅引以为慰。"

"然则如何强国？嬴渠梁却没有成算。"

"强国亦有各种强法。魏国、齐国、楚国，君上以为哪一国可堪楷模？"

秦孝公听此一问，精神陡然一振，目光炯炯道："先生此言，大有深奥。嬴渠梁平日只为强国忧心如焚，心念尚不及此，敢请先生指教。"

魏国乃甲兵财货之强，齐国乃明君吏治之强，楚国为地广人众之强。目下正在变法崛起的韩国与齐国相类。"

秦孝公喟然长叹，"与三强不相上下，嬴渠梁此生足矣。"

卫鞅笑道："然则上述三强，皆非根本强国，不足效法。"

秦孝公感到惊讶了。他在《求贤令》中已经申明，图强的目标就是要恢复穆公时代的霸业，与东方诸侯一争高下。按照这样的目标，达到魏齐楚韩四国的强盛，应当就是满足了。而卫鞅居然说上述三国不足效法，口气之大，当真是蔑视天下。是这个卫鞅不知治国之艰难，还是真有扭转乾坤的大才？他在骤然之间弄不清楚，不妨先虚心听之，于是谦恭地拱手道："先生之言，使人气壮，尚请详加拆解。”

卫鞅面色肃然，侃侃而论，“前三种强国范式之根本弱点，在于只强一时，不强永远，只强表面，不强根本。魏国在文侯武侯两代是蒸蒸日上，真正强盛，自魏罂称王，魏国便每况愈下。齐国是这一代齐王强盛，之后必然衰弱。楚国则自楚悼王以后，一直是外强中干，不堪真正的一击。即或以目下正在变法之中的韩国而言，也是一代之强，甚至不出一代便会逞衰落之势。此中根源何在？其一，变法不深彻。李悝助魏文侯变法，以废除井田、奖励农耕、兴旺田业为主，疏忽了军制、吏制、爵制、国制、民制之全面变法。齐国韩国则更是粗浅的整军治吏之变法，没有深彻的再造翻新。楚国之变法，因吴起惨死而中途夭折，对旧世族只有些须触动，更休提深彻二字。其二，法令不稳定，没有留下一个国家应当长期信守的铁律。前代变法，后代复辟，根基不稳，必然是兴也忽焉，亡也忽焉。有此两大缺憾，岂能强大于永远？又岂能成大业于千秋？惟其如此，三强四国不足以效法，秦国要强大，就要从根本上强盛！”

秦孝公被这一番江河直下的理论强烈震撼！陡然觉得往昔那笼罩心田的沉沉阴霾，竟是顷刻消散，身心枷锁顿时开脱，心明眼亮，坚实舒坦。他站起身向卫鞅深深一躬，“先生一番理论，当真是高屋建瓴，勘透天下，使嬴渠梁拨云见日，忧心顿去。敢问先生，根本强大，将欲如何？”

景监高兴地不知所以，兴奋地用秦人土语喊道：“君上，该咥饭了！咥了再谈如何？”

秦孝公醒悟，爽朗大笑，“对，咥饭。黑伯，上酒菜，与先生痛饮一番！”

此时已经是黄昏夕阳，深秋的河风萧瑟寒凉，与君臣四人异常的兴奋热烈全然不同。最开心的是景监，他忙不迭地帮黑伯上菜上酒，害得一向整肃利落的黑伯竟是手忙脚乱，车英说他帮倒忙，景监却高兴得哈哈大笑。片刻之间，船菜上齐：四个大黑色陶盆，一盆肥羊炖，一盆清炖鱼，一盆生拌萝卜，一盆生拌野苦菜，另有一坛秦国的凤酒。君臣四人坐定，秦孝公亲自为卫鞅斟满一爵，而后端起自己面前的大爵，“先生高才深谋，胸中定有强秦奇计。嬴渠梁敬先生一爵，望先生教我。”说完，举爵一饮而尽。卫鞅坦然受了一礼，举爵痛饮，慨然道：“国有明君如公者，何愁不强？”

秦孝公叹息道：“君无良相，孤掌难鸣。常盼管仲复生，不期而遇。”

“茫茫中国，代有良才，强国何需借代而兴？”卫鞅慷慨傲岸。

景监兴奋道：“君上，管仲强齐一代，卫鞅要强秦于永远，气魄何其大哉！”

孝公大笑，“说得好！来，再与先生痛饮。”向卫鞅拱手相敬，一饮而尽。

卫鞅一爵饮尽，慨然道：“治秦之策，鞅已谋划在胸。这是我访秦归来拟就的《强秦九论》，请君上评点。具体谋划，待君上西巡归来再行陈述。”说着，从怀中掏出一本羊皮纸书恭敬递过。

秦孝公双手接过，未及翻阅便高声命令，“车英，掉船回栎阳，改日西巡。”转身对卫鞅拱手道：“请先生随我回宫，嬴渠梁与先生一抒胸中块垒，做竟夜长谈如何？”

“君上呕心沥血，卫鞅自当披肝沥胆。”

官船掉头东下。秋日短暂，转瞬便淹没在远山后面，唯留一抹血红的晚霞，照得河面波光粼粼。秦孝公与卫鞅始终站在船头兴奋交谈，一个说得出神，一个听得入迷。晚秋河风吹起一白一黑两领长衫啪啪做响，二人竟然丝毫未觉寒凉。车英为俩人披上棉袍，俩人竟浑然无觉，时而感慨，时而大笑。

明月东升，官船方才回到了栎阳渡口。船一靠岸，孝公便吩咐车英善后，景监通知各县缓行面君，说完便和卫鞅驰马急回。到得政事堂大书房，黑伯点亮四盏纱灯，煮来浓茶。正是秋冬之交，老屋更显寒意，黑伯又打起了木炭燎炉。收拾妥当，孝公便和卫鞅饮茶畅谈。孝公先向卫鞅详细讲述了秦国三百多年的历史、传统与各种礼法，以及目下二十三个县的民生民治，使卫鞅对秦国有了更为扎实的了解。卫鞅也逐一详细介绍了东方各国的变化和军制、官制、民风、国君特点，尤其对魏国为首的六大战国，做了更为详尽的剖析。秦孝公除了少年征战，从未走出过函谷关，对天下大势可说是不甚了了，对各国具体国情更是所知粗疏。卫鞅丰富生动的叙述，第一次在他眼前打开了一片广阔的天地，使他对进入战国六十余年来的天下大势和列国详情了然于胸。秦孝公禀赋极高，边听边想，已经对秦国的落后怵然心惊。

卫鞅讲完，孝公慨然道："先生一席话，领我遍游天下，方知人之所以长，我之所以短。我还想听先生详述列国变法，以开我茅塞。"卫鞅便从春秋时代的新政变法讲起，逐一介绍了郑国子产的田制新政、齐国管仲的经济统制、越国文仲聚集国力的新政、鲁国宣公的初税亩新政、晋国的赐田减税、秦国简公的初租禾等主要新政。卫鞅道："大要而言，春秋三百年，新政围绕田制与税制之变化发生，然皆为粗浅，无一巩固，反倒被新政激起的巨浪吞没。此即推行新政的郑国、齐国、晋国、越国相继灭亡之根本所在。"边听边想，孝公额头上不禁渗出晶晶细汗。卫鞅又讲述了战国以来魏国的李悝变法，楚国的吴起变法，与正在发生的齐国变法和韩国变法；对变法的内容、特点、嬗变及其结局，都做了鞭辟入里的解说和预测。

此时，已经是红日临窗。黑伯轻轻走进来低声道："君上，卯时已过，该吃点儿啦。"孝公依旧精神奕奕，笑道："酒菜拿来，我们边吃边谈如何？"卫鞅欣然道："好极，就边吃边谈。"黑伯捧来两鼎萝卜黄豆炖牛肉、一盘黑面饼、一坛酒。孝公吩咐道："黑伯，谁来也不见。你也去吧。"黑伯走出，便皱着眉头守在政事堂门口。

刚吃了几口，孝公便翻开昨日卫鞅送的《治秦九论》看起来，一入眼便放下了筷子凝神细思。刹那之间，卫鞅眼眶湿润了。如此简朴又如此勤奋的国君，卫鞅确实是闻所未闻见所未见。从昨日午后开始，他胸中积累的学问见识便汹涌澎湃地迸发出来，一夜之间，竟是没有丝毫停滞的呼啸奔泻。他流淌着自己，燃烧着自己。而作为国君的秦孝公，则像空谷沧海，接纳着他无尽的奔流而没有丝毫的满足。闪念之间，卫鞅从这个仅仅比自己大一岁的国君身上，看到了一种远远超越于年龄和阅历之上的成熟与博大。他仿佛生来就是做国君的，处变不惊，临危不乱，慧眼辨才，沉静深远。对于寻常人等而言，拥有其中任何一种品质都是极为难得的了。而他，却如此出色地溶这些过人品质于一身，真正是令人叹服。与这个年轻的国君在一起，就像与山岳为伍，令人胆气顿生。他静静地看着专注沉思的秦孝公，神思奔放，竟也忘记了吃饭。

须臾，秦孝公抬起头兴奋道："《治秦九论》，字字千钧！来，痛饮一爵，请先生详为拆解。"卫鞅举爵，锵然相碰，俩人一饮而尽。

烈酒下喉，卫鞅精神为之一振，"《治秦九论》乃卫鞅谋划的变法大纲。其一《田论》，立定废井田、开阡陌、田得买卖之法令。其二《赋税论》，抛弃贡物无定数的旧税制，使农按田亩、工按作坊、商按交易纳税之新法。如此则民富国亦富。其三《农爵论》，农人力耕致富并多缴粮税者，可获国家爵位。此举将真正激发农人勤奋耕耘，为根本的聚粮之道。其四《军功论》，凡战阵斩首者，以斩获首级数目赐爵。使国人皆以从军杀敌为荣耀，举国皆兵，士卒奋勇，伤残无忧，何患无战胜之功？其五《郡县论》，将秦国旧世族的自治封地一律取缔，设郡县两级官府，直辖于国府之下，使全国治权一统，如臂使指。其六《连坐论》，县下设里、村、甲三级小吏。民以十户为一甲，一人犯罪，十户连坐，使民众怯于私斗犯罪而勇于公战立功。其七《度量衡论》，将秦国所行之长度、重量、容器一体统一，由国府制作标准校正，杜绝商贾与奸恶吏员对庶民的盘剥。其八《官制论》，限定各级官府官吏定员与治权，杜绝政出私门。其九《齐俗论》，强制取缔山野之民的愚蛮风习，譬如寒食、举家同眠、妻妾人殉等。

此九论为大纲，若变法开始，尚须逐一制订法令，落于实处。”

“人云，纲举目张。有此九论，嬴渠梁已经看见了秦国来日！”

两人又是痛饮一爵，就着《九论》侃侃问答，不觉已是红日西坠，纱灯重亮。黑伯收拾燎炉火盆点灯时，看见正午的饭竟然原封未动，不禁摇头叹息，轻声道：“君上，该用晚饭了。”孝公笑道：“好吧，将这些弄热就行。”黑伯哽咽劝道：“君上，歇息吧，两天两夜了。”孝公不悦道：“又有何妨？不要打扰，去吧。”

匆匆吃罢，俩人便围着燎炉火盆一条一条计议。说到最后的纠正民俗时，孝公竟然不了解西部老秦人的陋习。卫鞅便将自己在山河村的夜宿和带出河丫的故事讲了一遍。孝公不禁大是感慨唏嘘，眼中竟有莹然泪光，最后又大笑一番，举酒庆贺卫鞅的深彻踏勘。忘情之间，不觉又是红日临窗。

黑伯等得心急如焚，百思无计，便匆匆到后边庭院禀报了太后，请她设法让国君歇息。

太后听黑伯一说，又气又急，抬脚往前院便走，到得兵器厅廊外，想想又停下脚步，派侍女唤来正在晨读的荧玉，吩咐道：“你大哥又发痴了，三天两夜没歇息和人说话。我想他是否遇上了奇人高才？我去未免扫兴。你去看看，送点好吃的，捣乱捣乱他们，让他们歇会儿，啊。”荧玉顽皮地笑笑，飘然跑去了。

政事堂外的庭院中，守了三天两夜的车英在晨光下边踢腿边打哈欠，打着打着，便一下子瘫倒在地上睡着了，长剑压在身下，却照样鼾声大作。荧玉提着棉布包裹的陶罐和小竹蓝轻盈走来，发现车英横卧在地，呼噜连声，摇头一笑，绕过车英，来到政事堂大厅，看见里间的大书房门掩着，便轻手轻脚趴到门格上向里张望。

房内，秦孝公与卫鞅各自包着一块毛毡斜依在墙上，中间地毡上铺着一张大图，面前长几上杯盘散乱，二人都是眼睛发红面色发青，神情却是激动兴奋，了无倦意。荧玉知道大哥脾气，不敢贸然闯进，便悄悄站立偷听，寻觅进去的机会。只听屋内穿来一个略显沙哑的声音道：“强兵之本，在激赏于民。劳而无功，战而无赏，必生异心。我在山河村听到老秦人民歌，‘有功无赏，有年无成，有荒无救，有田难耕’。民生怨心，何以强兵？是以要奖励耕战，激赏强兵！”孝公插话道：“别急别急，你将那民歌再念一遍。”沙哑声音道：“我唱给君上听吧。”说着咳嗽一声，便低低唱了起来，悠扬悲凉的歌声飞出门外，“七月流火，过我山陵。女儿耕织，男儿做兵。有功无赏，有田无耕。有荒无救，有年无成。悠悠上天，忘我苍生。”

歌声之后，屋内竟是良久沉寂……荧玉被歌儿深深感动，不禁热泪盈眶。只听大哥沉重的一声叹息与低低的哽咽拭泪之声。沙哑声音道：“君上何忧？但有变法雄心，君上将无愧于秦国民众，无愧于祖宗社稷。”大哥坚定深沉的声音，“嬴渠梁决意变法，请先生为我承担大任。”沙哑声音道：“君上信鞅，鞅万死不辞。然则变法愈深彻，道路愈艰险。鞅悉心推究过列国变法，以为至少需要三个条件，不知君上能做到否？”

“先生但讲。”

“其一，有一批竭诚拥戴变法之士居于枢要职位。否则，法无伸张，令无推行，行之朝野，便成强弩之末。”

“此点但请先生放心。嬴渠梁当全力为先生罗织力量。”

“其二，真法不避权贵。新法一旦推行，举国唯法是从。即或宫室宗亲，违法亦与庶民同罪。此点庸常之君断难做到。”

“此点在嬴渠梁倒非难事。但讲第三。”

“其三，国君对变法主政大臣须深信不疑，不受挑拨，不受离间。否则，权臣死而法令溃。

春秋以来三百余年，凡新政变法失败者，无一不是君臣生疑。若无生死知遇，变法断难成功。”

此时，风儿将门无声地吹开，荧玉悄然走进，站在了二人身后。

秦孝公长吁一声，“强秦，是我的毕生大梦。为了这个梦，嬴渠梁九死而无悔，万难不足以扰我心！三百年以来，变法功臣皆死于非命，此乃国君之罪也。你我君臣相知，终我之世，绝不负君！”

卫鞅眼中湿润，“公如青山，鞅如松柏，粉身碎骨，永不负秦。”

两人四手，紧紧相握，中间忽然伸出两爵热气蒸腾的米酒，便听荧玉含泪笑道：“热酒赤心，天地为证。”秦孝公爽朗大笑，“说得好！小妹来得正是时候，来，干！”卫鞅接过一爵笑道：“为了秦国强大，干！”两爵锵然相碰，各自痛饮而尽。

荧玉凝神打量着卫鞅，脸上露出一种纯真的感动。

…………

[作品简介]

《大秦帝国》是一部描述秦兴亡生灭过程的历史长卷小说。秦帝国崛起于铁血竞争的群雄列强之际，建立了一个强大统一的帝国，开创了一个全新的铁器文明时代。但她只有十五年生命，像流星一闪，轰鸣而逝。这巨大的历史落差与戏剧性的帝国命运中，隐藏了难以计数的神奇故事以及伟人名士的悲欢离合。他们以或纤细、或壮美、或正气、或邪恶、或英雄、或平庸的个人命运奏响了这部历史交响乐。帝国所编织的社会文明框架及其所凝聚的文化传统，今天仍然规范着我们的生活，构成了中华民族的巨大精神支柱。

[思考与练习]

1.“赳赳老秦，复我河山；血不流干，死不休战！——”体现了老秦人怎样的精神内核？

2. 为什么《大秦帝国》能从众多历史剧中脱颖而出？

[延伸阅读]

《贞观长歌》《卧薪尝胆》

实训　辩论

辩论，也称论辩，广义上讲是见解不同的人彼此阐述理由，辩驳争论。常用以指对立双方就一个有争议的问题针锋相对地发表意见，或论述或辩驳以分清是非的一种对白体的说话形式。辩论是我们每个人在现实生活中必然会遇到的现象，这是因为人们对客观事物的认识和理解不可避免地存在着差异。有了认识和理解的差异，就会产生孰是孰非的问题，也就必然会引起辩论。

辩论，作为一种应用十分广泛的人类交际活动，已渗透于人们的工作、生活的各个领域之中，大到解决世界性问题的国际政治辩论，小到家庭里因生活琐事而引起的争执，无不属于辩论的范围。

一、辩论的三要素

（一）双方或多方

因为辩论是争辩的行为，参与辩论的持对立观点的辩者，必然是两方或两方以上，人数至少是两人或两人以上，所以辩论行为的主体是复合的。有不同意见的双方或多方存在才能实现思想交锋。一个人不可能自己同自己辩论，一个人头脑中几种方案或做法的权衡和比较，那是思考或思辨而不是辩论。

（二）同一论题

辩论行为实施的对象，是指复合主体辩论行为共同指向的争辩焦点，也就是辩题。辩题必须是同一的，不然的话，无法展开“争辩”。但对立的双方对同一辩题所持的观点是不同的、对立的，不然的话，也就不存在“争辩”了。

（三）共同认识的前提

辩论的诸方有或多或少的共同认识或共同承认的前提，以及如社会公理、科学规律等是非真伪标准和价值取向。没有这些共同承认的东西，辩论只会是一场混战，不可能得出结论。

二、辩论角色及特点

辩论角色是指在辩论活动中，辩者所处的地位。每一个承担不同角色的辩者，都要按照一定的行为规范与标准，努力扮演好自己的辩论角色。

（一）辩论角色的特征

1. 严密性

只有合乎思维逻辑的辩论，才可能获胜，否则只能是诡辩。严密的逻辑推理性在辩论中显得至关重要，一个小小的漏洞，就会使对手有机可乘，导致结果的改变。有了严密的思维能力才能有严密的语言能力。

2. 攻守性

攻守是辩论角色对立性的表现形式，辩论中攻守相济，交替运用，这是辩论角色在任何辩论背景中都必须使用的方法。

3. 策略性

辩论是“争”，有“战”的意味。既然如此，就要研究策略。正面攻击，长驱直入，侧面迂回，步步进逼，故布疑阵，诱敌入瓮，投石问路，分兵围剿等种种战略战术，在辩论中都可运用。

4. 应变性

就是指临场变化的难以预料。在辩论前已经计划好的立论步骤、反驳方法、攻守策略以及材料选择、语言安排等一切准备，都必须灵活地运用于辩论实践中。因为任何事先的准备，都不可能不遇到临场的变化，所以这种临场性，就要求辩者必须具备较强的应变能力。

（二）辩论角色的必备能力

一个能辩善论的辩论角色，必须具备以下几种能力：

1. 辨析能力

辩者要使自己的辩论具有很强的说服力，必须首先对辩题提出全面、深刻、正确的观点，同时必须掌握充足的、真实的、典型的论据材料，有力地论证自己的观点，有力地批驳对方的观点，这就必须具备正确辨析的能力。

2. 应变能力

这种能力不仅表现为辩论过程的应变能力，同时也表现为辩论准备阶段的决策能力。辩者参加辩论，不会有很长的思考时间，必须迅速分析辩题，确立观点，拟定论证方法和论证角度，决定攻守策略，以便尽快投入辩论，争取主动。任何辩论，都会不断地出现新问题、新情况、新形势，辩者必须有能力对此敏锐地作出反应，立即意识到存在的问题，及时找到解决问题的正确方法和途径，并且果断地加以实施。

3. 攻击能力

辩论是语言的交锋，因此它的攻击力量主要表现在语言上，辩者运用语言向对手发起攻击的能力主要表现为：

（1）捕捉战机。就是要把握住进攻的有利时机。在己方已掌握主动时，要以迅雷不及掩耳之势、摧枯拉朽之力，对“敌”施以语言的猛攻，使对方来不及招架而陷入困境。

（2）攻其要害。要害是致“敌”于死地的关键所在。抓住要害，攻击论“敌”就是抓住矛盾的主要方面；解决了要害问题，其他问题就会迎刃而解。

（3）语言犀利。要求论证己方论点时，画龙点睛，突出中心，表现本质；反驳论“敌”时，直刺要害，一语破“敌”。

三、辩论的种类

按照辩论的不同场合、不同用途和不同形式，可以把辩论分成四类：赛场辩论、法庭辩论、教学辩论、日常辩论。

1. 赛场辩论

它是指以比赛形式出现的辩论。赛场辩论的主要特点是有组织的集体辩论。赛场辩论的观点是由抽签决定的，并不一定就是辩者原来所持有的观点。赛场辩论有一定的组织方法、比赛规则和评分标准。赛场辩论的技巧主要体现在审题立论、攻防战术和语言运用三个环节。

2. 法庭辩论

它是指在审判过程中公诉人和辩护人（包括被告自辩）当庭就案件进行的辩论。法庭辩论的主要特点：一是严肃性，二是准确性，三是集中性。

3. 教学辩论

它是指组织学生针对教学过程中遇到的问题而展开的辩论。教学辩论是教学过程的一个组成部分，是一种辅助的教学形式，因而辩论的内容必须与教学的内容有联系。辩论的内容有时可以根据各门学科中存在着的针锋相对的观点、方法和体系，将学生置于争论双方的角色位置进行辩论，这样可以促使学生认真地钻研原始材料，分析比较各种观点，对教学内容的理解程度将会大大超过一般的阅读。有时也可以利用学生所学习过的理论知识，针对某一实际问题设置对立的意见让学生进行辩论。

教学辩论和一般的辩论赛不同，不是为了分出胜负，而是为了达到对课程知识的理解，因此教师往往是组织者、指导者和评判者。教学辩论能造成生动的演示效果，使学生对教学内容产生浓厚的兴趣，取得提高教学质量的效果，是增强教学活力的有效方式之一。

4. 日常辩论

是指发生在日常生活、工作或其他社会交往中，因为某件事或某个观点而引起的辩论。这种辩论往往是突发的。因此，它常常不能事先准备。通常这种辩论持续的时间也不长，一两个回合就结束。但是，它往往会给人们在感情上带来影响。然而，只要恰当地处理日常生活中出现的各种类型的辩论，分清对象，确定态度，选择方法，就能处理好各种日常生活的辩论，防止由辩论变为“吵嘴”。

四、辩论的程序

（一）准备阶段

这是辩者论点的酝酿、形成阶段，也就是针对辩题的辩论尚未展开之前进行准备的阶段，做好准备工作是保证辩论质量和效果的前提条件。此阶段至少要完成两项工作：

1. 形成论点

首先要分析辩题、辨清题意，把辩题中的概念内涵与外延都搞清楚，同时还要了解辩题提出的背景，分析双方的共识点与争论点，准确地找到双方的分歧所在。还要搜集充分的论据，包括理论材料、事实材料或是比喻、类比材料等，而这些论据必须是真实的、典型的、新颖的。

2. 确定谋略

一是要了解己方：论点是否正确，论据是否完整可靠，论证是否充分严密，防守与进攻的方法是否得当，整体配合是否紧密，与辩题有关的资料准备是否充分等；二是要了解对方，不仅了解对方的辩论观点与策略，而且要了解对方的个人条件，诸如心理素质、知识素养、兴趣爱好、生活经历、优缺点以及对方整体配合的强弱环节等。

（二）开始阶段

此阶段要正式对辩题提出见解，建立各自的论点，引发辩论。

（三）展开阶段

此阶段要对辩题展开全面辩论，各个辩方都围绕各自的论点，全面铺开，进行辩护与辩驳。辩护和辩驳的对象都是己方和对立方的论点、论据、论证，其中论点是关键。辩护是证明己方正确，从而抵制和否定对立方驳论的错误；辩驳则是反驳对立方的错误，从而说明和肯定己方立论的正确。

此阶段是决定辩论胜负的关键。对立双方（或多方）都要竭尽全力地比知识、比智慧、比意志、比辩才。这是整个辩论过程中最激烈、最富于变化、最精彩、最具攻击力的阶段。

（四）终结阶段

这里所说的终结阶段，是指辩题所涉及的内容取得了正确的认识，判明了是非、优劣，就在一定程度上掌握了真理。但事实上，终止辩论并非如此简单。我们将所有可能发生的情况归纳起来，终止辩论大约有三种情况：一是辩题得到解决，二是辩题部分得到解决，三是辩题没有得到解决。这三种情况的具体表现形式又各不相同。

就辩论终结的种种情况分析，最理想的终结方式是解决辩题，辩明了真理。但这毕竟受主客观多种因素的影响。只有客观上存在解决辩题的可能，辩者主观上也具备解决辩题的条件，这种理想的终结方式才可能出现。但就辩论行为实施的实际情况而言，辩者参辩的直接目标是获取胜利，而获取胜利并不等于就代表了正确认识，代表了真理，所以就存在上述种种情况。但从全社会而言，从辩论的发展趋势而言，人们毕竟要求解决辩题，以探求真理。所以部分解决辩题或没有解决辩题的辩论，用社会的发展观点去分析，这种辩论的终结，仅仅是一次辩论行为的结束，这类辩题在条件具备时势必还会引起辩论，直至这一辩题得到解决为止。

五、辩论的技巧

辩论语言不仅承载着丰富的内容，而且也表现着高超的技巧。学习和掌握辩论语言所表现出来的各种技巧，是进行辩论的每个辩者所应具备的重要条件。下面介绍几种常用的辩论技巧：

（一）移花接木

剔除对方论据中存在缺陷的部分，换上对我方有利的观点或材料。例如，在《知难行易》的论辩中曾出现过如下一例：反方：古人说“蜀道之难，难于上青天”，是说蜀道难走，“走”就是“行”嘛！要是行不难，孙行者为什么不叫孙知者？正方：孙大圣的小名是叫孙行者，可对方辩友知不知道，他的法名叫孙悟空，“悟”是不是“知”？

这是一个非常漂亮的“移花接木”的辩例。反方的例证看似有板有眼，实际上有些牵强附会：以“孙行者为什么不叫孙知者”为驳难，虽然是一种近乎强词夺理的主动，但毕竟在气势上占了上风。正方敏锐地发现了对方论据的片面性，果断地从“孙悟空”这一面着手，以“悟”就是“知”反诘对方，使对方提出关于“孙大圣”的引证成为抱薪救火、惹火烧身。

（二）顺水推舟

表面上认同对方观点，顺应对方的逻辑进行推导，并在推导中根据我方需要，设置某些符合情理的障碍，使对方观点在所增设的条件下不能成立，或得出与对方观点截然相反的结论。

例如，在“愚公应该移山还是应该搬家”的论辩中：反方：……我们要请教对方辨友，愚公搬家解决了困难，保护了资源，节省了人力、财力，这究竟有什么不应该？正方：愚公搬家不失为一种解决问题的好办法，可愚公所处的地方连门都难出去，家又怎么搬？……可见，搬家姑且可以考虑，也得在移完山之后再搬呀！

（三）攻其要害

在辩论中常常会出现这样的情况：双方纠缠在一些细枝末节的问题、例子或表达上争论不休，结果，看上去辩得很热闹，实际上已离题万里。这是辩论的大忌。一个重要的技巧就是要在对方一辩、二辩陈词后，迅速地判明对方立论中的要害问题，从而抓住这一问题，一攻到底，以便从理论上彻底地击败对方。

（四）引蛇出洞

在辩论中，常常会出现胶着状态：当对方死死守住其立论，不管如何进攻，对方只用几句话来应付时，如果仍采用正面进攻的方法，必然收效甚微。在这种情况下，要尽快调整进攻手段，采取迂回的方法，从看来并不重要的问题入手，诱使对方离开阵地，从而打击对方，在评委和听众的心目中造成轰动效应。

六、辩论赛简介

现在国际上最知名的辩论赛是国际大专辩论赛（2007 年正式更名为“国际大学群英辩论会”）。国际大专辩论赛从 1993 年首届举行至今。每两年举行一届。轮流在新加坡和北京举行。其前身为自 1986 年开始举办的亚洲大专辩论赛，为华语辩论的最高舞台之一。国际大专辩论赛就其举办之处致力于推广和发扬辩论艺术和中文文化。历届以来，大赛赛制也不断发展完善，令比赛更具有观赏性和竞争性。比赛中辩手精彩的辩词、理论功底以及临场应变和团队配合往往成为人们念念不忘的经典。

七、辩论程序、规则及评分标准

1. 辩论程序和规则

（1）主持人介绍对垒队伍、评委、比赛规则。

（2）正方第一位队员先发言，接着由反方第一位队员发言，然后是正、反两方的第二和第三位队员轮流发言。发言时间各两分钟。发言时均应站立。

（3）自由辩论每队各有六分钟，每一位辩手发言次序、时间和次数不限，但整队发言时间不得超过六分钟，直到双方时间用完为止。

（4）正、反双方第四位辩手总结陈词，时间各为两分钟。

（5）主持人请评委代表分析本场辩论，并宣布评判结果。

2. 辩论评分标准

自 1986 年首届亚洲大专辩论赛以来，辩论赛制及评分标准也在不断创新，先后产生了“上海名校模式”“98 蓝带模式”“99 模式”“2000 模式”等。在组织开展辩论赛时，可根据各个学校及其学生的具体情况，选用一种模式，或在原有模式的基础上，改革创新，设计一种新的辩论赛程序及规则。比如，参赛选手可以是四人，也可以是三人，还可以是五人，甚至更多；比赛程序可分为陈词阶段、质问阶段、休场商议阶段、自由辩论阶段和总结阶段，也可分为陈词阶段、选择攻辩阶段、自由辩论阶段、观众或评委提问阶段和总结阶段。各个阶段的辩论时间、评委人数及评分标准也可根据实际情况而定。唯有不断创新，才能真正调动辩手参赛的积极性并充分发挥辩手的水平，使辩论赛充满生机。

参考文献

[1] 孙昕光．大学语文．北京：高等教育出版社，2003．
[2] 贺信民．大学语文．北京：教育科学出版社，2008．
[3] 周文霞．大学语文．北京：首都经贸大学出版社，2010．
[4] 徐挺．文学欣赏．北京：高等教育出版社，2002．
[5] 孙昕光．大学语文．北京：高等教育出版社，2003．
[6] 徐中玉，钱谷融．大学语文．上海：华东师范大学出版社，1999．
[7] 李素兰，贾勇．大学语文．北京：冶金工业出版社，2009．
[8] 杨天松．大学语文．青岛：中国海洋大学出版社，2010．
[9] 潘贵云．大学语文．北京：交通大学出版社，2006．
[10] 张子泉，戴维．大学语文．北京：清华大学出版社，2005．
[11] 魏饴，刘海涛．文艺鉴赏概论．北京：高等教育出版社，2002．
[12] 林洪桐．表演艺术教程．北京：北京广播学院出版社，2000．